エデンの東
フンボルトの西

木下高徳

アメリカ、フロンティアの旅

れんが書房新社

①シェラネヴァダ山脈（ヨセミテ・ナショナルパーク付近）

②アラスカを除く北アメリカ大陸の最高峰，シェラネヴァダ山脈・ウィットニー山（4418m）

③シェラネヴァダ山脈の懸崖

④映画『シェーン』が撮影された
グランドティータン・ナショナルパーク

⑤北アメリカ大陸の分水嶺，サウス・パス

⑥砂漠の回廊の湖畔に咲く大輪の花

⑦カスケイド山脈の麗峰，シャスタ山

⑧清澄な水を湛えるクレイター・レイクと湖中のウィザードアイランド（魔法の島）

エデンの東　フンボルトの西＊目　次

エデンの東　フンボルトの西

——アメリカ、フロンティアの旅

もしぼくに人並み程度の優しさと向上心があるとすれば、その大部分は三人の女性のおかげである。ぼくに文学への目を開かせてくれたのも同じ三人の女性である。

もてる限りの敬意と感謝をこめて、このつたなき書を捧げる。

病めるものたちのために生涯を捧げていらっしゃる医師のなかの医師、
小林フミ子先生に、

人間としていかに生きるべきかを肺腑をえぐる言葉で説きつづけていらっしゃる詩人にして小説家、
白井愛さんに、

若くして逝った母、
かつらに。

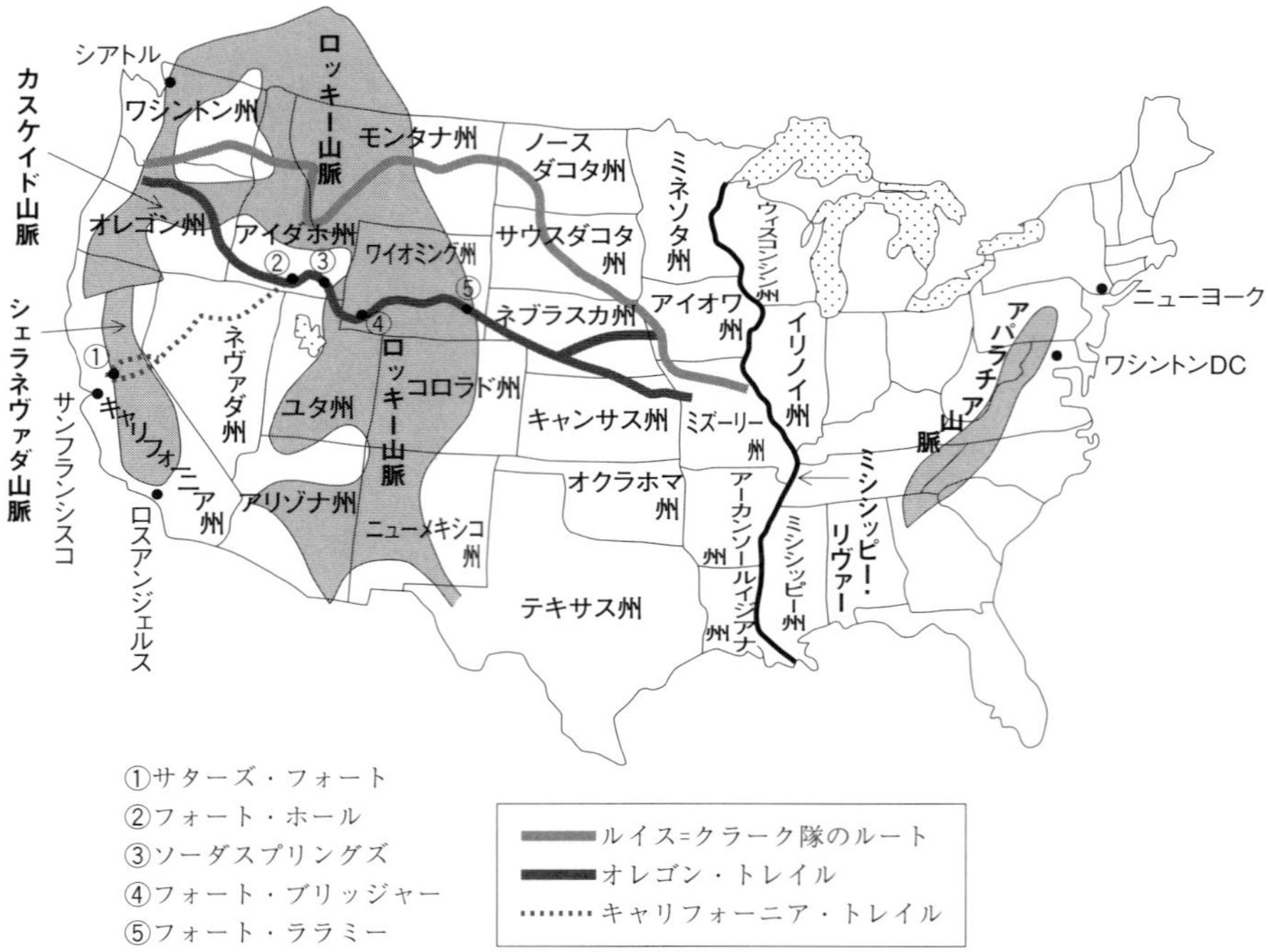

ミズーリーから西部へ，アメリカ・フロンティアの足跡

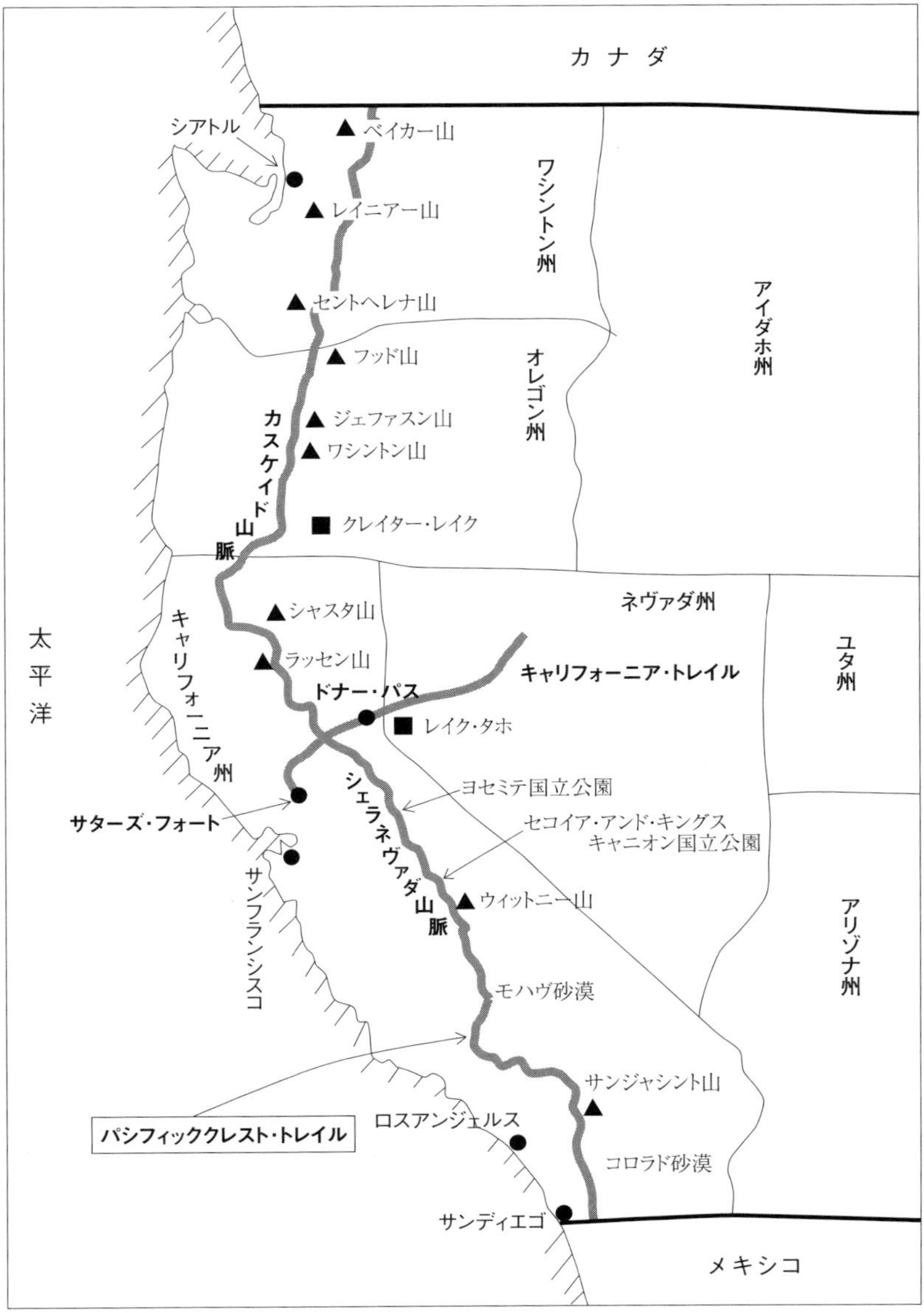

アメリカを縦断するパシフィッククレスト・トレイル

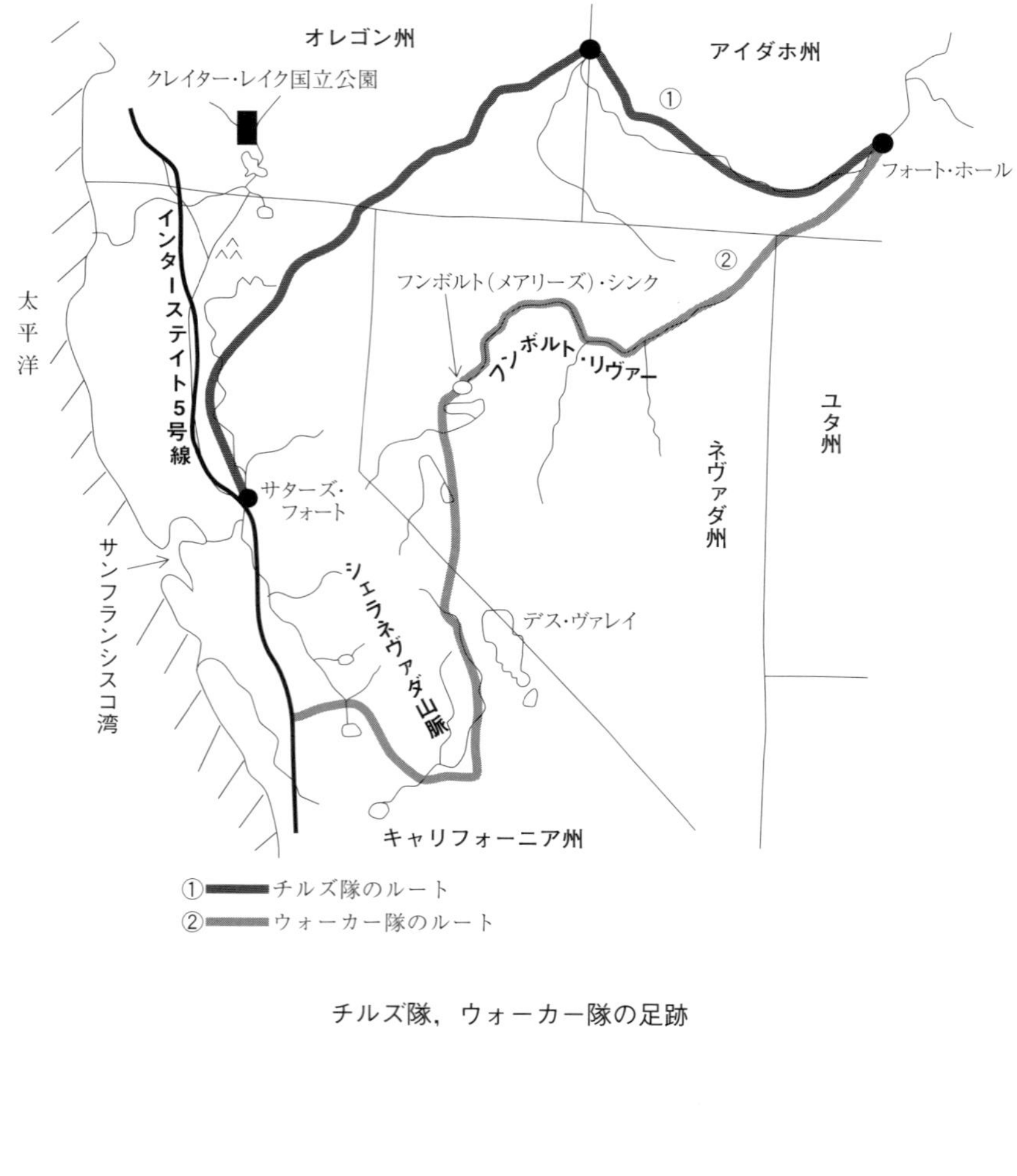

チルズ隊，ウォーカー隊の足跡

第1章　出発《エクソダス》——現代

闇汁《やみじる》という季題がある。明かりを消した部屋で各人一品ずつ持ち寄った具を、火にかけた鍋に入れて煮たて、箸ではさんだものは食べなくてはならないというルールの、遊びである。この遊びがごく最近まで行なわれていたのは、俳句仲間の忘年会であるように思うが、どうであろう。それとも現在でも、句会の集まりにせよ、その他の集まりにせよ、まだこの遊びがつづけられているのであろうか。ぼくもある句会の忘年闇汁の会に、かつて何回か出席した経験がある。これを遊びと呼ぶのは、持ち寄った具の奇抜さとか、口に入れてみるまで何を噛みだそうとしているのかわからないという、不安と期待とから生ずるスリルのためではなく、どうも食べながらの悪ふざけのためであるようだ。結局自分も食べるわけであるから、自分が珍味として秘匿していた具を持参することになるのだが、かつてどんな気味の悪い具を箸ではさんでしまったかという経験を披瀝して、才能はあるがまだ若造である同人をいたぶって楽しむのが、その主旨のように思えた。

「つるっとした丸いものをはさんでしまったんで、卵かと思ったんです。でも違うんですな。噛むとシコシコ固いんですよ、これが。あとでわかったんですが、山羊の眼球《めんたま》だったんですな」

「私も同じ体験がありますよ。私のはタヌキの金玉の片われでしたがね。うまかったですよ。精もついたようでした」

「そんなものは皆、どこそこの国で珍味として食されているものですから、ごちそうじゃないですか。ある闇汁会で私はワラジをつかまされて往生したことがありました」

やれヘビの舌だ、カラスの肢だ、馬の肛門だ……とその賑やかなこと。新米の若い同人の気味悪がるゲテモノを次々に話の具としてとり挙げて、闇の中でにたにた笑いさざめく老俳人たち。不気味な悪ふざけに驚きつつも、鰹節問屋を営んでいる同人が仕立てた汁が多種の珍味と融合しつつ煮詰まる食欲をそそる匂いに、つい箸を出してしまう食欲旺盛な若い同人たち。かく闇汁忘年句会は更けていくのであった。

旅——アメリカの大自然と歴史の旅——に、ぼくは今出発したところだ。で、なぜ闇汁など持ち出したのかだが……確かに、早くも脱線はしたようだ。だが、決してまだ横路にはいり込んでしまったわけではない。闇汁というのは、どういう料理をこしらえるのか、はじめに何の計画もない。したがって料理に参加している当人たちにも、その素材や仕上がったときの味の予想がつかない、まさにごった煮である。その具に統一はないが、たいていは美味に仕上がるごった煮である。したがって闇汁というのは、これから書いていこうとしている内容を収斂しているように思えるのだ。この旅はまさに、脱線、大脱線の繰り返しであったのだから。それでこれから書き綴ろうとしている雑文も、美味に仕上がるかどうかはさておき、まさに闇汁のごとき、素材に統一のないごった煮となりそうだ、ということを断ろうとしたのだ。

とは言っても、こんな料理ができないか、という理想は最初からないわけではなかった。黒船来襲直前のアメリカの、とくに太平洋をはさんで日本と隣接するアメリカ西部の状況を自然と人間のドラマとしてとらえ、それと今回の旅によって目撃したアメリカの現状との格差を、日本の現状をも加えて料理したいという壮大な理想があることはあった。

だがそんな壮大な理想を実現するのはなま易しいことではない、と感じてはいた。しかし不可能だと予測して行動を起こさないという人生を、もしぼくがこれまで送って生きてきていたら、ぼくはもっとましな人生を歩いてきていただろう。

人生は一つの旅にたとえられるが、人生においては一寸先は闇だ、と言われる。とすれば、旅においても、一寸先は闇である。であるから、一五〇〇年を超える時間を立体的に旅しようとすれば、それは一鍋の闇汁のごときものになることに間違いはない。

これを読んでくれた読者諸氏が、忘年闇汁の会にはじめて出席したときと似たような興奮と体験を味わってくれたら、著者にとってそれにまさる至福はない。

第2章　夢の果てた谷——現代

夏の真っ盛り、七月下旬だというのに、なぜ道路を縁取る雑草も広い野原一面に生い茂る野草も、草という草がすべて、日本の真冬のように枯れきっているのだろう？　しかも枯れ野の隣の果樹園では果物が熟れつつあり、そのまた隣の畑では穀物が穂を出している。

これが外国というものなのだ。外国旅行というものなのだ。日本に生まれ育った人間の常識に揺さぶりをかけて、逆さまの世界や九〇度回転した世界が存在する事実に目を見開かせてくれる体験が、外国旅行と呼ぶべきものなのだ。

ロッキー山脈からここ太平洋岸までの約一〇〇〇キロメートル、アメリカの西部の大部分、アメリカ合衆国の約三分の一の面積にあたる広大な領域は、砂漠なのである。その砂漠へとぼくは今、足を踏み入れ、その果てへと向かおうとしている。ここで、もう何ヵ月も雨の降った気配がないのは、正常な季節の移ろいなのだ。熟れつつある果物も、実りつつある穀物も皆、土ぼこりをかぶっていて、野の草は黄一色に枯れ、乾ききっていて当然なのだ。ここでは、日本とは逆で、野の草はわずかに雨の降る冬にだけ、青々とした植物としての精気を取り戻し、花を咲かせるのだから。

ぼくは約一時間前に、ベイブリッジを渡ってサンフランシスコをあとにした。飛行機より降り立ってすぐに旅行者たちの憧れの街、エキゾチックと表現されるあの街、サンフランシスコに別れを告げられるほど体調もよく、すべてが順調に運んだうれしさを噛みしめる——こう感じるのは、他人から〈ヘソまがり〉というあだ名を頂戴しているぼくの特徴の一つなのだろう。それに、うまい料理はあるが空気はまずい、賑やかではあるが、間断なくはじけつづける雑音に静寂を二四時間消滅させられたサンフランシスコと似た街、東京から、ぼくは逃げ出してきたのだ。東へと向かおうというのだ。かなたには、ぼくがまさにエキゾチックだと感じる土地が広がっている。この夏の盛りに枯れきったこの草原だって、サンフランシスコ以上に、ぼくにはエキゾチックに思える。それにかなた東方には、他の文明国が喪失してしまった原始の大自然がある。壮絶なる岩また岩の連なる、シェラネヴァダ山脈がある。何百キロも遠いかなたにある存在が飛びきたり、蜃気楼となってあるときは九〇度、またあるときは一八〇度宙返る、真っ白い大砂漠がある。屹立して雲をも押し戻す、ロッキー山脈がある。地球が球体であるという事実に頷かざるをえない、果てしない草の大海原があるのだ。

北上していたインターステイト80号線は、サン・パブロ湾に突き当たると北西に向きを変えて、キャリフォーニア州の州都サクラメントへと向かう。

長さが五〇メートル以上はあろうかと見える巨大な散水機が、シェラネヴァダ山脈から巨大なパイプで盗み取った水を撒きつつ畑の上を動いていく。だが作物は、見る間にまた土ぼこりに覆われていく。ブドウの葉という葉が厚い土ぼこりのひびのあいだから呼吸している。果物や野菜が、土ぼこりをひび割れさせて育ち、地面すれすれに、ここに住む白人女性の巨大な乳のごとく熟れ垂れ下がっている。土ぼこりの中に豊かさが実っている。ここキャリフォーニアは、聖書の中の表現を借りて、「ミルクと蜜の流れる」と呼ばれる土地なのだ。アメリカ人がゴールデン・ステイトと呼ぶ土地なのだ。

内陸へと這い進むにつれて気温が上昇し、肌が汗ばんできて、フロントガラスごしに顔に熱矢を射かけてくる太陽がうっとうしくなる。野菜や果実を満載したトラックがインターステイト80号線に流れ込んでくる。まさかサンフランシスコから約五〇〇〇キロ東のかなたのニューヨークまで、80号線をひた走り、運んでいくのではないのであろう。サンフランシスコより東に約一五〇キロの町サクラメント、今夜はここのモーテル泊まりとしようか、とぼくは考えている。もっとも、安いモーテルが見つかればの話だが。まあしかし、これに関しては、ぼくは天才的な嗅覚を持っている、と自負している。貧困家庭に生まれ育ったがゆえに身についた、ありがたい才能というべきか。まず何よりも、熱いシャワーを浴びて飛行機の旅の垢を落としたい。それにサクラメントに泊まれば、明日、初期のキャリフォーニアへの植民者たちの目的地であったサターズ・フォートおよび金鉱脈発見の地に建つ遺跡博物館を見物するのに都合がよい。

今回の旅では、できるかぎり文明の作り出したぜいたくを避けようと考えた。文明の利器は必要最低限利用するにとどめようと。正直に告白すれば、予算が乏しいのが主な理由。最初、自動車ではなく、馬かロバに乗って行けたらと考えたのだが、途中に横たわる不毛の大砂漠で飼料や水を手に入れる方法がない、と予想された。またコンクリートの街の連なりを越えて行くとき、必要な場所、必要なときに、飼料となる持主のいない草が生い茂っているほど世の中甘くはないはずだ、と。現代の街は、砂漠以上に砂漠なのだから。街の自動車が走る道路は徒歩で行く人間や動物には危険このうえないし、だからといって他に路もまずない。で、他人の敷地など抜けてゆこうとすれば、いつ、どこから銃弾が飛んでくるかわからない国なのだ。それに自動車のなかった昔と較べて、馬やロバは借りるのが面倒で、賃貸料も自動車と較べて高く、それに砂漠を通り抜けるなどと言ったら、まず貸してはくれない。あれやこれやで、結局、最もエコノミータイプの自動車をレンタルするしかないと覚るに至った。せいぜい、これまで登山でつちかった経験を生かしてテント泊まりを併用することが、文明への抵抗などとはとても呼べない、ささやかなる抵抗となった。

キャンプ泊まりをつないで行くのならキャンピングカーを借りようか、と考えたこともあったが、最も安いものでも最小型のレンタカーの数倍ものレンタル料を払わなければならないとわかった。そのように高額なレンタル料金を支払って、大きなエンジンを噴かせて、大量の排気ガスを撒き散らしながら一人で乗っていくようなぜいたく旅行をする余裕は、今のぼくにも、いつの時代の地球にもないのだ。

今度の旅で、街に泊まらなければならないときの予算は、一泊平均三五ドルと決めてある。前年、アメリカの西部を走り回ったときには、すべてモーテル泊まりだったが、一泊三〇ドル平均で済ますことができた。

クイーンサイズ・ベッド、シャワー、トイレ、湯の出る洗面用流しがあり、冷暖房完備の個室を取ってこの値段であがった。よく泊まったのはモーテル・シックス（日本のはモーテル・セックス、アメリカのはモーテル・シックス――自動車旅行者用のいわゆるモーター・ホテルを、アメリカではモーテルと呼び、目的を異にする日本のモーテルとは性格がまったく違うことは断るまでもないであろう）。このモーテル・シックスはアメリカ全土に六〇〇軒以上ものチェーン網を張りめぐらしたモーテルで、部屋の模様や設備はどこも同じか似ていて安心でき、最初に泊まったところでディレクトリーをもらえば、モーテルのある場所とそこへの行き方、それに値段もわかり調法だ。次の宿泊地が決まっていれば、予約もしてくれる。ワイオミングのララミーでは、一泊税金込みで二五ドルにもならなかった。次の宿泊地が決まっていれば、予約もしてくれる。またモーテル・シックスより五ドルから一〇ドル高く、モーテルというよりはインに近い、スーパー・エイトも、値段の割に良い宿だ。だがこれらの宿の宿泊料金も、稼ぎが悪いのに放浪三昧の日を送っているぼくの財布の軽さを計ると、決して安いとは言えない。で、もっと安い宿を捜そうとするとき、あるいは何とか財布に余裕はあるがこれら比較的安価なチェーンの宿がない町では、夕方五時ごろモーテル街を自動車でさっと流してみて、建物の見ばえが良く高そうなのに混んでいる（自動車が数多くパークしている）ところに飛び込めば、設備もきちんとしていて、値段も安いこと受け合いだ。旅行というのは個人でするものだと考えているアメリカ人は、払った値段にペイする以上の快適さが得られる宿の情報を貪欲に集めていて、そういう宿にわれがちに集まる傾向がある。だが注意しなければならないのは、こういうモーテルは、夕方六時前にそのあたりで最初に満室（NO VACANCY）になってしまうことだ。やはりこういう旅ではとくに、早寝早起きが必須となる。

ベッド、冷暖房、湯栓――このような文明国に住む日常の快楽を、非日常への脱出である旅に持ち込まなくてもよいと考える人間は、キャンプをつないでゆけばよいことになり、自然の美に触れる機会を大幅に増やすことができ、安上がりでもある。アメリカでは、国立公園内、州立公園内はもちろんのこと、自然の美しい場所にはかならずキャンプ場が設置されている。また人口が数万以上の多くの町にも私設のキャンプ場があり、電気や水道やシャワーまで利用できるようになっていて、もちろんモーテルに泊まるよりはずっと

サターズ・フォート

安価である。アメリカには一万六〇〇〇を越えるキャンプ場があり、キャンプ場のチェーンをアメリカ全土に張りめぐらしている企業までいくつかあるほどだ。しかし街中のキャンプ場にテントを張って、文明の騒音を聞きながら寝るのは、どうも気が進まない。気分がなにかみじめに曇りがちとなる。大自然の中にテントを張るのは、純粋な大気を吸いながら、静寂にくるまって安らかな眠りを貪るためなのだから。

サクラメント——アメリカ大陸発見以上の発見、とマルクスに言わせた黄金境の中心であった町。最初のアメリカ大陸横断鉄道の終着駅だった町。夢の宴の終了した町。何かにけつまずいたので見ると大きな金塊だった、などという噂を世界に向かって発信した中心地。今は旱魃のまっただ中に、サターズ・フォートの遺跡（前頁写真）を守って静まる町。

一八四八年、当時サクラメントは、サターズ・フォートあるいはサターズ・ミルと呼ばれたフォート兼工場を建てて住みつき、開拓と製材業とを行なっていたジョン・オーガスタス・サター一家と、彼の使用人である数人の白人と何人かのインディアン以外は、ほんのひと握りの開拓者しか住んでいない辺境の地であった。

この年、野に草の茂りはじめた一月二四日、ここではじめて白人によって金が発見された。間もなくその付近のいたるところに金が埋まっていることが判明するが、結局ここの金の鉱床は、シェラネヴァダの山麓沿いに幅約三〇マイル（四八キロ）、フェザー・リヴァーよりマーセッドあたりまで長さ約二〇〇マイル（三二〇キロ）の地域をカヴァーしていて、サクラメントはまさにその中心に位置していたのだった。

しかしながら、このニュースが東部にまで伝わったのは、その年の夏ごろであった。当時アメリカでは、金が出た話などいたるところにころがっていて、よくあるほら話の一つとしか見なされなかったのだ。したがって、この年はまだ一日労働すれば一人一ポンド（約四五三グラム）前後の金を採集することができた。だが翌一八四九年になると、尾ヒレで話が膨れていき、遂にはエルドラドー（黄金境）が地上に存在したのだとの噂にまで膨張して、それが国中を駆け巡った。かくして欲に駆られたフォーティナイナー（四九年者）と呼ばれることになった男たちをキャリフォーニアに津波のごとく呼び寄せることになり、もはや一日努力しても、一人一オンス（約二八・三五グラム）程度しか実際には採掘できなくなってしまうのだった。この年だけで、舟で約三万人、陸地を通って約二万五〇〇〇人が押し寄せ、「こんなにバッタの大群のように白人たちが西へと移動していくんだから、きっと東の方は白人がいなくなって、空になってしまっただろうな」とあるアメリカン・インディアンの酋長に言わせたほどであった。だが男たちの行列は、翌年以降もさらに長さを増してつづいたのである。当然、すぐに男たちの後を追って女たちが、まずフィフティファーストと呼ばれた娼婦たちが、一八五一年以降、大挙してキャリフォーニアに繰り込んでくることとなった。

こうして、シェラネヴァダ山麓はいたるところ掘り返され、その自然はたちまちのうちに完全に破壊し尽くされてしまうことになったのである。

確かに六〇キログラムを超える金塊が見つかったりしたこともあったので、間抜けで怠惰な男が何かにけつまずいたので見ると、大砲の玉ほどもある大きな金塊だった、などという話が伝播したりしたが、実際のところは、豊かな鉱床を掘り当てるという幸運のほかに、それを選鉱採取するという重労働を伴う仕事であった。アメリカの大自然を舞台に作品を書いた自然主義の作家ジャック・ロンドン（一八七六—一九一六）は、短編「すべて金の谷」の中で、金の採取に要求される労働の厳しさを描いているが、同時にジャック・ロンドンは、金によって強欲の炎に点火された人間の悲劇と、欲への執着の醜さとはかなさをも描き込んでいる。またW・V・T・クラーク（一九〇九—一九七一）は、いま一度ひと山掘り当てようとの夢を捨てきれず、二〇世紀半ば近くになっても、まだシェラネヴァダの山中をロバを連れて金を探し回っている男たちの物語を、何編も書き連ねている。W・V・T・クラークは、覚めやらぬ夢に取り憑かれた男たちを描きながら、実は、今は破壊されたアメリカの大自然の雄大さ、厳しさ、美しさ、偉大さへの鎮魂歌を描いているように、ぼくには思えるのだが。

こういう安らかで平和な気分に浸るのは久しぶりだ。朝から人間に出会っていない。鳥たちの歌声のすき間を抜けて降ってくる陽光をまだらに身に浴びながら、梢を渡る風と水の流れとが奏でる音楽に呼吸を、歩調を、合わせている。ここでは、不安も怯えも執着も欲も、すべて捨て去って、あるべき自分を確信することができる瞬間がある。巨大な松毬が落ちている。昨夜は、テントの脇でこの巨大な松毬を焚いて、その明かりでハワード・モスの詩を読んだのだった。

ここはシェラネヴァダ山脈（口絵写真1〜3）のまっただ中、険しいがゆえに欲の手の届かぬ聖域である。だがこの透明で清浄な自然の中で、そう遠くないぼくの背後に、ぼくの戻っていかなくてはならない不安が、怯えが、執着が、厳然と存在することをぼくにすっかり忘れさせない自然破壊の爪あとが這い登ってきている。

黄金の欲に憑かれた人間の頭に、自然保護が大切だなどという意識がはいり込む余地はない。あの時代に、この国に、もしぼくが生きていたとしたら、ぼくは確実にフォーティナイナーの一人となって、西へと押し寄せる無法な破壊者になっていたであろう。いや人間による自然破壊は、あの時代だけに特有な現象ではないのだ。現在の方が、地上のあらゆる場所で、より大規模に、発達した巨大な科学文明の爪で、破壊はなされているのだから。

膨張したメトロポリス、サンフランシスコに水道水を供給するパイプを敷設するために、山腹に切りつけた傷痕も痛々しい。山はいつまでこの傷の痛みに耐えていかなければならないのであろうか——人類の滅亡するまでか？　ぼくはあのメトロポリスで、このパイプを流れ下った水を身体とポリタンクに詰めてやってきた——自動車に乗って。ぼくは確実に、フォーティナイナーの後裔の一人である。すべての時間を富の獲得のためにつぎ込んで、ある程度それを手に入れたとき、フォーティナイナーたちは空虚感に襲われたのではなかろうか？　襲われたものが多々いたと、ぼくは確信する。そうだとすれば、その意味でも、ぼくはフォーティナイナーの一人である。豊かな時間を手に入れようと一心に励みはしたが、その結果獲得した物質に縛られ、物質の奴隷の身分に堕ちて、自由な時間を喪失してしまった現代人の一人のぼく。甘い感傷に耽溺しながら、今、現在、ひとときの豊かな時間を歩いている——生きることそのものが矛盾である現代人の一人のぼく。

氷河を縦柄に身に纏った優美な岩峰が、蒼天を分けて高く、高く立ち上がっている。あの神殿に登ってみたいが、ぼくに登れるだろうか？

天には雲一つないアメリカ晴れだった。

朝出発してから、もう何匹の鹿に出会ったであろう。何匹のマーモットに、ナキウサギに、ヤマアラシに……。

そのとき、ぼくは、シェラネヴァダの山奥深くはいり込んで、マーク・トウェインが「天使の息」と呼んだ美味しい空気を吸いながら、けもの路を歩いていた。突然、ぼくの目に、巨大な一頭のクマの姿が飛び込んできた。そのクマは五〇メートルほど離れたところで、頭を振り振り咲き乱れる花をむさぼり食っている。そう、ここはクマの国だったのだ。この州はベアーカントリィと呼ばれ、州旗にはクマが陣取っている土地だったのだ。一〇メートル以内でばったり出くわさなかったことに胸を撫で下ろしながら、ぼくはゆっくりと後ずさった。

ぼくはかつて日本の山で、ばったりクマに出くわしたときのことを思い出していた。

長野県の菅平高原の東、群馬県との県境にそびえる四阿山（二三三三メートル）の頂上を背に肩の附近を下っていたときだった。クマ笹が尾根の上につけられた路を埋めていて、しばらく行くと尾根は左に急カーブし、そこでクマ笹は消えて足首までの草原となっている。クマ笹から泳ぎ出ようとしていたぼくは、右手からひょいと尾根に登り着いたクマとばったり鉢合わせしてしまった。クマとの距離は七、八メートル。ぼくは大きなリュックサックを背負って上半身をクマ笹の上に現わして立ち止まり、クマは尾根の草地に輝くばかりに黒光りする毛並みの全身を見せて立った。目が合った。ぼくはリュックサックを肩からはずしながら、クマの方に向かって歩いていった。どうしてとっさにこのような行動をとったのか自分にはわからないのだが、ぼくは逃げないで、クマの方に向かっていく恰好になった。目が合ったとき、鷹が絶叫するように、「キーッ！」と一声叫んだクマは、ぼくが近づくのを見て顔をそむけ、「ガーッ！　ガーッ！」と吠えながら、登ってきたのと逆の斜面を、決して逃げるという姿勢ではなく堂々と、ゆっくりと下っていった。それまでぼくは必死になっていて、たいして恐怖を感じないでいたが、クマの横切った場所を突っ切り、その場所を背にしたとき、突如恐怖に襲われ、背後を振り返りながら駆け出した。クマに背を向ける位置に身を置くことになったとき、背後から襲われる恐怖に身が縮む思いで、山を駆け下ったのだ。

前方にいるクマなら、微力ながら戦い、追い払える可能性もある、とぼくはとっさに思ったのだろう。しかし背後から鉄板をも裂くつめで一撃されたら、確実におダブツだ、と。ぼくは休みなく一時間ばかり尾根を駆け下った。

「いかなる勇者も、三度ライオンを恐れる」というソマリアのことわざを、ヘミングウェイは短編「フランシス・マコーマーの短い幸福なる生涯」の中で書いている。「はじめてライオンの足跡を見たとき、はじめて咆哮を聞いたとき、はじめてライオンに対したときの三度」と。クマの野性もすざまじい。目を合わせたとき、「キーッ!」としぼり出したあの絶叫。道を譲りながらのあの「ガーッ! ガーッ!」という生命の底からの太い咆哮。それにあの太陽光線を透明な黒色に撥ね返す毛並みの輝き。その野性にぼくの甘い闘志は負けて、ぼくは山を逃げ下ったのかもしれない。

だがあのクマはなぜぼくに路を譲ったのであろう。考えられる答えはただ一つ——クマの目に、ぼくが巨大な怪獣に映った、ということであろう。

クマ笹と大きなリュックサックと髭、これらがぼくの身を救ったのであろう。ぼくの貧しい下半身は密に茂ったクマ笹が隠していて、クマの目には見えなかった。クマ笹の上を行く上半身には、身体からはみ出た大きなリュックサックが張り着いて、ぼくの嵩を数倍の大きさに見せていた。その張り切ったリュックサックの上には、人間離れした髭に覆われた面《つら》が乗っている。クマ以上の怪獣とクマの目に映ったのだ。クマに向かって歩いていきはじめたとき、ぼくはまだ、クマの足跡も、クマのすさまじい野性の咆哮も耳にする前だった。逃げたらぼくは、クマの目には怪獣ではなくなってしまう。あのとき、ぼくはまったく運がよかったのだ。

クマとばったり出くわしたとき、慌てて逃げてはいけないと、アメリカで買ったバックパッキングの本や自然の動物についての本に書いてある。クマとばったり出くわしてしまったときは、逃げずに、大きく胸を張って大威張りの姿勢をとり、胸をドラミングしたり、手を振り回したり、奇声を発したりして、クマに対してえらぶって見せるというのが、それらの本が教える方法で、これがクマを退散させ、クマの危害から身を避ける最もよい方法だという。だが、ぼくはまだ、クマの前で虚勢を張った威張った態度を取ってクマを退散させようとした経験はない。人間に対してそんな態度をとったことのないぼくが、そんなことをしたって効き目があるとは予測だにできはしない。しかしあれらの本を読んでから、周囲で威張っている人間を見るたびに、クマの前で一生懸命虚勢を張っている怯えた人間の姿に見えてしかたがない。

しょせんここシェラネヴァダは、クマの国なのだ。退散するのは侵入者であるぼく。自動車を近くまで乗り入れたぼく——加工品を食し、石油で作った服を着て、眼鏡を光らせているぼく——の方だ。ここキャリフォーニアはクマが髭面の男たちを見慣れていて、怪獣などとは決して見間違えることのない土地なのだ。

第3章　グリズリーの河(1)——一八二三年

（日本——文政六年、黒船来襲三〇年前。シーボルト、オランダ商館医師として長崎出島に着任。二年後、文政八年、江戸幕府異国船打払令を発令）

クマのなかでその体躯が最も大きな種は、グリズリーベアーだと考えられがちだが、それは間違いである。体躯が最も大きいクマは、北米大陸北部の亜寒帯に棲息し、体長三メートル、体重五〇〇キログラムに達するアラスカアカグマ（コディアクベアー）である。グリズリーベアーの方は、肩高九一～一〇七センチ、体長一八〇～二一五センチ、体重一五〇～四〇〇キログラムで、薄黄色から黒に近いダークブラウンのあいだにおさまる、いずれかの色の体毛が生えていて、体毛の先端が普通は白く、とくに背中の部分でそれが目立つため、灰色グマとも呼ばれている。グリズリーベアーが最も巨大な体躯をもつクマだと思われがちなのは、そう思われてしかるべき理由があるからであろう。

アラスカアカグマの方はその棲息地が狭い限られた地域で、しかも人間の住みにくい極北の地方であるのに反して、グリズリーベアーの方はかつてアメリカ大西部の広大な地域のいたるところに、多数棲息・徘徊していたため、人間と衝突することが多く、その何ものをも恐れぬ狂暴な性格のため、人間に危害を加えたり、人間をむさぼり食ったりする事件が語りつがれてきている。本当に恐ろしいのは、目に見えないもの、つまり細菌とか、ヴィールスとか、あるいは人間の心に増殖する憎悪とか狂った信仰なのだが、人間は恐ろしいものを大きなものと錯覚する傾向がある。グリズリーベアーが最も巨大な体躯をもつクマだと思われがちなのも、その狂暴な性格が大いにあずかっていると思われる。実際、物語やノンフィクションや映画・テレビなどにグリズリーベアーが登場するとき、決まって体長三メートル、体重五〇〇キログラムと少々オーバーに紹介されることになっている。未開のアメリカ大西部に初めて足を踏み入れた白人ハンターたちは、その姿から最初ホワイトベアーと呼んでいたが、その後、その狂暴で、獰猛な性格に手を焼いて、誰かがエフレイム親父と呼んだ。エフレイムというのは旧約聖書に登場する人物で、「エフレイムは偶像と結婚した」という一節が聖書にあるところから、この呼び名の真意は、〈だから近づいてはならない、ほうっておけ〉という意味であろう。その後、マウンティンマンたちも畏敬の念をこめてこの呼び名を使うようになっていった。

とにかくグリズリーベアーは未開のアメリカ大西部の主であり、王であって、このクマに対抗できる動物は他に棲息してはいなかったので、他のいかなる生物にもわずらわされることなく、荒野を独占・徘徊していたのであった。この時代のグリズリーベアーはまだ銃の恐ろしさを知らなかったので、彼らの子孫がそうした方がいいと学んだように、人間を避けるなどという姿勢は少しももたず、出会えば狂暴な性格を丸出しにして攻撃を仕掛けてくるのが通例であった。先住民であるアメリカン・インディアンたちにとっても、グリズリーベアーとの戦いは、敵対する部族の勇者を打ち負かすよりもはるかに勝ち目の薄い死闘であって、もし運よくグリズリーベアーを倒すことに成功しようものなら、それは偉大な勇気と能力の持主であることの証明となったので、彼らは殺したグリズリーベアーの爪をビーズのように紐につないで首飾りとしたり、あるいはその他の身につける装飾品に結んだりして誇示したのであった。現在も残るインディアンの男たちの写真には、グリズリーベアーの爪を使った装飾品を身につけた酋長の姿が、かならずといってよいほど写っている。ただグリズリーベアーの爪は普通一〇センチもの長さがあるため、その知識がないと、たとえ爪を繋いで作ったネックレスが酋長の胸を放射状に広く覆っていても、その材料がクマの爪だとは気づかぬことになる。クマの振るう張り手は想像を絶するほどの力のこもったもので、これがクマの最強の武器なのであるが、武器の中心をなすのはこの鋭く堅固な爪である。その爪がグリズリーベアーの三分の一以下の長さしかない日本に生息するクマでさえ、軽く一撃でカン詰を空けて中身を平らげてしまうほどなのであるから、

ビーヴァー

日本のクマの三倍もの長さのあるグリズリーベアーの一〇本の爪が、巨大な獣の野性の力で振るわれたとき、いかに強力な武器となりうるかは想像に難くない。ちょっと撫でられただけでも、頭の皮など毛ごと剥ぎ飛ばされてしまう。

一八二三年、アメリカ独立の四七年後、ルイジアナパーチェス（一八〇三年、時の大統領トマス・ジェファソンがミシシッピー・リヴァーからロッキー山脈までの広大な領域をフランス皇帝ナポレオンより買い取った取引）から二〇年後の七月二三日。入植者たちの住む最も近い町から一二〇〇～一三〇〇キロ、フォート・カイオワから約五六〇キロの未開の大西部のまっただ中。ロッキーマウンテインファー・カンパニーに雇われた一三人のマウンテインマンたちは、隊長のアンドリュウ・ヘンリーに率いられて、現在のサウスダコタ州北西部のグランド・リヴァーの近くを歩いていた。彼らは当時ヨーロッパで爆発的に流行していた帽子の原料となるビーヴァー（写真上）の毛皮を、ビーヴァーを捕獲して手に入れるため、猟場であるイエローストーン・リヴァーへと向かう途中であった。

当時このあたりは、アリカラ族など闘争的で白人を敵視するアメリカ先住民が住んでいて、白人の姿を見つけるとしつこく攻撃を仕掛けてくる土地であった。前日には、二人の隊員が殺され、他に二人が負傷する戦闘がアリカラ族とのあいだにあったので、隊長のヘンリーは隊員たちに、隊から離れず全員一丸となって前進するよう指令を出していた。たとえ隊を離れなければならない用事を命じられたときも、二人一組となって行動するように、と。

この日、ヘンリー隊長は、ヒュー・グラスともう一人の隊員にペアーになって食料のための獲物を狩るよう命じていた。

急いで脱出しようとしているこういう地域で、銃を撃って狩りをするのは、敵にこちらからわざわざ居場所を知らせる行為となる。しかし半年あるいは一年、ときには数年も、白人の住む町に帰ることもせず大原野に留って毛皮の収集に携わっていたマウンティンマンたちは、食料のほとんどすべてを狩りに頼っていた。夏の温度の高い季節には捕獲した肉は天日で乾燥しジャーキーにすれば保存できたのだが、殺したばかりの動物のまだ血のしたたっている肉こそ、種類の乏しい食事から必要な栄養分を摂取するために不可欠な、入手可能な唯一の食品であった。新鮮な生肉には、他には野菜でしか取りえない栄養分も含まれていたし、それに荒野では手に入れにくい塩分さえ含まれていたのだ。

ヒュー・グラスは当時三〇歳代後半の男で、船員をしていた若いときには海賊に捕まって監禁され、その後一味に加わって海を荒らし回ったり、またアメリカン・インディアンのポウニイ族の部落で四年間も彼らと共に暮らしたりしたことのある経歴の持主で、隊長の命令など聞き流して勝手気ままな行動をとる、粒ぞろいの生命知らずがそろったマウンティンマンの中でも、とくに際立った荒くれであった。

川沿いの草地の中を胸まで埋めて進んでいたグラスは、野生のスモモが一面に実っている低木の茂みに行き当たり、この好物を口にほうり込みながら茂みの中へとはいっていった。このときグラスは巨大な牝のグリズリーベアーの方角に向かって一直線に歩いていくことになったのを知るよしもなかった。一方、一歳ほどに生長した子グマを二頭連れたグリズリーベアーは、あたりに生える草花や果実を食べながらじゃれ合っていて、風下から近づいて来る人間の臭いに気づかないでいた。母グマが異様な感にうたれてすっくと立ち上がったとき、見たことのない背の高い二本足の怪獣が、胸から下を灌木の中に隠して立ち止まり、気味の悪い目で睨んでいた。

ヒュー・グラスがスモモを摘み取ろうと手を伸ばしたとき、突然七、八メートル前方の草が揺れて、まるで海の深みから浮上する鯨のように、巨大なグリズリーベアーが緑の灌木の海の上に浮上した。背丈は三メートル、体重は五〇〇キロもあるかと見え、天を見上げた頭部の頂天で、怒気を吐く口が赤く燃えていた。グラスは即座に、逃げる余裕はない、と覚った。グリズリーは草の中を影のごとく飛んで、グラスの正面一メートル近くまで走り迫ると、後ろ足で立ち上がった。クマの攻撃の武器である鋼鉄をも裂く爪をそれぞれ五本ずつ埋めた左右の掌を、空手チョップのごとく振るうには、クマは後ろ脚で立ち上がらなければならないのだ。グラスは頭上から見据えられる恰好になる直前の、この一瞬のスキを逃さず発砲した。

銃声に首を一振りしたクマは、太い咆哮を発しつつ左、右とクマ掌《で》を振るった。一振り目が銃を巻き上げ、二振り目がグラスの咽喉をかすった。あお向けに倒れたグラスの上にのしかかってきたグリズリーベアーは、グラスのモモ肉を一噛み食いちぎると、それをくわえて待っている子グマの方へと戻っていきはじめた。ふたたび空が見えたとき、グラスは片膝と両手をついて身を起こし、這って逃げようとした。灌木の揺れる音を聞いたクマは、振り返るや戻ってきて、ふたたびグラスの上にのしかかり、突き出して身をかばったグラスの腕を噛み通した。グラスはクマの歯が腕の骨に当たってきしる音を聞いた。ますます狂暴さを増したクマは、次にグラスの肩にかぶりつき、掌でグラスの振り動かす頭を撫でた。グラスの側頭部の皮が、毛ごと削られて飛んだ。

そのとき銃声が一発響いた。しかしこれはグラスの相棒がグラスをリンチしている母グマに向けて撃ったものではなかった。母グマの狂態に隠しもつ狂暴さを呼び覚まされた子グマが、母グマの躁狂に加わろうと走り出したとき、グラスの相棒が銃声を聞きつけ走ってきて、子グマと鉢合わせするはめになったのだ。相棒は子グマに追われて川の中へと、胸まで漬かる深みに逃げ込んで、そこから振り向きざま、水にひるんだ子グマに向かって発砲した。ずたずたに引き裂かれつつあるグラスが聞いたのは、その銃の発射音だった。グラスは死の足音を聞いた。死の足音の中に、仲間の隊員たちの駆ける足音がはいり込んできた。

「アッチだ!」

川を赤く染めて横たわった子グマのかなたの深みから、グラスの相棒が銃を振って指し示す方向を目指して、彼らは走っていった。グラスを引き裂いていた母グマは、とり囲んだ髭面で二本足の、文明世界が生んだ怪獣を睨んで立ち上がった。

グリズリーは両腕をすぼめて腹の底からのうなり声を発しつつ、怪獣たちの輪に突進しようとした。男たちの銃がクマの咆哮に和していっせいに鳴った。クマは弾丸の突き刺さった傷穴を一つ二つと噛みながら、グラスの上に倒れた。

巨大なグリズリーベアーの下敷きになったグラスは、仲間によって助け出されたとき、人間の姿を喪失して、自ら流す血の海の中を、泳ぎもがいていた。見下ろす仲間たちの目に、わずかに彼の身体に巻きついているシャツの切片が、彼がかつて人間であったことを語っていた。仲間たちは、彼が負った骨を露出する傷を、暗い目で数えていった。そのどれか一つだけでも彼の生命を終わらせるに充分な致命傷に見える深傷を、彼らは一五まで数え上げることができた。その一つ、咽喉仏を剥き出しにした傷からは、グラスが力なく呼吸するたびに、血が間欠泉のように吹き出していた。

手のほどこしようもなかったが、ほどこすべき手など、この荒野であるわけはなかった。医者のいる最も近い村までは一二〇〇キロ余りもあり、白人の駐在する最も近いフォートでさえ、五〇〇キロ以上のかなたであったのだ。

「誰か、傷薬をもつ者はいないか?」

ヘンリー隊長が翳った隊員たちの顔を見回した。

「これならありますぜ」

仲間の一人が栓を抜いた瓶を差し出した。それは彼らが万病の薬と見なしているウイスキーの瓶であった。

その水薬を受け取ると、ヘンリーは、一瞬躊躇したあとで、瓶を傾けてグラスの口に中身を垂らした——死に水のつもりで。グラスの身体がけいれんした。ウイスキーが咽喉の傷にしみたのだ。

「いちおう繃帯をせにゃなるまいな」

ヘンリーはつぶやき、〈むだだろうが〉という言葉を飲み込んだ。

彼らはシャツを何枚か引き裂いて、グラスの傷に繃帯を巻きはじめた。グラスはそのあいだにも息をひきとりそうに見えたが、傷にぶかっこうに布切れを巻き終わったときになっても、まだ細々と息をしつづけていた。

事件が起こったのは午後だった。

「今日は、あそこにキャンプを張ることにする」

ヘンリーは近くの川沿いの草地を指さした。〈明日は朝、墓穴を掘ってから出発することになるな〉と、キャンプを張りながら、彼らは互いに目でそう語りあった。

だが翌朝、起き出した仲間たちが集まってきてグラスを見下ろしたとき、グラスはまだ間欠的に呼吸をくり返していた。傷にかぶせた繃帯は血糊が浸み出し、赤黒くこわばっていた。出血は止まっていたが、それはグラスの体内にはもう血液が残っていないからだ、と仲間たちは考えた。それに高熱を発し汗をかいていたので、いよいよ〈死に汗〉を出したか、と見てとった。だがグラスの呼吸はなかなか止まなかった。

包帯に埋まった死につつあるむくろを見下ろしながら、ヘンリーは考えていた。動かせば悲鳴を上げるこのような瀕死の怪我人を、運び連れていく手だてはない。といって、グラスに死が訪れるまでここに駐屯するのは、危険そのものだ。アリカラ族に居場所を嗅ぎつけられたら、隊員全員が頭の皮を剥がれ、グラスと同じ運命に陥る危険にさらされることになる。今は荒野の掟にしたがう以外に方法はないだろう、との結論に、彼は達した。

この大荒野に住むアメリカン・インディアンは、狩りや敵対する部族との戦闘などのための遠征の途中で、仲間が病気や怪我に倒れたとき、彼らを、川や泉の脇に草の床をしつらえて寝かせ、寒さを防ぐためのバッファローの毛皮と、当座の食糧として少量のジャーキー（バッファローの肉を天日で乾燥した保存食）を残して、全員立ち去ってしまうのが掟だった。これが彼らにとっては全滅を避けるための唯一の方法だったのだ。こういう状況に仲間が陥ったことから名づけられた場所が、そう考えなくては不可解としかいいようのない名づけかたをされた場所が、アメリカにはいくつとなく残っている。たとえば、かの有名なインディアン虐殺の地であり、現在はインディアンたちの聖地ともなっている、ウーンデット・ニー（膝の怪我）などは、その一つである。

こうして残された病人や怪我人が回復して、自力で部落あるいは元の部隊に戻れるかどうかは、本人の運と努力にまかされることになる。しかしたとえ運よく回復できたとしても、仲間のところまで無事に生還できるとは限らない。この大荒野に生まれ育った住人たちにとってさえ、食糧も持たず一人この未開の荒野を旅するのは、危険この上ない、ほとんど不可能と言える行為だったのである。原始の自然の掟は、それほどに厳しいものなのだ。

「ここに隊員を二人残していこうと思う。オッサンを看取ってやろうと思う、優しい心の持主は、申し出ろ。さあ、誰か……？」

集まった隊員たちを前にしてヘンリー隊長が言った。ヘンリーはこの土地の先住民たちのもつ剛毅さは持ちえなかったのであろう、グラスを残して出発する決心はつけたものの、この土地の掟を完全な形で踏襲することはせず、二人の見届け人——グラスの死の——を残していけないか、と考えたのであった。しかし見知らぬ人間と見れば攻撃を仕掛けてくるアリカラ族の群がる危険この上ないこんな場所に、瀕死の怪我人をかかえて、居場所を移動して所在を発見されるのを防ぐという唯一の手段も禁じられたまま、居残ろうとするものなどいるはずはなかった。残ることとは死ぬことと同義だったのだ。

「残るものには、一人あたり四〇ドルの報奨金を出すことにする。だから誰か残ってやらんか？」

だが隊員たちは、グラスの悲惨な姿にしかめた視線を投げるだけで、誰一人名乗り出ようとはしなかった。

「このまま仲間であるオッサンを一人で死なせて、かわいそうだとは思わんのか。せいぜい一日、いや一時間か二時間の辛抱じゃないか」

お互いに目をそらし合ったままの沈黙がつづいた。やがて沈黙の中に、呟きに似た声が湧いた。

「おれが、残ろうか……」

声の主は、隊で唯一のティーンエイジャー（一八歳）で、仲間たちから鼻垂れ小僧、アオニサイ、フニャマラなどと呼ばれ、からかわれている、ジム・ブリッジャーだった。

当時、四〇ドルは大金で、一人前の男の数ヵ月分の稼ぎに相当する額であった。だが、マウンティンマンの代表の一人として、アメリカ西部の道案内人として、さらにはフォート・ブリッジャーの設立者として、西部開拓史においてその偉業を讃えられ、現在、山や川や湖にその名が冠されて、ブリッジャーという名を遺している、これも、その後、伝説の男の一人となったジム・ブリッジャーが、四〇ドルという金に目が眩んで名乗りを上げたのでないことは確かであった。すべては生命あってのもの種だということは誰にでもわかっていたことだし、それに当時アメリカの大西部は、生命さえ保てれば無限の可能性が埋まっていた場所だったからだ。

「鼻垂れ小僧が残るんなら、おれが一緒にいてやらずばなるまいな……」

そういって名乗り出たのは、ジョン・フィッツジェラルドであった。ジム・ブリッジャーだけでなく、ジョン・フィッツジェラルドも、その場所がグラスの死に場所になるだけではなく、自分たちのそれにもなるかもしれない、との覚悟を決めての決断ではあったのだろうが……。


仲間たちが地平線のかなたに沈むのを見送ったブリッジャーとフィッツジェラルドは、川から水を汲んでグラスの唇に押しつけたり、手拭を濡らしてグラスの頭に載せたりした。二人は乾燥肉を食べ、あたりを警戒する以外に他に何もすることとてなく、グラスが息を引きとるのをただひたすら待った。

だが、グラスの息は次の日の朝になっても、まだつづいていた。二人の目に、グラスの容態は前日と較べてよくも悪くもなっていないように見えた。こんな状態がまだつづくとすると、アリカラ族に見つかって、確実に殺されることになってしまう、という不安が二人の死亡見届け人の心の中に芽生え、大きく育っていった。

三日目の夜が明けたが、グラスは前日と変わらず、今にもあの世に移住しそうな容態ではあったが、まだ一つの呼吸が次の呼吸を呼び出しつづけていた。フィッツジェラルドの不安が我慢の限界を超えつつあった。

「おっさんどっちみち死ぬ人間なんだ、遅かれ早かれな。おれたちを道連れにする権利はあるめぇ。こんな無駄な時間つぶしをしていたら、おれたちゃ間違いなくインジュンに頭の皮をはがれちまうぜ。おれはもう下りることに決めたでな」

「だってまだ死んだってわけじゃねえんだから、おっさん一人ここに残して去ってしまうわけにはいかねぇよ」

「おまえだって、まさかおっさんがまた立ち上がって、あのごっつい脚で歩けるようになるなんて信じちゃいめぇ。どうなんだ？」

「そりゃそうだが……」

「じゃ、死んだも同然じゃないか」

この問答が、二人の心の中にあるアリカラ族に見つかって殺されるのではないかという不安と、それを避けて何とか生き延びたいという本能的な欲求から、フィッツジェラルドの勝ちに傾いていくのは当然の成り行きであった。その夜、二人はグラスの横たわる川沿いの場所から立ち去った。

「何をしているんだ、ジョン？」

立ち去る前に、フィッツジェラルドがグラスの持ち物を集めているのを見て、ジム・ブッリジャーが訊いた。

「もらっていくに決まってる」

「でも、もしおっさんが死ななかったら……ジョン、あんた本物の殺人を犯したことに……」

「死ぬに決まっている。誰だって一目見りゃわかることだ。死人にゃ道具は必要ねえ」

こうしてジョン・フィッツジェラルドは、立ち去るとき、グラスの持ち物のうち、荒野で生き抜くための必需品である道具――銃、火薬、弾丸、トマホーク・ナイフ、その他火をおこす道具まで――を持ち去ってしまったのであった。それらのうちとくに銃は、マウンティンマンにとっては唯一無二の相棒で、彼らは自分の銃に愛称をつけて呼びかけ、手入れを怠らず、夜は抱いて寝ることで、この危険な地域で安心して眠ることのできるほどの、自分の生命の次に大切な宝であった。次にナイフは、殺した動物の皮を剥いだり、肉を切り分けたり、自分の爪を削ったり、その他にも多くの道具の代用をなす、日常生活に欠かせない万能の道具であった。フィッツジェラルドは、仲間を置き去りにしただけでなく、万一仲間の生命が尽きない場合は、仲間が自力で生き延びて自分たちの罪を明らかにできないよう、その手段までをも奪っていってしまったのである。

翌朝、仲間が自分を見棄てて逃げ去ったことを知ると、グラスは立腹のあまりふたたび高熱を発し、やがて譫妄状態に陥った。こうして今度こそ、グリズリーベアーがやり残した最後のとどめを刺されることになったと思われた。

しかしその日、彼は息を引きとらなかった。その夜は、夏にしては異常に寒かった。その寒さの中で、彼は夢を見ていた。夢の中で彼は、やはり脚を怪我して、痛みに堪えつつ横たわっていた、過去の一場面にふたたびいた――

場所は暮らしていたポウニイ族の部落のティーピーの中。ティーピーの中央で火が燃えているのに寒い。このとき一緒に暮らしていたインディアンの女を捜してティーピーの外を覗くと、外は吹雪いている。その中を、すべての雪礫の影を凝縮したような暗いものが、こちらへと、這行してくる。やがてそれが、自分と共に山で落石に遭って、右の前脚と後脚を複雑骨折し、生きているかぎり歩くのは絶望だと誰もが見なした、自分の愛犬の姿となった。その犬が、左の前後脚だけで、雪の中を必死に歩いているのだ。身震いをしたが、それが寒さから発したものなのか、驚愕から発したものなのかはわからなかった。犬は、数週間もすると、左の前後脚だけで走りはじめ、遂には以前と変わらぬスピードで走り回れるようになっていった。寒風が内に吹き込むのを防ごうとティーピーの入口の布を引くために手を上げようとして、グラスは傷の痛みに目が覚めた。彼はただ一人、降るような星の下に、自分が見棄てられて横たわっていることに、ふたたび気づいたのだった。

——その一こま、一こまと、それを目にしたときの驚愕を、グラスは追体験していた。身震いをしていた。

夢から覚めると同時に、銃を求めて手さぐりした。次にナイフを求めて……彼の目がかっと見開かれ、その目に久しぶりに力が戻っていた。彼は動く方の手で水をすくって唇に運んだ。自分を置き去りにし、愛用の銃を奪ったものたちに対する怒りがふくれ、復讐への決意として固まりつつあった。翌朝、太陽が昇ると、グリズリーベアーと出くわしたとき摘んで食べていた野生のスモモが、あたり一面に実り、風に揺れながら輝いているのが見えた。グラスは大怪我をしていない方の腕を伸ばし、スモモをむしって口に入れた。噛みながらグラスは呻いた。何とか噛み潰すことはできても、そのジュースを嚥下するのが不可能に思えたのだ。噛み咽喉の傷を揺することになり、痛みで気絶するかと思われたのだ。しばらく躊躇したあとで、彼は目を固くつぶり、拳を握って、強引に飲み下した。彼の目から涙が噴き出し、彼の身体が、口から漏れる呻き声に合わせて痙攣し、周囲のやぶを揺すった。その日、呻き声とやぶの揺れが、日暮れまで断続的につづいた。

こうして彼は数日を過ごしたが、前進できるほどの力は育ってはこなかった。ただ復讐の決意だけがさらに大きく育っていった。「アヤツラヲヒネリ潰シテヤル前ニ、クタバッテナルモノカ!」、そう彼は呟きつづけた。

さらに数日後、金属の鈴を振るような音を彼の耳がとらえた。彼の右手が尖った石を摑んでいた。ガラガラ蛇のお通りだ、と姿を見なくてもわかったのだ。痛みによる呻きを飲み込みつつ頭を持ち上げると、小さな獣か小鳥を飲み込んで頭部をふくらませ、動作のにぶくなった大きなガラガラ蛇が、手のとどくほどの先を這っているのが目にはいった。彼は呻きをほえ声に重ねて吐きつつ、握った石を蛇の頭部目がけて打ち下ろした。蛇は石にコイルのように巻きつこうとしたが、彼はそうさせず二度三度とその頭を打った。

蛇の肉を片手でむしりながら、ナイフがあればと願う気持が、フィッツジェラルドとブリッジャーに向けた復讐心をさらにふくらませた。噛みに噛んだ蛇の生肉をグラスは咽喉の奥に流し込もうとした。グラスの咽喉の傷が痙攣していた。呻き声を漏らしながら、グラスの肩が怒りに震えた――「アヤツラノ畜生メ、ヒネリ潰シテヤラズニオクモノカ」

グラスはすくって口に入れた水といっしょに強引に生肉を呑み下した。目から流れ出た涙が、口に流れ込んだ。

翌朝、グラスは蛇となっていた。動かすことのできる片腕、片脚だけで匍匐しはじめたのである。直立した人間の胸にまで届くやぶの中を泳ぐように這って、フォート・カイオワに向かって出発したのである。手をひとかきして、痙攣しつつ呻き、足をひと蹴りして、激痛が退くのを待ち……この日、グラスは、五〇メートル進んで、日暮れを迎えた。

フォート・カイオワまで約五六〇キロ、このペースだと三〇年以上かかる。

フォートは「砦」と日本語に訳されることが多いが、この時代のアメリカ西部のフォートは、日本の出城あるいは敵の来襲を見張ったり防いだりするための武士や軍人の駐屯地のような場所ではまだない。時代が下って、アメリカの大西部に植民がはじまり、アメリカの先住民たちとの、土地その他をめぐっての争いが頻発した時代になると、白人保護とアメリカ先住民征服のための軍隊が駐屯する前進基地となったものが多かったが、初期のフォートは、未開の原野で毛皮の収集をしたり、そこを通行する人たちに必需品――弾丸、衣類、食料、嗜好品など――を販売したり、捕獲した毛皮を集積したり、買い取ったりする施設であるものがほとんどであった。ヒュー・グラスを見棄てて立ち去った二人のうちの一人、ジム・ブリッジャーはビーヴァーが取り尽くされてしまったあとで、陸路による西部移民の主道となったオレゴン・トレイル沿いに、フォート・ブリッジャーと名づけた、大荒野を移動する人たちの必需品の供給基地を営んだが、ワイオミング州の80号線沿いに、再建されたその史蹟が今も残っていて、公開されている。ここはいずれ書くことになる植民のエピソードにおいて、一つの舞台を提供する場所となる。

その後、手当の効果もあり傷の痛みが徐々に軽減するにつれて、グラスの匍匐前進のスピードはすこしは上がったが、背後に追いやった距離はあまりにも少なく、前方には気の遠くなるような果てのない荒野が広がっていた。それに四つ足の獣よりもさらに低く伏せて地面を這うという移動姿勢は、まことに危険にみちたものであった。自分ではそれと気づかないうちに、敵対するインディアンの部族に、あるいはグリズリーベアーに、先に見つかってしまう危険があった。そうなれば、このような姿勢のグラスは、手もなく捕らえられ、殺され、頭の皮を剥がれてしまうことになろう。その後、彼は、フィッツジェラルドが奪い忘れていった刃物を一つ、財布の中に見つけた。それは、ただ一枚のカミソリの刃で、インディアンやグリズリー相手では、とても武器と呼ぶことなどできない化粧道具にすぎなかった。グラスは、「立ち上がることさえできれば、地面にころがる石や棒が使えるのだが……」と呟いては、自分を見棄て、自分に死の引導を渡していった仲間の顔を、頭の中でひねり潰しつつ、呻いた。

グラスは、二本足で立つということが、人間にいかに有利な生存の条件を提供しているかを、身にしみて覚っていた。頭がつねに高い位置にあることで、遠くから危険を察知でき、回避の手段を講じることが可能となる。手に持つ棒を振るうときも、全身の力を利用して自在に振るうことができる。グラスは立ちたいと思い、木にしがみつき、腕に全身の力を集めて立ち上がった。だがそれが彼にできるすべてで、歩くことはもちろん、つかまった木から手を離すことさえできなかった。

寒い、凍みる夜がつづいた。八月の半ばを過ぎていた。

マーク・トウェインは、「自分が経験した最も寒い冬は、ミネソタの夏であった」と例の調子で語っているが、グラスが匍匐していた場所はミネソタと緯度的にも変わりのない西隣の州で、気候もほとんど変わりない低温で知られた土地であった。大陸の内部奥地の気候はときにまことに厳しく、温暖な島国に住む日本人には想像を絶するものであるときがある。何年かに一度にせよ、夏に、今舞台となっている場所よりずっと南のデンバーあるいはその付近で、数十センチもの降雪のため交通がマヒしている、と報じるアメリカの新聞記事を、日本の新聞が転載しているのを見ても——。

グラスは重い毛皮を背負って這えるほどの体力はなく、置き去りにされた川沿いの場所にそれを置いてきてしまっていたので、まったくの着のみ着のままであった。氷雨が降り、寒い風が吹き、傷にしみて痛んだ。口にした食べ物も、蛇を飲み込んで以来、摘み採った野生の果実と、インディアンに教わった方法で掘り出した草の根だけであった。体力は尽き果てつつあったが、眼光だけは鋭く輝いていた。グラス自身は気づいていなかったが、生涯のうちで、このときほど、自分が生きているという生存感に、痛切に満たされていたことはなかったのだ。

このような原始の荒野では、銃を携えて馬に乗った人間でさえ、つまり遠くを見渡すことができ、大抵の動物より速い脚で獲物を追跡でき、文明の利器を使って狩りのできる人間でさえ、運が悪いと何日も食料になる獲物が見つけられず、仕方なく乗っていた馬を殺して食べたとか、またこのときより数十年後、西部を目指して大遠征の旅をした植民者たちが、飢餓に襲われ愛犬を殺して丸焼きにして食らったなどという話が、数多く語りつがれてきている。だがグラスには犬はいなかったし、馬は連れ去られてしまっていた。それに銃もなかったし、それよりも何よりも、遠くから獲物を見つけられる二足歩行さえできないでいた。食用となる草の根を掘るためには、あまり不利な姿勢ではなかったかもしれないが、しかし草の根を見つけるためには、二足歩行の姿勢の方がはるかに有利であることに間違いなかった。それに肉を主食として生きてきた彼にとって、肉こそ失った大量の血液の補充のためにも、匍匐のスピードを早めるエネルギーを生成するためにも、必要不可欠な栄養源であった。

九月になった。いよいよ寒さが厳しさを増してきた。グラスはまだ毎日、一心に地面を這っていた。一日に二〜三キロ進めるようになっていたが、フォート・カイオワはまだ気の遠くなるほどの遠いかなたであった。「一ヵ月かけて三〇キロほども進んだか。フォート・カイオワまであと約五三〇キロ」と彼は計算を、口に出して行なった。

数日後のその日、前方からオオカミたちの唸り声が近づいて来つつあった。匍匐の動作を止めて一瞬耳を傾けたグラスの目が輝きを増してゆき、口にかすかな笑みが泛かんだ。オオカミたちの群れが狩りをしている最中だとわかったのだ。グラスは右手を挙げて木の幹を摑むと、身体を起こし、膝をついて立ち上がった。まさにそのとき、オオカミの群れに追われた、生まれてまだ四、五ヵ月の子供のバッファローが、グラスの方に向かって逃げてきた。見たこともない異様な動物が、突如仁王立ちになったのを見て、子供のバッファローは本能的に立ち止まり、一瞬、あと戻りしようとした。そのとき、飢えたオオカミたちに追いつかれ、飛びかかられ、引き倒されていった。

バッファローに群がり、むさぼり食うオオカミたちをじっと眺めていたグラスは、やがてカミソリを財布からとりだすと、それを木にあてがってこすり合わせはじめた。何の変化も起きなかったが、彼の確信に満ちた手つきは、一瞬も中断しなかった。やがて、かぶせた鳥の羽根と揉んだ枯れ草の穂の中から、かすかに煙が生まれ、煙の帯が太くなってゆき、焰が立った。

グラスが右手に持った即製の松明を伸ばして、あたりに落ちているバッファローの糞や枯れ草に火を点じながら、バッファローの柔肉をむさぼり食うオオカミの群れの中に這い込んでいったとき、オオカミたちは獲物を半分ほど平らげていた。彼らの飢えは軽減されつつあったが、もしそのままむさぼり食わせていたら、太い骨と皮以外、すべて食い尽くしてしまっていたであろう。

このときグラスが二足歩行をしていなかったことが、二つの点でグラスに有利に働いたことになる。一つは這行しかできなくて動作や行動が遅いため、オオカミに飢えを満たす時間を与えたことである。他は、もし二足歩行をしていたら、この短気で空腹な人間は、ただちに棒切れを振るってオオカミの群れになぐり込みをかけていってしまい、勝ち目の薄い危険な死闘に飛び込んでいくことになったであろうが、自分の身体の状態のみじめさを日々思い知らされていたため、オオカミが恐れる火を燃やすという工夫をしたことである。

グラスは先端で火の燃える数本の棒の束をオオカミの目に近づけて振るった。オオカミは唸りつつ、いつでも攻撃に移れる距離まであとずさった。だが彼らは気味の悪い、吐き気を催させる目をした、異様な姿の餇畜動物が火を振る姿に、自分の腹のふくれ加減を考えて、生命を賭して突進していくのをしばらく控え、とり囲んでスキが見つかるのを待った。この餇畜動物は赤い炎を眼玉の表面でも燃やして、オオカミたちの足もとの草に次々に火を点じていった。グラスはこのとき、火を焚くことによってインディアンに居場所を知らせてしまうことから生じる危険よりも、肉を食べないでいることによって体力が枯渇してしまう危険の方を重要視したのであった。首を上下するオオカミに遠巻きに見守られながら、グラスはまずオオカミたちがわずかに食い残したバッファローの血のしたたる内臓にむしゃぶりついた。このときには咽喉の傷は醜い裂傷痕を残してはいたが、あらかたふさがっていて、よく噛んだものは飲み込めるほどにまで自然治癒していたのである。

その頃、ジェデダイア・スミスを隊長とするロッキーマウンティンファー・カンパニーの他の一隊一一人は、ヒュー・グラスがむなしいあがきをしている場所の南方約三五〇キロのブラックヒルズ（現在のサウスダコタ州南西部の山岳地帯で、ウインドケイブ国立公園がある）を馬を曳いて歩いていた。方向を変えることもできない細い懸崖の棚を拾ったりしながらの、長い尾根の登り下りを繰り返し、ようやく山間の平地にたどり着いたとき、馬たちの多くが疲労と空腹のため動かなくなってしまった。朝から、馬の飼料となる草が生えていない地域をずっと歩いてきたのだった。

クロウインディアンの土地にたどり着いたと判断したスミスは、白人と黒人とインディアンの混血であるエドワード・ローズに、先行してクロウ族の部落を捜すよう言いつけた。

ローズはかつてインディアンの部落で暮らしたことのある男だったので、スミスは彼の仲介で、クロウ族から馬を買うことができないかと考えたのであった。

クロウ族は、彼らの周囲に住む他の部族、ブラックフィート族やスー族やシャイアン族とは絶えず戦闘状態にあったが、白人には一度も危害を加えたことのない部族であった。それに彼らが捕獲して白人相手の物々交換に供するビーヴァーの毛皮は、セントルイスの市場で最も高い値で取引される最上質のものであった。

だがそんなクロウ族にも、白人にとって油断のならない悪癖が一つあった。それは彼らが互いに馬泥棒の技を競い合うという習癖をもっていることであった。しかも彼らは、馬を盗むという行為を悪いことだとは考えていないのだった。盗まれた当人の前で、彼らは自分の盗みの腕前を自慢しさえするのであった。馬泥棒の技に長けているということは、彼らにとっては誇るべき以外の何ものでもなかったのだ。そして盗んだ馬を白人が取り戻しにくると、彼らはきまって報酬を要求した。白人から馬を盗むという行為が、彼らと白人との友好関係に好ましくない影響を及ぼす可能性があるなどとは、彼らには思いもおよばないことだったのである。

「もし白人を殺したら、白人たちはわしらの土地にやって来なくなってしまうだろう。そしたらわしらは白人から馬を盗めなくなってしまうではないか」と彼らはマウンティンマンたちの前で公言してはばからなかった。

そういえば、時を遡ること一八年、一八〇五年、クロウ族の土地にはじめて足を踏み入れたヨーロッパ人であるルイス=クラーク探検隊の隊長のウイリアム・クラークと隊員のロバート・スチュアートの馬が、クロウ族に解き放たれて盗まれた事件を、ルイスは日記に記している。

休憩後、ジェデダイア・スミスは、動けなくなった馬の面倒を見たり、荷物の番をしたりするための隊員三人をそこに残し、まだ歩ける馬を曳いて、ローズのあとを追って出発した。

彼ら七人が、灌木のやぶの広がる地帯を一列縦隊で歩いていたときだった。突然、やぶが揺れて裂け、巨大な嵩の真っ黒い影が列の中央部に向かって落下してきた。

「ヒェーッ　エフレイム親父だ！」

後ろ脚で地面から立ち上がり、前脚で天を引っ掻く影の輪郭を目で捉えた男が叫んだときには、男たちは馬と共に駆け出していた。グリズリーベアーに一人向き直ったジェデダイア・スミスの背後に全隊員が去ったとき、金色の毛並みの先端を白く染めたその巨大な牡グマは、太陽光線を、全体表から白閃光に変えて反射させながら、悠然たる跳躍を重ねて、グリーンリヴァー（刃の長い山用のナイフ）を振りかざしたスミス目がけて体当たりを食わせていった。

もしそのとき馬に乗っていたら、スミスは逃げおおすことができたかもしれなかったが、彼は疲労困憊した馬を曳いて歩いていたのだった。

馬は人類の生活と文明の発展に大きな役割を果たした動物であるが、コロンブスがはじめてアメリカ大陸に到着したとき、この大陸に馬は生息してはいなかった。とはいっても、アメリカ大陸にかつて馬が棲息していなかったと言うのではない。多数棲息してはいたのだが、八〇〇〇年から九〇〇〇年前に忽然と姿を消してしまい、その理由についてはいまだに大きな謎となっている動物なのである。したがって、当時アメリカ大陸にいた馬は、ヨーロッパ人が持ち込んだものか、またはその後裔であった。

とにかく馬は足が速く、利口で、共に死をいとわない、人間に貞節な動物であり、アメリカ大西部の歴史においても、大きな役割を果たした動物であった。マウンティンマンたちも馬の恩恵を大いにこうむっていたわけなのだが、馬に乗っていれば、馬の脚の方がクマの脚よりは速いので、近づきすぎないかぎり安全であった。だがスミスに率いられた一行は、馬に乗っていないときに、ばったりとグリズリーベアーに出くわしてしまったのだ。

体当たりを食わせてスミスを押し倒したグリズリーは、スミスの頭部を両掌にはんで振り上げると、真っ逆さまに地面にたたきつけた。ふたたびスミスにのしかかったグリズリーは、スミスが振り回すナイフを無視して、スミスの腰を摑んで引き裂こうとした。スミスにとって幸運だったのは、グリズリーが凶器である爪を埋めようとした場所に、ちょうどスミスの弾丸袋と動物解体用の大形の肉切り包丁が吊り下げられていたことだ。

そのとき、逃げた隊員たちが銃に弾をこめながら、隊長を助けるために駆け戻ってきた。グリズリーをとり囲んだ彼らの銃が一斉に鳴り、木霊が遠く逃げていった。グリズリーは頭を挙げて、遠巻きにした髭面の男たちをゆっくりと見回すと、肩から頭までをぶるりと一度震わせてから、悠然と歩きだした。男たちの輪が崩れて、グリズリーの通り道を空けた。

何事もなかったかように悠々と歩き去っていく巨大な金色のクマを、口を半分開けたまま見守っていた男たちは、数秒後、我に返り、あお向けに伏したままのスミスのもとに駆け寄った。首から上が人間の形状を失った隊長の惨憺たる姿を彼らは見下ろした。ジム・クライマンが膝を突いて、スミスの傷を調べはじめた。

「五、六本肋骨が折れている」

いつも重々しい口調で話すクライマンが、さらに重々しい口調で言った。

「だが、それよりは頭の怪我の方だな……こりゃ……」

頭からは大量に出血しつつあり、顔全体が噴き出る真っ赤な血の中に沈下しつつあった。頭にかぶりついたときグリズリーの牙がえぐった白い筋が、左目のすぐ上から右耳ところまで走っていて、頭蓋骨が剥き出しになっている。右耳がそがれて、外縁の皮膚でわずかに頭と繋がっていた。

「こりゃ、手の施しようがないわなー」

スミスと同じ年齢で二四歳の、中背ですらりとし、頬の赤いトマス・フィッツパトリックがきっぱりと言った。

皆は、この若いが、尊敬し、全幅の信頼を寄せてきた隊長と、ここで永遠に別れなければならないことになった、と覚っていた。死につつある隊長を見下ろしながら、この隊長と過ごした充実した、しかし辛くもあった日々の一こま、一こまを、隊員たちは思い出していた。

ジム・クライマンはつい数週間前の一こまを――

彼らはそのとき二四時間行進しなくては次の水場に行き着けない乾燥した地域を歩いていた。多量の水を容れて運んでいくことのできる容器を所有していなかったので、水を使い切ってしまい、もう朝から人間だけでなく馬も水を飲まずにいた。そのため馬が疲れ切ってしまったので、彼らは馬を曳いて歩いていた。二日目の夕方、彼らはようやく水場に行き着いた。だが水場は涸れ切ってしまっていて、ただの一滴の水も貯めてはいなかった。それでも彼らは、掘れば地下に水が残留しているかもしれないと考えて、水場の底を掘った。だが掘っても掘っても、下に水の存在を示す湿った泥の痕跡さえ現れなかった。そこは針を束ねたように細い岩が立ち上がっている岩尾根で、毛布を広げるに十分なスペースのない場所であったが、疲れ切っていた彼らは、そこに座りこんで一夜を明かした。

翌朝、闇が白みはじめるとすぐに、彼らは馬を曳いて出発した。次の水場までは、さらに二五キロメートルはあるはずだった。馬が疲労から回復せず動こうとしないので、彼らは馬をなだめすかしたり、曳きずったりしなければならず、自分たちだけで歩くよりはるかに消耗し、時間もかかった。このとき彼らはガイドを一人雇っていた。そのガイドが先頭に立ち、隊長のジェデダイア・スミスがしんがりについていた。やがて、隊員たちの列はばらけ、長く伸びていった。先頭に立ったガイドは、一人先に進んでいき、やがて彼の姿が隊員たちの視界から消えた。ガイドを呪いながら、隊員たちは水場を求めて、それぞれ右に左にと曲がってゆき、ふたたび一つの隊にまとまるのは不可能なほどにまでばらけていった。クライマンの馬は他の隊員の馬より柔順だったので、彼が隊員たちの中では先頭を歩いていた。

ガイドの姿を最後に見たコース線上と思われる方向へと、クライマンは進んでいった。だが彼のとったコースも、実際には右へと大きく逸れていたのだった。しかし運よく彼は、日没一時間前に思いがけず大きな水たまりに出くわした。彼は水に飛び込みもせず、また水を飲みもせず、長いこと水辺に立ち尽くしていた。やがて、「もういいだろう」と呟くと、銃を夕焼けの縁取る天に向かって発射した。と同時に、彼は銃を投げ捨て、服を着たまま水に飛び込んで、何度も、何度も、水の中で宙返った。水上に顔を出すと、彼は眉をしかめ、数度深呼吸をした。それから岸に這い上がり、装弾しては、繰り返し夕焼けの空に向けて銃を撃った。やがて馬を曳いた仲間が一人姿を現した。仲間の目が水たまりのありかを捉えると、そこに視線を固定したまま駆けていった。馬が人間を追い越し、水音を反響させて飛び込んでいった。

一人、また一人と仲間が馬を曳いてやってきて、水に飛び込み、顔を水面に出し、叫び声を上げ、岸に飛び出し、光りを流しはじめた天の川に向けて銃を撃った。

果てなき原野を漆黒の闇が塗り隠したとき、三人を除いて、隊員たちは皆、水場に到着していた。三人の中の一人は、隊長のジェデダイア・スミスだった。彼らには、もはや隊長を捜しにいく体力は残っていなかった。起き上がる気力さえ呼び起こすことができなかったのだ。地面に毛布も敷かず横たわり、彼らは眠りに就いた。

人馬の足音で彼らは目を覚ました。頭を上げた彼らの目に、いつも通りの確固たる足取りで歩いてくる隊長の悠然とした姿が、焚火の明かりに浮かび上がった。横たわったまま見守る隊員たちは、一瞬、隊長が亡霊となって彼らに追い迫ったのか、と思った。しかしその亡霊は、水場にゆっくりと腹這いになると、頭を水に埋めた。隊員たちは安堵の溜め息を一つつくと、上げた頭をふたたび地面に戻し、眠りのつづきに戻ろうとした。彼らの耳にジェデダイア・スミスの独り言が聞こえた。

「あの二人が、参って歩けなくなってしまったので、穴を掘って埋めてきたんだが……体表からそれ以上水分を失うとオダブツになるので、首だけ出してな。……一刻も早く助け出してやらなきゃ、と急いだんだが、遅くなってしまった。誰か……二人を助けにいってくれるものはいないか？」

そう言いつつスミスが見回す視線が自分の顔を射るのを感じたが、誰一人、頭も身も起こそうとするものはいなかった。やがてスミスの呟く声が聞こえた。

「オレにはまだ歩く力が残っているようだ。オレが連れにいってくるとしよう」

スミスが水を満たしたヤカンを片手に、一頭の馬を他の一方の手に曳いて、闇の中へと戻っていく姿を、クライマンをはじめとする隊員たちは、身体を動かさず、目だけ開いて見送った。真夜中に、スミスは疲労困憊した男を乗せた馬を二頭曳いて、自分は歩いて戻ってきた。馬のいななきで目を覚ました者もいたが、頭を上げたのは、クライマンただ一人であった。

隊長の墓をここで掘らなければならないことになったと確信したトム・フィッツパトリックは、何日か前の一こまを、アリカラ族に殺された仲間を埋葬したときの一こまを、思い出していた——

あのとき埋葬を終え、木枝を組んだ粗末な十字架を土饅頭に突き刺して、皆が散ろうとしたときだった。スミスが心に染みる祈りと感動的な弔辞を捧げはじめたのは。荒くれ男たちの目に涙が溢れるのを、フィッツパトリックはそのときはじめて見た。あのとき、なぜ文明世界で繁栄の生活を送ることのできる、この高等教育を受けた若者が、放浪者や世のはみ出しものたちの集まりである自分たちの仲間入りをして、文明世界から千余キロも離れたロッキーの山の中へとやってきたのか、と彼はいぶかったのだった。

第4章　グリズリーの山(1)——現代

明けゆくシェラネヴァダ山中。押し寄せる植民者たちを撥ね返し立ちはだかった峻嶮きわまる山脈のまっただ中。テントの布地が白みゆく空と、黒さを増す樹木の影を映し出していく。眠りから目覚めてゆくたそがれた意識の境に満ちる透明な静寂の中で、ぼくは全身から重力が失せてしまったような清澄のまどろみをむさぼっている。それは一瞬のようでもあり、永遠と思える時間の流れにも感じられた。

突然、燃える光がテントに浴びせたように降ってきた。光が虹色の輝きとなって、テントを染めていた。ぼくは、はっきりと目覚め、一日の晴天を約束する太陽の光を浴びて、テントの中の冴えた冷気が徐々に暖まってゆくのを寝袋にくるまったまま待っているとき、昨日の朝日にしたテントの上に広がる空の蒼さを頭に想い描きながら、今日の計画をたてるために、自分の体調を、精神状態を計るという、いつもの行為をはじめていた。

自由な旅を標傍するなら、一日の予定は、その日の朝立てるのが望ましい。登山をする場合は、早朝出発が原則なので、前日あるいはそれ以前から準備をととのえておくことが必須となり、それは不可能だが、旅のはざまにあるならば、その日の気分、その日の体調、その日の朝の精神状態などによって、その日どういうものを見たいか、どういう場所に身を置きたいか、またどこでなら一番感動にひたれそうか、と考えるような旅こそ理想的で、豊かな旅と呼べるものだ。そういう旅ならば、精神を見る風景や場に無理に合わせようとする作業は必要ない。そう、今日は、紺青の宇宙に頭突きを食わせてのめり込んでいるあの秀麗な岩の神殿を偵察しよう、その結果登れそうだとわかれば、明日——そうぼくの気分が、体調が、精神が、ぼくに命令していた。

ぼくは起き上がり、チャックを引いてテントの出入口のフラップを開くと、テントの隅から登山靴を手に取って、靴のカカトをテントの外の地面に打ちつけてから逆さにひっくり返して振り、靴の中のものを地面に空けた。昨日ぬぐとすぐテントの中に入れたのだから、何もはいっているはずはない——と考えて、この作業をやらないで靴を履こうとする人間は、こういう場所を一人で旅するのは危険だ。小動物たちや昆虫たちは不可能としか思えない小さな隙間からはいり込んでくる。あるいは一瞬の隙をつき、入り口の開閉の瞬間をとらえて——。ここはわずかに残された動物たちの楽園なのだ。たとえ登山靴に猛毒のサソリが宿をとっていたとしても、それはぼくがこの山の凹地にテントを張って、気持ちのよい一夜の眠りをむさぼったのと同じ行為なのだ。靴を履くぐらいのことで、お互いに毒牙を向け合って傷つけ合うようなことは避けるよう注意するのが、自然の中に宿を借りるものたちのエチケットだ。登山靴を履く前に、こういう一連の手順をふむのは、もうぼくの無意識的な動作となっていて、自宅で登山靴を履くときでさえ、ぼくはこの行為を行なっている自分に気づき、苦笑いすることさえある。

と——もう一方の靴に同じ操作をほどこそうとして靴を手にしたままテントの入り口に身体の正面をむけたとき——ぼくは前方に視線を感じて顔を上げた。一匹の蛇が、一メートル五〇センチほど前方で、かま首をぼくの目線に近いところまでもたげて、ぼくを正面から凝視している。白い腹に木の間ごしの日光が縞模様を描いている。あまり大きな蛇ではないが、それでも一メートル五〇センチはゆうに超えた体長を背後に曳いている。ぼくは一瞬ひるんだが、踏みとどまって、蛇の視線に自分の視線を重ねた。蛇はじっとぼくの眼底を射る。ぼくも蛇の眼底を射る。蛇とぼくの視線は一本の直線となって相手の内部にくい込んだ。ぼくは蛇が眼に凶暴な感情など宿してはいないと感じ、ぼくも視線から恐怖とたけだけしさを拭い去ろうとした。蛇は、ヨーロッパ人が考えてきたような、罪を内在させる存在がもつ卑屈さをみじんも具現しているようには見えず、孤高に生きる存在の冷厳さを体現しているように見える。蛇をまず第一に、人間は次々に差別の対象となりうる存在を捜し出しては、悪のレッテルをはりつけてきたのであろう。
蛇は頭をあくまでも高く挙げて、ぼくを見ていた。ぼくは頭を低めて蛇を見ていた。蛇とぼくのあいだには、まるでコミュニケイションが成立したと思える瞬間があった。蛇が何かをぼくに語っている――とぼくは感じた。ぼくの耳に蛇が語っている言葉が響いている。ぼくは耳に神経を集中して、蛇の言葉を理解しようとした――

頭ノデッカイ人間サマヨ、アナタサマニ対シテ私ガ成シタ、ササヤカナ冗談ヲ、オ許シ下サレ。サスレバ、アナタサマガ私ニ対シテ成サレタ、巨大ナ、悪意アル冗談ヲ、許シテモ、ヨゴザンスヨ。

蛇はワインレッドの舌をペロリと出すと、頭を下げ、急ぐでもなく、といってのろのろとした鈍重な動きでもなく、ゆったりとした滑らかな動きで体長を回し、深い森の中に戻っていった。ぼくは蛇の体長に描かれた美しい模様に見とれていた。
ぼくが聞いたと思ったあんな言葉を、蛇が語るわけはない。蛇を悪者に仕立て上げたのは、現代の世界を支配している西欧文明の傲慢な思考で、東洋でも、日本でも、西欧人が占拠する以前のアメリカでも、蛇は神の使いあるいは神そのものとして崇められてもいた存在なのだから。とくにここ北米のインディアンたちは、蛇を天と地を融和させる神の使いとみなし、蛇踊を神に奉納すべく踊ってきたのだから。蛇があのような言葉を語っていると感じたのは、ぼくが、西洋文明の毒を頭脳に濃縮して、日本人がかつて持っていた自然との一体感を殺してしまった人間の見本だ、ということなのであろう。蛇の戻っていった深い緑と、その上の紺青の空を見つめているとき、一世紀以上も前に、あるアメリカン・インディアンの酋長の語った言葉が、どっと頭に甦ってきた。アメリカの大統領より土地を売ってくれと言われて、驚愕と悲哀とをたたえた表情で、シアトル酋長が言った言葉を――

あなたたちはいったいどうして、空を売ったり買ったりできるのだ。あるいは土地を。そういう考えは、私たちにとっては奇怪なものだ。……大地は人間のものではなく、人間が大地のものだ、と私たちは理解している。……あなたたちの目指しているものは、私たちには謎だ。バッファローがすべて殺し尽くされてしまったら、どうなるのだ？　野生の馬をすべて飼いならしたら、どうなるのだ？　森の奥の奥まで人間の臭いが満ちあふれ、緑豊かな山の風景が電線で乱されたら、どうなると思うのだ？　植物の茂みはどうなってしまうのだ？　消えてしまうのだ　ワシはどこに住むのだ？　消えてしまうのだ。そして脚の速いポニーと狩りに別れを告げなくてはならないとは、どういう気持ちなのか？　命の終わりで、生き残りのはじまり――

蛇とはじめてコミュニケイションしたと感じた出来事に出会ったのは、もう二〇年以上も前の、日本の北の果ての山であった。

北海道の知床半島のオホーツク海側のほぼ中間に位置する町、ウトロまでは、当時、半島の付根の町、斜里から、一日数往復、バスが通っていた。夏の旅行シーズン以外の時期に、ここウトロより奥の原始の自然を目にしようと思えば、ウトロから船に乗って海岸線を北上するか、それとも歩くしかなかった。ウトロから約三時間、やや海岸に近いところを蛇行する未舗装の路を歩いていき、岩尾で半島の背骨をなして連なる知床連山の方角に折れてしばらく行くと、名前に似ぬ立派な旅館が一軒立つ、岩尾別温泉に到着する。旅館の名は「ホテル地の涯」。こんな奥地によくもこのように近代的な旅館を建てたものだ、客が来るのであろうか、といぶかったが、あらかじめ頼んでおけば、宿の自動車が宿泊客をウトロまで迎えに来てくれるとのこと、また未舗装の路を自家用車でやってくることも可能とのことで、納得。だがこの未舗装の路を一歩はずれたら、そこはもう完全なる登山の領域である。

四半世紀ほど前の六月上旬、半島の最高峰、羅臼岳に登って、オホーツクの清澄な光につつまれた自然の中に身を浸そうと、ぼくはウトロより歩いて登山基地の岩尾別温泉までやってきて、「地の涯」に宿をとった。

この温泉の湯は、秘境の空気と同様どこまでも透明に澄んでいる。大木を二メートルほどの長さに切り、それを真っ二つに縦に割って、舟形に内部をくりぬいたものを樋で結んで沢沿いの野天にしつらえ、湧き出た熱い湯が列車のように連ねた半円の木船の中を次々に通り抜けていく。この丸木の湯船を一艘（槽）独占して、手足を伸ばして湯の流れに身をまかし、沢を流れ下る激流の音のかなたにそびえる雪の知床連山を、芽ぶく木の間ごしに眺めるのは、人生最高のぜいたくだ。こんなところで何もせず、一、二ヵ月のんびり過ごせたら、という考えが頭をよぎる。だがいつも母の言っていた言葉が、その考えを滅却する――

「こんな落ち着きのないノラ犬さんを生み、育てたはずはないのにね。まったく二日と同じところにいられないんだからね、あんたという人は。きっとそのうち、どこかでノタレ死ニするにきまっているわ」

明日は早立ち。樹間に見上げた羅臼岳の前衛の山々は、宿の背後に延びる斜面より厚く雪を纏っていて、明日は第一歩から雪を踏んでいくことになると予想された。天気予報は、明日は風が出るが快晴、と伝えていた。今日は暑かった。最高気温が夏でも二〇度を超えることなどあまりないこの土地で、二八度を超える異常気象の一日であった。しかし夜の到来と共に、極北に近い地方の厳しさを覗かせて、どっと冷気が四囲に満ちた。

九時消灯。ザックに詰めた装備を頭の中で一つ二つとチェックしているうちに、ぼくは至福の眠りに陥ちていった。

――と、何か冷たい物体がぼくの右足のすねのあたりに飛び飛びに打ち当たったような気がした。目を開いて意識を頭に取り戻す。すると、今度は左足のくるぶしのところから、まるで翔を持つ昆虫が窓ガラスにでもぶちあたるように、ふくらはぎにかけてとびとびに飛んだ。ゴキブリか　とぼくはどうしても好きになれない昆虫の這う姿を頭に描きつつ、掛け布団を剥いで跳ね起きると同時に、蛍光灯の紐を引いていた。文明世界に住むことに慣れたぼくの眼に、信じられない自然界の一存在が、蛍光灯の光に輝らされて、まぶしそうにぼくを見上げていた。夜の冷気を逃れて部屋へ、次いでふとんへとはいり込み、そのうちにぼくの体温で暖まった方へと移動してきて、ぼくの足にからみついて、気持ちよくなろうとしたのであろうか。だがこのふとんの領域ではこの蛇の方が先住の権利のある存在であった。居心地のよいぬくさを奪われたその蛇は、かま首をもたげ、信じられないことをする人だ、という表情を眼に表わして、ぼくを見上げている。長く伸びた背で、黒い縦縞が規則的にむすび合わされて、女性の編んだ黒髪のように美しい幾何学模様を描いている。それは美しい蛇であった。実際蛇をこんなにも美しいと思ったことは、はじめてであった。それ以前も、それ以後も、これほど蛇を美しいと思ったことはない。可愛くさえあった。蛇はぼくにとってあまり気持ちのよい生き物ではない。眼と肌の冷たさがぼくの神経の柔毛を逆立たせ、コミュニケイションを拒絶する。だがこのとき、ぼくは見つめ合ったこの幼く愛くるしい蛇と、何かしらのコミュニケイションを交わしたように思えた。少なくとも、自然を愛する存在としてのお互いを認識し合ったことだけは間違いない、と思われた。

ぼくは剥いだ掛け布団を蛇の体長に半分ほど掛け戻し、ベランダの板の間に自分用の敷布団を敷こうと押入れを開けた。振り返ると、蛇はこの部屋のただ一つの出入口であるドアに向かって這っていた。ぼくは先回りしてドアを開けた。蛇は廊下に出ると、廊下をさらに奥の方へと向かった。そちらは行き止まりだよ、とぼくは口ごもりながら蛇の前に手をひろげて、行く手を遮った。蛇はそのとき這い進んでいたぼくの隣の部屋のドアの方へと、九〇度頭部を回すと、止める間もなく、ドアの下に二、三センチ空いたすき間から、隣の部屋にするするとはいっていってしまった。

その部屋には、新婚なのかあるいは恋人同士なのか、二十代半ばと思える一対のヒナ人形のような微笑ましいカップルが泊まっているはずであった。先ほどまで、笑いとも、叫びともつかない声が漏れ出ていたが、今は眠りに就いたのであろう、外の静寂に部屋が溶けている。

部屋の前を檻に入れられたクマのように行ったり来たりしながら二、三分、ぼくは待った。さらに、今度は、ドアから数メートルも離れ、動かず、気配を立てぬように数分見張った。だが蛇は出て来る気配がなかった。ぼくの蒲団より、もっと寝ごこちのよい暖かさを見つけたのであろう。

さてどうしたものか？　このまま放っておいて、蛇をひと晩、ヒナ人形のカップルと同衾させてやり、そのぬくい気持ちよさを味わわせてやるべきなのか、それともドアをノックして、ヒナ人形たちを叩き起こし、警告してやるべきなのか、ぼくは迷いに迷った。

だがぼくは、蛇の行方を見届けたかったし、ヒナ人形のカップルを、無知のまま放っておきたくもなかった。

ぼくの手が隣の部屋のドアを軽くノックしていた。返事はなかった。ぼくはノックの音に、「すみません」という言葉を重ねていた。ノックする手の力もそれに重ねる言葉も強くなっていき、七、八回目になったとき、

「なんでしょう？」

という女の声につづいて、

「うーん」

と唸る男の声が聞こえた。ぼくはせき込んで言った。

「今、おたくの部屋に蛇が這い込んでゆくのを見たんですが……」

ぼくは、同じ叫びをもう一度くり返した。叫びながらぼくは、自分が何とばかげたことを言っているのだ、愚かなことをしているのだ、と感じていた。が、蛇と組んで何かまたとない面白いいたずらをしているようにも感じていた。

「え、ほんとに！」

という女の声が、つづいてドシンと畳を踏む音が、それから「キャッーー！」と、悲鳴が聞こえてきた。部屋に電灯がともり、足音が入り乱れ、男も起きたようだった。

一分ほどしてドアが開き、帯を締める暇のなかった雄ビナが、左手で押さえた浴衣の下にイチモツをちら

つかせながら、右手にもった新聞紙で、蛇を部屋の外に追い出しつつあった。帳場に電話をかけている女の声が聞こえてきた。一糸纏わぬ女ビナが受話器に悲鳴を押し込んでいるのが見えた。その白い裸身は、一瞬、ぼくの頭の中で、かつて愛したある女性のしなる裸身とオーバーラップした。

共にヒナ人形に冗談をしかけたその愛くるしい蛇が、間もなく殺される運命にあったのだとは……！ぼくは駆けつけた宿の番頭が蛇の首根っこを摑んで、旅館を覆う森に返すものとばかり予測していたので、番頭が廊下の電灯の下を這うその蛇目がけて、渾身の力で手に持った梶棒を振り下ろすのを見て、しかもすでにのびたその蛇に向かってさらに二度三度と梶棒を振り下ろすのを見て、隣の部屋に声をかけたことを後悔していた。この仲のよい夫婦ビナは、ぼくのように蛇に眠りを乱されるほどの浅い眠りを眠るわけはないのであった。いや、それよりもまず、ぼくが蛇とからみあって眠るべきだったのだ。それがいやなら、自分で摑んで森に連れ戻すべきだったのだ。ぼくは自分が、都会に住む人間の無能ぶりを具現した存在であることを意識した。その夜、ぼくは、この澄み切った原始の静寂の夜の底で、浅い眠りにのたうった。

翌日、強風の中を、ぼくは雪を踏んで登っていった。雪の上には、クマの、タヌキの、キツネの、ウサギの、テンの、その他数知れぬほどの動物のフンが載っていた。これほど動物のフンがびっしりと覆う雪面をぼくはそれまで、日本では登ったことはなかった。ここはまさに日本にただ一つ残された、動物たちの最後の楽園であった。ぼくは頂上まであと数十メートルというところまで登ってきて立ち止まった。三〇分以上も前からオホーツクから吹きつける強風が、ぼくの意図しない場所へと、ぼくを引っ攫おうとしていた。動物のフンはもう何キロか下よりまったく見られなくなっていて、真っ白い雪一色の斜面が頂上まで日に当たって輝いていた。動物たちはもうずっと下から、ここより上には行かないよ、とフンで語っていた。この山を下ってぼくの蒲団に憩うていた愛くるしかった蛇も、昨夜、奥へと進む危険を身をもって教えてくれたように思えた。ぼくは引き返そうと、指呼の距離にせまった頂上に背を向けた。眼下に、今まで背後にあったオホーツクの海が、目の届く限り渺茫と広がり、地平のかなたで冴えた蒼天に溶けていた。

第5章　グリズリーの河(2)——一八二三年

（日本——文政六年、黒船来襲三〇年前。シーボルト、オランダ商館医師として長崎出島に着任。二年後、文政八年、江戸幕府、異国船打払令を発令）

ロッキーマウンティンファー・カンパニー——この会社の活動は、一八二二年二月一三日水曜日、セントルイスで発行される『ミズーリーガゼット・アンド・パブリックアドバイザー』紙の朝刊に載った、「冒険心に富む若者たちへ」という募集広告からはじまった——

本広告の署名者はミズーリー・リヴァーをその源流まで溯り、そこで一年、二年、あるいは三年間仕事に従事する一〇〇人の若者を雇用せんと願う者である。——詳細は、共に河を溯り、隊を指揮することになる、ワシントン郡、リードマイン近郊在住のアンドリュー・ヘンリー少佐、あるいはセントルイス在住の署名者に問い合わせられたい。

ウイリアム・M・アシュレイ

募集広告の掲載者にして署名者は、退役将軍で、当時ミズーリー州の副知事の職にある、州の政界の大立者であった。また広告に名を連ねるアンドリュー・ヘンリー少佐というのは、かつて一隊を率いてミズーリー・リヴァーの上流でビーヴァーの捕獲に携わった経験をもつ人物であった。

募集広告は、雇った若者たちを何の仕事に従事させるのかについては一言も触れていなかったが、このあたりに住む者たちには、それが何の仕事であるのかは、言われなくてもわかっていた。

当時、フロンティアにある町の中で、セントルイスを最も繁栄する町にしていたのは、毛皮の取引であった。ペルーの金より大量の金を生み出す、といわれた毛皮の取引において、当時すでに一財産を築き上げたものもいたし、また全財産をつぎ込んで、使い果たしてしまったものもいた。ということは、アシュレイがヘンリーを誘って設立したロッキーマウンティンファー・カンパニーが、アメリカで設立された最初の毛皮収集・捕獲会社ではない、ということになる。すでに一五年以上も前に、ミズーリーファー・カンパニーという会社が設立されて、ビーヴァーの毛皮の収集に携わっていたのである。だがこの会社は、一〇年ほど前から毛皮の収集が思うようにいかず、経営の行きづまりを露呈していた。

この会社は、自らもビーヴァーの捕獲を目指しはしたが、それより手っ取り早い方法であるインディアンから物々交換によって毛皮を手に入れる、という方法を主としてとっていた。彼らはまず、白人に友好的なインディアンの土地に、先端を打ち込んで埋めた丸太の杭で四囲を囲ったフォートを建て、そこを拠点にしてインディアンを勧誘し、彼らが喜ぶ安物の装飾品や毛布や布切れと、彼らが持ち込むビーヴァーの毛皮とを物々交換するという方法をとっていた。しかしこのやり方はかならずしも効果的・生産的な方法とは言えなかった。友好的なインディアンの部族の数は多くはなく、限られていたし、その上、友好的な部族も他の部族と始終戦闘状態にあったので、敵対する部族から白人たちも友好的な部族の仲間と見なされて攻撃されるため、収量が先細り、行きづまってしまっていたのである。

それでアシュレイとヘンリーは、武装した血気盛んな若者を多人数、ミズーリーファー・カンパニーが建てた最奥のフォートよりさらに奥地へと送り込み、自分たち自身の手で、恒久的にビーヴァーを捕獲しようと企てたのであった。

こうして集まった男たちの中から、アメリカ西部探検・植民史に名を残すことになった男たちが輩出したのである。ジェデダイア・スミス、トマス・フィッツパトリック、ジム・クライマン、ウイリアム・サブレット、ヒュー・グラス、ジム・ブリッジャー、それにいずれインディアンの酋長にまでのし上がる、白人と黒人のハーフ、ジム・ベックワースなどが。

ヒュー・グラスとジェデダイア・スミスがグリズリーベアーに襲われたとき、ロッキーマウンティンファー・カンパニーに雇われた隊員たちは、三隊に分かれていた。ヒュー・グラスが所属していた一隊はアンドリュウ・ヘンリーの指揮のもと、パウダー・リヴァーでビーヴァーの捕獲に従事し、他の一隊は雇われた者たちの中で際立って頭角を現したジェデダイア・スミスの指揮のもと、ブラック・ヒルズで猟場を捜していて、残りの一隊は、ウイリアム・M・アシュレイと共にフォート・カイオワに待機していたのであった。

隊員たちの見下ろす暗い視線の先で、血の下に消えたスミス隊長の口が動いた。

「キャプテン・ジェド、どうしてもらいたいので?」

ジム・クライマンがしゃがみこんで訊いた。スミスの口から、くぐもった言葉が血といっしょに吐き出された。

「一人か二人、川まで行って水を汲んできてくれ。そして誰か針と糸をもっていたら、もってこい」

「針と糸をどうするので?」

背が高く、針金のように痩せた体躯をしたウイリアム・サブレットが、頬骨の浮き出た顔を突き出して訊いた。

「縫うに決まってる」

皆は一瞬、目の動きを止めて、自らの心の奥を覗き込み、それから細めた視線を空に投げた。

「この隊に、外科手術の知識のある人間はいないんじゃ……」

ジム・クライマンが、視線をスミスの血に覆われた顔に戻して言った。

「いや、オレが指示する。誰か……そう、ジム、あんたやってくれんか」

手渡された、糸を通した針を手にしたまま、ジム・クライマンは呆然とスミスを見下ろしていた。スミスの頭は、とめどなく血を吐いていた。

「まず……頭髪を……切り取れ」

スミスの指示がはじまった。

クライマンは一つ大きく息を吸い込むと、腰からナイフを引き抜きながらしゃがみ込み、スミスのわずかに残った頭髪を刈り取っていった。

「ここから、縫いはじめろ」

スミスは手を挙げて、左耳の上の血を手で拭い払って、白い頭蓋骨の覗く傷を剥き出した。

クライマンはスミスの血を吐く頭の傷に裁縫用の太い針を突き刺した。スミスは目玉を固くしただけで、顔をしかめさえしなかった。

「糸が弛まんように、もっときっちりと絞れ」

縫い目に手を挙げて触れながらスミスが言った。

スミスの頭部の深傷は、瀕死の怪我人の指示どおりに、ハチマキをするようにぐるりと縫い合わされていった。そこを縫い終えると、クライマンはシャツを裂いて、傷に綳帯を巻いた。長い時間がかかっていて、クライマンは自分の首が凝って痛くなっているのに気づいた。だがまだ最も手におえそうにない傷が、未処置のまま残っていた。それはスミス自身が、後回しにするように、と指示した傷だった。

「この耳だけはどうしようもないな、キャプテン・ジェド」

細い皮一枚で繋がって垂れ下がっている耳を左手に載せて、クライマンが言った。

「いや、どうしても……縫い合わせてみてくれ、ジム。頼む、とにかく、やってみてくれ」

ジム・クライマンは、針に新しい糸を通すと、ずたずたに千切られた耳をジグソーパズルを置くように合わせては、縫い合わせていった。スミスは死んだように静かだった。ただスミスは、小さな肉片さえ縫いつけずに残すのを許さなかった。クライマンは一生懸命だった。

手術が終わるやいなや、スミスは起き上がり、歩き出した。凍りついたように動かぬ隊員たちの目だけが動いて、隊長の姿を追った。

「さっき通り過ぎた水場まで戻って、キャンプを張るとしよう」

スミスはそう言うと、馬にゆっくりとまたがった。皆があわてて自分の馬の方に向かって駆け出した。二キロほど馬でやってきて、水場に着くと、スミスはそこに、ただひと張り携帯していたテントを張らせ、中にはいって横たわった。

一〇日後、彼はふたたび隊員たちの先頭に立って、馬に乗って出発した。以後頭部をめぐる傷痕、片方の眉毛のうせた額、傷痕に覆われた耳が、一生涯、彼の頭部に残り、彼の勲章となった。

ヒュー・グラスは、そのときまだ、果てのない大自然の中を匍匐していた——至高の生存感に満たされて。オオカミより奪った最高に栄養価が高く美味なバッファローの肉を食べていると、巨大なグリズリーベアーとの闘争で失った血液がたちまち補充され、体力が戻ってきた。こうして三晩経った日の朝、彼は、自分がふたたび直立人類になれたことを知った。夜はさらに寒くなり、霜が降り、氷が張ることもあったが、彼の手元には今や子供のバッファローの柔毛に覆われた毛皮があった。剥いだばかりだったので、夜、凍ることもあったが、それでも十分暖かく、それに徐々に乾きつつあった。杖をつき、びっこをひきながらにせよ、歩くことができると知った彼は、直ちに出発した。這って一日に進めた最長の距離であった三キロは、二、三時間で背後に追いやることができるようになった。今や彼は遠くまで見渡すことができるようになり、手にした棒は杖ともなり武器ともなった。今、一番やっかいなのは、背中の傷であった。手の届く範囲にある傷は、インディアンから学んだ野草の汁をしぼって塗った薬が効いてふさがりつつあったが、背中の傷はほっておく以外に方法がなかったので菌に犯され、うじのような虫がわき、グラスの肉体を食んで生きていた。だがグラスの一日の歩行距離は、日一日と伸びていった。

その日、彼の目に、遠くに一筋の煙の立ち昇るのが見えた。彼は身を伏せてしばらく様子をうかがっていたが、やがて立ち昇る煙に向かって匍匐しはじめた。白人仲間がいるとしてもはるかかなたのはずで、こんな場所にいるはずはない、と彼は考えた。きっとインディアンの部落かキャンプだろう。白人に友好的なインディアンの部落か、白人を憎悪するインディアンの部落かは、わからない。だが、部落には食べ物があるはずだ。そう考えて、彼は今や得意となった匍匐前進をつづけていった。すぐ近くまで這ってきて、それはアリカラ族の部落だとわかった。しかし彼は、逃げようとはせず、食べ物を盗む方法を探りはじめていた。

「しまった！」

と彼は小声で叫んだ。犬が走り出てきて、彼に吠えかかったのだ。

「エフレイム親父の兇行を生き延びたのに、こんなところで、こんなヤツらに……」

だが犬は一匹しか走り出てこなかった。彼は立ち上がり、その肥えている犬を棒で打ちすえた。そこがインディアンたちの立ち去ったばかりの部落で、この犬は置いてきぼりを食ったのだ、と察知したのだ。彼はその夜、インディアン部落の一軒から残り火の火種を頂戴し、インディアンがご馳走の中のご馳走と呼ぶ、犬の丸焼きにありついたのであった。

一日の行程が伸びるにつれてなのか、直立できるようになったからなのかはわからなかったが、彼がさまざまな危険に遭遇する機会が増えていった。

ある日、彼は馬に乗ったスー族の一隊に見つかり、取り囲まれ、捕らえられてしまった。部落に連れていかれ、立ち木に縛りつけられた彼の前に、棒を手にした酋長がやってきた。グラスの咽喉から唸り声が漏れ、睨みつける彼の眼球が、まるで酋長を呑み込まんとするかのように剥き出された。グラスの顔と姿を見回してから、殺傷痕のいくつかを指さした。グラスがグリズリーをまねて吠えると、集まっていたインディアンたちの座が落雷の直後のように静まった。酋長は殺傷痕に覆われたグラスの顔と姿を見回してから、殺傷痕のいくつかを指さした。グラスがグリズリーをまねて吠えると、集まっていたインディアンたちの座が落雷の直後のように静まった。腕の縄が解かれたので、グラスはグリズリーとの死闘のさまを演じてみせた。

グラスの身体と脚を縛りつけていた縄が解かれ、グラスの背中の傷からウジのような虫が何十匹もほじくり出され、すべての傷に薬が塗られた。やがて上座に据えられたグラスの前に、食べ物が運ばれてきた。

その夜、グラスのために建てられたティーピー（バイソンの皮で作ったテント）の中で、グラスは考えていた、どうやってここを逃げ出したらよいのか、と。インディアンたちにこれほど尊敬され、崇め奉られるとは、彼の予想していなかったことだった。「だが、アヤツらを許すわけにはいかねえ」とグラスは何度もつぶやいていた。

インディアンたちは、親切であった。途切れなく誰かが食べ物を運んできて、尊敬の眼差しでグラスを見つめた。

着飾らせた娘を連れてきて、妻にどうだ、という者さえいた。娘の顔は魅力的で、姿態には鹿のようなしなやかな力が漲っていた。だがグラスは首を横に振って、自分には何をおいてもやらなくてはならない仕事がある、カタキを打たなきゃならないのだ、と身振り手振りで説明した。インディアンたちの尊敬の眼差しは、それ以後さらに深くなった。彼らは、グラスの身振り手振りを、グラスのカタキがグリズリーで、彼が自分を引き裂いたグリズリーを復讐するために追っているのだ、と曲解したようだった。

彼の決意が固いと知ると、部落の男たちはグラスをカヌーに乗せて、彼が目指す当座の目的地、フォート・カイオワへと出発した。一〇月中旬、あと数日でフォート・カイオワに到着するところまでやって来たとき、彼の所属する隊が駐屯するフォート・ヘンリーへと向かいつつある仲間の一隊に出会った。グラスは休みもとらず、傷の回復も待たず、馬も銃も手に入れぬまま、この隊に加わって、徒歩でミズーリー・リヴァーの上流へと向かった。憎い二人の男に復讐し、愛する銃を奪い返すという彼自身の目的のために、空拳のまま、迫りくる厳冬の荒野へと戻っていったのである。

ある日、馬に乗ってグラスの前方を進んでいた仲間たち五人は、マンダン族と闘争中のアリカラ族の不意打ちを食らった。銃を構える暇のなかった彼らは、銃を振り回して抵抗しようとしたが、見る間に全員殺されてしまった。馬に乗らずに歩いていて、五人の後方にとり残されていたグラスに向かってアリカラ族の戦士たちが突進してきたとき、グラスは草の中に身を伏せ、匍匐前進していた。馬上から見回していた彼らの目が、かすかな草の揺れを捉え、彼らの脚が拍車を蹴ろうとした、まさにそのとき、グラスの前方で雄叫びが上がった。マンダン族が攻めてきたのだ。

一人のマンダン族の戦士が、彼の駆る馬を避けようと立ち上がったグラスの姿を目にすると、行き過ぎたがすぐに戻ってきて、自分の馬の尻にグラスを引き上げた。グラスはふたたび、彼らの村で英雄扱いを受けることになる。

かくしてグラスの英雄談は、先住民たちのあいだにも広まっていくのであった。

もはやグラスの追跡を押しとどめるものは何もなかった。酷寒もグラスの執念を弱めることはなかったし、ブリザードも未知の原野に獲物を追うグラスの動物的な臭覚をにぶらすことはなかった。

ジム・ブリッジャーはそのとき、フォート・カイオワより一二〇〇キロ北西の、新しく建てられたニューフォート・ヘンリーにいた。ブリッジャーは以後ずっと、グラスを見捨てた罪の意識に苛まれつづけていた。グラスがグリズリーと見分けがつかない姿となって夢に現われ、夜毎、彼に襲いかかった。霧の夜には、近づいてくる仲間の姿が、まるでグラスの亡霊に見えて、彼はおびえた。彼は苦しさに心を苛まれ、グラスが生き返って目の前に現われ、すべてに決着をつけることを望む瞬間さえあった。

グラスは一二月三一日、大晦日の日に、ニューフォート・ヘンリーを囲う木柵の見える地点に到達し、フォートに向かって速足で、一直線に距離をつめていった。

夕暮れの中、この危険きわまりない地帯をただ一人歩いてくる人影を見たとき、フォートにいるかつてのグラスの仲間たちは、門に集まってこの見知らぬ男を出迎えた。彼らは、死んだはずのヒュー・グラスが生き返って、彼らのあとを追ってやって来るなどとは夢にも考えたことはなかったのだ。グラスが何人かの仲間の名を呼びながら挨拶の言葉を口にしても、彼らにはヒュー・グラスその人だとは見分けられなかった。咽喉の傷により彼の声は変わってしまっていたし、頭からは毛が失せ、顔も姿もすっかり変形してしまっていたからだ。ただ一人ジム・ブリッジャーだけが、仲間のはるか後方で、凍りついたように静止したまま、ついにヒュー・グラスが自分を殺しにやって来たのだ、と覚っていた。かつての仲間に身体を撫でられていたヒュー・グラスの目が、ジム・ブリッジャーの石のように動かぬ姿をとらえた。グラスの咽喉から、嗚咽に似た、震えを帯びた声が出た。

「鼻垂れ小僧！　死にぞこないの青っケツヤロウ！　銃盗っ人ヤロウ！」

グラスはジム・ブリッジャーに体当たりを食わすと、馬乗りになって、彼の頬に平手打ちを食わせた。それから両手の拳で二〇発ほど殴り、次に首を締めていった。だがジム・ブリッジャーは、まったく抵抗せず、されるがままであった。そのことがグラスの気勢を殺いだ。グラスの手から一瞬、力が抜けた。息をはずませて見下ろすグラスのこめかみで、青筋が脈打っていた。グラスはふたたびブッリッジャーの首に回した指に力を入れた。だが、手の力はすぐに緩んだ。豪胆さの固まりである彼の目に、このとき一九歳だったブリッジャーはまるで赤ん坊に見えたのだ。それにグラスの耳は、置き去りにされる前の二人の会話を夢うつつの中で聞いていたので、自分の銃やその他の生活必需品を奪っていった犯人は、自分を殺そうとした主犯格は、ジョン・フィッツジェラルドだと感じ取ってもいたのだ。グラスのきつく噛み合わせた口から、泣き声にも似た呻きがもれた。

「キサマ、震えてはチビる丸坊主のタマぶら下げやがって！　失せやがれ！　ここはキサマのような鼻垂れ小僧のやってくるところじゃねえ！」

そう言うとグラスは、ブリッジャーの尻に何度も何度も平手打ちを食わした。

「だが、ジョンのヤロウは許さんぞ！」

なおも平手打ちをつづけながら、グラスはつぶやいていた。


そのとき、ジョン・フィッツジェラルドは、フォート・カイオワからそう遠くない場所にいて、グラスが死なずに復讐すべく自分を追っていることを知ったのだった。彼はただちに逃亡に移り、マウンティンマンたちの荒野への出発基地であるセントルイスへと向かった。ヒュー・グラスが向かったのと逆の方向ではあったが、彼は、たとえ世界の果てまで逃げようと、グラスの復讐の牙を逃れることのできる場所などないと覚っていた。

一八二四年四月一九日、彼は第六騎兵隊に志願兵として入隊した。荒野への愛と復讐からの回避を同時に実現するための、フィッツジェラルドの考えぬいた末の回答がこれであったのだ。たとえ正当な理由があるにせよ、軍人を殺すということは、全アメリカ合衆国軍隊を敵に回すことを意味する、だから軍人になれば自分の身は安全だ、と彼は考えたのだった。

それより約一ヵ月前の三月半ば、ジェデダイア・スミスは隊員たちの先頭に立って、ロッキー山脈のある峠を馬を曳いて登っていた。日輪を置く高山特有の、明るい、紺青の空が彼らを包み、深く、遠く果てしなかった。疾風が笛のような声をたてて、雪を引っ攫い、吹きだまりを太らせ、平らな地面を裸にしていた。登っていく男たちの全身に取りついて育った氷柱《つらら》が、太陽の光を虹に変えて反射していた。断続的に駆け抜ける地吹雪が、登りゆく帯となった隊を包容しては隠し、数秒後、ふたたび蒼天の下に露出していた。

登りはじめて六日目、ジェデダイア・スミスは、自分たちは峠の最高点を越えたのではないか、と考えていた。彼は振り返った。だが、地面はどこまでも平坦に見え、確信がもてなかった。彼はサブレットとクライマンに、先行して獲物を狩るよう言いつけた。二人は馬にまたがると、西へと馬を駆けさせていった。彼らはもう四日間、獲物を捕獲することができず、何も食べずに登ってきたのだった。

数十分後、前方で銃声が起こった。山々に跳ね返るこだまがまだ消えないうちに、隊員たちは馬に飛び乗って、全速力でこだまを追いかけていた。サブレットとクライマンが、撃ち倒したアメリカン・バッファローに取りついて、ナイフを振りかざしていた。馬から飛び降りた男たちが、引き抜いたナイフを振りかざして、湯気を立ち昇らせているバッファローに群がっていって、口から血を吐きこぼしながら生肉を貪りはじめた。

飢えが満たされたとき、彼らは身を切る凍てた風が吹きつけているのを忘れていたことに気づいた。焚き火をする薪を捜したが、見渡す限り雪原で、薪になるものは見つからなかった。彼らはふたたび馬を曳いて西へと出発した。しばらくして、ジェデダイア・スミスが後ろを振り返って、眺めていた。スミスの目に、自分たちがかすかに傾斜する斜面を下りはじめているのが判別できた。スミスが大声で、隊員たちに向かって叫んだ。

「オレたちゃロッキー山脈を通り抜ける通路を見つけたぞ　今オレたちがいるのは分水嶺の西側で、ここに降った雨は、太平洋に向かって流れていくんだ！」

しかし隊員たちの耳には、スミスの興奮した言葉が聞こえたようには見えなかった。彼らは寒く、疲れ切っていたのだ。スミスは前方に視線を戻した。この大斜面を下ったところに、インディアンたちがシスカディーと呼ぶ、後にグリーン・リヴァーと名付けられることになる、緑色の水を流す川がうねっているはずだった。

スミスに率いられたマウンティンマンの一隊がこの日越えたこのなだらかな峠は、以後西へと向かうマウンティンマンたちのロッキー山脈越えのルートの一つを置いただけでなく、このときから約二〇年後以降、幌馬車を牽いた西部植民者たちの主なルートを通した峠でもあった。

しかしこの峠を抜けてロッキー山脈を越えたのは、ジェデダイア・スミスが最初の白人ではない。一八一一年、太平洋岸に流れ込むコロンビア・リヴァーの南岸の河口（現在のオレゴン州）近くにフォート・アスターを建て、ここを本拠地に毛皮の収集を企てて失敗したアスターの部下のロバート・スチュアートが、一八一三年の冬、六人の隊員を率いてこの峠を西から東へと抜けて東部に帰っている。だが彼は、この峠の発見について発表しなかったので、サウス・パスと名づけられることになるこの峠の存在は、ジェデダイア・スミスによって初めて明らかにされたのである。

その後、ロッキー山脈の西に約一〇〇〇キロメートルにわたって広がる砂漠、グレイトベイスンを、未だフンボルト・リヴァーの存在も知られていなかったこのときから二年後（一八二六年）に、スミスは飢えと渇きで死の危機に何度も陥りながらも横断し、キャリフォーニアまで踏破しているが、帰路、シェラネヴァダの峻嶮を乗り越えた上にふたたび砂漠を横切って帰着している。スミスはその一年後、もう一度この砂漠、グレイトベイスンを走破しているが、そのときは、現在のサンディエゴよりオレゴンまで太平洋岸を北上走破してから帰着している。かくしてスミスはサウス・パスの再発見者として、さらにはその後キャリフォーニアへの植民の苦難のルートが横切ることになる大砂漠をはじめて踏破したアメリカ人として、アメリカ史上最もその栄光を称えられるマウンティンマンとなり、探検者となったのである。

フィッツジェラルドの行方についての情報を求めてフォート・カイオワまで、ふたたび一人で一二〇〇キロの荒野を戻ってきたヒュー・グラスは、フィッツジェラルドが軍人となって、そこからそう遠くないフォート・アトキンソンに駐留しているとの情報をつかんだ。グラスはすぐに出発した。都合のよいことに、ヘンリー隊長からフォート・アトキンソンの司令官宛ての手紙を一通預かって、それを携えていた。これで堂々と軍隊の中へ、フィッツジェラルドを取っ捕まえ、ひねり潰しに乗り込んでいけるぞ、と彼はほくそ笑んでいた。

同年六月、一一ヵ月におよぶ追跡ののち、グラスはフィッツジェラルドのいるフォート・アトキンソンに到着した。

グラスは火焔を吐くような眼で、フォートの内部を眺め回した。

「フィッツを殺すと、アメリカの全軍隊を敵に回すことになるのはわかっているな、オールドグラス？」

ヘンリー隊長からの手紙を渡したとき、事情を知っているフォートの司令官は言った。グラスは何も言わず、力の漲った目を天井に向けただけであった。

司令官のオフィスから外に出たとき、数メートル先で、フィッツジェラルドが馬から降りて手綱をヒッチングポストに繋いでいた。脚を止めて立つグラスの姿をフィッツジェラルドは一瞥したが、彼にはそれがグラスだとはわからなかった。自分の方に向かって突進してくるその男の顔を再度見たとき、フィッツジェラルドは、殺人者だ、と覚り、手綱を投げ出して走りだした。だがグラスはすぐに追いついて、フィッツジェラルドの首を後ろから絞めつつ、引き倒した。

「チキショウヤロウ！　コヨーテヤロウ！　ドロボウヤロウ！　ファッキングヤロウ！　サンノヴァビッチ

ヤロウ！　マザーアファッキングヤロウ！……」

　フィッツジェラルドの首に巻きつけた手の力を一瞬もゆるめず、彼はそのまま馬乗りになってフィッツジェラルドの首を絞めつづけた。

「サンノヴァビッチのヒトゴロシヤロウ！」

「グラス、命の恩人を殺しちゃならねぞ！」

　一瞬、手の力をわずかに緩めたグラスが、瘢痕に覆われた顔を挙げて、火焔を吐く目で見上げると、フォートの司令官が腕組みをして立っているのが見えた。

「こいつが命の恩人だと？　笑わせるない。このチキショウヤロウは人殺し以外の何ものでもねえ　オレを二度も殺したヤツなんだからな」

「いや、ソイツこそは、まさにおまえの命の恩人なんだ。もしそいつがおまえを置き去りにしなかったら……お前の銃やナイフをもち去らなかったら、おまえは、きっと今頃は……」

　数秒間、細めた目を遠い空に投げていたグラスの手から、力が抜けていった。

「きさまは、二度とマウンテンマンになっちゃならねえ。なったら今度こそ、命はねえからな！」

　グラスはそう言うと、フィッツジェラルドの頬に三発、力をこめた平手打ちを食わせた。フィッツジェラルドの頬で、銃を撃ったような打撃音が生まれ、紺青底なしの荒野の空に染みて、溶けた。

　グラスはゆっくりと立ち上がると、愛馬の方へと歩いていった。

　上体を起こし、両手で首を撫でながら、呆けた目で見送るフィッツジェラルドの方を、荒野の最奥に向かってフォートを出ていくグラスは、一度も振り返らなかった。

第6章　シャリーンの山——現代

その日、シェラネヴァダ山中で、ぼくが咲き乱れる花園を下半身に纏い、雪渓のショールを肩から胸にまで垂らした、壮絶に美しい岩の神殿への一日の偵察を終えて、夕方キャンプ地に戻ってくると、朝出かけるときには見なかった青色のテントが、ぼくのテントから五メートルほど離れた場所に建てられているのが見えた。ぼくは立ち止まって、しばらくそのテントを睨んでいた。なんて非常識なヤツなんだ。テントを張る場所など無数にあるというのに。選りによって、孤独を求めて喧噪の巷から逃げてきたオレさまのすぐ脇にテントを張って、邪魔をしようとするなんて。ぼくは少々腹を立てながらも、まだ三日間人間と話をしていないだけなのに、人恋しさを感じてもいた。

ぼくが夕食のためのソーメンを茹でていると、アタックザックを背負った男が歩いてくるのが見えた。平均的な日本人より七、八センチ高いぼくと同じくらいの背格好に見える。もしかすると日本人かもしれない。だがこんな峻嶮な山脈のまっただ中に、たった一人でキャンプしようとする、変わりもので、もの好きな日本人が自分以外にいるわけがない、とも思えた。とにかくどこの国の人間だろうと、隣のテントの住人を無視することに決めたので、ぼくはその男を横目でチラッと一瞥しただけで、顔を合わせるのを避けた。だが男は青色のテントの脇を通り過ぎてぼくの方へと歩いてきた。ぼくは背を向けたまま、ソーメンをかき回していた。

「ハウディ　ゼァー」

声が背後から攻めてきた。

ぼくはふいに予想もしていなかった出来事に出くわした人間の動作を真似た演技で、スクッと腰を伸ばし、半身に構え、それから言った。

「ハロウ　サー」

見ると、男は若くはなく、日焼けした目尻には皺が寄っている。四〇に手が届いたか届かないかの年齢に見えた。近づくと、アメリカ男の背はぼくより一〇センチほど高くなっていた。男の鼻はこれまで見たこともないほどの秀麗な弓なりの曲線を描いていて、瞳は青かったが、その目が射すような冷たさに澄んでいた。

「あんた、いつからここに張っているんだい？」

まるで侵入者はオマエだ、と言わんばかりの言い草だ。でもここはぼくの国ではないのだから、仕方がないのかも。だがここは彼らにとっても、大昔から住んでいた土地ではない。つい百数十年前に、先住民であるアメリカン・インディアンから彼らのほとんどを殺戮して、奪い取った土地なのだ。

「三日前から張っています」

ぼくは茹で上がったソーメンを水洗いしながら答えた。

「ずいぶんと細いパスタだな」

男がぼくの手の動きを眺めながら言った。なんて無知なヤツなんだ。ソーメンとパスタの違いもわからないとは、とぼくは思ったが、黙っていた。男はぼくのテントを、テントの前にそろえた登山靴を観察した。

「今日はどの山に登ってきたんです？」

なかなか立ち去ろうとしない男に、ぼくは訊いた。

「あの美しい岩の神殿を偵察に行ったんだ」

男は、ぼくが今日登るルートを見つけようとして果たせなかった、蒼天を高く、鋭く突き立てている角錐の岩峰を指さした。

「あの山は、ロッククライミングの道具がなくては登れないんじゃないのですか？」

「それはもってきている。今日は偵察だからもってはいかなかったが」

「明日単独であの岩壁を登るおつもりで？」

ぼくはこの男に興味を覚えはじめていた。

「まあ単独では難しいかもしれんが……」

ぼくは、この男がここにテントを張った意図が、それにぼくに話しかけた魂胆がわかった。ぼくを相棒にしてあの山に登ろうって魂胆だ。それでまず隣にテントを張って、お近づきになろうとしたってわけだ。ならば、こちらも大歓迎だ。ぼくは男の方にすっかり向き直り、笑顔を向けた。

「だからこそわたしは独りで登りたいんだ。楽に登れる方法をとったって、面白くはないからな」

ぼくの胸にふたたび、男に対する不快の念が、今度は倍になって戻ってきた。

「あんた、どこから来たんだい？　サンフランシスコからかい？」

「人に個人的情報を訊ねるときは、まず自己紹介をしてからにするのが、エチケットというもんでしょう」

「そいつぁ悪かったな。わたしはサンフランシスコからだ。で、あんたもそうなのかい？」

「いや、その西からですよ」

「西は海じゃないか……ニホンか!?」

男は唸った。

「何たることだ！　あの最も嫌いな国からやって来たヤツだったとは！」

「なぜ日本がそんなに嫌いなんだ？」

男は答えず、躯を一八〇度回転させると、自分のテントの方に向かって歩き出した。

「なぜだ？　なぜ!?」

ぼくはその背に向かって大声で吠えた。

男は立ち止まると、顔だけ半分ぼくの方に回して言った。

「理由は、一口で説明できるほど単純なものじゃない。感情的なものだからな」

「第二次世界大戦中に、太平洋で親族でも戦死したんで？　それとも捕虜にでもなった？」

「それもある。だがそれだけじゃない。道でも、いやテレビででもだ、ニホン人を目にすると、膚に虫ずが走るんだ。脳のシナプスがそう反応するのだから、わたしにもどうしようもない。感情的と言ったのはその意味さ」

「では、今、ぼくが日本人と聞いて、虫ずが走ったので、逃げようとしたってわけで？」

「逃げようとしたわけじゃないが……あんたがニホン人だとは夢にも思わなかったのでな。そんな髭面のニホン人がいるとは知らなんだで」

「お互いに最も会いたくない種類の人間に、そうと知らずに出会ってしまったということですな……こんな人里離れた山中で」

そう言うと、ぼくはアメリカ男に背を向けた。男が立ち去る足音が聞こえた。まだ暗くなるまでには一時間余りある。きっとあいつ、テントを虫ずの走る存在の見えない場所へと移動するだろう、とぼくは考えた。だが青いテントはなかなか退却しなかった。

そのうちに肉の焼ける臭いが押し寄せてきた。横目づかいに見ると、焚き火の上で善光寺の仁王様のワラジのように大きなハムステーキが黒い煙を吐いている。焚き火の前に座って、キュウリのピクルスを挟んだ食パンにかぶりついている最悪のアメコウの横を向いた姿が見える。

他人に対して憎しみの感情を溜め込んでいる人間ほど危険な存在はない、とぼくは信じてきた。ぼくは立腹が恐怖に変わるのを覚えた。これまで何人もの友人や知人や行きずりの人たちに、ぼくが単独登山が好きだと言うと、山に独りでいて怖くはないのですか、と訊かれたことがあった。その質問にぼくは決まって答えたものだった――山に恐ろしいものなどいません、恐ろしいのは街です、人間で混雑している街です、と。しかし今、人里を遠く離れた山中で、恐怖を感じていた。憎しみも感じていた。青色のテントの方から流れてくる肉を焼く煙までが憎く、また恐ろしくもあった。テントを移動しようか、と考えたが、アメリカ男に背を向けて逃げ出した、と思われるのもしゃくだった。

男のこちらを無視しようとしている努力を、増していく闇と焚き火が暴いていた。

狩猟民族である肉食人種の末裔ってのは、何て執念深いんだ。半世紀以上も前の出来事をすこしも忘却せず、怨恨と憎悪とを風化させず守りつづけているとは。あの男、きっと銃をもち歩いているのだろう、他の多くのアメリカ人と同じように。あの男の心の底では、怒りと憎悪のマグマが煮えたぎっているのだ。今は、その噴火口に蓋をかぶせて、なんとか噴出しないよう押さえつけているのだろう。その蓋をはじけ飛ばすきっかけを作るような口答えは避けなくてはならないな、とぼくは考えた。蓋がはじけ飛ぶと、怨恨と憎悪が銃に乗り移って、弾丸となって発射されることになるかもしれないのだから。この深山で、殺され、放置されたら、動物たちに肉を食われ、骨をかみ砕かれて、永遠に行方不明者の仲間入りとなるのは必定だった。ぼくはアメリカ男をあまり怒らせない方がいいと感じた。最も好ましいのは、完全に関係を断った状態を維持することだった。さわらぬ神にたたりなし、だ。ぼくは男の方に視線を向けないように、と目に言い聞かせていた。

「オイ！」

突然、背後で声がはじけた。

ぼくはギクッと立ち上がると、振り向きざまに身構えた。アメリカ男がぼくの背後に立っている。最初にぼくの目が捉えたのは、最悪男の手に銃が握られてはいない、ということだった。

「ワインの栓抜きを貸してくれんか」

ぼくは、もっていない、と言いかけたが、捜し出して、手渡した。その間、ぼくはひと言も、言葉を発しなかったし、男の顔を見ることもしなかった。ワインをいっしょに飲もうなんて言っても、決して飲まないぞ、とぼくは自分に言い聞かせた。だが、男はワインをもってやっては来なかった。栓抜きを返しにも来なかった。

翌朝の目覚めは、昨朝のように気持ちのいいものではなかった。あの最悪のアメコウと同じ草原に寝て、同じ草原で息をしていると思うと、気分が悪かった。やはり昨夜、自分のテントをここからは見えないところに移動しておくべきだった、とぼくは寝返りをうちながら何度も後悔した。夜が明けたら、何をおいても、いの一番にテントを移動しよう。その日一日何をすべきかを感じとるのは、そのあとだ。最悪のヤクビョウ神ヤロウが、先に移動してくれればなおいいのだが……。

翌朝、起きてテントを出たときには、太陽が昇ったばかりで、白い冷気を纏った光が、はすかいに森に差し込んでいた。横目づかいに見ると、アメコウヤロウ、テントを移動させぬまま出かけたようだった。きっと朝早くに、あの壮絶に優雅な女神の神殿に向かったのであろう。目を上げると、木の間ごしに、紺青の天空に渺茫たる大森林を従えて、秀麗な曲線を曳いて屹立する岩峰が見える。底なしの宇宙に黒褐色の巨大なクサビを打ち込んだように聳え立っている。

朝、いの一番にテントを移動しようと考えていたが、ぼくは予定を変更し、移動は朝食を食べてからにすることにした。

朝食を食べながら、ぼくはまたも山に見とれていた。最悪のバイキンヤロウ、どこまで行ったか。昨日、ぼくもあの角錐に立ち上がる岩山に覗きをかけたのだった。そして結論に達したのだ——ザイルやハーケンなど、岩登りの装備なしで登るのは危険だ、と。たとえそれらを持っていたとしても、一人で登るのは危険かもしれない、と。

あの山の切れるような底深く冷たい肌の感触を、躯の芯までを透明に痺れさす身に纏う香気を呼び起こそうとした。だがあのバイキンやろうがあれに取りついていると思うと、霊峰の身に纏う香しい感触は蘇ってはこなかった。

ぼくは朝食が終わったあとになっても、峻嶮なるその山の崇高さを飽きずに眺めていた。あの憎しみで脳味噌を膿ませたアメコウに、あの山は登頂を許すのだろうか？　最悪の男とつきあっている娘の貞操を心配する父親のような落ち着かなさに、ぼくは囚われていた。

朝食がすんでも、ぼくはぐずぐずしていた。テントを移動する気持ちに、どういうわけか、ブレーキが掛かりはじめたのを、ぼくは感じていた。あの美しい孤峰は、あの最悪のバイキンヤロウに、バカの大足で、胸を、顔を、髪を踏みつけさせるのを許すのだろうか。ぼくはそれを知りたかった。知らずにはいられない気分になっていった。

その日、ぼくは結局テントを移動せず、高山植物の咲き乱れる山裾の湖や草原を歩き回った。いたるところ、見渡すかぎり、高山植物の花々のジュウタンが敷かれている。草原では、今日も巨大なクマが一頭、一面に咲き誇る金色の花を貪っていた。歩きはじめたときから、今日はどうもクマとばったり出くわしそうだ、との予感がしていたのだが、このときは七〇～八〇メートルまで近づいたときにクマの姿を目認できたので、ばったり出くわしたわけではない。ばったり鉢合わせしなければ、クマは危険な動物ではない。ぼくは三〇メートルほどの距離まで風下からクマに近づいて、体重が三〇〇キロはゆうに超えていると見えるクマにしばし見とれた。頸骨と背骨を繋ぐ関節が山のように張り出し、肩の筋肉が波打っている。だがその動作・振る舞いには、愛嬌があった。

ぼくは自分を取り戻しつつあった。だが完全に昨夕までの自分を取り戻すことまではできないでいた。ぼくの足元から天に向かって急斜面を架ける巌峻を目にするたびに、焦燥に近い気持ちが心の底に塵のように舞い立った。

キャンプ地に帰り着いたとき、ぼくの気持ちはあのヤクビョウ神の帰りをひたすら待ち望む気持ちと、帰りを恐れる気持ちのあいだで大きく揺れていた。

ぼくがありあわせの食材をぶちこんだシチューを料理し、ソーセージを焼いて、夕食を終えたあとになっても、ヤクビョウ神はまだ帰ってこなかった。

ぼくはテントの中に退却して、本を読みはじめた。やがて冷気がどっと満ちてきたので、スリーピングバックにはいった。そのうちに活字がぼやけていき、ぼくは眠りに陥ちていった。

外に人の気配を感じて、ぼくは目覚めた。テントに明かりがかぶさっている。朝か、と時計を見ると、午後九時だった。ぼくはスリーピングバックにはいったままミノムシのようなかっこうで膝立ちして、テントの入り口のジッパーを一〇センチほど引いて外を見た。ヤクビョウ神が火を焚きはじめていた。

ぼくはさらに二〇センチ、ジッパーを引き開けると、顔を左半分覗かせて訊いた。

「登れたのですかい？」

ヤクビョウ神は五秒ほど背を向けたまま黙っていたが、やがて、

「いいや」

と不機嫌な声を出した。

ぼくの顔が、ニッコリと微笑んだ。スリーピングバックにくるまったままぼくはジッパーを引き閉じると、地面に墜ちたミノムシのように倒れ込んで、躯をよじって笑った。

ふたたび眠りに陥ちかけたときだった、ぼくのテントに突然、聞きたくない声の英語が降ってきたのは！

「話があるんだ」

そら、おいでなすった、とぼくは思った。自分が相手より優れていると考えているヤツは、いつもこの言葉を先立ちにして、侵略に踏み出してくるのだ。アイツの先祖も、話がある、と言って、インディアンの酋長たちを集め、自分たちにとっては廃品であるガラクタをアメに仕立ててちらつかせ、数年以内に反故になる条約に署名させて、結局はすべての土地をインディアンから取り上げたのだ。西部劇で「インディアン嘘つかない」と叫んで、白人に撃たれて死ぬインディアンをスクリーンに見て、ぼくは最初、他の観客といっしょに大笑いしていたが、そのうちハッと気づいたことがある。これは破壊文明を肥大させた白人たちが、いかにたびたび嘘をついて、正直そのもののインディアンたちをだまして土地を取り上げ、それに抵抗したものたちを一人残らず殺戮した事実を語っているだけでなく、それが悪行であることに思い至らない自らの無神経さと傲慢さをも暴露してしまっている場面なのではないかと。

「あんたわたしといっしょに、明日あの山に行かんか？」

ぼくの耳に予想していなかった言葉が飛び込んできたように思えた。はっきりと目覚めはしたが、聞こえ

たと思った言葉が、自分の願望が半睡の夢の中で言葉の形をとって反響したのか、それとも聞き間違えたのか、ぼくにはわからなかった。同じ言葉がふたたびテントの上で吐かれ、今度は、現実の言葉として耳に飛び込んだ。隣のテントの脇で燃える焚き火が、ぼくのテントの際に立つ憎悪の夜叉の巨大な影を、テントの布地に投げかぶせている。

ぼくは黙っていた。わざとではない。何て答えてよいかわからなかったのだ。

ぼくのテントからかぶさった影が退きはじめたとき、ぼくの口から言葉が出ていった。

「考えときますよ」

遠ざかりつつある歩調が一瞬ゆるんだ。

「明朝四時半に出発とする。もし行ってくれるなら、そのつもりでな」

足音が遠ざかっていった。

翌朝、ぼくは四時二五分にザックを背負うと、キャンプ地を出発した。薄暗闇の中に、こちらに視線を投げたアメリカヤロウが、慌てて何かをザックに詰めこんでいるのが見えた。

間もなく後ろから、駆けている足音が近づいてくる。朝、最初にぼくの影を認めたとき、アメリカヤロウは、ハーイ、と言った。ぼくは答えず、ただ闇の中で頷いただけだった。それ以後、まだ一度も言葉を交わし合ってはいなかった。ただ相手に遅れるものかと、競争心を燃やして、一心に出発前の支度に専念していたのだった。

「わたしはフランク・ジョウダンだ。で、あんたは?」

追い着くと同時に、アメリカが言った。

「ぼくは……ジャップと呼んでくれ」

アメリカは一瞬、歩調をゆるめたが、すぐに歩調を元にもどして訊いた。

「アメリカ人の蔑称は、日本語ではどういうんだ?」

「ケ……アメ……いや、いくつかある。サイアク、とかヤクビョウガミとか」

「では、サイアと呼んでくれ。救い主、メ・サイアになったようで、いい気分になれそうだ」

「いや、サイアク、と呼ばせてもらいます。またはヤクビョウガミ、と。あんた神様のつもりのようだが、ヤクビョウガミってのは、神様の一種だから、ご希望にかなっていることにもなる」

ぼくは相手に合わさず、いつもより早いスピードで歩いた。サイアクも遅れずに蹤いてくる。

ぼくが水分を補給しようと立ち止まると、サイアクも立ち止まって、何かを飲んだ。サイアクは決してぼくより先に立って歩こうとはしなかった。ぼくを逃がさないよう、ぼくの退路を断っているように見えた。昨日、よほどこたえたのだろう、独りでは登れないとわかって。

「おいおい、サイアク、ぼくはまだ、あんたといっしょに登る、とは言っていないぞ」

サイアクは昏い目つきでぼくを見つめた。彼の目の底に、一瞬かすかに哀傷の気がよぎるのを捉えたように、ぼくは感じた。

「一昨日は、ちょっと言いすぎたようだ。でもな、何ごとも正直に話しておいた方がよいだろう。胸の中に隠して、オベンチャラをいうのは、陰険だからな」

「正直に話そうと、胸の中にしまっておこうと、責任のない人間に恨みや憎しみをぶつけるのは、陰険以外の何ものでもありませんよ」

ぼくは相手を怒らせないよう言葉を選んで、柔らかい言い方をしたつもりだった。

「まあ、お互いに非があることは認めようじゃないか」

ぼくが関わっていなかった戦争がこの男の怨恨の源になっているのに、なぜぼくに非があると言うのだ。だがぼくは確信がもてなかったので、黙っていた。

「太平洋で死んだのは、誰です？」

まるで他人ごとのように、即物的な口調でぼくは訊いた。

「叔父だ。でも殺されたんじゃない。もっとひどいんだ。二〇歳のときから、両足義足で暮らすことになったんだから」

　ぼくは言葉につまった。サイアクは地面に視線を落としていた。瞬きしない男の目が潤んでいるように見えた。ぼくはすこし胸がつまるのを覚えたが、それも一瞬のことだった。

「これがまことに心優しい、まるで神様のような叔父でな。わたしが医者になったのも、叔父の脚を取り戻す方法を考えたいと思ったのが、きっかけだったんだ」

「あんた医者だったんか！」

　ぼくははじめて、男をまじまじと見つめた。男の赤く日焼けした首が、カーキ色のシャツの襟から覗いている。男のひきしまった顔は飴色の不精髭に覆われている。躯はアメリカ人にしては痩せ気味で、ボクサーのように精悍な動作を見せていた。とても医者には見えなかった。ただ目だけは、突き刺してくるような冷たい輝きがあった。

「そうだ」

「整形外科の？」

「うん。で、あんたは何をやってんだ？」

「今は、ご覧のとおりの放浪者ですよ。ここへやって来るまでは、教師をやってましたがね」

「なんで教師なんて、知識欲旺盛な子供たちから勉学意欲を剥奪する職業になぞ就いていたのだ」

　ぼくは、休職している学校のことを、ここにきてからはじめて思い出した。

「それに先生といわれる仕事に就いていたにしては、口が悪いな」

　サイアクが言っていた。

「口が悪いのはあんたでしょう。ぼくは言いたいことの半分も言ってはいない」

「それでかい？　もっともわたしの方は一〇〇分の一も言ってないが」

「ヤクビョウガミよ、あんた、自分たちが二つも原爆を日本に落として、数十万もの日本の市民を虐殺し、それ以上の数の市民に生きている限り逃れえぬ最悪の重傷を負わせた事実を知らないのかい？　それとも、もう忘れたのか？　さらにだ、ヤクビョウガミよ、第二次世界大戦中に、あんたらがこの国に住む日系人から身ぐるみ財産を奪い取って、強制収容所に閉じ込めたことも？」

「知っているさ。だからといってやはり日本人に同情が湧いてくることはない。アメリカ人にそんなことをさせる元凶を作ったヤツラなんだ、なんて考えてしまうんで」

「あんたとは話をすればするほど不愉快になる。あんたもなんでそれほど嫌いな日本人といっしょに山登りをしようなんて気を起こしたんだ!?」

「八日も独りで山歩きをしていて、人間とは話をしていないのでな、グリズリーベアーとだっていっしょにいたい気分になったのかも……」

「嘘をつけ！　ジョウダンじゃない、サイアクのヤクビョウガミヤロウ。正直に白状しろよ、あんたこの山をどうしても登りたかったのに、独りじゃ登れなかったんだよな？」

「ジャップとはグリズリーとよりも、膚も話も合わんようだな」

「図星なんだな。だがあんたとは、グリズリーだって話をするのを断って、逃げていくだろうよ」

第7章　幻の河(1)——一八四一年

（日本——天保一二年、黒船来襲一二年前。天保の改革はじまる。徳丸ヶ原で高島秋帆、洋式銃隊の訓練。目付鳥居燿蔵、代官江川英竜の命により関東・伊豆沿岸を巡視）
（世界——前年、アヘン戦争はじまり、この年、イギリス香港を占領）

現在のアメリカ合衆国の領土を東から西に、大西洋岸より太平洋岸に向かって横断しようとすると、立ちはだかる三つの山脈を越えなければならない。東より西に、アパラチア山脈、ロッキー山脈、シェラネヴァダ山脈あるいはシェラネヴァダ山脈の北縁でその南縁を接するカスケイド山脈である。アメリカの地図を展げると、これらの山脈はすべてほぼ南北に伸びているので、これらの山脈を三つとも越えずに、アメリカ合衆国の領土を横断するのはほとんど不可能だとわかる。

最も東に位置するアパラチア山脈は、一七七五年、トレイル・ブレイザーと呼ばれたダニエル・ブーンによって西へと抜けるルートが敷かれ、以後、オハイオ・ヴァレー、つまり現在のケンタッキー州やオハイオ州へと一気に植民が進んだ。

アパラチア山脈は、他の二つ（あるいは三つ）の山脈と較べて標高が高くない。最高峰のミッチェル山でも二〇三七メートルの標高で、大体は数百メートルから一〇〇〇メートル級の峰々が連なって、カナダのノヴァスコシアあたりからジョージア州のアトランタあたりまで伸びている。もっとも狭義には、ニューヨーク・シティの南あたりからジョージア州あたりまでの山岳地帯を指して呼ばれている山脈でもある。この山脈は、北アメリカ大陸にある山脈の中では、最も古い方のもので、そのため時間のヤスリで徐々に丸められ、高さと峻嶮さを失って稜線がなだらかとなり、ほとんど全山、大森林に覆われているところが多い。どちらかというと日本人の目には見慣れた、親しい姿を見せている山脈である。アメリカの大西洋岸にヨーロッパからやって来た初期の移民者たちは、西に広がる大森林を探査して、こういう大森林が果てしなく西へとつづいていると考えたのであった。彼らがそのかなたに、こんどは草の海と呼ばれた大草原地帯が果てしなく広がっていることを知るのは、それから二世紀以上も経ってからのことであった。

一六〇七年、ヴァージニアのジェイムズタウンに最初の植民地を建設したヨーロッパからの移民者とその末裔たちは、約二〇〇年かけて開拓の歩を進め、ミシシッピー・リヴァーに到達した。ミシシッピー・リヴァーもこの大陸の山脈と同様、ほぼ南北に、流れ下る。ここに到達したアメリカ人たちは、この大河が開拓の行き止まりで、これより西は開拓不可能な領域であって、文明人の住める領土だとは考えなかった。

一八〇三年、時の大統領トマス・ジェファスンは、ミシシッピー・リヴァーからロッキー山脈までの領土を、ルイジアナパーチェスと呼ばれる取引によりフランス皇帝ナポレオンより買い取った。当のトマス・ジェファスンの真意は必ずしもそうではなかったようだが、他の大部分のアメリカ人たちは、ルイジアナパーチェスによって買い取った砂漠（と彼らは考えていた）を、インディアンに与えることによって、頻発しつつあったヨーロッパからの渡来者と先住民であるインディアンとの争いを、分離政策によって解決できるという、平和を保つ一石二鳥の方法を見つけたつもりでいた。

現在のアメリカ合衆国の領土は、ヨーロッパからの移住者が当時住むに適した土地だと考えたミシシッピー・リヴァー以東の面積が約三分の一、ルイジアナパーチェスで獲得したミシシッピー・リヴァーよりロッキー山脈までの草原にテキサスを加えた領域が約三分の一、そしてその西の太平洋岸までのこれは本物の砂漠である地域が約三分の一、という比で構成されている。このロッキー山脈の西、太平洋岸までの広大な三分の一の領土のほとんどは、当時はまだどこの国に属するのか決まってはいない領域であった。南から、現在のキャリフォーニア州、アリゾナ州、ニューメキシコ州の大部分はメキシコが領有を主張し、北方の現在のカナダ領ブリティッシュコロンビア州の上端あたりまではロシアが、あいだにはさまれたブリティッシュコロンビア州の大部分とワシントン州、オレゴン州、アイダホ州はイギリスが領有を主張していた。しかしこれらの広大な領域は、一九世紀初頭には、まだ開拓者がほとんどはいり込んではいない土地で、毛皮収集の目的で侵入した「マウンティンマン」と呼ばれた猟師たちを保護したり、彼らに必需品を供給したりするための粗末なフォートがわずかに建てられただけの荒野で、ある国が領有を主張してはいても、国境が確定している土地ではなかったと言える。したがってこれらの土地がどこの国の領土となるかは将来の問題で、どこの国の民が押し入ってきて数で凌駕し、領有を主張して独立戦争を起こすかによって決まることになる。

現在のアメリカ合衆国の領土のほぼ三分の二に当たる、当時、白人未踏のミシシッピー・リヴァー以西の領域は、ルイジアナパーチェスの一年後に、トマス・ジェファスンの密命を受けたルイス＝クラーク隊によって探検の火蓋が切られ、その後いくつかの探検隊によって調査のための踏破が試みられることになる。

当時アメリカの西部と呼ばれていたのは、アパラチア山脈の西よりミシシッピー・リヴァーまでの領域であったが、現在では、ここを含みルイジアナパーチェスで獲得した土地にほぼ当たる地域を中西部、そしてロッキー山脈を含むその西の地域を西部あるいは極西部と呼ぶことになっている。

探検者に次いで、ミシシッピー・リヴァーの西に広がる広大な原野に侵入していったのは、この領域に眠る富、彼らが毛の生えた金と呼んだもの、つまり動物の毛皮であるが、それを求めて侵入した、ジェデダイア・スミスやジム・ブリッジャーやヒュー・グラスのようなマウンティンマンたちであった。しかし彼らは、ここに眠る富を独占できたわけではなかった。彼らは一八二二年にセントルイスに設立されたロッキーマウンティンファー・カンパニーに雇われてマウンティンマンの生活にはいったものたちであったが、彼らより早く、たとえばカナダにおいてはハドソンベイ・カンパニーという同じ目的の会社が設立されていて、北方から南下しつつあった。こうして動物を殺して毛皮を剥ぎ取るという行為が競（狂）走となって熾烈さを増し、アメリカン・インディアンの目には自然という偉大なる神の一つの権化だとみなされていたビーヴァーは、二〇年も経たぬうちに、ほとんどすべて殺戮され、毛皮を剥ぎ取られてしまったのである。マウンティンマンたちが最後のランデヴー（年に一度、捕獲した毛皮を売って、次の一年の猟のために必要な品を購入するために、人里を遠く離れた荒野の中に集まること。たいていはインディアンたちも大勢集まり、お祭り騒ぎが演じられた）

を行なったのは一八四一年であったが、これより数年前までには、ビーヴァーを捕獲するのはかなりな難事となっていて、商売としてのうま味は完全になくなっていた。マウンティンマンたちは引き揚げつつあり、商売換えをしたものたちも多く、残ったものたちもインディアンたちの仲間となって荒野に留まるか、あるいは他の仕事を求めて文明世界に帰る決心をしながらも、自分たちが殺戮し尽くした夢の幻影より立ち去る決心のいまだつきかねたものたちであった。こうしてアメリカの大西部は、再び静寂と平和を取り戻すかに見えたが、これ以前にすでに、次なる果てなき人間の欲による喧騒がマグマのように吹き出しつつあり、荒野の中に塵埃の煙を立ち昇らせつつあったのである。

一八三〇年代まで、太平洋岸に面した現在の北西部の州、オレゴン州、ワシントン州ならびにこれらの州に隣接するアイダホ州の大部分はカナダに設立されたイギリス系の二つの会社、ハドソンベイ・カンパニーとノースウェスタンファー・カンパニーが独占してビーヴァーの毛皮の収集を行なっていた。いずれこのノースウェスタンファー・カンパニーはハドソンベイ・カンパニーに吸収されるのだが、スネイク・リヴァーをはじめブルー・マウンティンと呼ばれる山脈から流れ出るいくつかの川はビーヴァーの生息密度が類を見ないほど濃く、これらの地域はまさに〈毛の生えた金〉の宝庫であった。これらの地域で、毛皮が生み出す富を独占していたハドソンベイ・カンパニーは、アメリカからのマウンティンマンや毛皮商人がこれらの地域にやって来るのを極力阻止し、独占を守ろうと努力していた。だがそういう彼らにも、やがて侵入してきはじめた宣教師たちの、インディアンたちに神の教えを知らしめ、救いの手を差し伸べるのだという使命感と煮えたぎる熱意との前には、阻止の壁の建てようがなかった。それに宣教師たちの侵入は、自分たちのビジネスに直接的な害を及ぼすことはないと思われた。こうして彼らは宣教師たちの侵入を放っておくことになった。宣教師のあとには金の試掘者たちが、次いで土地を求めての植民者たちが、大挙してあとにつづくべく待機しているのを見通すことが、彼らにはできなかったのである。

一八三四年、ハドソンベイ・カンパニーの独占を破り、ここでの毛皮の収集に割り込もうと、アメリカからやって来た毛皮商人、ナサニエル・ワイスと彼の雇い人たちの一隊（結局失敗し、当時所有していたフォート・ホールまでをハドソンベイ・カンパニーに売り渡して敗退するのだが）に従って、メソディストの宣教師ジェイソン・リーがやって来て、その後大勢の植民者を呼び寄せることになるウィラメッテ・ヴァレイ（現在のオレゴン州セイレム市近郊）に入植する。

一八三五年、両者共、宣教師であり医者であったマーカス・ウィットマンとサミュエル・パーカーが馬に乗って、宣教の可否を探り、拠点を捜すべく西部目指してミズーリー・リヴァーを渡渉する。二人はサウス・パスを抜けてロッキー山脈を越え、現在のワイオミング州グリーン・リヴァーまでやって来て、宣教と植民の旅が可能であり、西には神が教えを広めるよう命じている有望な土地が広がっていると確信したのだった。ここで二人は相談し、サミュエル・パーカーはさらに西へと旅をつづけることとし、マーカス・ウィットマンは東部に帰って、何人かの宣教師を連れて戻ってくることとする、という決定をする。

翌一八三六年二月、マーカス・ウィットマンは、ナルシッサ・プレンティスと結婚すると、同年三月、新婚の妻ナルシッサを伴い、一隊を率いて、セントルイスでミシシッピー・リヴァーに流入するこの大河の大支流であるミズーリー・リヴァーを渡って、三千数百キロかなたの、当時オレゴンと呼ばれていた、はるかな太平洋岸に近い土地に向かって出発したのだった。隊を構成するのは、他に宣教師のH・H・スポールディングとその妻、ウイリアム・H・グレイ、それにマーカス・ウィットマンが前年グリーン・リヴァーより連れ帰った二人のインディアン。馬とラバに牽かせた彼らの幌馬車は、蛇行する砂の帯を後方に巻き上げ、たなびかせていた。

マーカス・ウィットマンとその仲間たちは、彼らのあとにつづくことになる西部への植民者たちの植民の旅の方法を示唆していた。それは、この大移動に必要な品を幌馬車に積み込んで、それを動物に牽かせていたこと、家族を引き連れての移動であったこと、約三二〇〇キロメートル以上の路のない原野・山脈・砂漠を歩いていったこと、である。

彼らが目指した、当時オレゴンと呼ばれていた土地は、現在のオレゴン、アイダホ、ワシントンの各州とモンタナ、ワイオミング州の一部、およびカナダのブリティッシュコロンビア州の大部分を含む広大な土地で、最初イギリスが領有権を主張していたが、当時はイギリスとアメリカが協同占有する形に移行していた土地であった。

前述したように、一六〇七年に大西洋岸のジェイムズタウンに最初の植民地を建設したヨーロッパからの移住者とその末裔たちは、約二〇〇年かけて、ミシシッピー・リヴァーまで約一六〇〇キロメートル、植民の前線を進めてきた。マーカス・ウィットマン一家とその仲間たちは、この年（一八三六年）、ここで侵蝕のスピードを一気に上げ、半年のあいだに、三二〇〇キロメートルかなたの土地に跳渡しようとしていたのであった。

一八二〇年代、マウンティンマンたちが大西部に侵入を開始してしばらくのあいだは、幅が五〇〇キロメートルから八〇〇キロメートル（インターステイト80号線で、ワイオミング州のシャイアンからのユタ州のソールトレイク・シティまで、約七〇〇キロメートル）のロッキー山脈が行く手を阻んでいて、荒野での素人がこの山脈を越えて西へ抜けるのは困難だと、ましてや幌馬車を牽いて越えるのは不可能だと考えられていた。ルイジアナパーチェスで買い取った新しい自国の領土を抜けて、その西の他国が領有を主張しはじめた土地へ侵入し、太平洋岸まで陸路を走破した最初のアメリカ人となったルイス＝クラーク隊は、出発地点であるセントルイスからミズーリー・リヴァーを、まず船でさかのぼるコースをとった。セントルイスでミシシッピー・リヴァーに合流するミズーリー・リヴァーの主流をさかのぼると、まずほぼ北西に向かうことになり、現在のカナダ国境に近い地点に到達する。そこから今度はほぼ真西に向かいロッキー山脈に分け入ることになる。ルイス＝クラーク探検隊は、このロッキー山脈に水源を持つ河沿いに進み、つまり現在のミズーリー州を抜けて、ミズーリー州とキャンサス州の州境を、ミズーリー州とネブラスカ州の州境を、ネブラスカ州とアイオワ州の州境を、アイオワ州とサウスダコタ州の州境を次々に抜けて、サウスダコタ州にはいり、ノースダコタからモンタナ州にはいり、イエローストーン国立公園の北まで来て、ロッキー山脈に分け入り、分水嶺を越えてジェファスン・リヴァー、スネイク・リヴァーと拾って川沿いに下り、アイダホ州、ワシントン州を抜け、コロンビア・リヴァーに至り、ワシントン州とオレゴン州の州境を流れるこの河沿いに下って太平洋岸に達している。したがってその後、この未開の原野やロッキー山脈に、毛皮の収奪のために侵入したマウンティンマンたちにとっても、このルートが主道となった。

ルイスは日記の中で、「誰でも太平洋岸まで到達できる道を拓いた」と書いているが、このルートは、植民のための実用となるルートではなかった。ミズーリー・リヴァーにもコロンビア・リヴァーにも急流の個所が多くあり、またモンタナ州、アイダホ州あたりではロッキー山系の幅が広く、それにこのルートは北に寄りすぎていて、したがって距離も長かった。だが、前述したように、一八二四年、南北に約四五〇〇キロメートル、東西に幅五〇〇から八〇〇キロメートルのこの巨大な山系に、マウンティンマンのジェデダイア・スミスによって、なだらかな通路が用意されていたことが再発見されたのであった。アメリカ連邦議事堂のあるワシントンD・Cのキャピトルヒルと同じくらいなだらかな、とのちに探検者フリーモントによって報告される、サウス・パス（口絵写真4）と名づけられた峠で、海抜二三〇一メートル、現在インターステイト80号線沿いのワイオミング州の町ロックスプリングズの北、約一〇〇キロメートルほどの場所に位置した峠である。峠とはいっても、頂上はどこなのか、つまりどこが分水嶺で、どこに落ちた一滴の水が東に流れて大西洋に流れ込むのか、それとも西に流れて太平洋に流れ込むのか判別できない平地で、しかも幅も二〇キロメートル近くある。その上、都合のよいことに、このまことに優しい分水嶺から、これもまた同じように優しくゆるやかなノースプラット・リヴァーが東南東に流れ下って、現在のネブラスカ州オマハ市近くでミズーリー・リヴァーに流れ込んでいる。未開の領域を旅する者たちにとって〈水〉こそまさに生命を維持するために一日も補給をとどこおらすわけにはいかない、生命の源であった。このおだやかな水の流れを西北西にさかのぼれば、ルイス＝クラーク隊のとった北への大迂回路を辿らなくても、早く、楽にロッキー山脈を越えて西に出られる——こうしてサウス・パス越えの道は、まずマウンティンマンたちにとって、文明世界と原始の自然を結ぶ主道となった。次いで、その十数年後以降、ここサウス・パスは、幌馬車を連ねて西部へと移住した人たちが、「神が自分たちに西部への移住と開拓を使命として与え、その使命を果たすためにこの通路を用意していてくれたのだ」と理由づけて、自分たちによるアメリカの自然破壊と先住民族征服を正当化するための口実を提供した峠でもあった。

しかしこの峠が見つかってもすぐに西部植民がはじまりはしなかった。好ましくないニュースが伝わって来ていたのだ――ロッキー山脈を越えるとその西に、これこそ本物の約一〇〇〇キロメートル以上もの砂漠が横たわっているという。

ロッキー山脈に水源を抱かれ、西へと蛇行しつつ流れ下るスネイク・リヴァー――ここはルイス＝クラーク隊も利用した水路であるが、無数に棲息していたビーヴァーの楽園であった。この川は、現在のアイダホ州の北辺を西に流れ下り、オレゴン州との境に至って北上してからワシントン州にはいって、太平洋に流れ込むコロンビア・リヴァーに合流する清澄な水を流す川であったが、こうしてマウンティンマンを呼び寄せることになって探り尽くされた。舟で下るのがむずかしい急流であったが、川沿いに幌馬車で行くルートはありそうで、太平洋岸に至るルートとして有望だと思われた。かくしてここにルートは発見されたと考えられた。だがこれだけの長距離の未開の原野を、山脈を、砂漠を、家族を連れて、どう越えていったらよいのか――途中で食べる食糧は何がよいのか、馬で行くべきか、それとも牛かラバか、それらの動物たちの途中での飼料はどうするのか、途中で病人がでたらどうするのか、食糧が不足したらどうするのか――問題は数限りなくあった。誰かが先頭を切ることになるであろうが、まだ完全には機は熟していないように見えた年であったが……。

一八三六年、春、四月――ラバに牽かせた幌馬車の一行が、ミズーリー・リヴァーを渡渉して、ノースプラット・リヴァーを遡行しつつ、サウス・パスに向かつて進んでいった。人々はマーカス・ウィットマンの勇気を誉めたたえながらも、彼らの試みを、狂気の企てだと称し合った。約三二〇〇キロメートルの未開の原野と山脈と砂漠の連なりを、幌馬車で行くなんて、しかも女と子供を連れて――気の狂った人間だけが企てる、生命知らずの無謀な試みだ、と嘲った。だが、長老派教会の宣教師であったマーカス・ウィットマン一行は、自分たちは神に命じられた使命を果たしつつあるのだという固い決意にうながされていた。彼らは、現在のアイダホ州のフォート・ボイジィまで幌馬車で行って、そこからは馬に乗って、当時ハドソンベイ・カンパニーがビーヴァーの毛皮の収集を行なうために建てたフォート・ワラワラ（現在のワシントン州ワラワラ市）に到着したのだった。アイダホ州は、当時、オレゴンテリトリーと呼ばれていた土地の一部であったので、彼らは幌馬車で東部から西部への植民・移住を実現した最初のアメリカ人としての栄を担うことになったのである。またナルシッサ・ウイットマンとミセス・スポールディングは、陸路オレゴンへの植民の旅を果たした最初の白人女性となったのであった。

彼らが西部への植民に成功したという記事が、植民予備軍の待つミズーリー州やイリノイ州の新聞に掲載されたとき、人々は目を瞠《みは》った。当時は、女性はか弱き性とみなされていて、先住民しか住まぬこのような原始の荒野を六ヵ月以上も徒歩で踏破するなどという行為は、想像を絶することであったのだ。しかもマーカスの妻ナルシッサは、「どこにいるかわからない夫の身を案じて過ごす苦労よりも、夫と共に荒野で重ねる苦労の方が、私にとっては、はるかに堪え易いものよ」と語っているではないか……！

確かに、バッファローを狩り、魚を釣り、野生の果実を摘んだりして、それらを食料の足しにしながらの、路なき原野を半年間、三〇〇〇余キロ、越えていく移動遠征の旅は、とくに二人の教養ある女性にとって苛酷なものだったであろう。九月一日、フォート・ワラワラに近づいて、ささやかな文明の明かりを目にしたとき、男も女も馬に鞭をくれて一目散にフォートに向かって走りだしたほどだった。

こうしてマーカス・ウィットマン夫妻とその仲間たちは、幌馬車によるオレゴンテリトリーへの陸路による移住の旅が可能だと証明して見せただけでなく、彼らのあとにつづく植民者たちに、この移住の旅の方法をも明示して見せたのであった――幌馬車で行く、家族を連れて行く――という。

西部への植民の旅というと幌馬車隊という連想につながるほど、この両者は切り離しがたく結びついている。植民初期には馬やラバなどに幌馬車を牽かせていく人もいたが、その後、一八四六年頃になると、牛に牽かせていくのが主流となった。ではなぜ幌馬車で、しかも牛に牽かせていったのであろう。

人間も馬に乗って進行すれば、最も早いスピードで目的地に到達できるはずである。だが馬は、こういう大遠征をするにはいくつかの欠陥がある。馬は、野に生えている草だけを食料として、毎日、長時間、長期にわたって重い幌馬車を牽くというような重労働に耐えられるほど耐久性のある動物ではない。もし馬にこれをさせるとすれば、穀類を食べさせる必要がある。しかし大食漢の馬のための穀物を、たとえ毎日の分ではないにせよ、長期の旅行に堪える分量積んでいく余裕は、幌馬車にはなく、またそれは幌馬車を牽く馬自身の能力をも超えたものであった。それに馬は平地はよいのだが、山の登りには弱い。とくに登りが長距離つづく山岳地帯では、疲労して動けなくなりがちである。これは日本の馬も同様で、騎馬軍団で有名な武田信玄が、部隊を素早く目的地に移動させるために敷設した道が、山岳地帯では、傾斜のゆるい斜面を拾ってつけられていることでも知られる。したがって西部劇で、急坂を馬で駆け登るのは、一つの見せ場なのであろう。

ところでラバはどうであろう。ラバはこれら馬のもつ欠陥を免れた動物で、馬のように気むずかしくもなく、野原に生い茂る草だけを飼料として長期間の重労働に耐えられる動物である。植民初期の頃は、体躯が小型で馬力も小さいとみなされていたラバが、荷を満載し、人も乗る重い幌馬車を、六ヵ月間も牽きつづけられるか疑問視されていた。それが可能だということがあとになって証明されるのだが、西部植民の初期に、もしラバで行くとすれば、幌馬車を牽かせるのではなく、背に荷造りをした旅の必需品を積ませていくのが、よりよい方法だと考えられていた。このように背に荷を積ませた何頭かの動物を引き連れての旅の方法は、パックトゥレインと呼ばれるが、ラバのパックトゥレインにもまたいくつかの大きな欠陥があった。第一に、食糧にせよ、その他の必需品にせよ、幌馬車に積むほど大量に背負わせて運んでいくためには、多くの頭数のラバが必要となる。第二に、幌馬車は、夜には人間が中あるいは下で眠ることができるのだが、パックトゥレインの場合は、テントを張るか地表にじかに眠るかしなければならず、とくに雨など降ると難儀であった。第三に、背負わせた荷物は、夜は降ろして動物を解放してやらなくてはならない。したがって翌朝、再度荷造りをして背にくくりつけるという作業が必要となるが、これはかなりの熟練を要する技術であり、また出発前の貴重な時間を消費し、出発の遅延をきたす毎朝の重労働となった。第四に、重い病人や怪我人が出たとき、幌馬車ならば中に寝かせて旅を続けることができたが、パックトゥレインではそれは不可能で、こういう状況が出来すると停止を余儀なくされることになり、ときとしては致命的な遅滞をきたすことになったり、旅を中途で打ち切って、引き返さざるをえなくなったりする可能性があった。第五には、灼ける太陽の下では、幌馬車は日蔭を作って人間を守ったが、パックトゥレインで行く場合は、砂漠の太陽に炙られつづけていなければならなかった。

牛はただ一つ、牛歩などと表現されるごとく、歩くのが遅いという欠点をもつ動物である。一時間に約三二〇〇メートルのスピードで歩き、人間よりも遅いが、おとなしく、粗末な野の草を飼料に黙々とどこまでも歩き、力も強く、登りにも強い。それに人間の食料が不足したときには、屠殺すれば上等の食料となる。かくして、牛は、植民の歴史において、最も哀れな役割を担う動物となった。

ラバは牛より暴走しやすく、解き放たれると逃走しがちな性質をもつというささいな欠点はあるが、牛と同じように粗末な食料で幌馬車を牽くことが証明されたあとになっても、その歩速が牛に比してはるかに速いという長所をもつにもかかわらず、牛に幌馬車を引かせていくのが一般的であった大きな理由が、もう一つあった。それは牛の方がラバよりずっと安価で買えたということである。大人の男が一日畑仕事をして約一ドルの賃金だった当時、牛は一頭二五ドルほど、馬は三〇から三五ドルなのに、ラバは牛の三倍、七五ドルほどした。こうして、牛に牽かせた幌馬車は、家となり、病室となり、移動倉庫となり、自ら動く食料となり、またこれは植民の初期には起こらぬ事件であったが、後期になって、白人によって生きる術を奪われたアメリカン・インディアンが襲ってきたときには、コーラル（幌馬車を連ねて作った円型の囲い）を形成することにより、即席の砦ともなった。

もちろんパックトゥレインで植民の旅を試みた隊もあったが、彼らのほとんどは、家族を伴わない若い男たちからなる隊であった。もしパックトゥレインでこの旅ができれば、一ヵ月かそれ以上の日数を短縮できたし、川を徒渉したり、山を越えたりするときも、幌馬車でそれらを行なうよりは早く、容易であった。だがこれら植民者の大移動は、一般的には、家族全員を引き連れての旅であり、妊娠をしている女たちさえいて、彼女らの多くは、植民の旅の途上で出産さえしたのである。

さて、マーカス・ウィットマン夫妻はその後、どのような生活を送ったのであろうか？　ここで時代を先回りして、その後の夫妻の運命についてさっとなぞっておこう。

ウィットマン夫妻はフォート・ワラワラの東、約一六マイル（二七キロ）の現在のワシントン州、ワラワラ郡、ワイイラトゥプ市に入植し、スポールディング夫妻はその西、約三〇マイル（四八キロ）、現在の同州、同郡ラプワイ市に入植する。

マーカス・ウィットマンはただちに教会と住まいを建て、農耕を開始する。ここで一八三七年三月には、夫妻のあいだに娘のアリス・クラリッサが生まれる。使用人を雇い入れ、その数を増やしていくが、やがて治療院、製材所、穀物製粉所、鍛冶場、学校を建設し、果樹園を含む二〇〇エーカーの土地を開墾することに成功する。こうしてウィットマン伝道所は、外見的には地域のインディアンに対する一大伝道基地へと発展を遂げる。

だがこのあたりに住むインディアンたちは扱いにくく、キリスト教の教えにも、教育にも興味を示さなかった。そして、入植数年後、一八四〇年代になるとオレゴンへ向かう植民者が押し寄せることになり、それにつれてウィットマン伝道所は、皮肉なことに、伝道所としてではなく植民者たちのための救済所・補給基地として繁栄していくのであった。やがて一八四〇年代半ばになると、彼のところで働く家族たちのあいだに植民者たちが持ち込んだ天然痘がはやる。かくしてウィットマンは天然痘の治療に追われることになる。やがて天然痘はあたりに住むインディアンたちのあいだにも伝染していく。ヨーロッパからの渡来者たちは天然痘に対して免疫があり、回復する者も多かったが、この病気はヨーロッパ人がはじめてこの大陸に持ち込んだものだったゆえ、インディアンたちにはまったく免疫がなく、大勢のインディアンたちが次々に死亡していくことになった。医者としてのウィットマンの治療を受けた患者のうち、白人たちの中には回復するものが多々いるのに、インディアンの中には皆無で、次々に死んでいったのである。先祖から継承した土地への白い肌をした人間たちの侵入を快く思っていなかったインディアンたちのあいだに、ウィットマンは魔法使いの医者で、自分たちを皆殺しにしようとしているのだ、という噂が野火のように燃え上がり、インディアンたちの心に恐怖と憎悪を煮詰めていった。

入植一一年後の一八四七年一一月二九日、治療所で仕事をしているマーカス・ウィットマンに伝道所で顔のよく知られている二人のインディアンが近づき、一人がマーカスに話しかけて医師の注意を引きつけているあいだに、もう一人がトマホークで医師を打ち倒した。これが虐殺のはじまりであった。次に襲われたのはナルシッサ・ウィットマンで、胸を撃ち抜かれ、間もなく息を引きとった。女性で殺されたのは彼女だけであったが、ウィットマン夫妻に加えて、一二人の男たちが殺されるまで虐殺は止まなかった。最後に五〇人が、ほとんどは女性と子供であったが、カイユース族の捕虜となり、彼らの部落に連れていかれた。捕虜となっているあいだに三人の子供が病気で死亡したが、残りの四七人は、一ヵ月後の一二月二九日、ハドソンベイ・カンパニーのピーター・スケン・オグデンによって、六二枚の毛布、六三着の綿シャツ、三七ポンド（約一六・八キログラム）のタバコおよび何丁かの銃といくらかの火薬と交換に、フォート・ワラワラで釈放されたのであった。捕虜となっているあいだに、女性たちの中には、カイユース族の男と結婚させられたものがいたが、インディアンたちの彼らに対する扱いは、ひどいものではなかった、と彼らは後になって話している。

かくしてウィットマン伝道所は歴史の舞台から姿を消し、ウィットマン夫妻の情熱と勇気と悲劇的結末を描く英雄伝が、その後さまざまに描きつづけられることになる。

崇高なるシェラネヴァダ山脈――キャリフォーニアへ東の方向より侵入する人間を阻止すべく立ちはだかったこの山脈は、北米で最も峻嶮な山脈である。アラスカを除く北アメリカの最高峰は、当然あの大ロッキー山系にあると考えられがちだが、そうではない。キャリフォーニアの蒼天を鋭利な剣となって突き刺している、シェラネヴァダ山中のウィットニー山（四四一八メートル）（口絵写真2）こそ、それである。南北に約六〇〇キロメートルにわたって屹立するこの山脈は一枚岩でできていると表現されるほどで、南四半分あたりに位置するウィットニー山あたりでなくとも目をみはる嶮しさを連ねていて、とくに東側（砂漠側）に直立した懸崖をもち、西側（太平洋側）にどちらかというとなだらかに傾く傾向をみせている。シェラネヴァダ山脈はまことに新しい山脈で、つい最近まで造山運動をしていたと推測されている。したがって隆起時の破砕によって生じた鋭い岩角を、年月のノミによって少しも削られていない、鋭利な鋭さのままの姿で空に切り込む、岩山の連なりである。

十九世紀、キャリフォーニアへの初期の植民者たちは、たとえ近道だと地図の上では理解できても、この山脈を越えてキャリフォーニアへ侵入するのは不可能だとの情報が流布していたので、当時の植民者たちが入植目的地とした、現在のオレゴン州のウィラメッテ・ヴァレイまで、シェラネヴァダ山脈の北端より、これも南北に伸びるカスケイド山脈を越えて到達して、そこからシェラネヴァダ山脈を西へと回り込むことによって、キャリフォーニアへ侵入するのが唯一のルートだと考えられていた。しかしこのルートは、オレゴンの入植地から、まだ踏まれていない山地を一〇〇〇キロメートル以上も南下しなくてはならないルートであった。出発地であるミズーリー・リヴァーを春に出発した植民者たちがオレゴンに到着するのは秋で、しかもそれさえまさに難行苦業であったのに、その上そこからさらに荒れた山地を一〇〇〇キロメートルも行進するのは、時間的にも、動物・人間の体力の点でも、食糧その他の装備の点でも、困難な企てだと言えた。とくにミズーリー・リヴァー以東の地から出発したその年のうちにキャリフォーニアに到達するのは、不可能に近かった。もちろんそういう難事を成し遂げて、オレゴンのウィラメッテ・ヴァレイ以上に楽園だとの噂が飛んでいたキャリフォーニアへと入植できた植民者は皆無ではなく、いるにはいたのだが、このような大迂回のルートをとらずとも、シェラネヴァダ山脈を越えてキャリフォーニアへ侵入できるルートはあるはずだと、アメリカ人の特質の一つであるオプティミズムに導かれて、それを試みるものたちが、オレゴンへの入植がはじまって何年も経たないうちに現われることになる。

ドナー・パスより見下ろすドナー・レイクの風景は、シェラネヴァダ山脈の他の山域の切り割ったような荒々しさを見慣れた目には優しい。湖を浮かべる緑の大森林も日本の山の湖に似て心安まるものだ。だがドナー・パスは迂回路を取らずにキャリフォーニアという楽園に浸入しようとした初期の植民者たちの前に、彼らを阻止しようと立ちはだかった壁の一つで、峠の東側は、垂直に近い懸崖が幅狭い幾筋かの不規則な階段状になって幾重にも落下を繰り返していて、そこを泡となった白い水が攻めぎ合いつつ流れ落ちている。ドナー・レイクよりこの峠に至る斜面は、シェラネヴァダ山中では、それでも最もなだらかな数少ない斜面の一つではあるが、どのコースを取っても、数メートルは垂直に切り立つ崖をいくつか越えなくては峠まで登高するルートはない。幌馬車を牽いての峠越えは、素人の目には不可能に思える。

マーカス・ウィットマンと彼の仲間たちによる成功は、ミズーリーやインディアナなど開拓の前線に近い州に住む西部植民の予備軍を勇気づけはしたが、彼らの多くに、すぐにマーカスのあとを追おうと決心させはしなかった。巨大な懐をもって立ち塞がるロッキー山脈とその西の砂漠の存在が、彼らの決心を足踏みさせたのである。マーカス・ウィットマンの成功から六年後の一八四二年の春までにミズーリー・リヴァーを渡渉してサウス・パスに向かった植民者は、まだわずか一三七人に過ぎなかった。だがオレゴンからは噂が、情報が、この期間にも次々に届いた——冬は暖かく、夏は涼しく、土地は肥沃で、マラリヤにかかるものなどいず、子供たちはみな健康で……と、オレゴンがこの世のパラダイスだという噂が、情報が。情報の中にさらに人々の目を惹くもう一つの情報がまじっていた——キャリフォーニアは、オレゴンを凌駕する夢のパラダイスだという。だがこの情報にはかんばしくない尾ヒレがついていた——このパラダイスはオレゴンより一〇〇〇キロメートル以上も南方にあり、東側を通過不可能なシェラネヴァダ山脈に遮断されているので、オレゴンを回らずに直接到達できる近道はない、という。それだけではなかった——シェラネヴァダ山脈の東に広がる大砂漠には、必要な水を補給できる川さえなく、シェラネヴァダ山脈の東山麓に至ることさえ不可能だ、というさらなる尾ヒレまでがついていた。しかし、誰もがユートピアの建設とそれが可能な土地への移住を目指して大西洋を越えて来たヨーロッパ人とその末裔たちであるアメリカ人にとって、最高のパラダイス発見の報は、抵抗し難い麻薬であった。

オレゴンへの植民さえまだ本格的にははじまらない一八四一年、現在のアイダホ州ソーダスプリングズ付近まで来て、オレゴン・トレイルと別れを告げ、そこから南西に進路をとり、あの不死身の探検者ジェデダイア・スミスでさえもが何度も飢えと渇きに生命を落とす一歩手前まで近づき、運とカンに助けられてキャリフォーニアから帰還できた、茫漠たる砂漠へと、幌馬車を乗り入れていった人たちがいたのである。男三二人、女の赤ん坊を連れた女一人、の計三三人の一隊が——。ソーダスプリングズまでは、彼らは、宣教師の案内役として雇われた高名なマウンティンマン、トマス・フィッツパトリックが先導する隊に、他の植民者たちと共に参加して、オレゴン・トレイルを辿ってきた。しかしソーダスプリングズからは、ガイドもいなければ案内書も地図も人の踏み跡もない、未知の領域となった。

ソーダスプリングズで別れるとき、フィッツパトリックは言った。

「ここからオレゴンのウィラメッテ・ヴァレイを通らないでキャリフォーニー（と当時マウンティンマンたちは呼んでいた）へ行くルートなどあるわけがねえ。不毛の砂漠が、そしてその向こうには剣の刃《やいば》となって天を突くシェラの山が立ちはだかって、すべての生きものが侵入するのを阻んで、キャリフォーニーという楽園を守護しているのさ。楽園に行く近道なぞあるはずはねえってことがわからんのかね。わしらと一緒にオレゴン・トレイルを辿ってそこから南下した方がいい」

「どんな山脈にだって道はあると私たちは確信しているのですよ。ほら、あの大ロッキーにだって、神さまが用意して下さったルートがあったじゃないですか」

「だからウィラメッテを回っていく道を、神さまは用意して下さっていると言っているんだ。ただ最後の楽園に達するのに、そんな近道は用意して下さっているわけはねえと言っているんでさ」

「それを確かめたいと、私たちは言っているんです。誰かがやってみないではわからないではないですか」

とジョン・ビッドウェルは言ったが、彼らにはオレゴン・トレイルの終着地を回って南下する迂回路をとる余裕がなかったというのが、彼らをこの危険な賭けに向かわせた理由の一つであったと言える。とくに、幌馬車に積める食糧には限りがあるのだった。

「がんこで、無鉄砲な人たちが集まったものだ。それじゃシェラネヴァダの天まできり立つ岩壁のきわまで行って、あんたたちの目で確かめてみるんだな。とは言っても、岩壁までだって行き着けるかどうか。水の流れる音を恋しく思いながら、途中の砂漠で行き倒れなけりゃいいが。そうならねえためにはだな、ここからどこまでも南西に下ることだ。南に寄り過ぎると真っ白い砂漠にはいり込んで、渇きで死ぬことになる。北に寄り過ぎると、馬車の進めないひどい地帯にはいり込んで、消耗して行き倒れてしまうことになる。南西にどこまでもだ。そしてメアリーズ・リヴァーに行き当たったら、川沿いにふたたびどこまでも南西にな」

トマス・フィッツパトリックが先導する幌馬車隊に行き当たったのを幸運とうけとり、この隊に加わってソーダスプリングズまでやって来た植民者は一〇〇人ほどいて、彼らの中にはバートルスン＝ビッドウェル隊の三三人以外にも、できればキャリフォーニアに入植したいと考えていたものたちがかなりいたが、これら三三人以外の三分の二の人たちは、トマス・フィッツパトリックのアドヴァイスにしたがって、オレゴン・トレイルの終着地に向かうルートをとった。これらの人びとも、バートルスン＝ビッドウェル隊の人たちと同じように、食糧の余裕などあるはずはなかった。飢餓に苦しめられる、というのはほとんどすべての植民者たちに共通の苦難の体験であった。

ではこの三三人は、なぜ未知の砂漠とそのかなたにバリケードを張る一枚岩の山脈を越えようなどと企てたのであろうか、しかも幌馬車を牽いて？　何が彼らにこの大胆な試みを決意させたのであろうか？　彼らの若さか？　確かに彼らは若かった。彼らの多くがまだ三〇歳に達してはいなかった。一番年長のチャールズ・ホッパーでさえ四一歳であった。それとも未知のものを見たいという好奇心か？　先駆者になるという冒険心か？　休むことなく西へと向かうアメリカ人のもつ、止みがたい衝動か？　自然に立ち向かう自らの力への過信か？　西にはよりよい生活の場所があるという、裏切られたことのない信念か？　自らの力で何事も可能になるというオプティミズムか？――それらのすべてにうながされて、彼らは、こうして未知の砂漠へとはいり込んでいったのであろう。

第8章　グリズリーの山(2)――現代

胸壁の直下に到達したサイアクとぼくは、ロッククライミングの準備にとりかかった。サイアクが解いたザイルの片端を投げてよこした。ぼくたちは、互いの身を一本の命綱に結び合おうとしはじめた。

「あんたの商売、あまり繁盛してはいないのだろう？　大勢は患者が押しかけないのじゃないのかい？　それではな」

「あんたのいう通りだ。一年前から一人も患者を診てはいない」

「そうだろう。ぼくだってあんたの患者になって殺されるよりは、自殺した方がましだと思うからな。で、商売じり貧で、今では開店休業ってわけだ」

「いや、閉店休業だ」

「そうやって、あくまでも自分の非を認めない、頑固一徹、反省ゼロ、ってヤツはなんの商売をやったってだめだ。とくに医者には向いていない」

「いや、わたしよりだめな医者は大勢いる」

「まさか！　よせやい！」

「いや、本当だ。医者になってからも、診療の合間合間に、あるいは寝る間も惜しんで、勉強と技術の習得に励んだんだから」

「だが性格が欠陥で、客がこなかった？」

「そんなことはなかった。一年前までは、結構評判はよかった」

「そりゃあ危険だ。今までに何人殺した？」

「整形外科医というのは、生死にかかわる病気の治療に携わることは、外科や内科と較べると多くはないんだ。でもまあ、何人かは殺したかもしれん。だが確実に死なせてしまったと意識しているのは、ただの一人だ」

ぼくは振り返って、サイアクの顔を三秒ほど見つめた。サイアクは口を固く結んで、吹き下ろす寒気の源の、底なしの蒼天をじっと見上げていた。その目は抑えようもなく噴き出てしまった悲しみを、逃がしているようにも見えた。ぼくは巨大な憎しみを溜めている人間の、悲哀の深さを推量した。憎しみと悲哀はつねに、一人の人間の中で相伴っているものだ、との信念をぼくは抱いていた。だがこの男は少なくとも、正直であった。今までに、自分が人を殺したと告白した医者がいたであろうか？　ぼくはこの男にふたたびかすかに同情を感じた。が、それも一瞬のことだった。

「一年前に、殺人を犯して、商売を閉店休業にしたっていうんだな」

サイアクは答えずに、高みへと脚を載せていった。荒い息を吐くサイアクの全身で、身を射す冷風に、血の色をしたヤッケとブルーのズボンが音を立ててはためいていた。太陽が昇って、岩壁全体を天に浮き上がらせ、縞模様を描いて輝く雪渓から疾風が時折り白色を攫って、蒼天に溶かし込んでいた。

サイアクはロッククライミングの技術に長けていた。ぼくより上手かも、と思うほどだった。ルートの選び方も、前に登ったことがあるのではないか、と疑わせるほど巧みだった。

「左だ、左。そこは左マキダ、ドクタア・サイアク。ドクタア・サイアクの腐ったオツムの左上にホールドがあるだろう。右に行ったらオーヴァーハングだ。滑落したらオダブツだぞ、ドクター・ヤクビョウガミ」

そうだった、ヤクビョウガミの生命は、今ぼくの手に握られているのだった。ぼくが自分の身に巻いたロープを解いて、ヤツが足を滑らせると同時に手放したら、ヤツは本当にオダブツだ。一心に岩と格闘していて、ぼくの手元などに注意を向ける余裕などないのだから。

ぼくは冷や汗が背筋を滑り落ちていくのを感じた。一五分ほど前までは、ぼくがトップを登り、ヤクビョウガミに生命を預けていたのだった。あのヤクビョウガミのヤツ、どこかでぼくを殺すつもりだろうか。これ以上ヤクビョウガミをいたぶるのは、山頂に登り着いてからにした方がいいようだな。そういえば、ヤクビョウガミも朝からぼくのことを一度も、ジャップ、と呼んではこない。あれは自分の意図を覚られないための策略かもしれん。だがもしぼくを滑落させるにしろ、突き落とすにしろ、そうしたら、このヤクビョウガミ、この山を登ることはできないことになる。もう何回もぼくを突き落とすチャンスがあったのに、そうしなかったところをみると、やはり山には登りたいのだろう。ということは、ヤツがあとは一人で登頂できるところまで登り着いたときが、危険のはじまりか。あるいは下山路が。

「ヘーイ、ドクタア・サイアクのヤクビョウガミ、あんたぼくのことを、あまりジャップと呼ばないな。憎しみであんたの腹が膨れて、破裂するといやだでよ。ジャップと好きなだけ罵って、憎しみを小出しにジャップ、ジャップ吐き出した方がいいぞ?」

ぼくはヤクビョウガミが立ってザイルを繰っている岩棚まで登り着き、ヤクビョウガミが二歩、三歩と次の岩壁に取りついて足を進めたとき、下から見上げながら言った。ヤクビョウガミの足が滑った。ぼくはヒョウのような素早さで、ヤクビョウガミのケツの下に肩を入れた。ヤクビョウガミは重かった。こんな狭い岩棚で、構えていないときにヤクビョウガミに落ちてこられたら、二人いっしょにオダブツだ。ぼくの肩の上に座ったまま、ヤクビョウガミの笑いを押し殺した顔が振り向いた。

「あんた、せっかく天にも登るいい気分になっているときに、不快なことを思いださすなよ。ジャップと命綱を結び合っているなんて思いだすと、至福の精神状態が一挙に奈落の底へと滑落してしまうじゃないか。あんただって、わたしがアメリカ人だと思いだすと、憂鬱になるだろう」

「いや、まったくそんなことはない。ぼくにはアメリカ人はどちらかといえば好きな国民だからな。三人ほどアメリカ人に親友もいるし。だがあんたはぼくがこれまでに出会ったアメリカ人とはまるで別の生き物だ。

人たちが何人もいたのだが。
ぼくは嘘をついた。一度あったのだが……。それに言葉には出さなくとも、目でそう語っていたアメリカ
「あるわけがない！」
「あんたは今までに、わたし以外の人間にジャップと呼ばれたことはないのかい？」
最悪の生き物だ」

ぼくたちは頂上へと延びる最後の尾根に登り着いて、ザイルを解いた。太陽が中天をわずかに回り、膚を灼いたが、風は冷たかった。頂上まであと二〇分、とぼくは尾根を見上げ、計算した。サイアクは一時間ほど前から沈黙に陥っていて、ぼくがからかっても、それに答えず、ただぼくの顔をやや細めた目で見つめるだけだった。

頂上から五〇メートルほど手前まで来て立ち止まり、ぼくは、ヤクビョウガミを待った。ぼくは先程から、左右両側が切れ落ちている痩せ尾根をヤクビョウガミに背を向けて歩く危険を意識していた。だがヤクビョウガミは遅れはじめ、ぼくの三〇メートルほど後方にいた。ヤクビョウガミが追いついたとき、ぼくは、先に行け、とヤクビョウガミに向かって自分の腕を山頂に向けて振り挙げた。ヤクビョウガミは立ち止まって、一瞬考えたあとで、そうか、と言ってぼくを追い越そうとした。そのとき、ヤクビョウガミの脚がよろけた。ぼくはヤクビョウガミのヤッケを摑んだ。ぼくに支えられて危うく踏みとどまったヤクビョウガミは、山頂に視線を向けたまま、夢遊病者のようにおぼつかなげに脚を曳きずって登っていった。

ぼくたちは山頂に無事に到着した。ぼくは三六〇度遮るものもなく、紺青の空の下にいくつもの滝をいだいて波打つ、壮絶な岩峰また岩峰の山脈に見とれていた。ここは思った通り命を賭けて登ってくる価値のある至高の美を眺望させてくれる高みだった。美神の塔の頂だった。だがはるか南にも北にも、ここと同じか、あるいはここよりさらに高いとも見える雪山が一つずつ、高く天に分け入っていた。

ふと見ると、サイアクはへたりこむように膝をつき、側頭部を両手で抱えてうずくまっていた。

やがてサイアクは、三角点の近くに膝をついて、そこにアイスピックで小さな穴を掘りはじめた。掘り終えると、穴の中へ、独りごとを吹き込みはじめた。上体を起こしたサイアクは、突如左手を天にかざすと、薬指から指輪を抜き取り、それを穴の中に落とした。一瞬穴の中を覗き込んでから、サイアクは両手で少しずつ、いとおしむように穴の中へと土と岩のかけらを戻していった。穴が埋まると、サイアクは水筒から紅い液体を穴の上と周囲に撒いていった。水筒の首から、ゴボッ、ゴボッと血のような液体が吐き出された。赤ワインの甘苦いアロマが山頂を這い、絶壁を墜ちていった。サイアクの口からふたたび独り言が漏れていた。それは祈りのようにも聞こえた。サイアクが何を言っているのか、ぼくにはわからなかったが、一、二回、シャリーンという女の名前が聞こえたように思えた。ぼくは耳をすましてサイアクの祈りの言葉を聞き取ろうとしたが、だめだった。だが最後にサイアクが言った独り言だけは、ぼくの耳がはっきりと捕らえた

――グッドバイ　シャリーン！

ぼくは身震いをした。さては……このヤクビョウガミのやろう、ここへ死ぬためにやって来たのじゃないのだろうな！　女に逃げられたぐらいで、なんて女々しいんだ。世界には何億、何十億という女が群れをなして、溢れかえっているというのに。しかし憎悪や憤怒を心中に膨らませている人間てのは、執念深い偏執狂だからな。足元から切れ落ちている数百メートルの絶壁をぼくは覗き込んだ。こんな絶壁でヤクビョウガミにザイルを抱いたまま投身自殺をされたら、下るのは不可能だ。それとも、憎い日本人のぼくを、行きがけの駄賃に道連れにしようってんだろうか!?。

こんな最悪のアメコウに、心中と見せかけられて殺されたくはなかった。では、どうすれば……?――ぼくは絶体絶命の窮地に立たされているのであろうか?――ぼくにはわからなかった。

遠く積乱雲が立ちはじめていた。下山の時間となっていた。ぼくは覚悟を決めなければならないのだろうか?……

ただ一つ、わが身を救う方法があった。それはこのヤクビョウガミがザイルを身から離して地面に置いて

いるとき、崖から突き落としてしまうことだった。ぼくはヤクビョウガミの方を見た。ザイルはヤクビョウガミの足元に置かれたザックの上に載っている。ヤクビョウガミは目に悲しみの翳を残してはいたが、今までに見せたことのない晴れ晴れとした顔つきで、東方の空の一点に視線を固定していた。チャンスは今だ！……だがぼくに、はたして人が殺せるだろうか？　ぼくは、かつて自分が最も憎んだ一人の人間を心に呼び起こそうとした。医者になりたい、とぼくが言うと、おまえにそんな才能はない、と一言のもとに撥ねつけ、長男のぼくに自分の妻と子供たちの扶養を押しつけて、放浪に明け暮れていた父を。しかし父の死後、時間とともに憎悪は憐憫と承認――結局自分も、父と同様、家族を捨て、仕事を捨てて放浪しているではないか、という――にとって換わっていて、憎悪はもはやぼくの心に回帰してはこなかった。やはり覚悟を決めなければならないのだろう……。ヤクビョウガミの策略に引っかかって、この優雅な美神の膚に触れ、胸を、髪を抱き締めたいとの欲望にあらがえず、ヤクビョウガミの甘い誘いに乗ってやってきたのは、ぼくだったのだから。

だが、諦めるのはまだ早い。まだ見ぬ美しいものがこの世にあるうちは……。

「さあ、ドクタア・ヤクビョウガミ、下りはまずあんたがトップだ」

ぼくは不意をついて、彼のザックの上のザイルを引ったくるように拾い上げた。

絶壁を下りながら、ヤクビョウガミは深い沈黙に陥っていた。自らの夢想の世界に没入していて、心ここにあらずという姿態を露呈していた。一度ならず、彼は下る脚を滑らせたり、方向を間違えたりした。その度に、ぼくは彼の体重を支え、方向を指示した。ぼくは一秒も油断せずに、ヤクビョウガミの一挙手一投足を見張っていた。このとき、ぼくは一度も彼をサイアクともヤクビョウガミとも呼ばなかった。呼ぶのを控えていたのだ。登りとは違い、沈黙のロープが二人を結んで、シャクトリ虫のように伸びたり縮んだりしながら、崖下の森林に向かって這い下っていった。

岩場を下りきって森林限界に到着したとき、ぼくは大きくため息をついた。ザイルを巻いて持ち主に押し返すと、ぼくは先にたって歩きだした。

ヤクビョウガミとぼくは、不毛の急峻な岩にわずかにそれとわかる踏み跡を下って、そこだけ草が青く、高く茂っていて、黄色い花々の真っ盛りの、幅六〇メートル、長さ五〇〇メートルほどの岩壁に囲われた狭い谷へとはいり込んで行った。谷を縦に中ほどまで進んだとき、大きな黒クマが一頭、一〇〇メートルほど向こうの、これから抜けて行こうとしている踏み跡より三〇メートルほど逸れた、ほぼ草地のまん中あたりで、草や花を食んでいるのが目にはいった。ぼくは、この日クマの存在をすっかり忘れていた。クマは目は悪いが鼻はとても鋭敏で、クマの方も早めに気づけば、人間という恐ろしい生き物を避けようとする。しかしこのとき、微風がクマの方角からぼくたちの方に向かって吹いていたため、その巨大なクマは、ヤクビョウガミとぼくの谷への侵入に、まだ気づいてはいないようだった。ぼくが振り向いて指さすと、サイアクがうなずいた。ぼくたちは、キャンプ地まであと一時間のところまで帰ってきていたし、ここを迂回するとなると、山越えをしなくてはならず、キャンプ地まで四、五時間はかかると踏んだので、引き返すのをためらった。またたとえ迂回路をとっても、クマの出そうなこういう谷間の草地を何箇所か抜けなくてはならないと思われたので、迂回したくはなかった。それに太陽も傾いていた。ぼくは、引き返すのをやめ、先へ進む決心をした。目配せをすると、ヤクビョウガミはうなずいた。ぼくはゆっくりとクマに近づいていった。クマの挙動から目を離さず、クマを真横に見る位置、クマから三〇メートルの地点までクマに気づかれずに進んで、あとはクマから離れていくことになるので、ほっとして、ぼくは前方にちらっと視線を移した。同時にヤクビョウガミが後ろで、押し殺した声ですどく、ウェイト、と叫んだ。ぼくの目に、七〜八メートル先にもう一頭、巨大な黒クマが、大きな倒木に躯をもたせかけるようにして地面に坐っている姿が飛び込んできた。ぼくが立ち止まると同時に、座ったクマもこちらに顔を向けた。クマは驚いたように、やや後方にピクッと躯を倒しかけたように見えた。ぼくはそこまでしか観察していない。ぼくは二頭のクマに背を向けて、一目散に辿って来た踏み跡を走った。日本のクマよりはるかに巨大で、ぼくの体重の五〜六倍もありそうなアメリカの二頭のクマに怖じけづいて、クマに出くわしたときにそうしたら最も危険だと知りながら、ぼくは走って逃げたのだった。サイアクも走っていた、ぼくの斜め後ろ脇を。五〇メートルほど逃げてから、ぼくらはこわごわ背後を振り返った。クマは追いかけてきてはいなかった。後ろ脚で立ち上がって、仲良く逃げていくアメリカ男と日本の男を眺めているクマの姿が見えた。ぼくらは後ずさりながら、大きく深呼吸をはじめた。そのときぼくらは、ほとんど同時に、互いに手をつなぎ合っていたのに気づいた。ぼくらは一瞬顔を見合わせ、取り合った手を捨てるように離した。ぼくは目を伏せて、その手をポケットに入れた。

迂回のコースにはいって一時間余り歩いたとき、遠くで花火が上がったような音が一つ聞こえた。雷かと見上げたとき、突然、頭上すれすれで爆弾が炸裂した。ぼくが身を伏せた上にヤクビョウガミが折り重なって伏せてきた。ヤクビョウガミは重かったが、ぼくは彼を押し除けなかった。雷鳴が退いていきかけたとき、ぼくらは八メートルほど離れた大木から二〜三メートルのところまで身を低めて走って行って、身を伏せた。

雨が高速で襲ってきて、数秒のうちに土砂降りとなった。

あれはヤツが伏せたところに、偶然ぼくがいたわけではないのかもしれないな。無意識にともにいる人間を守ろうとする習慣的な行為だったのかも。こいつにも医者らしいところがあった、ということかもしれないな、とぼくは考えた。

「もうすぐ特上のワインが飲めると思ったんだが、オアズケとはな」

雨に打たれながらサイアクが言った。

「あんたのように性格が最悪の男にも奥さんがいたんだな」

ぼくはしみじみと言った。

「そう、いたんだ」

サイアクもしみじみと言った。

「最悪の男には、最高にすばらしい女が取りついて世話を焼いているのが、世の常だからな。世の中ってのは不公平なもんだ、まったく」

ぼくは別れてきた妻のことを思い出した。彼女と出会ったときの、ついに自分も人生を生きる価値あらしめるものを見つけた、と誤解した幼かった自分を。そして恋が決して人生を生きる価値あらしめるものではなかった、と覚ることになったときの青臭い絶望を、悔恨とともに思い出した。

「あんたはどうなんだ？」

サイアクが訊いていた。

「ぼくは最高にすばらしい女を妻にできるほど、性格が悪くはない。最悪の男ってのは恥知らずだからな、おべんちゃらと歯の浮く嘘を丸めて連発銃で撃ちつづけて、天使のような女をだますんだよな。ぼくにはそんな余技は必要ないと思って生きてきたが、あんたに会って考えが変わったよ。それは余技なんかではなく、男にとっては人生において必須の、磨くべき技術だった、とな」

「だけど、どこにでもいる女を妻にした男も、幸せといえるんじゃないのかい。替えはいくらでもいるからな」

「あんた、奥さんに逃げられたんだな。やっぱりな」

「いいや」

「じゃ……」

殺したんだな、と言おうとして、ぼくはその言葉を呑み込んだ。彼の瞳が、今までに見せていた冷たい光りと対極をなす、深い悲しみの色に満ちていたからだ。

ヤクビョウガミもぼくと同様、人生の敗残者なんだな、とぼくは思った。

雨水がシュガーパインの針葉の束の先端から無数の糸となって流れ落ちていて、サイアクの顔を打っていた。その顔は歪んでいた。稲妻とともに爆発音が天を揺すり、消えゆく爆音が闇の幕を曳いてきた。

ぼくらは二人とも疲労していた。とくにサイアクは疲労困憊の域に達しているようだった。まだキャンプ地までは、普通の歩速で二時間はかかると思われた。ぼくらの歩くスピードは半分ほどに落ちていた。だがぼくらは二人とも、音《ね》を上げなかった。ただ相手に負けるものかと、脚を動かしていた。

「先に行ってくれ」

木の根につまずいたまま、座り込んだサイアクが言った。

「脚が痙攣を起こしたんだ。なにすぐ直る」

サイアクがつま先を握って何度か脚を伸ばし、それからふくら脛をマッサージしはじめた。

「そうか。それじゃな、アバヨ」

立ち止まって眺めていたぼくはそう言うと、ヤクビョウガミを残して出発した。

五、六〇メートルほど歩いてから振り返ると、ヤクビョウガミの姿はもう森の蔭に没していて見えなかった。ぼくは木の枝を拾いながら、ヤクビョウガミの背後へと回るけんとうで足音を忍ばせて戻っていった。

ヤクビョウガミの背後七、八メートルまで近づいたが、彼はまだ気づいていなかった。一心にふくら脛をマッサージしている。ぼくは、拾った棒切れを二本、角のようにこめかみに立てると、上体を折って低め、

「ガォー、ガォー」と吠えながら、ヤクビョウガミに向かって一直線に飛び出した。

「わぁー……わぁー……」

叫びながら、身を震わしつつ、まず四つ這いで、ついで立ち上がって脱兎のごとく逃げていったヤクビョウガミは、七、八メートルほど駆けてから、スピードをゆるめず顔を半分後ろに回して、恐怖で凍りついた目で振り返った。さらに数メートルほど走ったとき、ヤクビョウガミは突然立ち止まり、崩れるように地面にへたりこんだ。凍りついた恐怖の表情が解けていくとき、かすかに安堵・羞恥・憤怒の色が、順次にヤクビョウガミの目に浮かんでは消えたように見えた。

「最悪の、恥知らずの、ジャップの、タヌキやろうメ!」

ぼくは両手で腹を押さえ、身を折って笑いころげた。

「クマに角があるわけがなかろうに……」

おかしくて腹がよじれ、それ以上言葉がしゃべれなかった。

「ジャップ《ニホン人》に、……角がニホン生えたら、……クマより恐ろしい」

ヤクビョウガミは息を整えようとしながら、途切れ途切れに言った。彼の眼球は怒りの硬さを残していたが、口は苦笑いをこぼしていた。

「なんだ、あんたまだ生に執着があるんじゃないか。あられもない格好で逃げ出すところを見ると……。あのぶざまで、臆病で、ニワトリみたいに叫びたて、蹴たてて逃げていったあんたの格好を、あんたにも見せたかったぜ。あんただって、ぼく以上に笑いころげただろうよ」

「不意打ちと体当たりが特技の卑怯者のジャップメ！……わたしがいつ、生に執着がないと言った⁉」

「あんたの投げやりな動作と一日つき合えば、誰にだってわかるさ。それに憎悪をはちきれんばかり胸に溜め込んでいる人間てのは、この世は生きる価値がないなんて、自殺願望を気取っていやがるからな」

「ジャップ……」

とサイアクは言って、ぼくを睨みつけていた視線を地面に落とした。それからサイアクは目を閉じた。冷たくすべてを射る目を閉じると、サイアクの反った鼻の線が優雅だった。

ぼくがマッチをすると、サイアクは目を開いて、手を横に振って言った。

「こんなに雨でぐっしょり濡れてしまった木で焚き火ができるわけがない。むだだ。やめろ」

「あんたのようにきんきらきんの金持ちの国に生まれ育った人間とは、わけが違うんだ。こちとらは、小学校の三年生のときから、自分で伐って割った薪で、毎朝米を炊くのが仕事だったんだから」

「わたしだって、育った家は金持ちじゃなかったさ」

「でも医者になれるほどに裕福だったじゃないか」

「例の叔父が、第二次世界大戦で両足を失った叔父が、傷痍軍人手当を少しずつ貯めた金で行かせてくれたのだ」

火が燃えはじめた。手をかざしながら火を見つめるサイアクの目は、かつて遠い過去に燃えていた世界を覗き込んでいるように、焦点が失せていた。

「あんたそんなに愛情深い人たちの中で生きてきて、なぜそんな暗黒の行き止まりに突き当たってしまったんだ。なんともぜいたくで、甘やかされた話だな」

「それはわかっている。だがな、すべてがいやになってしまったんだ。むなしくな。あんたは医者じゃないからわからんだろうが、医学なんて大してものの役には立たないんだ。次々に新薬や医術の進歩を凌駕するヴィールスや細菌が発生してくるし、自動車をはじめとする機械が、毎秒人間を殺戮しつつあるんだから」

「なにがあったか、想像するしかないが……あんたがそんなふうでは、あんたを医者にした叔父さんが悲しむだろうて」

「叔父ももういない。死んだんだ」

言葉を失ったぼくは、サイアクの顔をじっと見つめた。増しつつある暗闇が、彼の目が発する底深い冷たい光を奪い、声を上げずに燃える焚き火が、登ってきた絶壁のようにしなる彼の鼻の線の輪郭を、際立たせていた。

「なにがあったか知らんが、……人生にあまり正直すぎてはいけないな。あんたが殺したと思っている奥さんだって……」

ぼくは言葉を切った。彼の背が震えているように思えたからだ。

十数秒間目をふさいでいて、やがて見開いて、瞬きをせずにじっと火を見つめていたサイアクが言った。

「あんたは自分の人生を生きる価値あらしめるものをなにかもっているのかい？」

「いや、もってはいない」

「では、今のわたしと同じではないか」

「いいや、あんたとは同じではない」

「どうして？」

「ぼくはあんたのように、それはこの世にはないのだ、と決めつけて、探すのを止めてしまってはいない。今も、一心に探しつづけているからだ」

「こんな美しい山中を独り好き勝手に放浪していて、ずいぶんとえらそうに言うもんだ」

そう言うと、彼は黙り込んだ。火がぼうぼうと燃え上がってきた。濡れた衣類と靴をあぶりながら、目を閉じて、彼はじっと考えに沈んでいた。

ぼくたちは脚を曳きずり、アイスピックを杖にキャンプに向かって戻っていった。極度の疲労で、もう一歩も歩けないと思いながらも、なんとか脚を動かしてきたのだった。日が暮れて、懐中電灯を点けないと、森は鼻をつままれてもわからないほどの黒い闇に満ちていた。彼が転ぶと、立ち上がるまでぼくは待った。ぼくが転ぶと、彼は待った。ぼくらは互いに相手を助けようと手を貸すことはなかったが、二人でいるかぎり、懐中電灯は暗黒の世界の二ヵ所を照らすことができた。

キャンプ地にたどり着くと、ぼくたちはそれぞれのテントに這い込んだ。這い込む前に、彼は振り返って、グッドナイト、と言った。ぼくは振り返らず、グッドバイ、と答えた。テントの中に倒れ込んだまま乾いた食物をビールで流しこんでいるうちに、ぼくは一気に眠りに陥ちていった。

翌朝、ぼくの意識が熟睡からまどろみへと明けてきたとき、木の間ごしの陽光がテントに降り注いでいるのをぼんやりと感じた。だがひどい空腹が、熟睡へと再帰するのを阻止していた。腕時計を見ると、七時をすこし回っている。九時間眠ったのに、まだ眠かった。脚腰がだるく、なかなか起き上がる気力が湧いてこない。ぼくはふたたび、まどろみに陥ちていった。

まどろみのたそがれた意識の境で、ぼくは昨日の山行の一こま一こまを、飛び石を伝うように、伝い歩きしていた。追体験であるからだろうか、憎悪の重荷は破棄されて、ただ底無しの紺青の空の下を、見知らぬアメリカ人とぼくが、ザイルで身を結び合って、高みを目指して絶壁に取りついていた。登っても、登っても、ザイルを組むアメリカ人との距離は縮まらなかったし、山頂も少しも近づいてはこなかった。ザイルを組む相手はときどき誰かと入れ替わったが、それが誰なのか、しかとはわからなかった。

ふたたび目を開いて、テントに降り注ぐ陽光を見つめていたとき、ある考えが、突如、頭にひらめいて、ぼくの口からつぶやきが漏れていった。

——サイアクは現代の理想主義者なのだ！

……そうでなくて、どうしてあれほどの打ちのめされかたをしよう？……そうだ、それがサイアクなのだ！

焦燥に駆られて身を起こすと、ぼくはテントのジッパーを一気に引き割り、青いテントを見た。目をこすってもう一度テントのあるべき場所を見た。そこに、テントはなかった。あれは夢だったのだろうか？

突然、ぼくの目に赤黒い、信じられないほどの太さの巨大な蛇の姿が、飛びこんできた。一昨日の蛇と同じ場所、テントの入り口から一メートル五〇センチのところで、鎌首を垂直に挙げている。何十メートルもの体長をとぐろに巻いて、太い、赤黒いかま首を持ち挙げ、跳躍する直前の静寂の中にいる。ぼくは上体を後ろに退きながら、引き閉じようとテントのジッパーを掴んだ。

そのときはじめて、蛇にしては姿がややおかしい、とぼくは気づいた。頭部も蛇のそれのようには膨れていないし、それに紙のようなものが首の下に巻ついている。

ぼくは裸足でテントから這い出た。

そこにかま首をもたげてぼくを待っていたのは、巻いたザイルとその中央に差し立てた一本の飲みかけのワインのビンであった。昨日は、確かにこのビンはここにはなかった。ビンには赤ワインが半分ほど残っている。ぼくは赤ワインのビンを掴むと、ドクタアが去ったと思われる方角に視線を向けた。頭上でチョットコイ、チョットコイ、と叫んだ鳥が、他の鳥たちの合唱に加わった。見上げると、シェラネヴァダの森林に満ちる冷気を温める朝の陽光が、鳴き交わす鳥たちの歌声のすき間から降ってきていた。飛び立った二羽のブルージェイが、陽光の中で交《さか》りつつ堕ちて、大木の織りなす闇に消えた。

ぼくは視線を戻し、ワインに巻つけられたノートを引きちぎった紙を見た。紙には鉛筆で走り書きがされていた。

シャリーンとわたしのシェルパを務めてくれた親愛なるJへ――

昨日の山行を終えて、元の世界に戻っていけるかもしれないと思いはじめた。徒労との思いが完全に消えたわけではないが、病気との戦いの世界に。決別の旅になったのかもしれん、とな。この思いがぐらつかないうちに舞い戻ろうと思う。

この山とあんたのことは、決して忘れることはないだろう。

豊かな旅を祈っている。もっとも昨日のように、正直に何でも言い合える相棒と山登りができるチャンスには、そうそう巡り合えるものではないだろうが。

メ・サイア

追伸　ワインは有り金をはたいて買ってきた上物だ。半分は昨日、山頂で撒いちまった。残りを置いていく。Jが酒を飲むのか飲まないのかは知らんが……わたしが所有する宝と言えるものは、今はこれだけなのでな。

孤独感が津波のごとく押し寄せてきた。

第9章　幻の河(2)——一八四一年

（日本——天保一二年、黒船来襲一二年前。天保の改革はじまる。徳丸ヶ原で高島秋帆、洋式銃隊の訓練。目付鳥居燿蔵、代官江川英竜の命により関東・伊豆沿岸を巡視）
（世界——前年、アヘン戦争はじまり、この年、イギリス香港を占領）

彼らは出発してから二〇〇〇キロメートル以上の距離を、ソーダスプリングズまではいくつかの川を次々に拾って、その近くを歩いてきた。川に沿って歩いているかぎり、生命の危険を感じないで旅程を進めることができた。水流はかならず、牛やラバや馬に食わせる草に縁取られていたし、食料にする野生動物の捕獲も不可能ではなかったし、また道に迷うこともなかった。しかし、ソーダスプリングズから彼らがそれに沿ってたどりはじめた幅狭い川は、危険だと教えられた南から北へと流れていた。彼らは川を渡り、川を背後に南西に向かった。かなたに南北に連なる山並みが見えた。夕方、山裾にたどり着くと、そこに川が流れていた。この川もまた南北に流れていた。ここにキャンプを張った彼らは、翌日、この川を渡って山並みのはざ間に通過可能な廊下を見つけ、西側に抜けた。するとまた南北に流れる川があった。やがて一週間もしないうちに、川に行き当たることがなくなり、彼らはセイジブラッシだけがまばらに生える、乾燥した砂漠の奥深くへとはいり込んでしまっていた。

食糧が底をつきつつあった。ソーダスプリングズの先、約八〇キロメートルのオレゴン・トレイル沿いにあるフォート・ホールまで食糧の買い出しに行った二人の隊員が、ほとんど手ぶらで追いついた。フォート・ホールは、当時は毛皮の集積のための粗末な施設で、植民者たちに供給する食糧の用意などなかったのだ。しかし彼らは、もはや後戻りできる地点を越えて、深く砂漠にはいり込んでしまっていた。いや退却は可能であった。しかし彼らの心から退却という選択肢を喪失させるほどの前進を、すでに行なってしまっていたのだ。

危機に陥ったとき、退却の時期を見きわめることと退却の決意をすること、の二つは、人間にとってまことにむずかしい業である。失ない、損となったもの——使った労力や時間など——をなかったものとあきらめ、それへの思いを断ち切ることのむずかしさは、欲深い人間の逃れえぬ運命なのであろう。

この砂漠には、バッファローは棲息してはいなかった。たまにアンテロープの姿を遠く見かけることはあったが、身を隠す木や薮のない砂漠では、この用心深い動物に撃てる距離まで近づくのはむずかしかった。

彼らは、西に広がる砂漠を南西に二昼夜、水に行き当たらないで歩き通し、そこにキャンプした。牛たちはあえぎ、歩行の速度は落ちていた。人間も動物も一昼夜以上、灼ける太陽の砂漠で、水を口にせず歩き通し、水のない夜を迎えた。

翌朝、彼らは夜が明けないうちに出発した。昼近く、草の生えていない丘に登り着いて、前方を見たとき、かなたに湖の北端が見えた。夕方、彼らはそこにたどり着いて、湖畔にキャンプを張ることに決めた。だがその湖が貯めた水は、悪魔が水浴した水、と彼らの一人が表現した種類の水だった。硫黄臭が強烈で、これほどの渇きに苦しんでいた彼らはもちろん、動物たちでさえ飲むことはできなかったのだ。

見ると湖の近くに泉があり、湧き出た水が湖に一筋の流れとなって流れ込んでいる。牛たちがその泉に群がって水を飲みはじめた。だがこの水を最初に一口含んだ隊員が、顔をしかめ、吐き出して咳き込んだ。馬もこの水は飲もうとはしなかった。牛たちも渇きを癒すほどまでは飲むことができずに、鼻をうごめかし、水面を睨んで首を左右に振っていた。動物たちにも人間たちにも、もはや水を求めて進む気力も体力も残ってはいなかった。

ジョウゼフ・チルズが暮れつつある地面にストーブを据えて、火を焚きはじめた。彼はいつも通り、ヤカンに泉より水を汲んでストーブにのせた。飲めない水を沸かしたとて何の益があるのだ、とそれを横目で見ながら心の中でつぶやいて、他の隊員たちは何も食べずに眠ろうと身を横たえた。一滴の唾さえ彼らの体内には残ってはいないと感じるほど全身乾ききっていて、乾いた食料を飲み込むのは不可能だったのだ。だが彼らは乾いた食糧以外携帯してはいなかった。地に伏したまま動けない彼らの上に、深い闇がかぶさっていった。

「おーい、コーヒーにしたら飲めるぞ！」

静まり返ったキャンプに、突然、チルズの大声が上がり、砂漠のかなたに尾を曳いて消えていった。

焼けた地平線に囲われた砂漠の底に、点々と小さな灯の数が増え、微小な人間の影が乱れた。

チルズが、コップに残ったコーヒーを愛馬に飲ませていた。馬はたちまち飲み尽くすと、さらにコーヒーを捜して飼主の腕に、ふところに鼻を押しつけた。

次の日、彼らは湖の北縁を約一六キロメートル進んでキャンプを張った。そこは、昨夜と同じ水質の水の湧く泉のある場所だった。ここの泉の様相は、尋常な泉のイメージとは似ても似つかぬものであった。巨大な髑髏の眼窩が、底なしの土中から濁った涙をかすかに噴いている。牛や馬やラバが落ち込んだら、這い上がることも引き上げることも不可能で、溺死するのを手を拱いて眺めているしかないと思われた。こういう眼窩が、月面のあばたのように散らばって、灼ける日輪を反射していた。だがここはこのあたりでは楽園であったのだ。彼らの進行方向である南西の方角から西の方角にかけては、さらに乾燥した砂また砂の大地が限りなく広がっていたのである。彼らはここで一日の休息をとった。

八月二六日――になっていた。隊員たちは東の空が白みはじめる頃に、悪魔の水浴場と名づけた湖をあとに、南西に向かって出発した。

その日、彼らは一日の平均行程である二五キロメートルほど進んだが、水場に行き当たらないだけでなく、前方に緑の影さえ見ることができなかった。さらに前進し、三六キロメートルまで歩程を延ばしたところで、牛もラバも疲れ果て、動けなくなった。進行方向に向いた彼らの目がとらえる渺茫たる視界には、水の存在を示唆する緑の影は、霞んでさえいなかった。目を北の方に転じると、一六キロメートルばかりかなたと思われるあたりに山脈が連なっている。しかし北は、寄っては危険とアドヴァイスされた方角であった。南西こそ彼らがとるべき唯一の方角であった。その方角に彼らは馬に乗った斥候を出した。一時間の休息後、彼らは斥候のあとを追つてふたたび歩き出した。その日、彼らは一日の平均行程の二倍近い距離である約四〇キロメートルを進んで、自分たちが遭難の危機に陥りつつあるのを覚った。斥候も水を見つけられないまま帰隊していた。

たとえ砂漠においても、いや砂漠であるからこそ、最も確実に水の存在しそうな場所は、山谷の付近のはずである。彼らは山脈のある北方に方向を転じ、暗黒の闇の中をのろのろと八、九キロメートル進んで、倒れるように地に伏せた——人も動物も。

四、五時間もすると空が白みはじめた。動物と人間たちは、ふらつく脚で立ち上がり、ふたたび前進をはじめていた。段差のある場所をまたぐたびに、彼らは尻もちをついて座り込んでしまい、数分間そのままの姿勢で深くあえいだあとで、ふたたび立ち上がって足を動かした。こうして八キロメートルも這うように進んで、山麓にたどり着いた。確かにそこには山から幾筋かの水流が下ってきていて、緑の草原の広がるオアシスとなっていた。彼らはここで休息をとり、家畜を休めることに決めた。

彼らが求めていたのは、当時メアリーズ・リヴァーと呼ばれていた、現在のフンボルト・リヴァーの上流に到達するルートであった。彼らはソーダスプリングズを出て間もなく、メアリーズ・リヴァーの上流に至るルートを探る斥候を二人出発させていた。だが斥候はまだ帰ってきてはいなかった。

九月五日、彼らは九台の幌馬車のうちの一台を、ここで捨てた。その幌馬車に積んで運んできたのは、旅には不用なものばかりであった。キャリフォーニアへ行き着ければ、長年慣れ親しんだ有用な道具や家具ではあったが、今は邪魔で、進行を遅らせる原因となっていた。幌馬車を牽く牛の数も減りつつあった。食料はほとんどなくなっていて、今まで幌馬車を牽いてきた、痩せ細った牛を順次屠殺しては食料にするという手段を余儀なくされていたのだった。

山裾に沿って西へ進んでいた彼らは、九月七日、西への進路を阻まれた。山脈が南方へと鋭くカーブしていたのである。南方——これも危険とアドヴァイスされた方角であった。

当惑して見つめる彼らの視野に、動き回るインディアンの姿があった。インディアンたちは近くにキャンプして、バッタやネズミなどの食料を捜し、捕獲していたのだ。

ここに住むインディアンたちは、物質的には恵まれず、旧石器時代の文化に留まっていて、身体には何も纏わず裸であった。この丈の低い草をまばらにはりつかせて波打つ赤茶けた地肌を晒している砂漠で食料を捜すのは、彼らにとっても辛い労働であった。食料採取のために一日の時間のすべてを使うことが必要で、彼らにはそれ以外に何かをする時間の余裕などないのだった。人間同士殺し合う戦争をする暇など、もちろんあるはずはなかった。また一人の人間を養うために広い面積の土地を必要としたので、何家族もが集まったバンドを作ることもなく、一家族かあるいはせいぜい血縁の二、三家族単位で行動していた。彼らはこの地に生きるもの、生えるもののほとんどすべてを食料としていた。もちろん種類が多いはずはなく、バッタ、ネズミ、ヘビ、トカゲなどを捕らえて食べていたが、主食としていたのは草の根であった。植民者たちが目にする彼らの姿は、きまって草の根を求めて土を掘っている姿だったので、植民者たちは彼らを、軽蔑の意味をこめて、ディッカー（土掘り）と呼んだが、その後キャリフォーニアで金が発見され、ヨーロッパ大陸からの渡来者が大挙してキャリフォーニアに押しかけ、狂ったディッカーになったという事実を、この時代の植民者たちはまだ知らない。とにかくこの小人数単位で行動するインディアンたちは、幌馬車隊にとっては危険ではないと思われた。彼らは二人のインディアンをガイドとして雇うことに決め、身ぶり手ぶりで、さらには地面に図を描いたりして交渉した。

この隊の隊長に選ばれていたのは、ジョン・バートゥルスン——自分を隊長に選ばなければ行動を共にしないと半ば強迫して隊長になった男であったが、彼は今、隊を留守にしていた。彼はホッパーと共にメアリーズ・リヴァーを捜しに出かけていたのである。隊長が留守のこの隊の、隊長代理としての決定権と隊員たちからの信頼は、ジョン・ビットウェルに集まりつつあった。バートゥルスンは、隊員の安全に注意を払ったり、隊長としての仕事に熱をそそいだりはせず、他の者たちを置き去りにしても、自分と自分の仲間が一日も早くキャリフォーニアに行き着くことを優先している男であった。したがって、以後ますます他の隊員たちの信頼の集まったジョン・ビットウェルが、この隊の実質的な隊長となっていった。

真南に山脈がカーブしている地点までやって来て、彼らは会合を開いた。

「ここで幌馬車を捨て、パックトゥレインで進むべきだと思う」

ベンジャミン・ケルセイが言ったが、頷いたのは、彼の弟、アンドゥリュウだけだった。

「いや、それはまだ早い。幌馬車を牽いてこの山脈の南縁まで行って、そこから西に回り込むのが最上の策だとオレは思う」

バートゥルスンの仲間の一人が言った。

「オレは、もうしばらくここで斥候に出た二人を待つべきだと思う」

とビットウェルが言ったが、皆の頭の中では、二人の斥候が事故に遭遇したか、それともインディアンに殺されたかのいずれかに違いないという確信が育ちつつあった。何しろ、彼らが斥候に出てから一五日が過ぎていたからだ。

翌日、隊は三つではなく二つに割れた。バートゥルスンの仲間たちが、インディアンの一人をガイドに二台の幌馬車を牽いて南へ下っていき、それを見送った六台はキャンプに留まり、メアリーズ・リヴァーの上流を捜しにいった二人の隊員の帰着を待つことになった。この夜、バケツに汲み置いた水が凍った。不安がこの豪気な人たちの心の中で増殖しつつあった。雪に閉ざされる前に越えなくてはならないシェラネヴァダ山脈は、まだ七、八〇〇キロメートル以上もかなたと思われ、そこまで行くことが可能なルートさえ見当たらない状態であった。

次の日、行く手を阻む山脈の中からラバに乗ったとおぼしき人間が下ってくるのが見えた。やがてそれは、彼らが帰りを待ちわびていたバートゥルスンとホッパーの姿となった。

「メアリーズ・リヴァーの支流とおぼしき小さな川が見つかったんだが……二四〇キロメートルばかし西でな」

バートゥルスンが馬を降りながら言った。

「で、そこまで行ける幌馬車の通れるルートはあるのかい？」

「捜したんだが、見つからん。それでこんなに遅くなってしまったんだ」

翳った皆の目が、昨日去った二台の幌馬車の轍を、果てまで追った。

「オレの仲間の姿が見えねえが……」

と言いつつ轍を目で追ったバートゥルスンは、自分が仲間に置いてきぼりを食ったのを察知した。

「まあ、仕方がないな」

バートゥルスンはつぶやいた。

彼らは直ちに残ったインディアンのガイドを連れ、六台の幌馬車を牽いて、前日出発した二台の幌馬車の轍を追って、南に向かった。

「仕方がないと、あんたがつぶやくのが聞こえたが、あれはどういう意味なんだい？」

馬ではるか先頭を進むバートゥルスンに、馬を駆けさせてきて追いついたビットウェルが訊いた。

「女や子供のいるものたちといっしょじゃ、このような荒い砂漠じゃ生き残れんからな。オレが残っていても、やはり斥候の帰りを待たずに出発しただろうさ」

「いや、彼女たちだって、何かの役に立つかも知れんさ。今だって、男たちは渇きや疲れでイライラしても、怒鳴りあったりするのを控えているじゃないか」

「そんなものが何の役に立つって言うんだ　それにだ、シェラネヴァダの岩壁に突き当たったときはどうするのだ。その上、赤ん坊だ。オレは知らんぞ」

そう言うと、バートゥルスンは逃げるように馬を急がせて、幌馬車隊との距離を広げていった。

その夜、二つに分かれた隊はふたたび一つになった。二人のインディアンが大げさな身ぶりで喜び合った。

その夜、冷たい風が山から吹き下ろしはじめた。ビッドウェルが着古したシャツを二人のガイドに配給した。二人はシャツを天にかざしたり、捧げて地に伏したりしながら、単調な歌を歌った。植民者たちの耳に、それは祈りのように聞こえた。

翌朝は、バートゥルスンの叫び声で明けた。

「おいインディアンがいねえぞ！」

皆が上体を起こしてあたりを見回した。

「逃げられたようだな」

ビットウェルが言った。

「何と頼りにならないやつらだ、こんなことならシャツなどやらなきゃよかったんだ」

バートゥルスンが言った。

「家族をほっとくわけにはいかんのだろうよ。男手がなかったら家族は飢えちまうからな、ここじゃ」

ジョウゼフ・チルズが言った。

「ルートが見つかるまでガイドしてくれたら、パンツ（ズボン）をやってもいいと思っていたんだが……」

ビットウェルが言った。

「そんなもなぁやつらにゃ必要ないさ。そんなもの履いたら、女房に気味わるがられて、そばにも寄らせてもらえねぇだろうよ」

ベンジャミン・ケルセイが言うやいなや、みんなはどっと笑った。ビットウェルが目に泛かんだ笑みを消さぬまま、楽天的で、未だ意気盛んな若者たちを眺めていた。

九月一〇日になっていた。フィッツパトリックのアドヴァイス通り、南には水の無い不毛の地が広がっていたが、彼らはそこに侵入していく以外に方法がなかった。一日中水の補給のない長時間の行進をして、夕方、彼らは水のないキャンプを張ることになった。しかし、人も動物も水を飲まないでの労働に慣れつつあったのか、以前ほど恐怖を感じなくなりつつあった。翌朝、彼らは夜の明けないうちに出発し、南西に後退している山脈に沿って動いていった。行けども行けども緑色をした草木の一本さえ生えていない石の山の連なりであった。約二四キロメートルも進行したと思われたとき、彼らはラビット・スプリングとのちに呼ばれることになる水場にたどり着いた。

ここでバートゥルスン＝ビッドウェル隊は手の届く幸運を逃すことになる。ここから幌馬車が何とか通れる水の流れる狭い通路が西に切り込んでいて、骨は折れるが、もしこの川を辿っていけば、一日でサウザンドスプリング・クリークという川に達し、この川沿いに三日下れば、のちにキャリフォーニア・トレイルのメインルートとなった場所に行き当たることになり、さらに二日の行進でメアリーズ・リヴァーの源流に到達できることとなる。だが斥候に出たバートゥルスンは、このルートを見落とした。こうして彼らは、幌馬車を牽いてシェラネヴァダ山脈を越え、キャリフォーニアへと植民を果たした最初のアメリカ人となれたかもしれない、最後の機会を失うことになったのである。

翌朝、彼らはふたたび南へ向かって出発することになった。前方には高い山がそびえていた。高い山の麓には、水があるはずであった。一日の労働の後、たどり着いた山際には、たしかに水が流れていた。キャンプした彼らは、ここをマウンティン・スプリングと命名したが、四年後、政府より派遣された探検隊の隊長、フリーモントによって、パイロット・ピークと名づけ直されることになる場所であった。

水も草も十分にない砂漠の炎天下を、毎日幌馬車を牽く労働で、牛たちは疲れ切っていた。しかし時間に追われていた彼らには、休息をとる余裕はなかった。

ケルセイ兄弟は、ここで、自分たち所有の幌馬車を二台とも捨てることに決めた。彼らは旅に必要な品だけを動物の背に結わえつけ、赤ん坊は馬に乗せた。

「女と子供を連れているんだから、皆の足手まといにならない方策を講じる責任が、ヤツにはあるのさ」

ケルセイ兄弟が追いつこうと動物を追ってやってくるのを振り返って眺めたバートゥルスンが、仲間たちに言った。

さらに三日、南へ南へと進んだ彼らは、自分たちの予想が甘く、大失敗をしていたことを覚ることになる。山脈の南端に近いところまでたどり着いてみると、回り込もうとした西方に、さらに違う山脈が、行く手を阻んで鎮座していたのである。

翌朝、ここでやっと幌馬車を捨てる決心をつけ、旅に必要なものだけを選んで動物の背に負わせる荷を造る仲間たちを、ケルセイ兄弟が眺めていた。

夕方近く荷造りを終わったとき、バートゥルスンが仲間と共に出発した。ここでキャンプを張るものと思っていた他の隊員たちも、最低限必要な荷を動物の背に結わえつけて、あとを追って太陽の沈みつつある山脈の中にはいり込んでいった。彼らが去ったキャンプ地では、見捨てられた幌馬車が、長い影を砂地に投げていた。こうして彼らは、幌馬車隊を牽いて通過可能なキャリフォーニアへの植民のルートを発見するという、パイオニアとしての歴史上での役割を完全に捨てたことになった。

西へと向かうアメリカの植民者たちの心の支え、心の拠りどころとして象徴的な重要性をもっていた幌馬車を捨てたことで、彼らの心は空虚になったが、彼らのオプティミズムが、西にはつねによりよい生活の場があるのだという裏切られたことのない信念が、空虚を埋めていった。身軽になった彼らはラビー山脈の峠を越えてメアリーズ・リヴァーの上流に到達できることになった。

このときには、隊は完全に二つに割れていた。

「まったく何という隊長なんだ　何の役にも立ちゃしない。害悪を流すだけのヤツだな。いない方がずっとましだ」

アンドゥリユウ・ケルセイが言った。

「いや、ヤツはおおいに役に立っているのさ、斥候としてな。ヤツこそ、いなくてはならない隊員だよ。お蔭でオレたちゃヤツらの足跡を辿ればいいんだから」

チルズが笑みを泛かべた目で、アンドゥリユウの顔を見ながら言った。

川沿いに下った彼らは、約一ヵ月後、川の終点、メアリーズ・シンクに到着した。

川の終点――これは海か、それとも流れ込む、より大きな川であるはずだ。しかしえんえん約一二〇〇キロメートルも砂漠を流れてきた川は、ここシンクと名づけられた地点まできて澱《よど》み、砂の中に没して、死に絶える。この西方に広がるフォーティーマイル・デザートと呼ばれる砂漠に生命の水を補給しはしない。

その名の通り約四〇マイル（六四キロ）の幅をもつこの砂漠を横切って西南西に進めば、その後、キャリフォーニア植民のシェラネヴァダ越えのメインルートとなった峠があったのだが、彼らは砂漠の南縁を回ってここでも南西に下り、ウォーカー・リヴァー沿いに進んで、やがてシェラネヴァダ山脈の屹立する岩壁に衝突することになった。

「とても越えられるルートを見つけられそうにないな」

ビットウェルが切り立つ岩峻が重々と連なる山並みを見上げながら言った。先行したバートゥルスンとその仲間たちも、ここは乗り越え不可能と見て、可能な斜面を探りつつ南下したことを語る轍の跡を残していた。

「オレはここで、一度この岩壁を登れるルートがあるかどうか、調べてみるべきだと思うんだ」

とベンジャミン・ケルセイが言った。

「さて、そんな時間の余裕があるか、だな」

ビットウェルが言った。

「オレもここでルートを探って見る方に賛成だな」

チルズが言った
「それは賭けだな……」

「いや、オレたちはビットウェルを斥候として南へと向かわせたと考えてよいだろう？　ここで越えられるルートが見つからないときは、ヤツラの轍の跡を追えばよい。跡を追うだけならそう遅れないで追っていけるさ。一日か、二日くらい、ここでルートを探る価値はあると、オレも思う」

どちらの案をとるか、彼らは投票によって決めることとなった。結果は、ケルセイとチルズの提案の圧勝であった。ベンジャミン・ケルセイとチルズがそれぞれ一隊を率いて、直ちに偵察に出発した。

翌日昼、ベンジャミンが二回目のルートの偵察から帰ってきた。

「何とか登れそうなルートを見つけたようだ。試してみる価値があるとオレは思う」

集まった隊員たちにベンジャミンはきっぱりと言った。

彼らが山越えの準備に牛を二頭屠り、ジャーキーを作っていると、南の方角から、こちらに向かって動いてくる点がいくつか見えた。インディアンかと見つめる彼らの目に、それらの点は育っていき、七人の仲間を率いて南へと向かったバートゥルスンとその一行の姿となった。彼らはさらに痩せ、鋭く暗い目を真っすぐに向けていた。

「どこまで行っても、この山脈には越えられそうな場所はないぞ。えらい地獄にはいり込んじまったということだ。オレたちゃ、ここが死に場所だと、覚悟を決めはじめたところさ」

自分が見捨てた隊員たちに焼いた肉をふるまわれたバートゥルスンは、憔悴した顔を火にあぶりながら、さらにぐちをつづけた。

「まったく、もしもう一度ミズーリーに戻れるんなら、おれは二度とあの土地を去ろうなんて気を起こさないんだがな。犬といっしょに犬の器からだって、おれはよろこんでものを食うだろうよ」

彼らは、ソノラ・パスと名づけられることになる峠を越え、スタニスラス・リヴァーの支流を下ることになるが、これは現在でもとても通行可能と思われるルートではない。何百メートルもの垂直な崖の切り込んだ谷が、轟音を響かせて水を押し流している。彼らがこのようなルートを走破できたのは、ルート発見の天才と仲間に見なされ、登はん隊長の役割を引き受けて、勇敢にも切り立つ崖を先頭切って登った、ベンジャミン・ケルセイの功績だった。もし彼がいなかったら、彼らはキャリフォーニアという楽園に到達できずに、楽園の壁の真際で遭難することになっていたであろう。

懸崖を登り、先頭をきって痩せ尾根を伝うベンジャミンの背後には、つねに裸足で赤ん坊を背負った彼の妻、ナンシーの姿があった。ときおり、脚を止めたバートゥルスンが、口を半開きにし、ふしぎなものを見る目つきで、夫婦と赤ん坊の姿を見上げていた。

一〇月一八日、ソノラ・パスを越えた彼らは、二二日、最後の一頭となった牛を屠るが、まだ岩また岩の屹立する山脈の真っただ中にいた。馬とラバが数頭残っているだけであった。誰かがコヨーテを撃ったが、肉は一口ずつ味わう分量しかなかった。ルート探査に出ていたベンジャミン・ケルセイが帰ってきたとき、コヨーテの肉は食い尽くされ、咽喉仏と目玉しか残っていなかった。彼は目玉の方からかぶりついた。

一〇月三〇日、馬とラバまですべてを食い尽くした彼らは、ついに緑の木々の生える地帯にたどり着き、サンヨアキン・ヴァレイにはいっていった。

「鹿だ！」

という声が上がり、男たちの飢えた目に力が戻った。銃をもった男たちが上体を低めて茂みにはいっていった。

この日、二十数頭の鹿を捕獲した彼らは、久しぶりに満腹して眠りについた。彼らは楽園に、緑の楽園の入口に、到着していたのだった。

彼らの多くが、その後この地で経済的な成功を勝ちとっている。ジョサイア・ベルデン、サンノゼ市の初代市長、ジョン・ビッドウェル、リンカンを大統領候補に指名した共和党大会の代議員、チャールズ・ウェーバーとロバート・トーマス、それぞれ大牧場の所有者、タルボット・グリーン、ビジネスの世界で成功をおさめ、サンフランシスコ市の市長候補（弾劾されて、市長にはなれずに東部に去っているが）。

隊でただ一人の女性であったナンシイ・ケルセイ――靴をすべて履きつぶしてしまい、裸足で赤ん坊を背負い、勇敢な夫ベンジャミンのあとに蹤いて岩の剣の山脈を越えていったナンシーは、冒険に血が騒ぐ夫のあとを追って、その後、アメリカのフロンティアを渡り歩いている。彼女もまたマーカス・ウィットマンの妻ナルシッサと同じ言葉を吐いていたといわれる――「どこに飛んでいってしまうかわからない夫を家で心配しているよりは、蹤いていって一緒に苦労する方がずっと気が楽よ。ただあとに蹤いていけばいいだけなのですから」

一八八八年に夫を亡くした彼女は、九五年に死を迎えるが、死の数年前に新聞記者に語っている。

「私は莫大な富を亨受したこともあるし、ひどい貧困に苦しんだこともある。グリズリーに追われて走って逃げたこともあるし、自分で動物を撃ち殺したこともある。本が書けるくらいいろいろな経験をしたことは確かだわ。今になって振り返ると、最高の人生だったと言えるわね」

キャリフォーニアの地図を展げると、この隊の隊員たちにちなんで名づけられた地名が、今も数多く存続しているのがわかる——ビッドウェル・バー、ビッドウェル・ビュッテ、ビッドウェル・レイク、ビッドウェル・ピーク、ビットウェル・クリーク、ビッドウェル・ポイント、フォート・ビッドウェル、トーマス・クリーク、ウェーバー・クリーク、ケルセイ・クリーク、ケルセイ・ヴィル……

第10章　グリズリーの消えた原野——現代

今回の旅のはじめに、ぼくはサンフランシスコからインターステイト80号線を東に、ニューヨークの方角に向かって走っていくと書いたが、もちろんインターステイト80号線からはずれることもなくただ一直線、まっしぐらに東へと走っていくという意味でそう書いたのではない。規則正しく、計画通りに、コースと日時を守って行なうような旅を、ぼくは旅とは呼ばない。そういうものとは正反対の旅こそ、ぼくが旅と呼ぶものだ。五〇〇〇キロ、ニューヨークまで、一週間あれば充分一人で運転して走っていけるだろう。だがぼくは一週間かけてたとえ数千キロ運転していっても、サンフランシスコから約一二〇〇キロのソールト・レイクまで、いやもしかすると約三五〇キロのリノまでも、到達していないかもしれない。サンフランシスコを発って今日で六日、まだサクラメントからそう遠くないシェラネヴァダの西側を、クマと睨めっこなどしながら、うろついているのだから。

旅というのは、きっちりとした計画を立てて行なうものではない、というのがぼくの信念だ。きっちり計画など立てて出発したら、計画に縛られて融通がきかなくなる。たてた計画以上の時間を要求する風景や発見や出会いがあったとき、それらを途中で見捨てていかなくてはならないことになる。旅というのは計画が第一にくるものではないのだ。自らの地平線を遠くへと追いやることを可能にする美や出会いや、またそれらによる感動こそ、第一とすべきものである。したがって、そうだとすると、旅の一日一日が、その日あるいは前日の発見や出会いや感動によって、時間的、空間的に変化していくことになる。

先住民が大木の化石だけで建てて住んだ小屋（ペトリファイドフォレスト・ナショナルパーク）

ぼくはそういう体験に恵まれたとき、そこに心が満足するまで留まりたい。そういう自らを没入できる場所や事物や出会いを求め捜す過程が、ぼくの旅なのだ。したがって、ゴーストタウンと化したかつての金鉱の町があるとわかれば、巨大な化石の森（写真上）があるとわかれば、80号線を降りて走って行く。針のように天を刺す岩峰群があれば、岩を削り噛む急流があれば、80号線を降りて懸崖をうがってつけられた路を登っていく。史蹟・戦場の跡・インディアンを閉じ込めたリザヴェイション・日系アメリカ人を隔離した強制収容場跡、その他興味をひくものがあればいつでも、80号線を降りて走っていくことになる。

ぼくは旅に出発するとき、出発点とだいたいの方向を決めるだけだ。終点は決して決めないことにしている。出発点よりひたすら遠くへ行こうとするのは愚行以外の何ものでもない。一ヵ月かけて80号線を西から東へ五〇〇〇キロしか行かなくても、途中で自らを豊かにする感動に一つでも出会えれば、それでよいではないか。その先は次の旅の楽しみとすればよい。東西で計れば五〇〇〇キロでも、実際には五〇〇〇キロの、自然が描くような模様を地図に描いていることになるかもしれないのだから。「何でも見てやろう」という旅のやり方は、ぼくの旅のやり方とは対極をなすものだ。「よいものを、数少なく、心ゆくまでじっくり」というのが、ぼくの旅のやり方なのだ。

だがぼくの無計画は、ときどき大失敗を招きもする。

これは一年前のことだ——

八月初旬、ぼくは植民者たちがたどったルートを拾いながらノースプラット・リヴァー沿いに植民者たちの道しるべの一つとなったコートハウス・アンド・ジェイルロックスまでやって来た。まさにその名の通り一対の裁判所と監獄の形をした岩が、草原に、突如、隆起している。自然の不思議な造形にぼくは見とれていた。だがここで驚愕する力の多くを使ってはいけないとも感じていた。ここはまだ不思議の国の入り口なのだ、と。とは言っても、これを見て驚愕しないような人間が、このような場所に、一人でえんえん自動車を運転してやって来るわけはなかった。だが書物で読んだり写真を見たりして得た知識によれば、想像を絶する自然の造形は、ここから西にびっしりと連なっているとのことであった。ぼくは数日前から考えていた。このまま植民者たちのルートを辿って西へ向かうべきか、それともヒュー・グラスがグリズリーベアーと格闘し、瀕死の重傷を負ったグランド・リヴァーの近くの場所を見るために北へと向かうべきなのか、と。ぼくは決心がつかないでいた。

実は、さらに一年前、サウスダコタとノースダコタを含むアメリカ西部を巡る放浪の旅から帰国して、自分が巡った辺りを地図上で追認していたとき、サウスダコタの北西部、ノースダコタとの州境から三十数キロのところに、ヒュー・グラス・モニュメントと説明書きのある点を見つけ、びっくりしたのだ。ぼくはヒュー・グラスの話は九九パーセントフィクションで、これまでグリズリーベアーに襲われた数多くの人たちの話が、雪だるまのように寄り集まりふくれて伝説となったもの、と考えていたので、このような記念碑がアメリカで最もよく売れているロードマップに載っているのにまず驚いたのである。さらにはまた旅から帰るまでそのことに気づかずに放浪するという自分の無計画さ、無目的さにあきれたのであった。

それでぼくは、手元にあるアメリカの道路地図をかたっぱしから調べてみた。ヒュー・グラス・モニュメントの位置を示す点はすべての道路地図上に打たれていた。ヒュー・グラスの話の大部分は、実際にあった事件が基になっていたのだ、とぼくは理解した。

ぼくがヒュー・グラスのことにこれほどの興味をもったきっかけの一つは、そしてヒュー・グラスの伝説について調べはじめたきっかけのすべては、すべてこのときの地図上にあるこの一点を見つけたことに端を発している。だがぼくはすでに、ぼくの興味を燃え上がらせたその発火点を訪ねる最良の機会を失っていた。あのときは、漠然とアメリカで最も旅行しにくい場所にあるので、今行っておかなければ二度と行くチャンスは来ないだろう、それにサウスダコタには二つの国立公園、ウインドケイブ・ナショナルパークとバッドランド・ナショナルパークが、またノースダコタにも一つ、セオドア・ルーズベルト・ナショナルパークがあるからそれらを見ておこうと考えて出かけたのであった。このときぼくはヒュー・グラスが這って進んだ大草原を、それとは知らずに、かなり見て回った。だがヒュー・グラスがグリズリーベアーに襲われた場所（ヒュー・グラス・モニュメントはその場所に建てられたと思われる）だけを見逃してしまっていたのだった。しかもそのあたりを巡り歩きながらも、その旅が終わって以後も、大きな満足感には満たされながらも、もう二度と訪れる機会は来ないだろう、行っておいてよかった、と考えていたのであった。アメリカという国の中で、あまりにも奥まっている場所であったし、それにまだアメリカにも世界にも、放浪したい場所が数限りなくあったからだ。

このとき、アメリカ西部植民のルートに沿ってアメリカの領土の三分の二を東から西にたどって見ようという、確たるものではなく、漠然とではあるにせよ、目的と言えなくもない意図を抱いて旅していたぼくは、少々時間の制約もあって、迷い、決心がつかないでいた。

だがもしヒュー・グラス・モニュメントと彼の這い進んだ場所を訪ねるとすれば、最低でも、三〜五日はそこからかかる。しかもここ、コートハウス・アンド・ジェイルロックのモニュメントがある場所はヒュー・グラス・モニュメントの真南にあたっていて、ここがヒュー・グラス・モニュメントから最も近い地点であった。ここで南に向かわず、機会を逸したら、今回の旅のあいだに訪れることは決してないだろう、と思われた。いやもしかすると、もう永遠に訪れる機会はこないことになるかもしれないと——。

それでもぼくは、自動車にエンジンをかけたあとになっても、まだ決心がつかないでいた。自動車で十数分のところに、次なる自然の驚異、チムニーロック・ナショナルヒストリックサイト（写真右）があり、その向こうには、スコッツブラッフ・ナショナルモニュメントが、さらにその向こうには——というように見るべき自然の不思議が連なっていた。だが交差点にはいったとき、ぼくの腕が北へとハンドルをきっていた。ぼくの頭にそのとき、約一年前に訪れたバッドランド・ナショナルパーク（次頁写真）の不思議な風景が、

チムニー・ロック

バッドランド・ナショナルパークとバイカーたち

突如、浮かんできたのだ。そうだ、あれをもう一度見てやろう。ぼくはそう呟きつつ、北に向かう進路に自動車を乗り入れていたのだった。

ネブラスカはゆるやかに波打つ地表の広がりである。数十分に一度小さな村が前方に現われ、やがてゆっくりと後方に飛び去っていく。ここは一級国道のインターステイトではなく、片側一車線の、中央分離帯のない、二台のバスがすれ違えば路肩にほとんど余裕のない普通の道路だが、最高制限速度六五マイル（一〇五キロ）の標識が立っている。だが前方から来る自動車と行き違うことはたまにしかなく、せいぜい数分に一台やって来ればよいところだ。それにほんのたまにぼくを追い越していくヤツがいる。一一五キロ以上で飛ばしているぼくを。ぼくも今日は気が急いているのだ。

今日は金曜日——この日と土曜日は、いつもより早めに宿をとらなくてはならない曜日なのだ。これは日本でも同じであろう。それに八月五日〜一二日にサウスダコタ州のラピッドシティとその近郊でオートバイの大会が開かれ、デモンストレイションやさまざまな催しが行なわれるため、世界中から愛用のオートバイを見せびらかしながらバイカーたちが集まってくる。その数、何十万。もちろんこの大会がこの町を中心に開かれる理由は、ラピッドシティ（高速市）という町の名前を利用して、町おこし、あるいは州おこしをねらったわけなのだが、その目的は大成功裡に達せられただけでなく、さらに規模を増しつつあり、一部の住民の顰蹙《ひんしゅく》を買うほどにまでなっている。大会の期間とその前後二週間は、毎年この町を中心に、とくに半径五〇〇キロ以内は、道路も宿もオートバイに占領されてしまうことになる。普段は静寂に満ちたこの州の大部分が爆音に埋まってしまうことになる。

ここからラピッドシティまで五〇〇キロはない。それに今日は金曜日だ。ぼくは、五時前には宿をとらなくてはならない、と考えていた。だがたまに現れて通り抜ける小さな町に、宿はない。それにここは、テントを張る場所を見つけるのがそうむずかしくない山岳地帯ではなく、行けども行けども果てのない畑作地帯、テントを張れそうな場所はない。畑はすべて有刺鉄線に囲われている。アライアンス、ここには自家用飛行機発着のための滑走路があると地図に記されている。ここを越えると、次は約一三〇キロかなたのシャルドロンまで宿はないと思われた。

アライアンスに近づくにつれて、道路脇に立っている宿の宣伝の看板が、一つ、二つと現れては消える。ぼくは時計を見る。四時三〇分になるところ、アライアンスまであと五分とぼくは計算する。町は北上する州道から東に折れたところに広がっている。

町の入り口の道路沿いで三軒の宿が旅行者を出迎える。ぼくは安いと思われる宿から空室の有無を訊いていく――モーテル・スーパーエイト、デイズイン、ホリデイイン――どこも満室。予想を越えた混みようだ。どこの宿の駐車場もハーレーダヴィットスンに占領されている。駐車場の外にまではみ出している。ぼくは今夜は野宿か、と覚悟を決める。念のためホリデイインのカウンターに立っている品のよいお嬢さんに訊く。

「オートバイ・フェスティヴァルの催されるこの時期に、この時間に、予約もせずにやって来てもむだなのでしょうね？」

「いいえ、そうでもありませんよ。当方も、つい一〇分前に最後の空き部屋がふさがったところなんですから」

「でも、この町には、三軒しか宿がないのでしょう?」

「いいえ、町の向こう端にも三、四軒ありますよ。まだこの時間なら、どこかに空き部屋があると思いますけど。急いで行ってごらんなさい」

外に飛び出したぼくは、町を横切って運転していく。確かに宿が近づいてくる。だがぼくは最初に行き着いた宿には飛び込まない。次の宿にも飛び込まない。三軒目、ここはぼくの走ってきた六五マイルのスピード制限の道路から最も遠くに逸れた最後の宿だろう、あってももう一軒だろう、とぼくは考える。ぼくはモーテルのオフィスの前に自動車を乗り入れて、オフィスのドアを開ける。ぼくを追いかけてきたオートバイの爆音が、ぼくがレンタカーを駐車したあたりで次々に止まるのを、ぼくの耳が追っている。

「ノンスモーキングの部屋なら空いてるよ」

と宿のおやじが言う。モーテルのオフィスのドアから、ジャンバーを着たバイカーが二人、走り込んでくる。

「今、最後の部屋がふさがったで、もう部屋はないぜ」

宿のおやじが彼らに言う。ぼくは自分の作戦が当たったな、と思わずほほ笑みがこぼれるのに気づく。明日は、もう少し早めに宿をとることにしよう、とぼくは決心する。

翌日、土曜日、午後四時。ぼくはサウスダコタの寒村、フェイスで自動車にガソリンを入れながら考える――ヒュー・グラス・モニュメントまであと約五〇マイル(八〇キロ)、五〇分で行ける、とぼくは計算する。この村には三軒ほど宿がある。だがここからモニュメントまでのあいだには、もう宿はないと思われる。モニュメントを越えた先、約一八マイル(二九キロ)ほど行ったレモンという村には宿はあるだろうと、推測できる。方法は三つあった。一つはヒュー・グラス・モニュメントを今日見て、今夜はレモン泊まりとする方法。だがラピッドシティから半径五〇〇キロの圏内にあるレモンにぼくが行き着いたとき、まだ空き部屋があるとは期待できなかった。二つ目の方法は、ここに宿をとり、今日のうちにモニュメントを訪ね、またここに引き返してくる、という方法だった。これも、何でも見てやろう、とは逆の旅のやり方を身上としているぼくには気の進まない方法だった。もっとゆっくりとそのあたりに留まって、観察したかった。結局ぼくは第三の方法をとることに決めた——今日は、ここフェイスに泊まって、明日朝、モニュメントに向かい、じっくりとあたりを歩き回るという方法を。

翌日、チェックアウトをしているとき、宿のオカミが、

「今日は、どちらへ行くのです？」

と訊いた。

「ヒュー・グラス・モニュメントを見に行きます」

とぼく。ぼくは地図にある場所なのですぐにわかるだろうが、土地の人に尋ねて見当をつけておけば、なにがしかの時間の節約になるかもしれない、と考えて、訊く。

「ほら、ヒュー・グラスがグリズリーベアーに襲われた場所に建てられたあのモニュメントですよ。73号線の道路脇にある……すぐ見つかるのでしょう？」

オカミは視線を数秒宙に迷わせてから、ぼくの顔に視線を戻した。

「さあて、私、見たことありませんが……」

「いや、地図にあるのですから、あるはずですよ。まだ五〇マイルも北ですからね」

「そうですね。では、グッドラック」

何が、グッドラックだ。これまでモニュメントと名のつく史跡や天然記念物を訪ねていって、迷ったことなどありはしないのに。かならず何キロか手前から標識が現れて、訪問者を先導してくれるというのに。このオカミ、ヒュー・グラスのことも知らないと見える。何て無知なんだ——とぼくは思う。

ヒュー・グラス・モニュメントにあと四、五キロと思われるところまでやって来たとき、道路脇に立っている大きな標識が近づいてくる。ぼくはブレーキを軽く踏んで、自動車のスピードをすこしゆるめ、標識を読む。

〔グランドリヴァー・ナショナルグラスランド〕

いよ近づいたな、と思う。

ぼくはそれが訪問者をモニュメントへと先導するための標識ではないことにかすかに落胆しつつも、いよいよ近づいたな、と思う。

だがさらに七、八キロ走っても、標識もモニュメントも姿を現さない。やがて川に架かっている橋を渡る。ぼくは自動車を止め、外に出て、橋の上まで歩いていってあたりを見回す。橋の脇に〔グランド・リヴァー〕と書かれた標識が立っている。ぼくの見た何冊かの道路地図が間違っていない限り、モニュメントを通り過ぎて、五、六キロやって来てしまったと思われた。ぼくはゆっくりとあたりを散策してから、超低速で運転しながら今やって来たばかりの道を戻っていった。やはり見当たらなかった。モニュメントは、地図によれば、道路の西側にあるはずだった。ぼくは西側だけでなく、東側にも注意を払いながら、ふたたび引き返した。往復四日以上をかけて、やって来たのだ、突き止めないではおくものか、という気になっていた。三回、四回、とぼくは捜しつつ往復した。見つからなかった。最も近い村、グランド・リヴァーのすぐ北のシェイドヒルに行って、誰かいたら訊いてみよう、と考え、ぼくはまた引き返していった。だが村には人影がなかった。やってきた道路脇に一軒、よろず屋と見える小さな店らしきものがあるが、閉まっていて呼んでも誰も出てこない。とにかくこの村には人の気配がしなかった。日曜日なので他の村にある教会にでも行ってしまったのか。村には一つかみばかりの人家が散らばっている。一周してみたが、人影がまったくない。家の中には人がいるのかもしれなかった。ぼくは一軒の家の門の前までやってきて、呼びリンを捜した。見つからない。ぼくはそこに立ったまま、大声を出した。

「エクスキューズミー?」

誰も出てはこない。ぼくはさらに何度か呼んだ。

門から玄関まで、五メートルほどある。ぼくは玄関のところまではいっていこうか、と考える。だがルイジアナのバトンルージュでハロウィーンの日に、アメリカ人の家の門をはいったところで撃たれてなくなった日本の高校生、服部君の事件が、一瞬、頭をかすめる。ぼくは隣の家の門へと移動する。

三軒の家の門の前で呼びかけたが、結局誰も姿を現さなかった。

ぼくは自動車に戻って、考えた。地図上の点に近い場所に、西側に折れるダートの路があった。そこは路の部分だけ有刺鉄線が切れて、中にはいっていけるようになっていたが、中は見渡すかぎりの草原で、牧場であった。かなたに小さな牛らしき黒い点が動いていた。路は、どう見ても、牧童が牛の世話をするために自動車ではいっていくための私道以外の何ものでもないと思われた。だが、モニュメントが道路脇になく、少しでも奥まったところにあるとすれば、行き着けるルートはこの路以外にありえなかった。ぼくはふたたび南へと戻っていって、やがてダートの路へと車を乗り入れた。

数キロも走ると、百頭を超える牛たちが草を食んだり、寝そべったりしているところに行き着いた。牛たちは自動車のエンジンの爆音が聞こえているはずなのに、至近距離に近づくまでぼくの自動車の方を振り返らずに、知らんぷりを決めこんでいる。二、三メートルまで近づいてはじめて、それもわざとゆっくりと振り向いて、何しに来たのだ、という表情を向ける。ぼくはさらに牛に向かって車を近づけていく。角で突かれてもしかたがない、と覚悟を決める。自動車の保険は掛けてある。これだけの日数をかけてえんえん走ってきて、モウちゃんに邪魔をされたぐらいで、目的を果たさず逃げ帰るわけにはいかないのだよ、とぼくはつぶやく。ぼくは意地になって、モウちゃんに車をぶつけていった。一メートル近くまで近づくとやっと路を塞いでいる牛たちが、依然としてゆっくり、ゆっくりと、路を空けた。一群の牛の群れを通り抜けるのに、かなりの時間がかかり、大量の汗をかいた。牛だって人間と同じ、中には無思慮、無分別、凶暴なのがいるにちがいなかった。松本市の在で農業を営んでいたぼくの叔母が、飼い牛に胸を突かれて、その牛の牽く牛車で病院に運ばれたときの事件のありさまが頭をよぎった。

こうして、幾群れもの牛の憩いの場を乱しつつ、ぼくは牧場の奥へ奥へとはいり込んでいった。だがモニュメントらしきものは、影も形も見当たらなかった。もう入り口から二〇キロは来ているはずだった。路はさらに悪くなり、セダンでこれ以上進むと車が傷むと思われた。引き返す以外に、他に取るべき方法はなかった。だが、またあの牛の群れの中を幾つも抜けていかなくてはならない、と思うとうんざりだった。

帰りは行きよりさらに難儀だった。行きには路に出ていなかった牛までが路上を占領し、塞いでいた。ぼくが戻ってくるのを知っていて、意地悪をしているとしか思えなかった。だがここは彼らが主張する通り、彼らの土地だった。彼らの生活圏を犯しているのは、確かにぼくの方だった。そうわかってはいても、ぼくにはこの路を引き返す以外に、自分の生活圏に戻っていける路はなかった。

路の真ん真ん中で子牛に乳をやっている母牛がいた。こいつが一番の意地悪だった。ぼくの車が一メートルまで近づいても、横目使いにちらっと見ただけで、平気で乳を飲ませている。ぼくも子牛を引っかけるわけにはいかないので、それ以上は近づくわけにはいかない。ぼくは一メートルまで近づいたまま、じっと待っている。親子牛の先にはまだ何十頭もの牛たちが路を塞いでいる。それ以外の牛たちも集まってきて、ぼくの車を取り囲み、睨みつけて、ぼくに圧力をかけている。五、六分も経っただろうか、ぼくはクラクションを鳴らしてみる。それでも親子牛は知らんぷりを決め込んでいて、路を空けない。ぼくはクラクションを鳴らしながら、車をさらに親子牛に近づけていく。母牛がぼくの顔をねめつけながら、何て非常識なヤツだ、という表情をありありと顔全体に泛かべて、自動車が通れるギリギリの空間をいやいやぼくに提供する。ぼくは子牛を轢かぬよう細心の注意を払いつつ、アリの這うスピードで自動車をころがしていく。

こうして、ぼくは迷い込んだ牧場で、牛たちにからかわれて、半日をつぶしてしまった。だがぼくは一つのことを学んだ。アメリカ西部植民に大きな役割を果たした牛が、牛たちの犠牲の上に植民が成ったともいえるその牛たちが、なんとも利口な生き物であることを。

牧場から抜け出られたとき、ぼくはこの旅で、ヒュー・グラス・モニュメントを捜すのを諦めていた。今一度、今度は、アメリカの歴史学者か地方史家を尋ねて、教示とアドヴァイスを乞うてからやってこよう、と心に決めていた。

このようなのんびりとした仕方で旅をしているがゆえに出会えた人や出来事は数知れない。まずは、数年前のことから――

アメリカン・バッファロー（バイソン）

八月中旬を過ぎたある日、ソールトレイク・シティを朝出発してインターステイト15号線を北上したぼくは、ブリンガム・シティで89号線に入り、グランドティータン・ナショナルパーク（口絵写真4）を南から北へと縦断しようと、この国立公園の南の入り口の町である、ワイオミング州、ジャクソンに、昼を少し回った時刻に近づきつつあった。

グランドティータン・ナショナルパークは、かの有名な映画『シェーン』が撮影された場所で、あの映画の最後の場面で、「シェーン……カムバック、シェーン……カムバック！」という少年の叫び声を、こだまとして反響させた氷河をまとった岩山が、蒼天に屏風となって屹立する、ロッキー山脈の中でも最も荒々しく美しい場所の一つである。途中たとえインターステイト80号線より数百キロ離れていようと、ハイウェイを降りて向かうべき場所であった。

ジャクソンのシティ・リミットという標識を見て町に入ってすぐ、まだ町の影は見えず、見渡す限り畑と牧場の中に、ツァリスト・インフォメイションの小さな小屋が建っていた。自動車を乗り入れてふと見ると、小屋の脇から牧場となっていて、柵囲いの中に、頭から肩まで厚いちぢれ毛で覆われた五〇頭ほどのアメリカン・バッファロー（＝バイソン。前頁写真）の堂々とした姿があった。ぼくはかつて一度カナダのバンフ国立公園で、五〇メートルほど離れたところを歩いている数頭のバッファローを見た経験はあったが、こんなに近くで立派な姿を晒している生きたバッファロー——剥製はフロリダのキャピトル（州会議事堂）で見たことがある——を見たのははじめてであった。バッファローたちはゆったりと草を食んでいて、ぼくの方を見もしなかった。そのうち二頭が、相撲の立合いのように突進して頭を衝突させ合った。

インフォメイションの建物に入ると、デスクには五〇歳代と見える愛想のよさそうな女性がいた。こういう女性は一人旅のぼくのひとときの道連れだ。

若い女性がカウンターにがんばっている場合は、仕事をてきぱきと片づけることだけが自分に与えられた任務だと考えているかのようで、旅行に関する質問には答えてくれるものの、それ以外のむだ話を楽しむのは遠慮した方がよいと、その受け答えから判断し遠慮する場合が多い。だが中年の女性の場合はきまって話し好きで、旅に直接関係のない会話にも進んではいってきてくれる。そんな会話の中から予想もしなかった情報が得られることが多い。

たとえば——あれはいまだに中世の宗教的戒律を守って、現代文明の恩恵を拒絶し、つまり電気・自動車等を使わず、ランプと馬車を使用し、白・黒・紫の三色の服しか身につけず、勤勉で、道徳的に禁欲的な中世そのままの生活を守ろうとしているアーミッシュの村を、ペンシルヴァニアに訪ねたときのことだった。あのとき州境のインフォメイションでぼくとのむだ話を楽しんでいるときに、ぼくが気ままな旅をしていることを知って面白いルートを教えてくれたのも、同じように話好きの中年女性だった。その女性は、はじめに地図に書き込んで教えてくれた道順をわざわざアーミッシュ村の手前で変えて、にやにや笑いながら、

「こちらを行きなさいね。道標に気をつけて。見落としちゃいけませんよ」

と片目をつぶったのだった。ぼくはこういうアドヴァイスにはかならず従うことにしている。さて問題の場所に近づいた。アーミッシュ村に入る数キロ手前で、畑の間を縫うその細い田舎道は二股に分かれていた。

そこに標識があった。ぼくは読んだ。

アーミッシュ

インターコース

世界の標識の中で、これは、その対照の妙において傑作だ。日本にもセイコーという会社がある。しかしこの会社は、かつて、〈精工舎〉といい、それをその後、片仮名に変えたのだと聞いた。この標識はそのものずばりだ。隣村の禁欲的な人たちを嘲って、自分たちの村をこう名づけたのであろうか？　イギリス的ユーモアだと考えるが、どうであろう？

とにかく見知らぬ土地で、教養がほどほどの中年の女性とのむだ話は、まことに貴重な情報の源だ。こういう女性たちのおかげでどれほど多くの情報を得てきたことか、どれほど旅のコースが予定とずれ、進行が遅れたか、それによって旅にどれほどの豊かさが加わったか、はかり知れない。ぼくの一人旅のひとときの友、おしゃべりの中年女性に幸あれ！

「外にいるあれらのバッファロー、飼っているんですか？」

ぼくはご婦人の脇の壁を親指で差しながら、愚かな質問から話を仕掛けた。まったく愚かな質問だ。あたりまえだ、柵にはいっているのだから。だがこういう愚かな質問がよいのだ。相手にものを教えてやろうという気を起こさせるのだ。単独放浪者の大切な条件の一つ――人の心を読む能力にたけていて、話の聞き上手であること。だがこのとき、ぼくは、現在では捕獲を禁じられている動物を、個人が大量に牧場で飼うことを許されているとはどういうことなのか、理解できないでいた。日本では捕獲を禁じられ、保護されている動物は、特別に許された人が許された場所でしか飼うことはできないもの、とぼくは理解していた――現在もぼくはそう思っているが、間違っているであろうか？

「ええ、そうですよ。立派に肥えているでしょう」

「で、あれは見せ物じゃないですよね？」

またも愚かな質問。誰がこんな人煙まれな僻地に、えんえん車を運転して、たとえ珍獣にせよ、たった一種類の動物を見にくるものか。それに入場料も取ってはいない。

「いいえ、飼っているのですよ」

「いずれ国立公園の中に放すのですか？　それとも動物園にでも売るとか……？」

「そんなもったいないことしません。食べるんですよ」

「でもあれは保護獣で……」

「そりゃそうですが、うちで飼っているんですから、うちのもの、殺して食べようとどうしようと、わたしたちの勝手でしょう？」

どうもわからない。しかし言われてみればその通りだ。正当なルートで手に入れて繁殖させたのならば、何十頭何百頭飼っていようと、それらは確かにその人の所有物、家畜と同じ、その論理はわかる。だが保護獣に対する彼らの論理とぼくの論理に大きな隔たりがあるようなのだ。

「おいしいのですか？」

明るい土色をした強靭な皮膚と、やや黒ずんだ密生した毛に肩から頭まで覆われたバッファローの、たくましい筋肉の頑固さを想い浮かべながらぼくは訊いた。

「それはそれはものすごく。これほどおいしいものはありません。バッファローのステーキを食べたら、牛のステーキなんてまずくて食べられないほどですわ。食べさせるところがあったら、あなたもきっと食べてごらんなさい。きっとですよ。いいですね！」

ご婦人はこう言って勧めたが、バッファローの肉を食べることなど外国人のぼくにできるわけがない、とぼくは確信していた。だがこの確信はすぐに滅亡する運命にあった。「バッファロー・ステーキ」と看板を掲げたレストランを、「バッファロー・ハンバーグ」と大書きしたファーストフードの店を、ワイオミングだけではない、サウスダコタでもノースダコタでもモンタナでも、その後、見ることになる。だがぼくは、

バイソンの群れ（イエローストーン・ナショナルパーク）

すぐにあのご婦人のアドヴァイスには従わなかった。もっとも、もしあの出来事がなかったら、最初の店に飛び込んでいったであろうが……今度は、バッファローと互いに目を見つめあってしまったのだ。

三日後、ぼくはアメリカで最初に国立公園に指定された（一八七二年）イエローストーン・ナショナルパーク（写真上）の、ぼくの頭では目撃しない限り想像不可能な不思議な風景の中を、まるで夢の中を移動しているような気分で、自動車をゆっくりと走らせていた。左手二〇〇〜三〇〇メートルの範囲に広がって、一〇〇頭あまりのバッファローが森に囲まれた草原で草を食んでいるのが見えたので、ぼくは車を道路脇に止めて外に出た。体長三メートル、体重一・五トンにもなる、こげ茶色の毛を肩から大きな頭部にかけて密生させたバッファローの群れが、草原に憩う光景は壮観だ。牧場に捕らわれていないと、彼らもまた王者の風格をただよわせている。するとそのうちに他の一群れが、ぼくが車に身をもたせかけて眺めている三〇メートルほど先のアスファルトの車道を、右から左へと横切りはじめた。最初に斥候を

アンテロープ・アイランド

兼ねた先導役と思われる二、三頭の成獣のバッファローが、左右を見回しながらゆっくりと車道を横切り、そのあとに子供を連れた母親がつづいた。それからほとんど成獣と同じ体躯にまで成長した若いバッファローたちが、群れを追うでもなく、といって群れからすっかり離れてしまうわけでもないのに、一匹一匹がオレは自由な放浪者、というフリを見せて道を渡って行った。と、そのとき、離れ獣とも見える一頭が、渡り切らずに向きを変えて、道の中央をこちらに向かって速足で駆けてくる。低くした角を左右に振っている。ぼくは慌てて自動車の中に飛び込んだが、バッファローはそのとき、七〜八メートルまで接近していた。車をバックさせて逃げる余裕はない。開いていた自動車の窓ガラスを巻き上げるのが、ぼくに出来る最後のことだった。ぼくは車を角で突かれると覚悟した。バッファローは自動車の脇を、巨体を自動車にすりつけるようにして通っていく。バッファローの顔が慌てて閉めた窓を満たして覆った。脚を止めたバッファローがぼくの自動車を覗き込んでいたのだ。バッファローとぼくは二〇センチほどの近さで数秒間、お互いの目の底を覗き込みあった。ぼくはたじろいだが、それはバッファローが眼の表面から、獰猛な野性の生命の色を射るように発していたからではない。目の底に深い悲しみとうらみの海をうねらせているように見えたからだ。バッファローは角で自動車を突きはしなかった。そんなことをしても徒労であることを、何倍もの仕返しとなって跳ね返ってくることを、バッファローたちはとっくに学んでいるはずだった。

ぼくがあのバッファローの目の底に、人間と人間の文明に対する深いうらみを読み取ったと思ったのは、自分の生き方にやましさを、罪の意識を感じているからなのであろうか。ぼくはバッファローの肉が大好きだと言った、あの品のよい優しそうな中年の女性と同じ心のありようをもっていると自覚している。自分に今の生き方を許す自分の心のありようは、まさに同種のものだ。白状しなくては……あれから一年半後、渡来人としてはじめてここにやって来たジム・ブリッジャーが、群れをなして空を舞うカモメを目にして太平洋岸に到達したのだと間違えたユタ州の大塩湖、ソールト・レイクを見に行ったときのことだ。そのときぼくはこの塩湖に浮かぶ最も大きな島で、州立公園になっているアンテロープ・アイランド（前頁写真）に渡った。そして、そこのファーストフード・ショップのテラスで、湖に映って二重の美しさを見せているワサチ山脈（ロッキー山系の一つ）の風景を楽しみながら、バッファローのステーキ・ハンバーグに舌づつみを打ったのだ。このように肉体が美味であるということは、その動物にとって、滅びを促進させる不幸な要因を身に纏っている、ということになるのであろうと考えながら。

保護獣を殺して食べることでは、もう一つ思い出すことがある。二〇年ほど前、ぼくはアメリカ深南部の亜熱帯の都市、ニューオーリアンズに一年ほど住んだことがあったが、そのときのことである。「ワニの肉入荷」という広告を、フレンチクォーターにある世界的に有名なレストランが新聞に載せていた。ワニもまた絶滅の危機に瀕したことのある保護獣のはずである。

「ワニの肉を食べる人がいるんですね？」

ぼくはちょうど或るアメリカ人の家庭に招かれたので、そこの令夫人に訊いた。

「私たちも一家で明日行きますのよ。よろしかったら一緒にどうです？　おいしいのですよ」

一瞬、心が動いたが、そのときぼくは、その誘いを断った。それは、あのグロテスクなワニの外見（ワニの目にはぼくの方がグロテスクに見えるに決まっているが）から、アレルギー体質のぼくが食べたら苦しむことになると考えたからだったか、それともサザンベル（南部美人）と呼ぶにふさわしい、ロングドレスを優雅に身にまとったあのお屋敷の令夫人の花びらのような唇の奥で、ワニの白っぽい肉が噛まれるのを想像してぞっとしたからなのかは忘れてしまったが、たぶん両方の理由からであろう。その広告を何回も見たのに、結局ぼくはワニの肉は一度も食べたことがないからだ。

どうしてもわからない――なぜ保護されている動物の肉をレストランで料理して売っているのに、警察は黙っているのか？　新聞に堂々と広告まで載せているのに、調べに出向かないのか？　ぼくはこの疑問を何人かの土地のアメリカ人にぶつけてみた。みんな薄笑いを泛かべて、「密猟者が売ったのでしょうよ」とか、「外国から密輸したのかもね」とか言うだけであった。ここには何か暗黙の了解があって、ワニの肉のうまさにやましい行為はすべて押しのけられてしまっている、と感じたのを思い出す。

その後、旅の途中で、ぼくはバッファローに関する本を手に入れて、読んだ。そしてジャクソンの町のインフォメイションの気のいい中年女性の言った言葉が正しかったことを知った。なぜバッファローの肉が、白人にとってもインディアンにとっても、白人渡来以前においてだけでなく現在においても、それほどに美味な肉なのか、その理由を学んだ――牛肉の四分の一しか脂肪分を含まないがゆえに、最高に美味でヘルシーな肉であるということを。

多くのアメリカ人が現在バイソンをバッファローと呼んでいるが、実際のところは、バイソンとバッファローとは近い種同士ではない。バイソンに最も近い種の動物は、ヨーロッパに住んでいたヨーロッパヤギュウであるが、この動物は現在では、二、三の動物園とポーランドおよびロシアの保護区にかろうじて生き延びている、絶滅の危機にさらされている動物である。役畜として飼われているアジアのスイギュウとアフリカに棲息する性格の獰猛なアフリカスイギュウこそ、真にバッファローと呼ばれてしかるべき動物で、アメリカのバイソンはこれらのバッファローよりはヨーロッパヤギュウの方により近縁な種の動物なのである。したがってドイツやフランスからイエローストーンにやって来た旅行者たちは、筆者の目撃した限りでは、みな「ビソン、ビソン」と言いながら指差していた。ではなぜこのアメリカンバイソンがバッファローと呼ばれるようになったかというと、白人の探検者やマウンティンマンや初期の植民者たちが間違えてそう呼んだのがはじまりで、その後この動物がバッファローというよりはバイソンと呼ぶべき種であると動物学的に証明されたあとになっても、科学的な会話や書物以外では、両方の呼び名が使われてきている。したがってこの拙文の中でも、両方の呼び名をときに応じて使うことにする。あのインフォメイションのご婦人はバッファローと呼んだ。イエローストーンのパーク・レインジャーはバイソンとアメリカン・バッファローの両方を使った。

バイソンはアメリカ原産の動物ではない。アメリカン・インディアンと呼ばれる先住民と同様、アジアから移住した生物なのである。

氷河期にアジアから、シベリア海峡とアラスカのあいだに架かったブリッジを渡って、マンモス、マスクギュウ、ムース、十数種類のバイソンなどがアメリカ大陸にやって来た。そのとき、これらの動物を追ってアジアからやって来たのが、最初のアメリカ人となったアメリカン・インディアンと呼ばれている、アメリカの先住民たちである。

彼らが追ってきたこれら大型の草食動物たちは、独自の変遷をたどることになる。バイソンについて述べれば、十数種類のうちの何種類かは絶滅し、絶滅しなかった種類は混血して一つの種に同化統合されて、現在、科学者がバイソンと呼ぶ種類の動物となった。アジアからアメリカ大陸に渡ってきた人たちが追ってきたこれら大型草食動物のうちで、その後彼らの日常生活において最も重要な役割を果たすことになったのは、このバイソンであった。

かつてはこの動物、アメリカン・バイソンこそ、北アメリカ大陸の自然に生きる動植物の生死を支配する存在であったと言える。アメリカという原始の自然の豊かさの象徴でもあったのだと。コロンブスがアメリカに到着した時（一四九二年）、現在のアメリカ合衆国とカナダの占める土地に、約六〇〇〇万頭のバイソンが棲息していたと言われている。たぶんここ以外の大陸においても、同じ一種の野生の哺乳動物が、これほど多数生息していたことはなかったであろうとも。

こうしてアジアから新世界へとやってきたバイソンの祖先となった動物は、その後南方へと棲息の範囲を広げていき、現在のアメリカ合衆国の南端にまで達したのであった。したがって現在のアメリカ合衆国の東部大西洋岸から西部太平洋岸まで、ほとんどどこにもバイソンは棲息していたのだが、最も密度濃く棲息していたのは、東西はロッキー山脈からミシシッピー・リヴァーに至る、南北はカナダのグレイトスレイヴ・レイクからテキサス州に至る、大平原・大草原地帯であった。この広大な地域では、とくにバイソンが自然環境の主な支配者であって、この地の動植物だけでなく、インディアンたちも生活に必要なもののほとんどをバイソンに頼っていた、と言っても過言ではない。実際インディアンたちは、生活の手段のすべて、つまり住居・食物・衣服・日用品等をバイソンに依存していただけではなく、宗教的信仰や社会的規範の中心にバイソンを据えていたのである。

アメリカのフロンティアが西へと移動していくその早いスピードに歩調を合わせて、バイソンも急速に数を減らしていくことになったのだが、バイソンを絶滅させることによってインディアンから生活の手段を奪い、それによってインディアンをも絶滅に追い込むのが、アメリカ合衆国軍隊の作戦であった、と多くの歴史家たちが、シェリダン将軍の、そう公言した無謀な言葉を挙げて説明している事実さえある。

西へとバッタの大群のように押し寄せる植民者の行列を闇を覗くような目で眺めながら、狩猟民であるインディアンたちが昔からの狩り場を失う危険を感知し、抵抗したのは当然であった。白人たちは、これらインディアンの狩り場で、ただ楽しみのために、何頭殺戮したかを競い合い自慢し合うために、バイソンを文明の凶器で撃ったのであった。自分が殺戮したバイソンの頭蓋骨を、背後に万里の長城の城壁のごとく積み重ねて撮った記念写真が、あるいは自分の背の一〇倍以上もの高さにピラミッドのごとく積み上げたバイソンの骸骨の上に立ってときをつくく人間の記念写真が、人間の愚かさの証として現在も残っている。さらにその後、皮をなめす技術が発達して、バイソンの毛皮が大きな利益を生む商売だと分かると、ただ皮を剥ぐためにのみ手当たり次第にバイソンを狩る人間が、原始の自然へと侵入していったのである。一八〇〇年には六〇〇〇万頭いたバイソンは、一八七〇年には約一〇分の一以下の五五〇万頭にまで数を減らされ、一八八九年までには、もうどこにもその姿を見ることなどできぬようになり、たった一一〇〇頭がわずかに人のはいり込まぬ荒れた僻地や人間に飼われて牧場で生き永らえていただけであった。未開のアメリカの豊かさの象徴であったバイソンこそ、ヨーロッパ人によるアメリカ西部植民地拡大の最大の犠牲となった存在だと言える。

何とかバイソンが絶滅を免れたのは、寸前になって、絶滅を憂慮した人たちが捕獲したバイソンを殺して食べるようなことはせず、保護し繁殖させたからである。したがって、現在、国立公園や国の保護区に生存しているバイソンは、これらのバイソンの子孫ということになる。一八九〇年から一九〇〇年代の初頭にかけて、遅まきながらアメリカ・バイソン協会という保護団体が組織され、その後、一九〇〇年から一九一四にかけていくつかのバイソン保護区が、オクラホマ、モンタナ、ネブラスカ、サウスダコタなどの州に設定されることになった。これらの保護区のうち最も古いのが、イエローストーン国立公園である。

バイソンは鹿と較べて銃で撃ち易いといわれる。鹿は人間の姿を見ると、逃げて安全な距離を保つ傾向があるが、バイソンは逃げないからである。

現在アメリカではバイソンを十万頭前後にまで増やすことに成功し、絶滅の危機は免れたと言われるようになった。だが驚いたことには、すでにこの脂肪とコレステロール分の少ない動物の肉を食べることを奨励する結社がいくつか設立されている。イエローストーンを除いてアメリカで最初にバイソン保護区が設定されたキャンサス州のウィチタにおいてでさえ、年に一度バイソンの肉のオークションが行なわれているという話を聞いた。もちろんここで売られるバイソンの肉は、牧場で飼育され賭殺されたものなのであろうが。こうしてバイソンは、毎年何千頭以上もが賭殺されて、アメリカ人の胃袋におさまるという運命をたどりはじめている。何千頭はすぐに何万頭に、次いで何百万頭になっていくのであろう。こうして、怠惰で飽食した人間の、美食をしたいという欲望を満たす食物として、あの利口な牛たちと同じように、繁殖・飼育・屠殺されていくのであろう。

そういえば「殺して食べるのですよ」とおっしゃった、ジャクソンのインフォメイションのあの中年の女性、同世代の他の女性の多くのように脂肪ぶとりしてはいないで、ふるまいが軽やかで優雅に見えた。あれはバイソンの肉を食べているからなのであろうか？　いずれ、バイソンステーキ、バイソンハンバーガーの店がアメリカに次いで日本にも軒を並べる時代が来るのであろうか？　バイソンにとって苦難の時代は、ふたたびはじまったのである。

はじめてアメリカにやって来たとき、アメリカ映画を見て頭に描いていたアメリカ人のイメージと実際のアメリカ人とがあまりにも隔たったものであるのに吃驚するのは、ぼくだけではあるまい。ジーパンをはいた細く長い足の上に釣り合った胴体が屹立しているなどというアメリカ人には、ハリウッドへでも行かなくてはなかなかお目にかかれるものではない。実際、アメリカ人はたいてい三〇歳を過ぎないうちにふとりだす人が多いのだが、なかには肥満をくい止めることができず、もはやあきらめてふとるにまかせてしまったとしか考えようのない、異常にはみ出た肉を纏ったアメリカ人に見とれている自分に気づくことがある。いやぼく自身もアメリカにこのような友人を一人もっているのであった。ぼくはこの友人には、いつも一つの恐れを抱いて会うことになるのが悲しい。もし彼女が、日本に遊びに行きたい、と言ったらどうしよう？——彼女の肉体を押し込めるトイレが、ぼくのウサギ小屋にはないのだ。まさかオマルでお願いするわけにもいかないから、トイレの改造が必要となる。

彼らがこのように皮膚をたるませる大量の脂肪を身体に蓄積していく過程には、彼らの貧しい食生活が与《あずか》っているとぼくは考える。とにかくアメリカ人は、日常の食事の支度に時間をかけない人たちだ。野菜はほとんど生のまま、肉は焼くだけ、それらをそのまま、あるいはまずいパンにはさんで頬張る。日々の料理にいかに時間をかけないか、各家庭で競っているかのように見える。こんな手抜き料理を三度三度食べていて、満足できるはずがない。したがって、質を見捨てた彼らは、量で満足を得ようとすることになる。食べ物のまずさの不満を、量を摂ることで満たそうとする。肉をたらふく食べたあとで、舌のしびれるほどの甘いケーキや菓子やドリンクを咽喉《のど》に流し込む。それらはまるで主食のまずさを消滅させるための麻薬の一種でもあるかのようだ。実際、「わたしダイエットしてるのよ」などと言いながら、糖分を混ぜたドリンクを大量に飲むアメリカの友人や知人に、「糖分は体内で脂肪分に変わるんですよ」と言いかけて止めたことさえ何度かある。ぼくは日本で、アメリカ資本のハンバーガーショップが若い人たちで混んでいるのを見るたびに、長生きしてはならないとつくづく思う。あのような貧しい食べ物を日本人が常食とする時代が来る前に、この世にオサラバしなくてはならないと思う。

ぼくはサンフランシスコに到着してすぐの昼食をファーストフードの店で摂っただけで、その後はまだ一度もこういう店で食事を摂ってはいない。アメリカ人と一緒のときとか、そのほかに何も食べるものを持っていないとかの、他に方法がないとき以外は、アメリカのファーストフードは口にしたくない。それ以外はフードマーケットで選んだ野菜を主とした料理、あるいは自分で熱を加えた料理を主食としていくことにしている。この方が栄養のバランスを考えることもできるし、安上がりでもある。それに量で勝負を余儀なくさせられないので、食べ過ぎることもない。

第11章　死に絶える河(1)——一八四三年

（日本——天保一四年、黒船来襲一〇年前。天保の改革推進者水野忠邦失脚、阿部正弘老中に就任。前年、天保一三年、異国船打払令を改めて、薪と水の供与を許可）
（世界——前年、清国、イギリスと南京条約を締結、この年広州、上海等を開港）

きわまりなく下品　きわまりなく穢れ　きわまりなく不潔な流れよ
限りなき愛情をこめて　ぼくはおまえを憎む
ぼくがおまえに会ったはじめての日から　おまえはさらに下品になり　さらに穢れを増していったようだ
おまえがちなんで名づけられたあの女性《ひと》は　衆に抜きんでてすぐれた人だった
真実　聖書が語っているとおり
彼女が内に潜ませていた七つの大罪は追い出されたのだから
しかるにおまえの七つの大罪は　まだおまえの躯内に巣くっている
今　おまえにいとまごいをしよう　ここでおまえの手をにぎり　再び会いまみえぬ（ことを祈りつつ）別れをしよう
おまえの胸に抱かれて生き永らえるより　ぼくはもうすこし幸せな場所で死を選ぶつもりだ

フンボルト・リヴァー。幌馬車でやってきた初期のキャリフォーニアへの植民者にとっての生命線となった、グレイト・ベイスン（大盥の底）と呼ばれる広大な砂漠を流れる唯一の大河。一八五〇年、この河に沿ってシェラネヴァダ山脈の東に広がる大砂漠を、川の終点であるフンボルト・シンクまでやってきたアイオワからの植民者によって、あのように詩われた流れ。

リヴァーと呼ばれてはいるが、これは日本人が、河あるいは川と聞いて頭に思い泛かべるものとは似ても似つかぬ流れだ。渺茫たる砂漠の広がりに、突然、細長くうねる穴が陥没していて、その底を水面を盛り上がらせて、あるときは緑色の、あるときは茶色の液体が動く。夜、闇が広がり、目隠しが完成すると、行く手を阻む罠となって、移動するものを呑み込む深淵。昼間この河に行き当たり、深淵を覗き込んだ人間は、今朝、月を呑み込んだのはこの裂け目だと、今夕、太陽を呑み込むのはこの淵だと錯覚する。

この河は、白人たちが（傲慢にも）「アメリカの歴史上、最後に発見された河」と呼ぶ流れである。実際、馬に乗って東よりやって来た白人が、はじめてこの河を目にしたのは、アメリカの独立宣言が発布されて五三年もの年月が経ってからであった。このとき、不可解な方向に向かって流れてゆくこの謎の河は、「アンノウン・リヴァー」（知られざる河）という名を冠せられた。この流れは、彼らの目にはまさに神秘の領域に向かって流れ、姿を没していたのである。まだ白人が誰一人足を踏み入れたことのない未知の領域に向かって――。

この河の流れゆくかなたに何があるのか、そこはどうなっているのかが、おぼろげながらにも判明するためには、さらに数十年の年月が必要であったことを、その後の歴史が証明している。この砂漠はそれほどの苛烈な乾燥の極みを呈して、人の足を阻んでいたのであった。だが、この未知の領域をただ白紙のままに放置しておくわけにはいかない地図の作成者たちは、この領域に想像上の美しい河や湖を書き込んだりした。それらの川の一つは、この大砂漠を西に向かって流れ、何とキャリフォーニアに到達して、太平洋に流れ込んでさえいたのである。その川を辿っていけば、飢えや渇きに悩まされることなくキャリフォーニアへと到達することが可能である、と語るかのように。しかし当時わかっていたのは、水源からそう遠くまで辿ったわけではないこの最初の白人が投げた視線のかなたの、地平線という一本の線の中に、この河は流れ込んで姿を没している、ということだけであった。

次にこの河の上流にやってきたのは、ビーヴァーを求めてやってきたマウンテンマンでもあり探検家でもあった、現在ユタ州第二の市名にその名を残しているピーター・オグデンであった。このときからこの河は、オグデン・リヴァーと名を変えた。

次いでこの河は、このハドソンベイ・カンパニーのマウンティンマンたちを率いるリーダー、オグデンの奥さんの名を冠せられ、メアリーズ・リヴァーという別名を頂戴した。さらにである。砂漠をねぐらとする荒くれ男たちにとっては目にすることのできない遠い遠い存在である、女性に対する賛美と憧憬から、この別名に神聖な意味がつけ加えられて、セント・メアリーズ・リヴァーとも呼ばれるようになった。本章の冒頭に掲げた詩は、この河を、セント・メアリーズ・リヴァー（聖母マリア河）として詩ったものであるのは言うまでもない。

こうした命名の変遷を経たのちに、やっと現在まで通用している最後の命名がなされる。一八四三年と一八四五年に、グレイト・ベイスンと呼ばれるこの地帯を、アメリカ合衆国政府の命を帯びて探検したフリーモントによって、ドイツの自然科学者であり政治家でもあったアレキサンダー・ホン・フンボルト男爵にちなんで、フンボルト・リヴァーと最終的な命名がなされたのであった。何しろフリーモントはアメリカ合衆国政府より派遣された探検隊の隊長であって、政府に探検の報告書を提出したし、また彼はその後、将軍に、次いで政治家になり、共和党最初の大統領候補にもなった人物であったので、彼の名づけたさまざまな場所の名の多くが、確定した名となったのは仕方のないことであろう。だが、現在に至っても、フリーモントが与えた名ではなく、それ以前からの名を保って呼ばれている場所が、数は少ないがいくつかある。この河はフンボルト・リヴァーと武骨な名に改名されてしまったが、楽園へと向かう人間の忍耐を試す苛烈な歴程を守る生命の母であった点からも、またその他さまざまなイメージからも、メアリーズ・リヴァー、あるいはセント・メアリーズ・リヴァーという旧名の方がふさわしいとは言えないであろうか？

前出の詩のように砂漠の旅に倦み疲れた植民者たちによって忌み嫌われたこの河は、しかし彼ら植民者たちにとっては、なくてはならぬ河、まさに彼らの生命線であったことに間違いはない。この河がもし存在していなかったら、キャリフォーニアへの彼らの移住はずっとおくれたものとなり、しかもはるかに苛酷なものとなっていたであろう。いや、この河の恩恵をこうむったのは、東から西への移住を志した幌馬車隊だけではない。逆コースをとってキャリフォーニアより東部へと戻る者たちはもちろん、モルモン教徒たちが、金や銀の探索者たちが、軍人たちが、この河を辿って東方よりキャリフォーニアへとやって来ることになる。さらにポニーエクスプレス（官制郵便物運搬人）が、次いで定期馬車が、次に通信のための電線が、次にアメリカ横断鉄道が、次に牛の運搬人たちが、そして最後に高速道路が、すべてこの河に沿ってやって来たのであった。

リーズ・リヴァーやザ・リトルフンボルトとか呼ばれるようになった支流を集めてふくれた、トロッとした液体を流すこの河は、山間では流速を増すが、たいていはゆったりと、海へと向かう確実な流速で、白熱の太陽のかぶさる灼熱の砂漠を、南西に横切って流れてゆく。だがこの河は、海に行き着く運命にはない。シェラネヴァダ山脈が遠方に霞む地点まで、えんえん一二〇〇余キロを蛇行してきて、ここフンボルト・シンクと呼ばれる大盥の底の窪地で死に絶える。地中の大甕に呑み込まれ、神隠しに会うのである。湖とも池とも呼ばれることのない、緑の植物に乏しく縁取られた殺風景極まる大水たまり、フンボルト・シンク。ここは大河が永遠に底なしの地獄へと堕ちゆく待合所である。もちろんここフンボルト・シンクまで流れ下って行き止まり、永遠なる沈下を待つ水も、一二〇〇余キロの流路ですこしも浄化作用を受けてはいない。流れきた砂漠は、詩にも歌われているように、浄化作用よりはむしろ汚濁付加作用を抱えて待ちかまえている地域だったのである。

キャリフォーニアのゴールドラッシュがはじまって十数年後、ここフンボルト・シンクに、キャリフォーニアからこの場所を見にやってきたマーク・トウェインは語る――

われわれはこの強アルカリの水溶液を何とか使おうとしてみたが、とても使用に堪えるしろものではなかった。まるで苛性ソーダ溶液を飲んでいるかのようだった――それも薄い苛性ソーダ溶液ではなく、濃い苛性ソーダ溶液を。口一杯に苦い、ひどくまずい味が残留し、腹の中、いたるところが病める。……糖蜜を加えてみてもほとんど効果はない。酸性の強いピクルスを浸してみても、アルカリの味が際立ったままで、したがって、飲用には不適切な水であった。この水でたてたコーヒーは、これほど劣等の混合液を人間は間違っても発明したことはない、と思わせるほどのひどいものだった。……お茶やその他の飲料を模造する大家であったミスター・バロウは、飲めるということを証明してみせなければならないと感じ、少しずつすするようにカップに半分飲んで、しばらくのあいだ何とかあいまいな言葉でこれを誉めてはみたものの、ついにカップに残ったものを投棄して、正直に告白したものだ――「これを飲めるようにするということになると、さすがのオレの手にも負えんわい」

一八四三年一〇月半ばを一週間ほど過ぎた秋の日、ジョー・ウォーカーに率いられた幌馬車隊が、メアリーズ・リヴァー（現在のフンボルト・リヴァー）沿いに、ここメアリーズ・シンク（現在のフンボルト・シンク）にやってきた。二年前のバートルスン＝ビッドウェル隊が去って以後、ここに東よりやってきたのはこの隊がはじめてであった。バートルスン＝ビッドウェル隊は、ここより五〇〇キロ余りも東北東の路程で幌馬車を捨てていて、ここにはパックトゥレインで到達したのだが、ウォーカー隊は、台数は少ない（六台）が、まだ幌馬車をラバに牽かせていた。したがって彼らは、幌馬車でここまで到達できたことで、のちにキャリフォーニア・トレイルと呼ばれることになる幌馬車のルートを、この年、五〇〇キロ以上西へ進めたという功績を成し遂げたことになる。目的地サターズ・フォートまで、直線的なルートを取ってシェラネヴァダの嶮崖を越えられれば、あと四〇〇～五〇〇キロ、彼らはさらにルート開拓の歩程を延長することができるのであろうか。

ジェデダイア・スミス、トマス・フィッツパトリック、ジム・ブリッジャー、キット・カースンなどと並んで超一流のマウンティンマンの一人に数えられているジョー・ウォーカー。彼らのほとんどはマウンティンマンとしてよりも、未踏のアメリカ西部への探検隊の隊長あるいは隊に雇われたガイドとして、アメリカの歴史に名を遺している。ジョー・ウォーカーもまた、遡ること一〇年前、オレゴンやキャリフォーニアへの移住がまだはじまらない一八三三年、探検隊を率いてパックトゥレインでキャリフォーニアに到達した経験の持ち主であった。このときウォーカーは、ここメアリーズ・シンクから南へと進路を取り、シェラネヴァダ山脈に行き当たると、通過可能な峠を探りつつ山裾を南へと下ってゆき、山脈の中央部を大変な困難の末横断してキャリフォーニアへと侵入したのだが、翌一八三四年、帰路に着いたとき、往路よりはるか南方の、山脈のほとんど南縁近くにゆるやかな峠を見つけ、そこを踏んでシェラネヴァダ山脈を西から東へと抜けている。この峠は、その後、ウォーカー・パスと呼ばれるようになった峠であるが、メアリーズ・シンクから植民者たちの目的地であるサターズ・フォート、あるいは当時イェルナ・ブエナと呼ばれていた現在のサンフランシスコ近郊に行こうとすれば、一〇〇〇キロ近くの大迂回が必要となるルートであった。したがってウォーカーは、この峠の位置や状態について精通してはいても、ここメアリーズ・シンクに到着したとき、そういう大迂回をするつもりはなかったし、少なくとも大迂回をする決心をしてはいなかった。もっと北に越えやすい峠を見つけ、雪で塞がれる前にシェラネヴァダを越えられないか、との希望を抱いていたのである。ここメアリーズ・シンクから目的地のサターズ・フォートまでは、もし直線的なルートがあれば五〇〇キロ前後、とウォーカーは計算していたし、それに自分の発見したあの峠を越えるという迂回路をとれるほどの食糧の余裕がないことは、ずっと前からわかっていた。彼らもまた、西部植民者に共通する一特徴である、飢餓によって生命の危険に晒される、という傾向から免れてはいなかった。

この隊がここメアリーズ・シンクまで幌馬車を牽いてこられたのは、ウォーカーが隊を率いていたからであった。バートルスン＝ビッドウェル隊はメアリーズ・リヴァーの源流あるいは上流を見つけようと砂漠の中をさ迷い、結局、見つからぬうちに幌馬車を捨てることをよぎなくされたのだが、ウォーカーはその後、キャリフォーニアへの植民者たちのメインルートとなったルートとほぼ同じコースをとってメアリーズ・リヴァーの源流に行き着き、この河沿いにメアリーズ・シンクまで下ってきたのであった。食糧が乏しくなり、冬がせまっていたが、この隊の者たちは不安に捉われてもいなかったし、またこれも隊長ウォーカーの優秀なる資質を示すものといえるが、疲れ切ってもいなかった。それにこの隊は以前の隊と比べると、構成員の点で奇妙であった。男性一六人、女性五人（夫持ち二人、未婚三人）子供五人という構成は、どういうことなのであろう？　二年前にはじめて女性一人、赤ん坊一人を収容した隊（男性は三二人）がやって来はしたが、未だシェラネヴァダを西へ抜けるルートさえ見つかっていないこのコースを、男性の人数と女性と子供たちを足した人数との差があまりないというのは？

こういう隊が、食糧も乏しく、シェラネヴァダ山脈に雪の気配がただよいはじめた秋に、メアリーズ・シンクまでやってくると、不安な表情も見せずに、全員で西の方を眺めていたのである。

ウォーカー隊を構成する男、女、子供の不可解な比率と、彼らの楽天性について理解するには、何ヵ月か前まで時間を遡ることが必要となる。

ミズーリーを出発したとき、この隊を隊長として率いていたのは、ジョウゼフ・チルズであった。ジョウゼフ・チルズは一八四一年のバートルスン＝ビッドウェル隊の一員となってキャリフォーニアに到達すると、翌一八四二年春、一隊を率いてパックトゥレインでキャリフォーニアから今度は東へと向かい、ミズーリーに帰着した人間であったが、彼はこのとき、翌一八四三年に再び西部キャリフォーニアへ向かおうとの計画を抱いていた。一八四二年の東へと戻る逆コースの旅程は、隊員の一人であるホッパー（彼もバートルスン＝ビッドウェル隊の一員であった）が重病に倒れたり、インディアンの部族間で大きな争いがあって行く手を阻まれ、未踏の荒野を大迂回せざるをえなかったりで、決して楽なものではなかったのだが、秋、ミズーリーにたどり着いたとき、彼の決意は少しもぐらついてはいず、ただちに翌年春出発の西部植民者たちの勧誘と準備にとりかかった。

彼はまず、友人のボールドリッジを誘った。ボールドリッジは水車を動力とする製材工場や製粉工場の機械の取引を生業としていた技術者で、独身であり、いずれ西部に移住したいとの希望を抱いてもいたので、チルズの誘いにあっさりと同意した。だがチルズはこのことによって大きなお荷物を抱え込むことになる。チルズとボールドリッジは、幌馬車に、製材工場に設置する三本の大鋸をはじめ、その他の鉄製の部品を積み込んでいくことになったのであった。その結果は一目瞭然、旅の必需品のうちでも最も不可欠で、最も嵩ばる食糧を積むスペースが犠牲となった。その上、チルズはもう一つのお荷物を、ボールドリッジを誘う以前に、もうすでに引き受けている身であった。キャリフォーニアを出発するとき、友人から、ミズーリーに残してきた二人の娘たちを連れてきてくれるよう頼まれ、承諾していたのである。このお荷物は毎日食糧を消費しつづける点で、最もやっかいなお荷物と言えるものであった。

当時出版された幌馬車による西部移住のためのガイドブックは、旅に最低限必要不可欠の食糧として、一人あたり約九〇キログラムの小麦粉、約二三キログラムのベーコン、約一八キログラムの砂糖、約九キログラムのコーヒー、約九キログラムの塩を挙げている。これらのほかに、紅茶、酢、ピクルス、乾燥果物、バター、蜂蜜等を、そして道具類――ナイフ、オノ、山刀、ノコギリ、ロープ等を、さらに石ケン、グリース、ランタン、皿、コップ……等を積み込むとすると、旅に必要でないものを積み込む余裕などあるはずはないのであった。とはいっても、余計なものを幌馬車に積み込んだのはチルズとボールドリッジだけではない。彼ら以前の植民者も以後の植民者も、ほとんどすべての植民者たちが、余計なものを積み込んで出発したのであった。椅子をタンスを書物を、ヴァイオリンやギターなどの楽器を、衣類を、台所用具を、余分な銃や弾丸を……。楽園に向かう旅においても手にある物質への執着を決して捨て去ることができないのが、人間という生き物なのである。こうして植民者たちは過積載した余計な物質を一つ、二つと惜しんでは手離しつつ、トレイルを西へと辿ることになる。幌馬車隊の出発地点となったミズーリー州インディペンデンスの、セント・ジョセフの、あるいはアイオワ州のカウンシルブラッフの、ジャンピングオフ・ポイントから何キロ何十キロのトレイル上には、植民者が投棄したこれらのガラクタが累々山をなして、トレイルを縁取ったのであった。だが経験豊富なチルズは、それら鋸や鉄製の品をやすやすと捨ててはいない。幌馬車に積み込んだ荷は、嵩においても重量においても適量だった。ただ必要な量の食糧を積み込んではいなかった、ということになる。しかし彼には、不足分の食糧は旅の途中で狩りをして手に入れることができるという確信があったのである。過去二回のアメリカ横断の旅の途上、とくに大平原地帯で、群れ集う動物や単独で徘徊する動物たちを間なしに目にしていたチルズには、必要な食糧が途上に用意されて、彼らの来訪を待っている、と思えたのであった。

確かに六〇〇〇万頭ものアメリカン・バッファローがアメリカの原野には棲息していた。それにアンテロープをはじめその他の種類のシカやクマ、さらに多種の小動物や鳥がいた。これらの動物のうちで食用として最も期待できるのは、もちろんアメリカン・バッファローであったことは言うまでもない。クマやシカなどは捜し出して近づくのがむずかしく、たとえ一、二頭撃ちとめたとて、何十人もの隊員を養う一日分か、せいぜい二、三日分の食糧となるのがよいところであった。それにこれらの動物を捜し出して近づき、撃ち殺すのは、大変な時間を消費する作業であり、これを行ないながら旅をつづけるとなると、旅の進行に支障をきたすもととなった。それに比べるとアメリカン・バッファローは数も多く、大群を成して移動していたし、人間の姿を目にしてもすぐに逃げ出すようなことはなかったので、狩るのはやさしかった。だがアメリカン・バッファローは、何千頭、何万頭と、またときには何十万頭という単位で群れている動物で、それらの群れの一つに行き当たれば、望む量の肉を狩猟によって手に入れるのは容易であったが、運が悪いと何週間も群れに出会わないこともあった。その気になって捜せば、もちろん見つかるのだが、ときによってはそれは時間を要する作業となり、旅の進行を遅らせる原因となる可能性もあった。とくに幌馬車に積載スペースのできる地点まで行って——それはたいてい砂漠に突入する少し前か直前になったのだが——それからバッファローを狩って残りの旅程に必要な食糧とする大量の乾燥肉を作製しようなどと楽観的な計画をたてていると、自然を相手にしたときの不確かさを痛感させられることになる可能性がないわけではなかった。自然はそれほど甘くはないのである。

チルズ隊は出立後間もなく、アメリカ合衆国政府の命を受けた西部探検・調査隊であるフリーモント隊と出会った。両隊は合隊したような形を取って、狩った動物の肉を分け合ったりしながら西への旅程を共有したが、ほどなく動物の肉の分配のことが原因でチルズ隊の隊員たちの心に不満がふくらみ、別行動をとることになる。

七月一七日、チルズ隊は、ここを越えた植民者は決して引き返すことはない、といわれたフォート・ララミー（現在のワイオミング州南東部。ララミーの町の北々東約一三〇キロに位置し、史蹟として保存・公開されている）に到着。二年前、バートルスン＝ビッドウェル隊がここフォート・ララミーに到達したのは六月二二日であったから、彼らより一ヵ月近く進行が遅れていたことになる。この原因は途中で狩りをしていたからではない。すべての隊が、毎回ほとんど同じものを食べるという食事の単調さを免れようと、機会があれば狩りをしたし、それにチルズは、幌馬車にもうすこし食糧を積み込むスペースができるまで手持ちの食糧を消費してから、旅の後半のための食糧の確保・精製に本格的に取りかかろうと考えていたからだ。

一八四一年の旅では、チルズは幌馬車を牛に牽かせていたのだが、このときチルズ隊はラバに牽かせていた。ラバは牛の三倍の金額を払わなければ購入できない高価な家畜であることを考えると、チルズもチルズ隊のメンバーもかなりな資産家だったと言える。チルズはそれまでの経験から、牛よりは体格の劣るラバが、牛と同様、粗末な草を食べて毎日幌馬車を牽くという重労働に耐え、しかも牛より進行のスピードが速いことを理解して、この年はラバを使用したのだが、なぜ二年前の牛を使った隊より進行がかくも遅れていたのであろうか？

まず、五月九日に出発したバートルスン＝ビッドウェル隊より出発が三週間ほども遅かった。その原因は、もちろん人間の都合により発したものではなく、自然の気まぐれに発したものであった。

西部植民の幌馬車がミズーリー州インディペンデンスのジャンピングオフ・ポイント（スタート地点。町の中心より数キロ西にあった。次頁写真）を出発する時期は、四月下旬から五月上旬にかけてが最適と考えられていたが、正確にいつになるかは、その年の天候によって決まり、したがって各年によってかなりのずれがあった。春の天候がいつまでも寒いときには遅くなり、暖かいときには早く出発できた。重い幌馬車を牽く牛やラバや、人間を背に乗せる馬の飼料となる草が、野に十分に生い茂ったと判断されたとき、その瞬間が、その年のスタートの号令が鳴るときとなった。その日、ジャンピングオフ・ポイントで待機していた幌馬車隊は、先を争って一斉に出発したのである。

ミズーリー州インディペンデンスのジャンピングオフ・ポイントの一画に建つ西部植民の博物館

チルズ隊が出発したこの年は、春寒が居座り、野に草の生い茂るのが遅れただけでなく、例を見ないほどの多雨の春であった。そのため遅れてやっと出発はしたが、トレイルはぬかるむ泥の海となって車輪をつかみ、引き込んだだけでなく、川は水嵩を増して渡渉困難となり、水位が下がるまで何回も足留めを食うはめに陥った。ラバというスピードの速い動力を使ったことで、チルズ隊はその後スピードを上げはしたが、牛を動力とした幌馬車隊とそう変わらぬスピードで約八〇〇キロを進み、七月一七日にフォート・ララミーに到着したのである。西に走破すべき二千数百キロにおよぶ、主として砂漠が横たわり、そのかなたにシエラネヴァダの峻嶮が行く手を阻んでいることを考えると、やや遅れたフォート・ララミーへの到着と言わねばならない。

オレゴンへ向かう幌馬車隊が次々にフォート・ララミーに到着して、フォートは長い眠りから一気に目覚めた。広大な蒼天の下で、ここだけが一点の奇妙な騒乱の巷と化していった。夜になるとダンスパーティが催された。チルズの隊には若く美しい未婚の娘が三人いたが、そのうちの一人はとくに人目をひく顔立ちをしていたので、オレゴンに向かう予定でここまでやってきた独身の男たちの中には、目的地をキャリフォーニアへと変更しようか、と悩んだ者たちが何人もいたほどであった。

昼間になると植民者たちは、フォートの建物の大半を占めている売店に出掛けていった。フォート・ララミーは西へと向かう植民者たちが、不足しつつある旅の必需品を補給できる最後の場所とも言えるところで、ここより西には、この年には、食糧にせよ何にせよ補給できる場所は、もう一ヵ所、ここよりはずっと小さいフォート・ブリッジャーがあるだけであった。植民者たちの多くはここで一週間ほどの休息を取り、疲れて痩せた動物たちを休ませたり、川沿いに豊かに茂る草を食べさせて体力を回復させたりしながら、幌馬車の修理をし、最後の買物をしたのである。

だが売店に並べられた品物には、彼らの耳目を疑うほど高価な値段がつけられていた。すべての品物が、彼らが覚えている値段の五倍、高いものは一〇倍以上もした。目を疑い、何度も値段を確認した末に、彼らの多くは予定していた購入品の数と量を切りつめ、ぎりぎりの食糧と装備で砂漠へと乗り出していくことになる。砂漠に突入する前にもう一つあるフォート・ブリッジャーに行けば、あるいはこれほど法外な値段を支払わないでも不足し必要となった品物が買えるのではないか、と期待して。

チルズはもちろん、どこのフォートでにしろ、主食となる食糧を補給する予定を立ててはいなかった。不足する食糧は主食の小麦粉と肉で、彼はそれらをバッファローを狩り、乾燥肉を精製して代用しようとの目算を立てていたのである。

フォート・ララミーを出発して数日後、チルズ隊は、トレイルを彼らとは逆方向に馬に乗ってやって来る、インディアンたちが常着している皮の上着を着た髭ぼうぼうの男に出会った。ただ一人馬に乗ってゆったりと進む男の姿勢には、広大な原野の風景に溶け込んだ、孤高な、犯し難い、威厳ある雰囲気が備わっていた。興味をひかれたチルズは声をかけて昼食に誘った。ジョーゼフ・チルズとジョー・ウォーカー、この日の二人の出会いは運命的とも言えるものであった。この出会いがチルズにだけではなく、その後、隊員全員の運命に影響を与えることにもなるということを、このときはまだ隊の誰一人として理解してはいなかった。

大自然を棲家とするチルズとウォーカーは、探検の旅や狩りについて大いに話がはずみ、話題は西に広がる砂漠とシェラネヴァダ山脈の嶮峻な峰々へと移っていった。

「わたしの隊のガイドをして、もう一度キャリフォーニアへ行かんかね？」

チルズはウォーカーを雇うことによって隊にもたらされる利点を勘案して、この気に入ったマウンティンマンを誘った。

「キャリフォーニーへのトレイルに関しちゃ、あんたはわし以上によく知っていなさる。あんたは一昨年、昨年、とシェラを越えていなさるが、わしが越えたのはもう一〇年も昔のことですからな。それにあんたはわしの見つけた峠よりずっと北の、ずっとサターズ・フォートに近いところで、シェラの山背を越えていなさるではないかね」

「いやあのときの、あの懸崖また懸崖のルートは幌馬車を牽いちゃ越えられるもんじゃない。それにこれほどたくさんの女と子供を連れていちゃ、とくにな。幌馬車で越えられるルートを、あまり大回りしなくてもよい北の方で見つけられないかと考えているんですよ」

「一〇年前にわしが遠征隊を統率していったときも探したが、あそこまで南へ下らないと見つからなかったし、それに探検の神様とも言えるキャプテン・スミスだって見つけられなかったんだから、そんな通路があるかどうか怪しいもんだ。だがわしも、いま一度探してみる価値はあるとは思っとるが」

確かに、チルズは大盥の底と呼ばれる砂漠を抜けるルートに関しては、ウォーカーより新しい経験をもっていた。それにウォーカーはパックトゥレインを率いた経験は豊富であったが、幌馬車隊を率いた経験はほとんどなく、したがって幌馬車で荒野を旅する長所と短所を完全には理解していなかった。この点に関してはチルズの方が経験豊富であったし、またパックトゥレインを率いるということに関しても、チルズはウォーカーにひけを取らない経験を積んでいた。しかし、食糧の自給自足をしながら何年も未開の原野で暮らす技を身に着けたマウンティンマンは皆、狩りの天才でもあり、インディアンとのトラブルを避けるための勘と技術にも長けていた。したがって、食糧を狩猟によって補給しながら、インディアンの住む土地を横断しようとしていたチルズ隊にとって、優れたマウンティンマンとして令名の高いウォーカーは、一たび苦境に陥るようなことになった場合、天から遣わされた救い主となる人物かもしれない、とチルズの直感がとらえていたのである。

「ねえ、ジョー、わたしかあんたか、どちらか一人が隊を導けば、他の一人はルートの発見に専念できるということになり、新ルート発見の可能性は高くなるってもんだろう。いいコンビだと思うが……三〇〇ドルでどうだね」

チルズは遂にガイド料を口にした。

この勧誘は、ウォーカーにとっても悪いものではなかつた。マウンティンマンとしての将来に見込がないことは何年も前に覚っていたので、人間の住む汚濁と喧騒の渦巻く世界に戻らなくてはならないと、オレゴン・トレイルをミズーリーに向かって辿っていたところであった。これからミズーリーに到着すると秋になる。来年の春出発する探検隊か幌馬車隊のガイドの仕事が運よく見つかればよいが、見つかるとは限らない。さてその場合はどうしたらよいか？——頭の中でそんなふうに将来の不確かさを咀嚼しながら、自由な荒野に別れを告げようとしていたとき、ふたたび自分の生きるべき場所へ戻らないか、と勧誘を受けていたのである。それも、来春ではなく、今、今年、この日に。しかも、この隊の隊長は植民隊を率いる隊長として第一級の資質と経験の持ち主と思われ、自分に大きな責任がかかることはないと予測された。その隊長が、もう三分の一近くも旅程を進めたこの地点で、全旅程をガイドする額に等しい報酬を申し出ている。彼は賑やかに食事をしている女や子供たちの方に視線を投げ、その数の多さに一瞬不安が胸をよぎったが、その不安を打ち消す利点を数えはじめていた。隊長が未経験な場合は、ガイドはしばしば隊長の役割と責任を引き受けなくてはならないが、この隊では、自分はいてもいなくてもよい人間の一人と言える。狩りをして食糧の補給をせにゃならない、と隊長は言っていたが、狩りは、とくにバッファローを狩るのは楽しみ以外の何ものでもない。それにだ——あの壮絶に蒼天に切り込む天嶮、あそこに戻って、あいつを手なずけて、あいつの牙のあいだをすり抜けるスキを見つけ出す仕事に従事するという自由な、胸おどる何日かの時間……。

こうしてウォーカーは、ミズーリーには背を向け、数日前に別れた、かつての仲間のやっているフォート・ブリッジャーに、チルズ隊と共に戻っていくことになったのである。

第12章　豊かなる無の砂漠——現代

サイアクが去った日の夜になっても、ぼくはまだ深い孤独の海に浮いていた。バカ正直の極みのサイアクの、それがゆえに同僚や看護婦たちに嫌われながらも、一心に自分の道を突き進んでいる白衣の姿を思い浮かべては、ぼくはいくたびかため息をついた。

ぼくはハワード・モスの詩集をとり出して、「放浪者」という詩を大声で読みはじめた——

山を愛し岸辺を憎めば

………

………

人間はいずれ死ぬべき運命にある生物であるのだから、遅かれ早かれ停止をよぎなくされる水辺に行き当たる運命にあるわけだが、肉体的には健康なあいだにも、精神から何かが失われて停滞か転落をする以外にない地点へと自らを運ぶにまかせてしまう危険に、その日常は満ちている。モスは、行き止りを岸辺に喩え、理想を山に喩えて、たとえそこが一つの高みであったとしても、停滞の状態に身をおき満足してしまうような心のあり方を憎み、つねに至高の高みを求めてそれよりは低いが一つの高みである頂点を次々と超えて行くような、一つの限界から次の限界へと向かう進行を保持できるような、孤独ではあるが生存感に充たされた生き方を、そういう〈生〉の理想を、詩っていた。――サイアクも一つの限界を乗り越え、次なる高みへと向かったのかもしれない……。

これはモスの詩の内容とは関係のないことだが、至高の高みも、もしそこに到達できたとしたら、行き止まりを意味する地点ではなかろうか。至高のもの、至高の地点に到達できたとき、それ以外の高いと言えるすべてのものは、手にすることができた至高のものに及ばないという理由から、その人間の目には霞み、色あせてしまうことになる。ここでは山は岸辺と同じ地点となって、重なり合ってしまうのだろう。

ぼくだけでなく人間はほとんど誰でも、歳をとるにつれて、それまでに体験した最高のものを超えるものに出会える回数は少なくなっていく。だが、まだそういう最高のものに遭遇でき、体験できるうちはしあわせだ。ぼくも今しばらし、モスの理想とする、最高ではないが一つの高みである地点を越えてゆく〈生〉を生きたいものだ……サイアクのように。明日もまた……。

自然に関して言うならば、自然は美醜・優劣の物差しでは計れないもの、つまり至高のものを選び出すことができないものだ。ある一定の時間、ある一定の場所を比較すれば、その風景の素晴らしさに優劣をつけることはできるかもしれないが、自然そのもののもつ抱擁力という点では、優劣をつけることはできない存在である。つまり自然そのもの、自然という全体が、至高の存在なのだ。文明の牙によって傷つけられていない自然の中に身を置いているときの解放感と充実感と生存感は、どこの国の自然であろうと、山であろうと海であろうと、砂漠であろうと、変わりはない豊かなものである。自然に文明という岸辺を、行き止まりを、生成しつづけているのは、人間という狂気の存在だけなのである。

自然界の動植物の世界では、一つの死は他の一つの生を意味する。武器を持たず、グラスが大荒野を匍匐していたとき、ガラガラヘビの死も、バッファローの死も、犬の死も、一つの生につながった。だがかつてあったそういう自然界は、もはやほとんど存在しなくなってしまった。文明には、岸辺（行き止まり）はないのだろうか？　人間の欲望に岸辺がない限り……。

人間が最もいやしく、さもしい本性を暴露するのは、物質に、富に、あるいはそれらを自分に与えてくれる他人に執着する姿を、恥と思わず他人の目に晒すときだ、とぼくは考える。しかしぼくたち現代に生きる文明人は、そういういやしく、さもしい姿を他人の目に晒すのを恥ずかしい行為だとは思わなくなりつつある。こうして、それらに執着せず、むしろそれらを他人に与えるのを潔しとする、品性の高い美しい人間が姿を消していく。物質やサービスの交換を、いかに自分に有利に行なえるかという能力の大小によって、人間の価値の大小を計る資本主義の時代に、こういう潮流を止める方法はない。むしろぼくたちは、そういう交換を自分に有利に行なうために嘘をつく頻度を増し、嘘をつく技術に磨きをかけつつある。ぼくも物質や富を求めての嘘はつきたくないと望みながら、いつの間にか自分が嘘の技術に熟練してしまっていることを自覚せざるをえない。省みれば、恥ずかしく、罪の意識に襲われることばかりだ。このような反省にまったく久しぶりに浸るのは、サイアクに出会い、互いの生命を結び合って、高みを目指したからなのか……？

ぼくはこれまで、この熟練した技術を使って嘘の嵩を太らせつつあり、つく頻度を増しつつあった——自由を求め、自由に執着して。しかも今までは、この種の嘘をつく行為に対して、大して罪の意識を感じたことはなかったし、恥ずかしさにしても大して感じたことはなかった。嘘が予想以上の効果を発揮したときには、心の中に苦笑いが湧くのを感じたりしていたのだった。

この旅も嘘より出発した旅だった。アメリカのことを勉強しに行きたいから休暇を、と職場に言い、知人や友人にもそう説明して日本を抜け出したのだ。だが今、ぼくはアメリカのことを勉強していると言えるであろうか？　すくなくとも職場の上司や同僚が勉強というときの意味では、勉強などしてはいない。ぼくは何よりも自由が欲しかったのだ。ぼくが日本を抜け出すためについた嘘は、ぼくがこれまでついた中で最大級の嘘の一つではある。だがここシェラネヴァダ山脈のまっただ中で、文明の恩恵を手にしながら文明を誹謗するという、虫のよい時間を手に入れるためについた嘘に対して、ぼくは、つい数日前までは、嘘をついたときに感じたかすかな苦い思いからも完全に解放されてしまっていた。

岩また岩の峰々の連なりが纏う緑の樹海と紺青の湖と共に呼吸していて、ぼくは富や名声や名誉を得るチャンスをいくたびか逃す要因となった、あきらめが早く、すぐ逃げ出しがちで、執着しない自分の性癖を、欠陥だとは思わず、これでよかったのだと思うようになっている。白い砂漠に現われては消える蜃気楼の幻想の森の中に、ひたすら静寂を求めていて、ぼくは何もないことの豊かさにひたっている。豊かな「無」の存在を感じている。

日本のある作家は、ぼくと同じインターステイト80号線を、サンフランシスコから東に向かい、その旅行記の中で、シェラネヴァダ山脈の山々を称して、「美しいが寂しい。あたかも〝木の砂漠〟だ」と書いているが、無芸大食、偽善者で大嘘つきのぼくが、この偉大な芸術家とは違う感覚をもっているのは当然であろう。ここには、人間を拒絶する峻嶮な岩また岩の山々が立ちはだかるがゆえに、いまだに豊かな原始の大自然が、文明の雑音に満ちた豊かさの澱と自由な時間を剥ぎ取る檻とに疲れ果てたぼくを蘇生させてくれる大自然が、残存しているとぼくは感じるのだ。清冽な水が、汚染されない空気が、原始の樹海が、鳥やけものが、それらを大きく包む蒼天と静寂が残存している、数少ない場所の一つ、だと。

これから向かおうとしている、シェラネヴァダの東に広がるグレイトベイスンと呼ばれる不毛の大砂漠、ここもぼくの目には偉大な自然の一つの相貌《かお》に見える。前述の偉大な芸術家は、ここで、「……灰の海。まったき〝死〟の世界」と叫んでいるが、これほどの空の深さ、これほどの静寂の深さを、ぼくは体感したことがない。これらは、太古の自然はかくあったであろう、と推測させてくれる数少ない残存物だと思える。だがきっと不毛の砂漠の、白い白い砂漠の無限なる広がりを、「無」の「灰の海、死の世界」などではないと見るのは、現代の都会の明るい人工的な色や光の洪水に慣れることができず、かといって、そこから逃亡することもできぬ宙ぶらりんの人間の、貧困なる感覚のなせるわざなのであろう。

シェラネヴァダ山脈の東端に近い湖、ドナー・レイクの喧騒を逃れた森の中。その朝、ふたたび明けなずむ眠りとも目覚めともつかぬたそがれた意識の境で、一年前に一度通過したことがある、まっ白い砂漠の凪

白い砂漠（グレイトソールトレイク・デザート）と蜃気楼の山々

景を夢みていた。砂漠は静寂そのもので、どこまでも白かった。ぼくはその砂漠にどれほどの時間憩うていたのかわからない。ここに来てからのいつもの朝と同じく、それは一瞬であったようにも思えるし、永遠であったようにも思えた。――と、そのとき、その白い砂漠に、タールをぶちまけたように、あるいは夕焼けの空から落下する巨大なコウモリのように、黒い影が舞い降りた。やがてそれが灰色へと褪色していくとき、ぼくは、はっと目がさめた――心に何かざらついたものを感じながら。飛行機が飛び去る音が空から降ってきていた。このときぼくは、マリワナを飲んだときと同じように、音を、色として幻視したのだと感じた。

こうしてぼくは、その後、何日か、原始の静寂を求めてさ迷うことになった。ぼくは、このときの半睡に近い状態を再現して、さまざまな音を色として幻視したいと思ったが、こういう状態に自分という存在を陥らせるには、原始の自然がかもす静寂が必要であった。人工の音の一切を遮絶した時間をもつ空間か、宇宙空間のような無限の静寂の時間の支配する場所か、が。もはやそんな場所が、この機械文明の発達極まった国にそう何ヵ所も存在するわけがないと予想していた。だが、まさにその静寂が、ほとんど侵入不可能なシェラネヴァダ山脈の奥の奥以上の静寂が、この山脈の東方の砂漠に残存していたのである。

「無」のグレイトソールトレイク・デザート（前頁写真）だ。バートゥルスン＝ビッドウェル隊も、その北端を目にし、結局彼らに幌馬車を捨てさせ、パックトゥレインに陣を編成し直して山脈越えを選ばせた、白い砂漠――こうしてぼくは、この砂漠の静寂に何日か留まることになった。

心理学の実験で、音を完全に遮断したカプセルの中にはいると、最初は何の音も聞こえないが、数時間もしないうちに、さまざまな音を幻聴として聞きつづけることになるという。ぼくもそのような状態に身を置いた、ということなのだろう――

まっ白い砂漠の果ての夕焼けと朝焼け。荘厳な響きのシンフォニーだった。音響と色彩の合歓だった。人間の作った音楽とは違う。人間の作った音楽は、ぼくの半睡時のスクリーンである白い砂漠に、花火のように色あざやかに咲きはするが、人工の光色に近いものが混じるような気がする。機械を通して音質化するからかもしれぬが、消えゆくとき、うす闇を曳くように感じられた。満天の星空――荘厳な響きを宇宙に広げていた。――ときとして、飛行機がかすめ通っていくことがある。宇宙の荘厳な響きが消える。白い砂漠に巨大なコウモリの影が舞い落ちる。

鳥がさえずる、緑色をした歌声の鳥が、橙色をした歌声の鳥が、黄色い、赤い、水色の歌声をした鳥が。鳥たちの歌声は、色となって、まっ白い静寂の砂漠に降りそそぎ、透明なまま薄れていく。

――ぼくは果てのない白い砂の上に瞑想して、まるで天啓を聴くがごとく、静寂を聴きつつ静寂を視、静寂を視つつ静寂を聴いていた。ここは狂ったぼくの聖域であった。

だが間もなく、ぼくは、その白い砂漠のはずれに有名なオートレース場ができていて、スピードを競うレースが開かれたり、自動車のスピードテストが行なわれたりする、ということを知った。またこの大砂漠が入れる州の一つであるネヴァダ州では、かつて広島、長崎を地獄と化した原子爆弾の実験が行なわれたということも。この豊かなる「無」の砂漠も、ぼくら人間の手を拒絶して静寂を守ることはできない運命なのであろう。

ぼくはもう何日も人間と話をしてはいない。何匹かのネズミ、ガラガラ蛇、トカゲとコミュニケイションしただけだ。だがぼくは充実感と解放感に満たされている。美の温泉に身を浸しているような気分だ。ここの静寂は、美の背景、美の媒体、美そのものである、とぼくは悟った。

渺茫たる砂漠を蛇行してゆき、やがて砂漠の体内に飲み込まれるフンボルト・リヴァー――この川を縁取る細く貧しい草の帯と低木の茂みは、見慣れない風景ではあるが、乱舞する光と色のオアシスに、ぼくの目には映る。これを美しいと思える自分は幸せものなのであろう。もしこの光と色の乱舞を、自分の精神を潤す聖水だと思えないとしたら、人生から色彩に満ちた感動の瞬間が失せてしまうことになるであろうからだ。その結果、人工の色電球に照らされた街で、幼稚なゲームや賭け事によって、あるいは酒の酔いを借りて他人を誹謗し合ったりしての気晴らしに励むことによって、自分の内面の美の不在による空虚を埋めようとしていた、あの一〇代から二〇代のぼくの「無」の人生を、ぼくはいまだにつづけていたであろうからだ。いや、今の人生も、「無」以外の何ものでもないのであろうが。

光と色彩の乱舞するここ、静寂のまっただ中に一人いて、自然の中にいるときには湧いてきたことのない疑問が湧いてきた。サイアクがぼくに問い迫り、回答できぬまま置いていったからであろうか？

自分は何のためにこれまで生きてきたのであろうか？　何を求めて〈今〉を生きているのであろうか？　自らの〈生〉を生きる価値あらしめるものにしているのは、何なのか？

ずっと解答を求めつづけてきた疑問だが、未だ解答は見つかってはいない。これからも決して見つかりはしないであろうと予測している疑問でもある。でもぼくはこうして生き延びてきた。いったい、ぼくの自殺の衝動に今までブレーキをかけてきたのは何なのか？　物質や富に対する執着なのか？　それとも単なる勇気のなさなのか？

自然の中を彷徨している時間、これは自分の精神が高揚している時間の連続である。この時間、自らを生きる価値あらしめるものにしているのは何か、という疑問を自分はほとんど忘却してしまっている。この疑問を忘却しているとき、自分は、生きる価値あらしめるものを手にしているのかもしれないとも思える。とすれば、自分の自殺の衝動にブレーキをかけてきた一つは、自然の中に憩うときの解放感と充実感であり、また次なる自然への旅の期待なのであろうか。だが自分は嘘などという姑息な手段によって、今のこの重要な時間を手に入れたのだ。その上、一方に、もう少しましな地位や名誉を得るささやかなチャンスがかつて一、二度巡ってきたときに、おそまつな信念を曲げなかったために、それらのチャンスをすべて逃したことを、にがにがしく後悔している自分が存在する。あのとき、あのチャンスを自分のものにしていたら、このような放浪生活を送ることなど、決してできはしなかったであろうのにだ。

矛盾が服を着て、ぶつぶつ小言を言っている、それが自分という存在なのだ、と自覚することしばしばだ。

昨日、まことにうらやましい、悟った人の話を読んだ。それはキャリフォーニアのゴールドラッシュのときの話である。キャリフォーニアの川床に、山の斜面に、いたるところ金が撒かれ置かれていたとき、それを一粒も拾おうとはしないで、平然と欲に憑かれた人たちの狂態を眺めていた、貧乏な一人の男の話であった。奇妙な行動をする男だと嘲われたがゆえに、語りつがれ、記録に残ったのであろう。こんな悟った文明人がそう多くいるはずはない。ただ一例報告されているだけだ。だが、自称文明人が非文明人と呼んだ人たちはどうであったのだろうか？

金がザクザク眠っているのを知りながら、あの黄色く光るものは悪魔の誘惑だ、あれを拾うと災いが身にふりかかる、と言って、金を眠るままにし、白人にも知らせないでいた、キャリフォーニアのインディアンたち。彼らの生き方を嘲った文明人たちが金の存在に気づいたとき、シェラネヴァダの大自然が大破壊をこうむり、次いで銀の埋蔵に気づいたとき、この不毛の大砂漠の一部までもが破壊されたのであった。原始の自然を何千年も守ってきた、彼ら石器時代人だった人たちの叡知に、破壊し尽くしたあとになって気づいたとて、取り返しはつかないのだ。ぼくら文明人によって地球の毒殺が完了しつつある今になって！

もう一つ嘲えない話を、昨夜、焚火の明かりで読んだ。バッタの大軍のごとく押し寄せた植民者の一人が、この不毛の砂漠に住むインディアン、ショショーニ族にたずねた、ということだ。

「こんなに何もない、生きるのが大変な土地ではなく、もっと豊かな土地に住みたいとは思わないのかね？」

インディアンたちは口をそろえて答えたということだ。

「思わないね。ここにはバッタもネズミもヘビもいるからさ」

この答えに文明人たちはどっと嘲ったということだが、ぼくは嘲いながら苦いものが胸につかえるのを感じる。彼らの答えは、物質への欲望をあくことなく肥大させ、どこまでも満足することを知らないぼくら愚者に向けた警鐘に、自然の破壊者であるにもかかわらず、自らを文明人と呼んで驕るぼくら愚者に向けた警鐘に、聞こえるからだ。

視線を遮るものの一つもない渺茫たる砂漠のかなたを、雲の翳が一つゆっくりと渡っていく。無限の砂漠を動いているのは、地に映った雲の翳だけだ。静寂に満たされたここ不毛の砂漠は、まさに人類誕生以前の世界を守っているかのようだ。

かすかに冷気をまじえた風が、フンボルト・リヴァーの方角から吹いてきた。太陽が信じられぬほどはるかに遠い地平線の、そのまたかなたに没したところであった。空が三六〇度、赤く焼けていた。ぼくはフンボルト・リヴァーの低い土手を登った。乙女の明眸のように澄んだ夕焼けが、強烈なアルカリの川面を走り、一端はぼくに向かって押し寄せ、他端は燃える蛇となって遠いかなたの空に流れ込んでいった。

翌日、ぼくはフンボルト・リヴァー沿いに、隣の部落まで一〇〇キロメートルかそれ以上も離れて散らばる、一つかみの家から成る小さな部落の一つにはいっていった。食料を補充しようと思ったのだが、小さなガソリンスタンドを兼ねたグローサリーが一軒あるだけだった。それでもここは、この店があるがゆえに大きい部落なのであろう。それさえない部落をいくつか抜けてここまでやって来たのだから。

川沿いに二〇本も低い木が生えているかと見えるやせた林がある。ぼくはすべてを炙りつくす太陽から身を隠せる場所を求めてその林に向かった。

木蔭には涼しい風の動きがあった。ぼくは、腰を下ろして、貧しい食事をはじめた。

犬を連れた男が川沿いに歩いてくる。男がぼくに声をかける。

「ハウディ。どこへ行くんだね?」

「ここへ来たんです」

とぼく。

「何をしに?」

と犬を連れた男。

「静寂を聴きに、静寂を視にですよ」

とぼく。

ぼくの顔をじっと見つめる男の目から、一瞬見せた驚きの色が見る間に消えて、めずらしい生き物を見るような笑いが泛かぶ。ドリトス(コーンをひいて粉にし、油で揚げたポテトチップに似たスナック)を勧めると、男はぼくの脇に腰を下ろす。

ぼくは犬にドリトスをやる。それまで優しい色をたたえていた犬の目に野性が戻り、犬は精悍な肢体を暴露して、ドリトスにかぶりつく。

「うまいものなど何もありゃしないのに、ここに来てからこのラッキーのヤツ、町にいたときよりもずっと食欲が出やがったんだ」

男の手とぼくの手がラッキーの毛並の優しさを撫でている。

ぼくはまったく久しぶりに、人間と会話していた。よりによって、こんな人工の光を遠く離れた砂漠のまっただ中に住むとは、この男、ここを美しい土地だと見なす眼力をもつ人間なのだろう、とぼくは思う。確認のため、ぼくはその白人の男に尋ねる。

「なぜこんな砂漠のまっただ中に住んでいるんです？」

男は答える。

「昼寝をするためさね。砂漠のオアシスで昼寝をするくれぇ気持ちのいいこたぁ、この世にゃねえからなー」

ぼくたちは友だちとなった。

第13章　死に絶える河(2)――一八四三年

（日本――天保一四年、黒船来襲一〇年前。天保の改革推進者水野忠邦失脚、阿部正弘老中に就任。前年、天保一三年、異国船打払令を改めて、薪と水の供与を許可）
（世界――前年、清国、イギリスと南京条約を締結、この年広州、上海等を開港）

フォート・ブリッジャー（次頁写真）は、前述したように、この年、マウンティンマンとしての仕事の将来に見切りをつけたジム・ブリッジャーが、仲間のルイス・バスケスを誘ってオレゴン・トレイル沿いに建てたばかりの、植民者を相手に取引するマーケットと言えるところであったが、ここでは植民者たちの旅の必需品を売っているだけでなく、幌馬車の修理などのうち、とくにむずかしい鍛冶の仕事も引き受けた。鍛冶の仕事は、ジム・ブリッジャーの受け持ちであった。もしマウンティンマンにならなかったら、彼はセントルイスで鍛冶屋を生業として、一生を終えたであろう人間であった。

愛する荒野で、マウンティンマンとして、探検隊や軍隊のガイドとして、またフォートの主として、幸福な生涯をまっとうしたブリッジャーではあったが、彼が一八歳でマウンティンマンとしての自由な冒険の生活にはいる前の四、五年は、苦難に満ちたものであった。一四歳になったとき、突然、母が死に、後を追うように父と兄があの世に旅立った。妹と二人この世に残されたジムは、ミシシッピー・リヴァーの渡し船の船頭をやったりして妹を養うが、やがてセントルイスで鍛冶屋に住み込んで修業をはじめたのであった。閉じ込められた鍛冶屋の仕事場で、馬蹄や馬車の車輪その他の部品やビーヴァーを捕獲する罠などを製作しながら、未知の荒野へと思いを馳せていた彼に、夢が実現する機会は意外に早くやってきた。鍛冶屋として一人前になりつつある一八歳になったとき、設立されたばかりのロッキーマウンティンファー・カンパニーで

フォート・ブリッジャー

第一回目のマウンティンマンの募集が行なわれるというチャンスが到来したのだ。ボートが扱え、鍛冶の仕事ができるために、飛び抜けて若く、青二才と呼ばれる年齢で生命知らずの荒くれ男たちの集団に仲間入りできたブリッジャーは、こうしてその後の生涯のほとんどを、インディアンの女性を妻として、荒野で過ごすことになった。学校へ通う機会を逸した彼は一生文盲のままであったが、苦労した彼が世故にたけていたのは当然であったと言えよう。

ジム・ブリッジャーがフォートを建てようと選んだ場所は、ロッキー山系の一つである三〇〇〇～四〇〇〇メートルの高峰が連なるウィンタ山脈をはるかに望み、それらの山脈に源流をもつブラック・リヴァーが幾重にもくねって流れる盆地の中心で、砂漠の気配を増したこのあたりでは、まれに見る美しい草原を広げている場所であった。ここより西、植民者の目的地まではまだ二〇〇〇キロ余りの砂漠が横たわり、ここより西には幌馬車を牽いての旅の必需品の補給基地は、当時はまだなかった。ここまで牽かれてきた幌馬車はどこかが傷み修理が必要となっていた。それに重い幌馬車を牽いてきた牛は、疲れ、消耗し、役に立たなくなりつつあるものも多かった。そう、牛の取引、これはブリッジャーが考えついたうまい商売であった。

「牛、一頭二〇ドルで買いますぜ」

ブリッジャーとバスケスは到着した植民者たちにそう話した。ミズーリーとほぼ同じ金額で引き取ってくれるとは！　途中のフォートで売られている品物が法外に高いことに驚きづめだった植民者たちは、耳を疑った。だがそれは本当だった。

屠殺して肉にするにしてもわずかの肉にしかならないが、しかしそうするしかない、と諦めつつあった植民者たちは、消耗し、痩せ細り、役に立たなくなりつつある牛を売った。だがそうすると、売った牛の代わりとなる動力が必要となった。それで植民者たちは、ブリッジャーから元気なふとった牛を買わないわけにはいかなくなった。しかし購入する牛の値段は売る場合の倍か、それ以上の高値となっていた。ブリッジャーは買い取った、やせさらばえた牛をただ草原に放って、青々とした草を食わせて休ませ、ふとらせ、翌年、あるいは同じ年の何週間後かに精気を回復した牛を売りつける、という商売を考え出していたのであった。濡れ手で粟とも言える商売を。

八月十三日、チルズとウォーカーに率いられた幌馬車隊は、フォート・ブリッジャーに到着した。チルズはここに二週間ほど留まって、バッファローを狩って、十分な乾燥肉を精製し、食糧の問題を解決する予定をたてていた。だが彼はここで、以後にも曳きずる大誤算の最初のものに遭遇することになる。

この年、スー族とシャイアン族の戦士の大軍がこの地域に侵入してきて争い、徘徊していた。それで小人数でバッファローの群を求めて捜し回るのは危険であったし、バッファローも彼ら戦士たちに追われ逃げ去ってしまっていて、すこしぐらい捜したとて見当たらなかった。これより西の自分たちの進路となる地帯は、さらに乾燥の度合いを増していく気候帯となるので、追われたバッファローはそちらの方へ逃げたとは考えられなかった。ここより西にもまだバッファローは棲息していないわけではなかったが、西に行くほど棲息の密度は薄くなり、やがてバッファローのまったく棲息していない砂漠へとトレイルは延びていた。それに、ここまで食糧の補給を延引してしまったということは、誤算に遭遇する可能性を大きくしたと言えなくもない。つまり、チルズは、アメリカン・バッファローの最も密度濃い棲息地帯をすでに通り過ぎてしまっていたのである。経験豊かな自然児チルズにとっても、北アメリカの広大な大自然とそこの住人たちは、計り知れない秘密を宿し、変貌しつづける顔をもつ、人知を超えた存在だったのだ。しかし、ここでバッファロー狩りをしようとしてもむだだ、とチルズが覚るのは早かった。とは言っても、バッファローの群れをしばしば見かけた東へと戻って狩りをする時間の余裕はなかった。それにここフォート・ブリッジャーで不足分の食糧を補給するとなると、莫大な額のドルが必要であった。ここではすべての品物の値段が、フォート・ララミーよりさらに高かったのである。

「わしらマウンティンマンが何回かランデヴーしたり、越冬したりしたベアー・レイクあたりでは、しばしばバッファローの群れを見かけたもんだが……」

とウォーカーが言ったが、この情報を聞く以前にチルズの決心は固まっていた。とにかく西へとトレイルを辿り、途中で、できるかぎりの人数の斥候を出してバッファローを捜す以外に方法がない、と決断を下していたのである。ウォーカーの情報は、チルズの決心をさらに補強する役目をはたした。ベアー・レイクは、ウォーカーの話によれば、オレゴン・トレイル本道からそう遠くない場所に位置していて、二、三日、本道をはずれて南下すれば到達できると思われた。それにチルズはさらにもう一つ、最後の手段があると踏んでいた。どうしても十分な食糧を狩りで補給できない場合は、フォート・ホール（現在のアイダホ州ポカテロ市）で、足りない分ぐらいは売ってもらうことができるのではないか、と楽観的に考えていたのである。

チルズは二週間の滞在予定を変更し、数日の休息ののちにフォート・ブリッジャーを出立した。毎日、できるだけの人数の斥候を出してバッファローの群れを捜しながら西へと進んだ。しかしバッファローの群れは見当たらず、ときどきアンテロープを、たまにエルクやクマを捕獲することができるだけであった。しかしこれらの獲物は、ほとんどただちにその場で食い尽くされ、幌馬車に積んだ食糧の減少のスピードをわずかに遅らせるにすぎず、大量に不足する食糧補給のための乾燥肉を作るほどの量を提供しなかった。こうしてチルズのたてた第二の有望な予定・計画が無に帰していった。トレイルがベアー・レイクから近い距離に近づいたとき、チルズ隊はウォーカーに案内されて、ベアー・レイクに向かって轍のない方向へと南下していった。豊富な水を流す川沿いには緑が豊かに茂っていて、頭上を鳥が無数に舞っていた。ベアー・レイクに近づくとバッファローの糞がいたるところに落ちていた。バッファローの姿は見えなかったが、ここは有望な場所に思われた。食糧補給の問題を一挙に解決できる最後の有望な場所を手に入れた、と隊員たちは希望と安堵を覚えた。

男たちはただちに探索にとりかかった。一日、二日と過ぎていき、一週間経ったが、バッファローの姿はおろかその影さえ目にすることができなかった。こうしてチルズの第三の予定・計画がむなしく消えていった。彼らは無駄にした一〇日あまりの日数を思い、重い心を抱いてトレイルに戻り、さらに西へ、フォート・ホールへと向かって歩いて行った。

ベアー・レイクから戻った彼らがオレゴン・トレイルにふたたび合流した場所は、二年前バートルスン＝ビッドウェル隊がオレゴン・トレイルに別れを告げ、南西へ向かって未踏の砂漠へと踏み出したソーダスプリングズの近くであったが、チルズ隊はここでバートルスン＝ビッドウェル隊の轍の跡を追うことはせず、さらにオレゴン・トレイルを西へと辿っていった。ソーダスプリングズからフォート・ホールは約三日の行程である。フォート・ホールの木柵が見えるところまで近づいたとき、数十頭の牛が草を食んでいる風景の中に自分たちがはいり込んでいるのに気づいた。彼ら一同の目に希望の光が戻った。とくに隊長チルズの目には、久しぶりに安堵の色が戻っていた。だが彼らを見つめるウォーカーの目に、哀れみの表情が浮かんでいるのに、チルズは気づいてはいなかった。

「やつらが牛を売ることはないだろうよ。ここで毛皮以外の何かを、アメリカ人に売ったとか買ったとかいう話は、これまで聞いたことはないですからな」

ウォーカーがつぶやくのがチルズの耳に聞こえた。

「わたしらの窮状をよく説明して、言い値で買うからと言えば、売らないとは言えないのではないかな。まさかわたしら、アメリカの市民を見殺しにするわけにはいくまい」

チルズがウォーカーの顔をキッと見つめ、きっぱりした口調で言った。

「いや、ヤツらはイギリス人ですからな。アメリカ人がやってくるのが気にくわん連中なんですよ。自分たちが専有を主張した宝の埋まる美しい土地にアメリカ人が侵入してきて占拠するのを、あらゆる手段を使って阻止しようと手ぐすねを引いているヤツらなのです」

とウォーカーはチルズに説明したが、たしかにここフォート・ホールは、一八四三年のこの年には、まだ植民者に必需品を供給する業務は行なってはいなかった。ここは一八三三年にアメリカの毛皮会社によって建てられたフォートであったが、翌年、イギリス人が、その後独立してカナダとなる国に設立した、ハドソンベイ・カンパニーに譲り渡されたフォートで、自社のために働くマウンティンマンたちを保護したり、彼らに食糧や狩猟道具その他を供給したり、彼らやインディアンたちから毛皮を収集したりする業務の遂行を専らにしているフォートであった。かつては自国領であった荒野が押し寄せるアメリカ人に占拠されつつあり、それに危機感をつのらせていた彼らにとって、アメリカ人は、ウォーカーの言う通り、まさに歓迎されざる人間だったのである。


フォート・ホールの司令官リチャード・グラント大尉は、自分たちが食いつなぐに必要な食糧以外、余分な食糧などひとつまみにせよ置いてはいない、と言って、チルズの懇願をきっぱりと拒絶した。

「いくらでも望みの額を言ってくれ」

追いつめられたチルズは言った。

「いや、無理だと言ったら無理だ。金銭の問題ではない。生き延びることができるか、餓死することになるかの問題なのだ」

「だから私の隊員を餓死させせないために頼んでいるのだよ」

「あんたはあんたの隊員の生命を第一に考える責任がある。同じように隊員の生命を預かっている私は、私の隊員の生命を第一とする責任がある、ということだ」

大尉は冷淡で、とりつくしまもなく、頑固であった。チルズと一緒に交渉の場にやって来ていた男たちの中には武器を取り出し、大尉に銃口を向けている者たちがいた。

「アメリカ人が死ぬのを眺めて楽しもうってわけかよ。人でなし！　悪魔！」

銃の掛け金を起こす音をたてながら叫んでいる者がいる。

「死ぬ前に、わしらもあんたの死にざまを見せてもらうことにするぜ」

チルズがあいだに割ってはいり、興奮した男たちを連れて退却した。

ここで食糧が得られなければ、前進することは餓死へと向かうことであった。退却──退却という選択肢はつねに存在するはずであった。だがすべての植民者たちにとってと同様、ここまでやってきた彼らの頭の中に、退却という選択肢はもはや存在しなかった。

この隊が、これまでキャリフォーニアへ向かった隊と同じく、成年男子ばかりで成り立つ隊であったなら、ここで幌馬車を捨てて、パックトゥレインでオレゴンへ向かうという方法が残されていたであろう。だがこの隊は五人の女性とさらに五人もの子供をかかえていた。このときはまだ、人間の歴史はじまって以来と言われるこのような長期にわたる陸路移住の旅は、はじまったばかりで、こういう耐久レースにおいて、女性の方が男性よりはるかに強く、耐久性があることは知られてはいなかった。ナルシッサ・ウィットマン、ナンシー・ケルセイなどの先例はあったのだが、女性は男性にとって保護すべき存在と見なされていた時代であった。

フォート・ホールに常駐する人数より男の数がはるかに多いチルズ隊の男たちは、フォートを襲って、牛を強奪すべきだ、と主張しはじめていた。

ウォーカーはこういう策謀には一切加わらないでいた。彼には、フォートにそう多量に余分の食糧があるわけではない、グラント大尉が意地悪をしてチルズ隊に食糧を売らないでいるのではない、とわかっていた。

自分がこのフォートの司令官であったら、大尉と同じ態度を取るであろう、と彼は考えていた。彼はこの隊はもはやキャリフォーニアへ向かうことはできないかもしれない、と覚りはじめていた。退却するか、それとも方向を変更してオレゴンへ向かうかのどちらかを選ぶしか方法がないのかもしれない、と。だとすると、どちらをとるにしても飢餓に苦しめられ、遭難の危険をまといつかせた旅となるであろうが、ガイドとしての自分は不要となる、との結論に達していた。隊に留まれば、自分も一人分の食糧を消費することになる。だがもし隊を離れれば、自分は一人狩りをして生き延び、好きな場所で冬をやり過ごせばよい。

その夜、ウォーカーがチルズに会いに行くと、チルズは独りで銃の手入れをしていたが、彼の顔は不安の翳も落胆の翳も宿してはいず、いつも通りの澄んで明るい色をたたえた目で彼を見上げた。ガイドをおりて隊を離れる決心をした、とウォーカーは言った。

「まだ策がないわけではない。あと二、三日待ってくれないか、ジョー」

「わしは、強盗はやらんよ」

「だれがそんなことやると言ったね？」

「男たちの何人かが策を練っているのが聞こえたが……」

「いや、それはもう抑えたよ。イギリスの軍人を撃ったりして、おたずね者としてマウンティンマンや軍人たちに追われて荒野をさ迷うほどの勇気があるんなら、オレゴンへならずっと簡単に、キャリフォーニアへだって行き着けるはずだ、と言ってやったんだ」

「じゃ、オレゴンへ向かうことに決めたんかね」

「いや、そう簡単にあきらめたりはしないさ。まあまだ策がまったくないというわけじゃない。それから決めても遅くはない。あと二、三日の猶予をくれんか、ジョー」

チルズの顔の肉は笑っていたが、目には決然たる意志が宿っているのをウォーカーは見てとった。退却の意志はないようだな、とウォーカーは感じた。まあ、わしでも退却はせんかもしれんが、とウォーカーは闇の中に寝につこうとしている女性や子供たちの黒い影を数えながら思った。

次の日、グラント大尉が朝食後のコーヒーを飲んでいる建物に向かって、チルズがゆっくりと近づいて行く姿を男たちが眺めていた。チルズは着飾った未婚の娘を一人連れていた。晴着とわかるロングドレスを身にまとった娘は、明るいが気品にあふれた顔立ちで、身のこなしが優雅であった。一時間ほどしてチルズと娘が大尉の部屋を去る姿が見られた。

その日の午後、ふたたびチルズが着飾らせた娘三人を連れて、まるで散歩の途中に立ち寄ったというふりで、グラント大尉の部屋に近づいて行く姿が見られた。だが大尉は部屋にいないようで、チルズと娘たちはすぐに自分たちのキャンプの方に戻っていった。

その夜、チルズ隊のキャンプでは、ダンスパーティが催された。ハーモニカで音楽が奏され、賑やかな歌声が焚火を覆う闇を震わせていた。グラント大尉に招待状が送られたが、大尉は姿を現わさなかった。だが、大尉の部下たちは徐々に集まってきて、踊りの輪に加わった。彼らの中には、フォートから肉を持ち出してきて、キャンプファイアーで焼きはじめたものたちさえいた。やがて宴は果て、荒野の深い闇がすべてを呑み込んで、二日目が暮れた。

三日目の朝、グラント大尉は朝食を摂っていた。ふと大尉は部屋の外のいつもと違う気配に顔を上げた。五人の子供たちが彼の部屋の窓に顔を押しつけて中を覗き込んでいた。子供たちの背後から、五人の女たちを連れたチルズがゆっくりと唯一のドアに向かって歩いてくるのが見えた。昨日の朝の自分の弱腰に、今朝は早く逃げ出さなければチルズの策にはまる、と普段より一時間も早く朝食をかき込んでいたグラント大尉は、逃げる機会を喪ったことを覚ったのであった。

この日、チルズはグラント大尉より四頭の牛を手に入れるのに成功した。四頭の牛を食糧に加えたとて、不足分を補うことなどできるわけはなかったのだが……。

これだけの食糧でどこまで行けるか、とウォーカーは計算した。厳しい食糧制限を行なったとしても、メアリーズ・シンクまで行けないだろう。あの砂漠の中では、生き延びる食物を手に入れるのは不可能だ。しかも、たとえ何とかメアリーズ・シンクまで到達できたとしても、その先はどうするのだ。まだ誰一人幌馬車を牽いて越えたことのないシェラネヴァダの天に届く岩壁は、その先の水のない砂漠につづく山塊の、さらに西に立ちはだかっている――。

だが、フォート・ホールに、その性質上、そう多くの食糧の余裕があるわけではないことはチルズも理解していた。隊員の何人かが主張するように、フォートを襲って強奪する以外には、ここでこれ以上の食糧を手に入れる方法はない、ということはわかっていた。

チルズは考えた末に行きついた決断への同意をウォーカーに求めた。

「ここで隊を二つに分けようと思うんだ。食糧はすべて幌馬車に積んで、一隊はこの幌馬車隊を率いてメアリーズ・シンクに向かう。女と子供たちはすべて、もちろん幌馬車隊と共に行くことになる。若い男たちだけで編成した他の一隊は、非常食を少々持つだけで、ラバに乗って、もうしばらくオレゴン・トレイルをたどり、シェラネヴァダ山脈の北縁を迂回してサターズ・フォートに向かうルートをとる。この隊はもちろん途中で狩りをして食糧を手に入れながら進むことになる。サターズ・フォートに到着したら、ただちに食糧を手に入れて出発し、シェラネヴァダ山脈を西より東へと、幌馬車の通れるルートを探索・発見して横断し、メアリーズ・シンクで幌馬車隊を待ち受ける。若い男たちだけのラバのパックトゥレインならば、幌馬車隊の二倍のスピードで距離をかせげるから、メアリーズ・シンクで幌馬車隊を待ち受けることは、まずできると思う」

「パックトゥレインは何人構成とするつもりかね」

「一三人と考えているんだが」

ウォーカーはしばらく頭の中で計算して幌馬車隊の食糧として一ヵ月半ほどの分量があろうか、と答えを出す。この案は、最後の手段として自分が考えていたものとあまり違ってはいなかった。とくに隊を二つに分けて、一隊は狩りで食糧を手に入れながら進行するという点では同じであった。

「で、あんたはどちらの隊と行くつもりだね、ジョウゼフ?」

「君が、幌馬車隊を率いていってくれるとありがたいのだが。お礼をさらに一〇〇ドルはずむからさ、ジョー」

ジョー・ウォーカーは、その提案を頭の中でしばらく吟味していた。シェラネヴァダの神秘を探る、という望みは、パックトゥレインを率いる隊の方が実現の可能性は高いと思われた。だが今はチルズが隊長であった。もしここでガイドをおりないで、さらに隊に留まるとすれば、チルズの提案をそのまま受け入れるべきであろう。それに、今まで自分はこの隊には不必要な人間であったが、今こそ自分がこの隊にとって必要な人間となったのだ、とウォーカーは覚っていた。

「あんたの言う通りにしよう」

ウォーカーは答えを言った。

ここで話は、最初の場面に戻ることになる。

こうしてウォーカーに率いられた女性と子供を引き連れた隊は、一〇月二二日、メアリーズ・リヴァーの行き止まり、メアリーズ・シンクまでやって来て、そこにチルズ隊が彼らの到着を迎えるべくやって来ていないのを知ると、彼らが今にも姿を現わすものと期待して、皆で西の方に視線を投げていたのである。

第14章　フンボルト・リヴァー——現代

「カメチャンメヲサマセ《マイディアトータスウェイクアップ》」

と眠っているわけではないぼくに、犬を連れた男が言う。実際、そのときぼくらは簡易テーブルに向かって朝食を摂っていたのにだ。

「おまえ、今日は何をしたい？」

「まだ決めてないが……ウサギさん《オールドヘアー》、あんたは？」

「オレは、今日はまず書斎で本が読みたい」

と男は言う。だが男の住む狭いトレーラーハウスに、書斎があるとは思えない。

「昼寝はしないのですか？」

「そりゃするさ、あたりめぇのことを訊くな。だがまだ一晩気持よく眠って朝メシを食い終わるところ。いくら……ええ、なんとおまえはオレを呼んだっけ……そう、いくらそのウサギさんだって今から気持よく昼寝はできねぇ」

〈ウサギさん〉というのは、ぼくが犬を連れた男に献上したあだ名である。昨日、文化果つる砂漠のどまん中になぜ住んでいるのか、とぼくが訊いたとき、オアシスで昼寝をするためさね、と答えたこの男を、まるでウサギみたいですね、と言うと、それはどういう意味だ、とさらに訊くので、ぼくは「ウサギとカメの駈けくらべ」の話をしてやった。男は砂漠の空に顔を向けて哄笑すると、

「そりゃいい、オレをウサギ《ヘアー》と呼んでもいいぞ、その代り、オマエの名前は覚えにくいから、オレはオマエをカメ《トータス》と呼ぶことにしよう、カメチャンメヲサマセとな」

と言ったのだ。

「メヲサマセ、というのはウサギの接尾辞としてつけるべきものでしょう」

「まあいいじゃないか。オレがウサギという名を進んでいただこうってんだから」

ウサギがこだわるので、まあいいか、とぼくはそのとき思ってほっておいたのだった。

「ぼくも本を読んだり、二、三通手紙を書いたりしようかと思います」

「おいカメチャンメヲサマセ、おまえはなぜ何をしようかと思います、なんて自由を捨てた愚か者のような言葉遣いをするんだ。ここは地球上で最も自由な場所なんだ。ここでは、オレもじゃなくて、オレはと言え、オレはアレをしたい、コレをしたいという言葉遣いをしろ」

「わかった。ぼくはまず本を読みたい。そのあとで、手紙が書きたくなるかもしれん」

「おおそうか。それじゃオレの書斎とその隣の寝室を貸してやろう。オレはもう一部屋、書斎と寝室をしつらえるから」

ウサギはそう言うと、狭いダイニングキッチンの隣の寝室にはいっていった。そこは昨日の夜、ウサギが簡易ベッドに、ぼくが床に寝袋をころがして眠った部屋だった。このトレーラーハウスは部屋が列車のように繋がっていて、入口に近い部屋から一部屋、一部屋と抜けていかなければ、次の部屋に行けない構造になっていた。ぼくはこの家を〈ショットガンハウス〉とひそかに呼んでいた。

間もなくウサギはブランケット一枚とイーゼルを片手に抱えて出てきて、ダイニングキッチン用の鉄パイプ製折りたたみ椅子を空いた方の手にさげると、言った。

「さあ、行くぜ、書斎に」

ぼくは本と筆記用具をもってウサギのうしろに従った。ウサギは昨日、ぼくがはじめてこの男に出会ったフンボルト・リヴァー沿いの貧しい林に向かった。

「おいカメチャンメヲサマセ、おまえと歩いているとどうも気になることが一つある」

「何です、ウサギさん？」

「おまえはなぜ、狭いケモノ路を歩くインディアンのように、オレの背後を歩いてくるのだ？」

ぼくはウサギの質問の意味がわからず、言い淀んだ――

「ちょっとばかり、あんたに尊敬と感謝を抱いているから……」

「それらを何もそんなふうにして表現する必要はない。オレは対等の限りなき友情をおまえに与え、おまえからももらいたい。だからオレと肩を並べて歩いてくれ。ここは広く自由な土地なのだよ、カメチャンメヲサマセ」


貧しい林は、ウサギの貧しい家から百数十メートルのところにあった。

木蔭に、小さな折りたたみ机と椅子が一組置かれ、木と木のあいだにハンモックが吊ってあった。

「おいカメチャン、おまえはその書斎と寝室を使ってくれ」

ウサギは机、椅子、ハンモックを数えるように指差した。

「オレは、ここにオレのを建てるでな」

昨日の夕方、ここを通ったとき、机と椅子とハンモックはここにはなかった。どうもウサギは、今朝ぼくがまだ眠っているうちにここに来て、読書か何かをしたに違いない。確かにぼくは、太陽が昇ってしばらく経ってから、汗ばんで目が覚めた。が、それにしてもウサギは朝食前に何かを「したく」なったようだ。だとすると男はなまけ者どころか、とても活動的な生活をしている人間に違いない。どうもぼくは間違った方のあだ名を、この男に与えてしまったらしい。

昼食後、ぼくは一時間余り、気持のよい昼寝をむさぼった。目覚めて見回すと、ぼくと同時に砂地に広げたブランケットの上で寝入ったはずのウサギが、イーゼルに向かって一心に絵筆を振るっていた。普段はウサギのように優しい瞳が、仁王さまのような、力の張った眼球となっていた。

「ウサギさん、あんた、絵描きだったのか」

ぼくは独りごちた。

ウサギはぼくの方をチラッと見た。顔がニッと笑っている。

「確かに、オレは今は絵描きだ。描いているこの乾燥と静寂の極みの砂漠を愛している。それにその神髄を描くという行為をも愛しているからな」

「芸術家というのは皆そうじゃないのですか？　描写する対象を愛し、描写することを愛している？」

「それがそうとは限らない。描写することは愛しても、描写しているものは愛していないものが芸術家ヅラをしていることの、何と多いことか！　現代はそういう小手先の技巧だけが幅を利かす時代になってしまっているんだ」

「でも醜を、悪を暴くのも芸術家に課された使命なのではないですか？　とすると、芸術家は醜も悪も愛さなければならなくなる……」

「いやそんなことにはならない、カメチャンメヲサマセ。究極の美を、究極の善をとことん探り尽くした人間でないと、醜も悪も、その根本から捕捉できはしないんだ。つまり至高の高みに登り、そこから俯瞰できる人間だけが、深淵の泥底の底を見透すことができるということだ。美を愛し、善を愛し、その上に描写することを愛するものだけが、それらの対極にある醜や悪をも描く資格をもつ人間となるのだ」

「というと、ぼくは半人前ということになる。ぼくはアメリカの自然を、この砂漠を、とことん愛している。その点では人後に落ちないつもりだ。だが描写すること、詩として描写することを愛してはいるが、それはできない。技巧を十分に学んでいないんだ」

「それはオマエがまだこの自然を愛し足りないということだ。それに描く行為の方も愛し足りないということだよ、カメチャンメヲサマセ。学ぶためには愛することと以外に方法がないのだ」

ウサギの瞳に、絵筆を振るっているときの真摯な力が戻っていた。彼がただぼくを言い負かそうと真剣になっているのではない、とぼくは感じた。

「たとえばだ、オレがライオンを描こうとしたとする。だがオレはライオンの狂暴さと恐ろしさを他人から吹き込まれたり、本で読んでいたりで、知識としてそれを知っているだけだとする。そしてオレが、ライオンをただ安全な場所から観察して描こうとしたとする。それではオレはライオンという存在の一端を描いたにすぎないんだ。これではライオンを描いたことにはならない。もしオレがライオンを描こうとしたら、オレはライオンを、ライオンの生き方を愛さなければならない。そうすれば、オレはライオンのたとえば悲しみさえも理解できる。実際、ライオンに悲しみなんてあるだろうか、とたいていは考える。だがライオンを愛してはじめて、ライオンにだって悲しみがあることを学べるんだ」

「ライオンに悲しみがあるなんて、はじめて聞きましたなぁ」

「あるに決まっている、カメチャンメヲサマセ。たとえばだ、オマエの回りいたるところに、涎の垂れる大好物のご馳走が置かれているとする。だが、空腹になったオマエがいざ食べようと手を伸ばすと、そのご馳走に自分より速い足が生えていて逃げてしまう。ただ見ているだけで、おいしいご馳走になどまずありつけはしない。そしてたまに、飢えに苛まれたあげく、ようやっと手にはいる食べ物はといえば、老いて逃げる力のなくなった死期の近い動物の、固くて水気のない肉か、生まれたばかりの動物の、水っぽく歯ごたえのない肉ばかりであったとしたらどうだ。周囲に目の届くかぎり用意されている最上等のご馳走とは似ても似つかぬ貧しい食い物だったとしたら。彼らは他の生き物と同様、地獄を生きているんだよ。オレは百獣の王にと言われたって、ライオンにはなりたくない。ライオンには、王としての強さも弱さも、品格も下劣さも、美しさも醜さも、そして悲しみも喜びもある。それらすべてが一体となったライオンという存在があるんだ。もしライオンを描こうとしたら、それらすべてを学び理解した上でなくては、ライオンの真の恐ろしさただ一つだって、本当には描けやしない。そして、ライオンを理解し、百獣の王としての悲しみまでをも学ぶ方法はただ一つ、ライオンを愛すること以外にはないのだよ、カメチャンメヲサマセ」

「ライオンをどうやって愛せばよいのでしょう、あの猛獣を？」

「それもライオンを愛して、つまり自然の一存在としてのライオンを愛してはじめてわかることだ。そうするとまず、ライオンがこの地球上に住む一存在として、つまりだなライオンとして生きつづけるために、人間である自分はどうすべきかが理解できる。動物園の檻の中で生き永らえるのが幸福であるわけがない。檻の中こそ本当の地獄なのだ。ライオンは荒野で、おいしいご馳走にとり囲まれて、最もまずいものを食べながら生きるのが、それでも最も美しく、幸福なんだ」

「ライオンを愛するということは頭ではわかりますが、どのように愛するか、ということに関しては、ぼくにはいま一つ納得がいきませんが……」

「今言ったばかりだ、ライオンを愛せないものには、ライオンの愛し方もわからないとな。どうも話が本筋をはずれたようだな。だがもうひと言つけ加えさせてくれ。木は、伐りとられて建材その他にされるより、木として生きつづけていた方が、多くを地球という生命に与えている。皆が不毛と呼ぶこの砂漠も、水を引いてきて牧場にしたり、畑にしたり、花を咲かせたりして利用するよりこのままの砂漠にしておいた方が、はるかに多くを地球という生命に与えていることになる。それは自然を愛せば、すべての植物とすべての動物と彼らの生き方を愛せば、簡単にわかることなんだ。クリスマスツリーの色電球と飾りの蔭で、すべてのツリーが泣いている声がオレには聞こえる」

「それにはぼくもまったく同感です。で、話を本題に戻しますと、芸術家というのは、限りなき深い愛を描写の対象とそれを描写するという行為にそそぐことのできる人を言うのですね、ウサギさんのご意見では?」

「いや芸術家だけじゃない、人間はすべてそうあるべきなんだ、カメチャンメヲサマセ。たとえばだ、子供は三歳までに親にすべての恩返しを済ます、と言う。親は身ごもって以後、自らは生きるすべをもたぬ赤ん坊に全愛情をそそいで、子供の成長のためにどうしたらよいか苦心し、一心に努力する。そういう苦労や不安や苦しみやよろこびの体験の中から、親は多くを学び、多くを与えられていく。だがもし親が、子供を全身全霊で愛さず、ただ子供を育てる技術だけを学んでいたとすると、親は子供から何も学ばない、何も与えられないということになる。苦労以外はな。しかもしばしば、こういう親は子供によって復讐されたり、悪を社会に撒き散らす子供を育てたりしたことになって途方に暮れるが、その原因には思い至らない。同じことが教師にも言えるな。勉強を、学問を愛しているのは、教える人間としては当然だろう。外国語を愛すれば、外国語を理解できるようになる。あるスポーツを愛すれば、そのスポーツに長けることができる。だが長けているということと、教えることができるということとは別のことなんだ。つまりだな、いくら学問や技能に長けていても、生徒を愛していない教師は、芸術家の、描くことに対する愛に当たるものを欠いていることになり、教師としては失格なのだ。彼らは生徒からは何も学べないし、何も得ることができないのだ。何年やってもだ。だから教師という職業から金以外、何一つ得ていないことになる。せっかくのさらなる成長の機会を逸していることになる。彼らは生徒の無知を軽侮して、自らトキをついている鶏なんだ。狭い檻の中で無精卵を生みつづけている鶏にすぎないのだ。彼らは檻の中の土マンジュウに登って、自分は一番高いところに到達した、と独りよがりしている存在なんだ。自分が軽侮する者たちから何が学べるというんだ。オレはかつて教師をしたことがあるが、あるとき気がついた、自分が与えた以上のものを生徒たちから与えられているとな。オレは、自分が行きづまり、オレ自身が涸れてしまいそうだと感じるようなことになったら、ふたたび子供たちのところに戻って、彼らから多くを学び、獲得したいと思っとる。だが、今、ここに、オレにはそういう存在がいる。ラッキーだ、それにオマエ、カメチャンメヲサマセ、だ」

ぼくは、ウサギの話を聞きながら、どういうわけか、息子と共にいる大江健三郎の、この頃とみに深みを増した顔つきを思い出していた。

「愛するというのは積極的な行為なのだ。――をしたい、――をしたい、というのが愛するということなんだ。――をしようかな、なんてのは消極的行為で、ここからは何一つ学べない、得られない」

ウサギはさらに話しつづけている。彼の瞳の表面の優しさの奥に、真剣で、激しいものが燃えているようだった。

「女への愛だってそうだ……」

ぼくは、アメリカを学んでいる、とこのとき感じていた。日本人であるぼくには、何か奇妙で、口にするのは気恥かしい、アメリカの超ロマンチックな、超理想主義の神髄を夕立のごとく浴びている、と感じていた。ぼくはやはり、聞くだけでも気恥ずかしかった。しかし、同時に、どういうわけか、自分の過去を、ひどく苦いものを感じながら回想していた。そしてぼくの回想は、開墾されることなく放置され、未開のまま残されているアメリカ南部の肥沃な原野や密林を高速で、えんえん三〇分以上も人家一つ見ることなく運転し、次々に越えていったときの驚きを、アメリカという国の豊かさと余裕を目撃して感嘆したときのことへと移っていった。あのように豊かな国だから、このような超理想主義が育つのであろうか、といぶかった。このときぼくはアメリカ文学の奇妙な明るさの、日本人であったら気恥かしいオプティミズムの源を、今自分は理解しつつある、と感じていた。詩人たち、ハワード・モスの「放浪者」という詩も、今読んでいるエンドリアン・リッチの詩も、ディヴィッド・メルツァーの詩もそうだ。人間はこうすれば、もっとよい生き方ができる、もっとよい社会になる、と彼らは語っていた。行き止まりや、絶望をたいていは描いている日本の文学とは、何という隔たりであろう。詩人だけではない。南部の一部の小説家たちを除けば、多くの小説家が語っているテーマも、まさにそれだった。『もう一つの国』、『新しい生活』などはタイトルにまで、それが表れている。ぼくはかつて、アメリカの若い芸術家の卵である友人たちに、日本の文学作品の多くをディプレスドと評され、ぼくに、日本人はこのディプレスドの作品のどこに価値を見出しているのか、と訊きせまられたときの、その場の雰囲気の経験したことのない異質さと戸惑いのことを想い出した。大江健三郎は、彼らの言う、息子への何十年にもわたる深い愛より、彼らの理想にかなうほどの大きなものを獲得したのであろうか。ぼくは、自分の理解力では難解で歯が立たないと自覚させられて、初期の作品しか読んでいない彼の文学の、世界的な賞を授与される基になった最新作を、日本に帰ったら読んでみようと決心した。

ところで、ぼくがウサギさんと呼ぶこの男は、ぼくにこれほど真剣に、まるで教えさとすように語りながら、何かを得ているのであろうか。それは、ぼくにはわからなかった。ただぼくの胸の中で一つの決意が固まりつつあった。日本に帰ったら、可能な限り早くもろもろのシガラミを断ち切って、この砂漠のどこかで一年ばかり過ごしてみよう、という決意が。

「ウサギさん」

とぼくは言った。ウサギとカメはそのとき夕食を摂っていた。ウサギは皿に盛り、つゆをかけたソーメンをフォークですくって口に入れようとしているところだった。またソーメンが食いたい、それに音をたてて食べた方がいいというのも気に入ったんだ、とぼくが料理にかかろうとしていたときに、ウサギが言ったのだ。

「どうもぼくらは名前をつけ間違えてしまったようですね。あまり呼び慣れないうちに名前の交換をするってのはどうでしょう？　メヲサマセ、という接尾辞はぼくがいただきますから」

「交換する必要なんてないさ。このままの方がお互いにふさわしいようにオレには思えるがな……」

ウサギはニヤニヤ笑っている。

「アメリカ人だって……隣りの州、キャリフォーニアで生まれ育ち、キャリフォーニアを舞台に作品を書いたスタインベックだって、『怒りのぶどう』の中で、努力に努力を重ね、遂には目的を達するカメという生物の、英雄的ねばり強さを描写していますね。ぼくはとてもカメではありません。なろうったって無理です。あんたの方がカメという名を頂戴するのに、はるかにふさわしい」

「まあ、カメにもいろいろあるかもしれんが、オレがカメと言われて思い浮かべるカメに、オマエは似ているところがある。これを読んでみろ」

ウサギはあいかわらずニヤニヤ笑いながら、本を一冊ぼくの前に置いた。折り込みのあるところがあった。ぼくは何げなく読みはじめた。ウサギが料理したサラダを口にほうり込むぼくの手が止まり、引き込まれていった。そして一杯食ったことをただちに覚った。ウサギのニヤニヤ笑いに声の伴奏が加わった。

それは『青い砂漠』というタイトルの本で、そこにはこのあたりから南のアリゾナ、ニューメキシコに住むアナホリガメの生態について書かれていた――

……アナホリガメは三月末から七月末にかけての暖かい季節に穴から這い出す以外は、穴の中でずっと眠って過ごす。穴の外で過ごしはじめの頃は、一日の一九パーセントの時間は日向ぼっこをしている。もっと暖かくなると、日向ぼっこの時間は減る。だが、最も活発に動き回る夏でさえ、外にいる三三パーセントの時間は居眠りをして過ごす。食料を捜して一年の一・五パーセントの時間を、セックスをして〇・〇八パーセントの時間を……

ウサギとぼくは、その日、並んでフンボルト・リヴァー沿いに散歩をしていた。朝食を済ませたばかりの時間で、暑くなく、微風が肌に気持よかった。ぼくたちは、それまでにそれぞれが見た美しい風景について、かわりばんこに相手に説明していた。

向こうから、ラッキーの半分ぐらいの大きさの茶色い犬を連れた中年の女が歩いてきた。ウサギは女に挨拶をし、女と話をはじめた。女の茶色い犬がラッキーに向かって吠えかかり、歯をむき出して向かっていった。ラッキーは、うるさいな、という仕草で一回転して身をかわし、相手になるのを何とか避けようとした。女の犬は二度、三度とラッキーに突っかかっていって、ついにラッキーの背に牙を埋めた。ラッキーの足に、突如、力が漲り、一瞬のうちに茶色い犬をあお向けにして、その上にのしかかっていた。ラッキーの口が茶色い犬の首の急所をくわえていた。だがラッキーは、茶色い犬を本気で噛んではいなかった。格闘技で、相手に怪我をさせずにただ勝ち敗けだけを決めるルールにのっとって試合をするやり方で、噛む態勢の型に入り、自らの力を誇示しただけだった。だが茶色い犬は、大げさな悲鳴を上げて助けを求めた。ウサギが振り向きざま、ラッキーの横腹を力をこめたこぶしで二発打った。ラッキーは二メートルほど後ろに飛びのくと、頭を地面すれすれのところまで低めて飼主を見上げた。ウサギは「ヴェリー・ソーリイ」と女に言うと歩きはじめ、五メートルほど行ってふり返ると、「さあラッキー行くぞ」と言って散歩のつづきに戻った。ラッキーは、ウサギとぼくの五メートルほどうしろを、頭を地面より二〇セントほどのところまで低めた姿勢で従いてくる。ラッキーの尾が左右に、横腹をうちそうなほど振られている。茶色い犬が噛んだ傷から出血して、ラッキーの白い毛並を濡らしていた。

それから一五分ほどして、ぼくらがウサギの小屋に戻ったとき、ラッキーの頭の位置も尾の振幅もまだ先ほどのままだった。ウサギはラッキーの方を一度も見ないまま、ショットガンハウスにはいって戸を閉めた。しばらくして外を覗くと、ラッキーはまだ尾を振りながらショットガンハウスの入口を見上げていた。

昼食の準備をしながら外を見ると、ラッキーの姿が消えていた。だがぼくは黙っていた。ぼくはラッキーのことにはあれ以後、一言も触れなかった。ウサギは犬たちに背を向ける位置で女と話をしていて、一部始終を見てはいなかったが、ウサギとラッキーのあいだには、犬を飼ったことのないぼくにはわからない、強い相互理解の絆が張られている、とぼくは感じ、ぼくが口を出すことなど何一つないと思われたからだ。

「オイ、カメチャン、オリャ今日はオアシスで昼寝ができんかもしれん」

昼食を食べているとき、ウサギが言った。ウサギの瞳にいつもの輝きがない。

「やっぱりな。ガラガラ蛇の見張りが逃亡したということですな」

「まあ、ガラガラ蛇もサソリも真昼には暑くて這い出せないからいいんだが……ヤツを逃げたままにほっとくわけにはいかん。落着けん」

だがウサギはラッキーを捜しに行くようすを見せない。間もなく自転車をこいでどこかへ行ってしまった。ぼくは自分の二倍もの大きさの白い同類に突っかかっていった、茶色い犬のおびえと恐怖について同情も感じていた。何かわがことのようにも感じられた。だがぼくはラッキーに会うまで、犬がこれほど利口で、二心なく、共にいてこれほど心暖まる生き物だとは、想像だにしたことはなかった。

ぼくも落ち着かない。昼寝をせずに炎昼の砂漠へと一人で散歩に出掛けた。途中で、そうだラッキーを捜してみよう、と決心した。だがラッキーの姿は見当たらなかった。ぼくはまだ出掛けたことのない河の向こう岸を上流へと遡っていった。背の低い木が一〇本も生えている、林とは言えない木蔭に近づいた。ラッキーが、突然、木蔭からゆっくりと歩き出た。ぼくはラッキーの方へ、やさしく名前を呼びながら向かっていった。ラッキーは立ち止まり、二、三秒ぼくの顔を見たまま考えるような様子を示したが、くるりと向きを変えると、やってきた方向へと速足で戻っていった。ラッキーの尾が朝の半分ほどの幅で振りつづけられている。ぼくはその尾が語る言葉を聞こうとした。ぼくにではなく、ウサギに向かって、尾でえんえん語りつづけているその言葉を。アメリカに生きる生物たちの、愛を語るときのはげしさと執拗さに、ぼくは圧倒され、たじろいでいた。

ラッキーは木蔭に横たわる縦形の自然石のうしろに走り込んで、石を盾にぼくの方に向き直った。ぼくは、その石に言葉が刻まれているのに気づいた。その石は墓石だった――ここまでえんえん二千数百キロ以上を歩いてきて倒れた移住者の一人の――

われらが愛する一人娘
メアリー一二歳
ここにて永遠に旅を終える
もう歩かなくてもよいのだよ
安らかに眠れ……

ウサギが向こうから歩いてくる。手に骨付きの肉と見えるものをもっている――どこで仕入れたのか……。

「ウサギさん、このあたりにだって危険な動物はいるのでしょう、ガラガラ蛇やサソリ以外にも？」

ハンモックのゆっくりとした揺れを楽しみながら、ぼくは訊いた。

「そりゃいるさ。もはや地球上からは危険な動物のいないところなど完全に消滅してしまったと言える。ガラガラ蛇や毒サソリなんて大して危険な動物じゃない。やつらの習性を理解していれば、危険な鉢合わせを避けるのはとても簡単なことだ」

「じゃ他の何が危険なのです？」

「人間に決まっている」

「ぼくもその一員で……」

「いや、オマエはカメのように危険ではない動物だと、オレにはすぐにわかった。よそ者に会ったとき、オレは、どこへ行くんだね、と訊くことにしている。ビールを手に入れられる最も近い場所はどこだ、うまい食事のできるレストランは、バクチのできる場所は、いい女のいる売春宿は、と、たいていはこうだ。こういう質問をするヤツらには、オレはただ一言、知らんな、と答えることにしている。だがオマエはそうは言わなかった。ここにやって来るのが目的だった、と答えたじゃないか。それでオマエはオレと同じ種類の人間だとわかったんだ」

「でもこのあたりは、ウサギさんが危険だと評する人間という生き物が、最もやって来たいという気を起こさない土地でしょう？」

「いや、そんなことはない。ここを美しく、自然の雄大な相貌のひろがる土地だと見なせる眼力を持たない人間たちが、いつ大挙してどっと押し寄せてくるかわからないんだ」

「でもどうしてここを美しいと思えない人間たちが、彼らにとっては〈無〉としか見えないこの土地へ、大挙してやって来ると言うんです？」

「つい最近起こり、今もつづいている話を一つしよう。ここから百数十キロばかり南を東西に走るハイウェイ50号線は、アメリカで最も辺鄙で、最も空白の地域を貫いて走る道路だと言われていた。実際、自動車なんてめったに通りはしなかったんだ。たまに通っても皆、顔見知りの車ばかり。あそこはオレの気に入っていた場所の一つだったんだが……あるとき『ライフ』が、あの渺茫たるネヴァダ州中央部の四百数十キロの砂の広がりを貫くハイウエイを、写真入りで紹介したのが序曲となった。いわく『アメリカ合衆国で最も寂しい道路』というタイトルでな。次に3A（アメリカン・オートモビル・アソシエイション——日本のJAFに当たる組織。JAFよりは会員に向けての情報やサービスは質量ともにずっと豊富）が会員に忠告を発した——『完全なる無の地帯。興味をひくもの皆無。ここを通る旅は推奨しません。自然の中で他人の助けなしに生き抜ける技能を保持しているとの自信のある人以外、ここには運転して立ち入らぬよう警告します』というやつを。あの地域にわずかに住んでいる住民、とくに商売をやっている連中は、最初腹を立てた。だがそのうちに、彼らは交通量が増えつつあるのに気づいたというわけさ。自動車だけじゃない、とくにバイクに乗った者たちが、この『最も寂しい道路』の魅力にひきつけられたというわけだ。すると州の観光課が、けばけばしい案内書とパスポートのついた〈ハイウエイ50号線で生き残るための道具のすべて〉というのを、旅行者に提供しはじめる。パスポートには〈私はアメリカで『最も寂しい道路』から生きて帰還しました〉という証明書が付き、お役所のスタンプまで押してある、というしまつ。するとだ、まだあるんだよ、まったくのところ。ある小さな町が、〈アメリカで最も寂しい道路に位置する最も寂しい町〉と名のりを上げる。ついに、かつてその町で金が発見され、どっと人間が押し寄せたときよりも大勢の旅行者が、排気ガスを撒き散らしながら夜の夜中まで流れ込んでくることになった。こうしてアメリカで最も静寂で、最も空の高くて広い領域が死んでしまったんだよ、カメチャンメヲサマセ」

ウサギの声は沈み、いつもの迫力が声になく、目には皮肉な色さえ泛かんでいるように見えた。間もなくウサギの寝息が聞こえはじめた。今日は先に寝つかれてしまった。見るとラッキーも眠っているようだった。

第15章　砂の河(1)——一八四三年

（日本——黒船来襲一〇年前）

ウォーカーはメアリーズ・シンクで考えていた。チルズは予定した時期にサターズ・フォートに行き着けなかったのであろう。未知の原野と山塊を抜けていくルートの距離や時間を計算したとてむだというものである。まあたいていは、計算の二倍の時間がかかるものと考えなくてはならない。チルズは、ラバのパックトゥレインなら幌馬車隊の二倍の行程をかせげる、と言っていたが、そりゃ二〇〇キロや三〇〇キロ行くのなら、そういうスピードで進めるかもしれんが、千数百キロ以上を行くとなれば、無理であろう。とくに食糧を途中で狩りをして手に入れながら行くとすれば、なおさら——。まあせいぜい二、三割の時間を短縮できるぐらいがいいところではあるまいか。とすれば、彼らがまだサターズ・フォートにさえ行き着いていない可能性も大いにあるということになる。ここで彼らを待って、近づきつつある冬までの貴重な時間を浪費すべきではないのでは？　彼らの救助をあてにして、ここで残りの食糧を食いつぶしていくというのは、遭難・全滅へと自ら近づいていくということではないのか？

ウォーカーは結論を下した——一日も早く出発すべきであり、自分たちだけで生き延びる策を講じなければならない、と。もしチルズ隊が運よくやって来ることができるとしたら、彼らは自分たちの轍のあとを追ってきてくれるであろう。

だが……

どの方向に向かうべきなのか？

食糧はどうするのか？

フォート・ホールを出発したとき、彼らの食糧のストックは、グラント大尉から買い取った四頭分の牛を加えて、四五日分であった。メアリーズ・シンクまで、フォート・ホールから約五週間でやってきた。計算通りならば、食糧の残量は一〇日分のはずであった。だが、ウォーカーは、フォート・ホール出発と同時に食糧制限を敷き、つねに狩りを命じた一隊を先行させていた。砂漠で動物の姿を見かけるのはまれではあったが、それでもウサギやスカンクやときとしてアンテロープを捕獲できた。こうして狩りによっても彼らは、たとえ一日か二日分にせよ、食糧をまかなっていたのであった。それで、このとき食糧の残量は、これまで通り食糧制限を敷き、ラバを屠殺していけば、三週間持ちこたえられるだけの量があった。だが、三週間でここからサターズ・フォートまで行くということになれば、大迂回コースとなる、はるか南に位置するウォーカー・パスではなく、ここと緯度が近いあたりでシェラネヴァダを越えるルートを見つけない限り不可能であることは明らかであった。それに雪の季節が間近にせまっていた。雪は、シェラネヴァダを越えるまで待ってくれるであろうか？　彼の頭の中には、先端を鋭利極まるまで研ぎ抜いた刃の林となって蒼天に切り込んでいる、シェラネヴァダ山脈の巨大な姿態が聳えていた。そして西を見つめる彼の目がとらえているのは、一滴の水も余さず涸れ切った、目をさえぎるものとてなく広がる砂漠であった。ここからシェラネヴァダの針峰まで一五〇キロ以上はある、と彼は考えたが、この砂漠がどこまでつづくのか、砂漠の西縁とシェラネヴァダとの間に何があり、どうなっているのか、彼にはわからなかった。未知の砂漠を、荒野を、山脈を前にして探検してみたいと彼の血は滾っていた。だがキャンプにいる彼の周囲には、女や子供たちのオクターブの高い声がとぎれなく響いていた。パックトゥレインでなら、水のない西の砂漠へはいっていけるであろうか？　しかしもはや皆が乗るだけのラバの頭数はなかった。これまですでに食糧の積み荷のなくなった幌馬車を捨てては、それを牽いていたラバを殺して食糧としてきたのであった。パックトゥレインを組むとすれば、男たちだけでなく女や子供も歩かなくてはならないであろう。

彼は幸運を当てにすることを一切排除し、安全を第一としなければならないと考えた。シェラネヴァダを越える峠が簡単に見つかる幸運、彼らがシェラネヴァダを越えるまで冬の到来しない幸運、チルズ隊が予定通り迎えに来る幸運、を排除して、彼は隊が独力で生き延びることができる最も可能性の高い方法は何かを計算し、判定しようとした。

しかしそんな方法があるわけはなかった。考えうるいかなる方法のうちのどれを選んでも、遭難し、全滅する危険が避け難く付随していた。

メアリーズ・シンクに到着して五日目となった。ウォーカーは肚を決めた。

幌馬車を牽いてきたラバたちは、酷しい労働から解放され、毎日、緑に茂る草を十分に食べ、ふたたび苛酷な労働に耐えられる体力を回復していた。男や女たちも毎食、料理した暖かい食事や飲み物をとり、血色がよくなり、冗談を言い合うことが多くなっていた。だが、彼らの心中には不安が育ちつつあった。メアリーズ・シンクできっと待ち受けているからと、あれほど固く約束して別れたキャプテン・チルズや彼と共に行った頑健な若者たちの姿が、未だに西から現われないからだった。彼らは冗談を言い合って、不安をまぎらわしている、と言えた。ここに到着したての頃は、あれほどしばしば、しかも長時間、西の方に助け人たちの出現を待って視線を投げていた彼らが、今では西を見ないようにしているとさえ思えた。彼らは西に視線を投げ、そこに人影もなく死の静寂をもって広がる砂漠を見出し、落胆し、不安を新たにするのが恐ろしくもあったのである。チルズ隊は遭難したのかもしれない、という不安が、口には出さないが、彼らの胸に膨らみつつあり、ときには確信に近く育つこともあった。

彼らの多くは、今、自分たちがウォーカーを隊長としている幸運に思い至っていた。偉大なキャプテン・チルズでさえ一目置き、全幅の信頼を置いて自分たちを委ねたウォーカーならば、何とかこの苦境から脱出できる方法を考え出して、自分たちをキャリフォーニアという楽園へと率いていってくれるだろう、と考えることによって、膨らんでいく不安を追いやろうとしていた。人間も動物も次なる脱出の旅に出発できるほどに体力を回復し、出発の準備はととのっていた。だがいつ出発するのか、ウォーカーはまだ命令を下してはいなかった。

五日目の夕食後、キャンプ中央の焚火に、男も女も皆集合するように、との伝令が各家族に届いた。いよいよ出発か、と皆はこれからの苦難の行程を思いつつ、ふたたび西の方に視線を投げつづけるようになった。だがなぜ女たちまで集まれと言うのか？　重要な相談や決定は男たちだけでなされるのが慣例なのに、と彼らはいぶかった。


「皆の衆、わしは、今日、ただ今で、隊長の役を下りる決心をしましただ」

ウォーカーの突然の言葉に、集まったすべての者の顔が、塩の砂漠のように白くなり、座に、砂漠に雷が落下した直後のような静寂が満ちた。やがて女の一人が咳込んだ。その女の眼に涙がにじみ、焚火の火がそこで小さく燃えていた。

「わたしらを見殺しにするのかね、キャプテン・ウォーカー」

男の一人が、口ごもりながら言った。

「いや、皆の衆が、わしの目の前で次々にあの世に旅立っていくのを見たくないからさね」

「だってまだ食糧があるじゃないですか、キャプテン・ウォーカー」

ホッパーが言った。

「幾日分あるっていうのかね、あんたの見積りでは？」

「三週間分ぐらいは……」

「そればかしの食糧でどうやってシェラの嶮崖を越えて、キャリフォーニアに行き着けるって言うんだね。雪の季節がもうそこまでやって来ていて、しかもルートもあるかどうかわかっていないっていうのに。わしはガイドとして雇われたんだが、ここメアリーズ・シンクまで隊長として皆さんを率いていってくれ、とチルズさんに頼まれた。だから役目は十分に果たしたと思っとる」

ふたたび、静寂が座を覆った。確かに、ウォーカーの言う通りであった。チルズが守らなかった約束の後始末を、ウォーカーに押しつける権利は自分たちにないことに彼らは気づいて、目の前がさらに暗さを増した。しかしチルズの遭難を確信しはじめていた彼らにとって、ウォーカーだけが一纏の望みであったことを、ウォーカーが隊長をやめたと宣言した今、さらに痛切に覚ったのであった。

「いましばらく、キャプテン・チルズが迎えにやって来るまで、ここにいてくれたっていいじゃないですか、キャプテン・ウォーカー」

ボールドリッジが言った。ボールドリッジがキャプテンという称号を頭につけてウォーカーを呼んだのは、はじめてであった。いつもミスター・ウォーカーと呼んでいたのだ。

「それじゃ、ミスター・ボールドリッジ、あんたはミスター・チルズがかならずあんたらを迎えにきてくれると信じとるんだね。もしあんたが隊長なら、ここを動かずに、彼が迎えに来るまで待つ、と言うんだね」

「あんたはどう思うんだ、ミスター・ウォーカー？　キャプテン・チルズは食糧を持ってわたしらを迎えに来るとは思ってはいないと言うんかね。ジョウゼフはそんな人じゃない。わたしらを見殺しにするような、そんな人じゃ決して……」

「わしも、ミスター・チルズがそんな人じゃないことはわかっとるさね。だが、わしは、自然を相手にしたとき、いかに予定通りにことが運ばないか、という体験を、両手の指じゃ折り切れないほどしてきた人間ですからな」

「それじゃ、ジョウゼフの一行は、遭難したというのですか？」

ホッパーが、皆の胸にふくらみつつあった不安を口にしたとき、不安は確信へと固まっていった。

「そういうわけじゃないが……、サターズ・フォートに予定通りに到着できなかったのかもしれんし、到着はできても、シエラネヴァダの岩壁を逆方向より越えるルートが見つからんのかもしれんし。遭難の可能性だって零というわけじゃない……」

ふたたび座に満ちた沈黙は深く、砂漠の静寂と和した。一陣の風が襲ってきて、焚火の火勢が音をたてて強まった。風下に腰を下ろしていた数人の男たちが煙に噎《む》せた。

「で、あんたは、わたしらと別れたあと、どうするんかね？」

　風が去ってしばらくしてボールドリッジが訊いた。

「わしは、インジュン（アメリカン・インディアンをマウンティンマンたちはこう呼んでいた）となって、草の根を掘ったり、地を這う動物を捕らえたりして口凌ぎをしながら、わしの故郷であるロッキーの山に帰ろうと思う」

「まだミスター・チルズよりガイド料を全部受け取ってはいないんじゃなかったのかね。キャリフォーニアまでわたしらと一緒に行かなきゃ、むだ働きをしたことになってしまうんじゃないのですかい？」

　ボールドリッジが、横目づかいの視線をウォーカーの顔に投げながら言った。

「いや、すべては生命あっての物種ですでな。荒野じゃ、物欲が一番危険。汗水垂らしてものや金を捨てきれずに運んでいって、最後に生命を落とすはめになった人間を、わしはこれまで何度も見てきましたからな。欲が大敵、欲をふくらましているかぎり、荒野では生命を落とす危険もふくらましていることになりますでな」

　ボールドリッジは目を伏せた。彼はまだ三台の幌馬車に、製材所を建てるための機械と部品を積んでいたのだった。それらの機械や部品は、彼にとっては生命に次いで大切な、新しい土地において重要な役割を担うことになる、希望の品であった。キャリフォーニアで、即席に一財産作ることを可能にする保証書でもあったのだ。

「キャプテン・ウォーカー、ここからあんたの発見した南の峠まではどのくらいありますか？」

　男の一人が訊いた。

「一ヵ月以上はかかるな。まあ五週間はかかるでありましょうな。途中やっかいなことが起きることもなく、順調に前進しての話だが」

「可能なかぎり順調に旅程をこなす一番よい方法は何ですか、ジョー？」

　他の男が訊いた。

「そりゃ簡単、今から選んだ新しい隊長を信頼し、皆で助け合い、一致協力して進むということですじゃ」

「それはこれまでもわたしたちがやってきたことじゃないですか。むずかしいことじゃない」

「いや、これまでは食糧も何とかありましたし、ルートもわしが大体は知っていた。じゃが、これからは食糧もこれまでより少量しか分配できないし、ルートもあいまいなすさまじい難域をいくつも越えていかなきゃならないですからな」

「食糧は、さらに厳しい制限を敷き、最後にラバをすべて屠殺していけば、何とか五週間はもつのではありませんか？」

「ラバを食い尽くしてしまって、スカートをはいたレディや脚のきゃしゃな子供たちはどうするんかね？荒野に残していくっていうんですかな」

男たちは黙り、女たちは、ウォーカーの言葉の意味するところをじっと考えた。

やがて、出発以来一度もズボンをはいた姿を見せたことのない、女たちの中で一番おしゃれな娘が、突如、口を開いた。

「スカートの中にあるの脚だと思っていらっしゃらないの、キャプテン・ウォーカー？　ほら立派な脚じゃない」

彼女はスカートを引き上げて細くすらりと伸びた脚を膝のところまで見せた。

「荷物だって背負うし、ズボンをはいて……」

女たちが一せいにしゃべり出した。

「今までだってずいぶん歩いてきたの見ていないって言うの？　幌馬車だって男たちと同じように押したのも……」

「ほう、頼もしい。頼もしい人たちばかりじゃ。こういう人たちの集まりならば、この隊は生き残りの挑戦をする資格があるというもんじゃな。わしは安心した。ではわしは御殿に戻って、明日皆の衆とお別れする用意をするとしよう。皆の衆は、まず隊長を選ばなけりゃならん。次に三つの道のどれを選ぶか決めなきゃならん。ここでミスター・チルズを待つのか、西へと向かいシェラの山に通れるルートを見つけるのか、それとも南へ下ってわしが見つけた峠を目指すのか、相談しなきゃならんのじゃから」

皆の暗い視線が、ウォーカーが立ち上がり焚火の明かりの輪を背に、闇の中へとはいっていく姿をずっと追った。彼は両端に棒を二本立て、毛布で覆って作った三角錐を横転させた形の、彼がついさきほど御殿と呼んだ狭所に身を押し込んで横たわった。彼の顔の上には、何千億、何万億の星が光りつつ降っていた。

彼はボールドリッジがはじめて自分をキャプテンと呼んだことを思い出した。苦笑が彼の口元に一瞬泛んだ。これまで数人の男たちが自分を隊長というよりはガイドだと思っているふしが、その言動に現われていたが、ボールドリッジはその代表であり、彼はチルズの友人ということもあって、隊では一目置かれた存在でもあった。

次に、砂漠の中の難所とシェラネヴァダの岩峻に、きゃしゃな足で一心に立ち向かう女や子供たちの姿態が、彼の頭に浮かんだ。彼のやわらいだ目が細まって閉じられ、寝息が漏れはじめた。

漆黒の闇の中に一点灯る焚火の周囲では、討論し合う男や女の声が、高く低くつづいていた。

さて、二つの使命――①シェラネヴァダ山脈の北縁を迂回し、西に回りこんでサターズ・フォートに達し食糧を調達する、②シェラネヴァダ山脈を幌馬車で越えることが可能なルートを見つけて西より東に横断し、メアリーズ・シンクで幌馬車隊を待ち受ける、という使命――をもってパックトゥレインで本隊と別れて西に向かったチルズ隊の一行は、そのときどうしていたのであろうか？

彼ら若者たちの一行は、まだサターズ・フォートに行き着いてさえいなかったのである。ウォーカー隊の者たちがメアリーズ・シンクで彼らの姿の出現を今や遅しと待って、西に視線を投げていたとき、チルズ隊はまだ、シェラネヴァダ山脈の北端でその南端と接しているカスケイド山脈の中にいて、万年雪を載せて美しい稜線を曳く、シャスタ山（四三一五メートル）を眺めながら南下しつつあったのだ。彼らが通過した地帯は、決して平坦ではなく、散らばって聳える高山を除けば山波は優しいが、山と谷がとぎれなく波打つ地帯で、とくにその後、この隊の隊員の名を冠せられて呼ばれるようになった現在のレディング市（キャリフォーニア州北部）あたりまでは、鬱蒼たる深い森林が山谷を覆って人馬の侵入を防いでいる、旅程のはかどらない地帯であった。結局、彼らが苦難を重ねたのち、ようやく疲れ果てた身をサターズ・フォートまで引いてきたとき、約束をはるかに過ぎた一一月一〇日となっていた。それでも彼らはただちに食糧を調達し、フォートの主であるサターが止めるのもきかず、シェラネヴァダ山脈へと向かった。だが、サターの言う通り、シェラネヴァダは雪に閉じ込められつつあり、固く交した約束を果たすことが不可能であることを覚るに至ったのである。こうしてフォートに戻った彼らは皆、東の方に視線を投げ、幌馬車隊が姿を現わすのを祈るように待っていたのであった。

一一月一日、東の空が白みはじめると同時に、ウォーカー隊は、大迂回のコースであるウォーカー・パスを目指して出発した。歩きはじめると寒さを感じなくなり、皆、身体に力が漲っているのを感じた。女たちも皆、歩いていた。子供たちも年齢に応じて時間を決められ、歩かされていた。ズボンをはいた女たちの中には、男の足どりにまさる力強さをみせているものもいた。

やがて太陽が昇り、彼らが踏みしめる砂地は暖たまり、灼けていった。火にかけた大鍋の底にいるように周囲に陽炎がたち、人の姿が燃えているようにゆらめいた。身体の毛穴という毛穴から汗が吹き出したが、汗は皮膚の上を流れる前に蒸発していった。あえぎながら歩く女たちの胸の中では、脚を鍛えた者たちだけが生き残れますのじゃ、倒れたものは置き去りにするしかありませんのでな、と言ったウォーカーの言葉が、浮かんでは消えていた。幌馬車の車輪が砂にはまると、男たちが駆けつけてむらがり、押し上げた。まっ先に駆けつけて幌馬車を進ませようと力を惜しまぬボールドリッジのかいがいしい動作を、ウォーカーは澄んだ目で見ていた。彼らは三台の幌馬車をラバに牽かせていたが、そのうちの一台には製材工場を建てる鉄製の部品が積まれていた。だがそれらの部品は、もはやボールドリッジの所有物ではなかった。

昨日朝、――

ウォーカーが寝ぐらから起き上がると、男たちが集まってきて彼をとり囲んだ。

「キャプテン・ウォーカー、私たちは、あんたに隊長になってもらうことに決めたんだ。どうか引き受けてもらいたい」

ホッパーが皆を代表して口をきった。

「どうか頼むよ、キャプテン・ウォーカー。これからは、ミスター・チルズに頼まれた隊長としてではなく、私たちみんなで選んだ隊長として隊を指揮してもらいたいんだ」

とボールドリッジがつづけた。ウォーカーは男たちの目に必死な真剣さが宿っているのをゆっくりと眺め回した。彼らはウォーカーを逃さないぞ、というようにとり囲んでいた。

「わしまで死の道連れにしようってのかね」

とウォーカーは言ったが、彼の目は和らいでいて、顔には頬笑みさえ泛んでいた。

「で、どのコースをとることに決めたんだね？」

「それについては結論を出したわけじゃない。結論を出したのはあんたに隊長になってもらうということだけだった。だからどのコースを選ぶのかも、キャプテン・ウォーカーにまかそうということになった。でも話の大勢についていえば、食糧をできる限りきりつめて、あんたの見つけた峠を目ざすのが、生き残れる可能性が多い方策ではないのか、という意見の方が優勢だったと思う。女と子供を多く抱えた隊としては、賭はできるかぎり避けるべきではないか、という意見が……」

ウォーカーはしばらく考えるふりをしていて、なかなか口を開かなかったが、やがて命令の口調で言った。

「では明日、夜明け前に、南へ向かって出発とする。皆の衆、用意をはじめなせぇ」

頃合いを見計ってウォーカーは生気を蘇らせたキャンプの見回りに出掛けた。彼が予想したとおり、ボールドリッジが製材工場の機械を幌馬車から下ろしていた。

「ミスター・ボールドリッジ、それをどうするんかね？」

「ここに捨てていくことにしたんです。これ以上皆にやっかいをかけるわけにはいきませんからね」

「でもここに捨てたらもう取りに来るわけにはいかねぇ。すっかり手離したことになりますぜ」

「いや、わかってますよ。昨夜、あきらめをつけました。生命の方が大切ですからな」

「工場をやるのに最低限必要なものを選び出すと、どのくらいの嵩になりますのかな？」

「半分以上の部品は自分で何とか作れるから、まあ幌馬車一台分ぐらいでしょうか」

「それじゃ、それだけをわしに下せぇ」

「いいですが、どうするんです？」

「皆のものとして運んでいきますのじゃ。キャリフォーニーで、皆で水車小屋を建て、製材・製粉工場を建てて、仕事をするための資本として。あんたにはもちろん先頭に立って働いてもらわにゃならんが」

一瞬焦点を宙に迷わせたボールドリッジの目に、光と共に焦点が戻ったが、その目はふたたび翳りはじめた。

「ジョー、あんたは本当に、こんな重いものをキャリフォーニアまで運んでいけると思っているんかね？」

「まずむずかしいだろうと思う。じゃが、これからの戦いのために、もう一つ夢を加えたいんですよ。ミスター・ボールドリッジ、隊員すべての所有物となったすばらしい機械を幌馬車に積み戻してくだせぇ」


キャプテン・ウォーカーはさらに厳しい食糧制限を敷いた。手持ちの三週間分の食糧を四週間以上食い伸ばす計算をたてていたのである。ウォーカー・パスまで一ヵ月以上はかかる。残りの一、二週間は幌馬車をすべて捨て、最後に残ったラバを屠殺していこう、と彼は考えていた。シェラネヴァダの東側は動物の棲息を拒絶しているが、西へと越えて数日山を下りさえすれば、そこは生き物の天国であって、食糧は望むだけ手にはいる。こうしてウォーカー隊は、メアリーズ・シンクをあとに南へと進んで行った。メアリーズ・シンクの南にも水のない砂漠が広がっていたが、彼らは不安にとらわれてはいなかった。ウォーカー以外にもう二人、一八四一年のバートルスン＝ビッドウエル隊の一員としてキャリフォーニアへ渡り、翌年チルズと

ウォーカー隊の進んだ難所

共にミズーリーへの旅をしたホッパーとウォールトンがこの隊にはいて、彼ら二人もこのあたりの進路についてかなり確実な理解をしていたし、メアリーズ・シンクでの十分な休養が、彼らの体力と気力を充実させていた。

彼らは、その後、フリーモントが自分の率いる探検隊のガイドであるマウンティンマン、キッド・カーソンにちなんで名づけることになるカーソン・リヴァーに達して、ここで一日の休息をとり、そこから約六五キロ進んで、その後ウォーカー・リヴァーと名づけられることになる川に達した。旅は順調で、この川沿いに数キロ進むと後年ウォーカー・レイクと名づけられることになる湖に達することになる。

この湖を背に南に向かった彼らは、自分たちが経験したことのない難所にはいり込んだのを知った(写真上)。天から無数の岩石が降りつづいた跡のように、焦げた色をした岩と石の丘が波打ってつづいている。まるで神が月を創造したあとで、残った破裂岩石を月より投げ捨てたかのようだった。岩石と岩石のはざまにはまるか、岩石の側面を滑り落ちるか、のどちらかをくり返してきしむ幌馬車の車輪にとりついた男たちが、まるで海中を泳ぐイカの足のように休む間もなく幌馬車の前後に、車輪にとりついては散る行動をくり返した。彼らの身体から流れ出た汗は見る間に蒸発した。飲料水を飲み尽くしてしまうと、男たちは口を天に向けて犬のように喘いだ。ボールドリッジとウォールトンのがんばりがとくに目立っていた。二人の働きを見つめるウォーカーの瞳が、一瞬、優しい光を帯びたのを、この隊の者たちの中に唯一人として気づいた者はいない。

ラバや男たちが、女や子供たちが、踏みしめる岩石は、昼間は、触れればやけどをする熱さに灼けていたが、夜は氷塊となって触れるものを焼いた。ようやっとここを脱出した彼らは安堵の溜息をついたが、神が月から投げ下ろした岩石の捨て場のような広がりは、ここだけではなかった。進路にはさらにひどい難所がいくつも待ち受けていたのである。きびしい食糧制限に飢えた人々が、たまにしか水の得られない、この不毛の地の広がりの中を進んでいった。彼らの右手にはシェラネヴァダの嶮峻が牙をむいて並び立ち、砂漠である左手にもいつの間にかシェラネヴァダに劣らぬ高度をもたげた岩峰が屹立し、南北に連なっていた。ウォーカー隊は、これら二つの天を突く岩峰の間の長い回廊を、燃える太陽と底冷えの寒さに焼かれながら、飢えと渇きにあえぎあえぎ進んでいった。実際、彼らは、現在のアメリカ合衆国の領域で最も人間の住むのが困難な地帯を進んでいたのであった。

メアリーズ・シンクを出発してからも、毎晩、かならず不寝番の歩哨をたてた。地獄はかくあらんと思われるこのような難所の連続する地域に、インディアンはもちろん、猛獣だって住むわけはない、と皆は考えたが、ウォーカーの命令は、今では絶対であった。だが、昼間の難行で疲労した歩哨は、睡魔を抑えようとの困難な戦いに負け、居眠りをすることが多くなった。地獄の夜は静寂に充ち、星空がどこまでも果てしなかった。

ある寝静まった真夜中、どこからか一本の矢が流星のごとく飛んできて、歩哨に立っていたミルトン・リトルの右の胸に突き立った。

「ウッー！」

と呻いて、矢の根本を握ってくずおれそうになったミルトンは、膝を突いたところで踏みとどまり、叫び声を上げた。

「インディアンの襲撃だ！」

ウォーカーが上体を折った姿勢で一番に駆けつけてくる。間もなく男たちが駆けてくる。銃を持たずに飛び出してきて、気がつき、とりに戻った男たちもいる。

「伏せろ」

ウォーカーは両手を水平にして、自分の左右を指し示した。男たちがウォーカーの周囲に身を伏せた。

「敵は一人か二人だ。ホッパーとウォールトン以外は、キャンプの西縁に装弾した銃を手に散開し身を伏せて待機。ボールドリッジ、わしに何かあったときはあんた指揮をとれ。ホッパー、あんたにはミルトンの介抱をまかす。ウォールトンは女と子供たちのところをなだめて回れ。心配ないから、そのまま騒がずに寝たままでいるようにとな」

ウォーカーは矢の飛んできた方向を計っていたが、大声で次の命令を発した。

「わしが銃を発射した方向に向かって、右翼の者より順に、三秒置きに発砲！」

ウォーカーの銃が火を吹いた。弾丸が岩に当たって跳ねる音が、キーンと響いた。男たちの銃の音が絶え間なく炸裂し、岩山に当たって跳ねた弾丸の金属的なこだまが、遠くへと響き渡っていった。

その夜、それ以後、ウォーカーとウォールトンの二人が歩哨に立った。ミルトンがずっと呻いていた。ホッパーが彼の胸に突き立った矢を引き抜こうとしたが、矢が折れて、矢尻が胸に残ってしまったのだ。その夜、矢はもう飛んではこなかった。

第16章　透明な湖――現代

　カスケイド山脈に鎮座するシャスタ山（口絵写真7）は秀麗な山頂を蒼天に突き入れて、孤独な稜線を裾野に長々と曳いていた。ぼくは裾野をやや登ったところにキャンプを張ってウサギを待っている。ウサギはぼくより一日おくれて、〈ショットガンハウス〉を出発したはずだった。

　五日前――

　最高級のベッドルームとウサギが呼ぶオアシスのハンモックで、七日目の昼寝から覚めたとき、本を読んでいるウサギにぼくは宣言した。

「ウサギさんが世界で最も透明な湖と評したクレイター・レイクが見たくなった。明朝出発したい」

「オレもいつ行こうかと考えていたところだ。残雪を映した今の季節に、一度見ておかなきゃならないからな。幾重もの虹が、はてしなく共鳴しているような透明なサンクチュアリーなんだ。空と水と雪と木と花が、火口湖という巨大な楽器の中で、静寂な音楽をはてしなく響かせている……」

　ウサギの青い瞳が、砂漠の空に焦点を合わせようとしていた。

　翌日、ぼくはウサギと、お互いの目を一分以上も見つめ合って長い長い握手を交わし、さらに同じくらいの長い抱擁をし合ってから、クレイター・レイクの方角に向かった。長い握手も、長い抱擁も、ぼくにははじめてで、てれくさく、なじめないものを感じたが、一人になっても、ウサギの体温がぼくの掌に、胸に残っていた。

ぼくはチルズが若者たちを率いてサクラメントへと辿ったルートに近いと思われる道路を選んで、北へと遡ろうと考えていたが、途中で大脱線をくり返す旅のやり方が身についてしまっているので、どうなることか、とも思っていた。

オロヴィル、この附近の風景は見ておきたいものの一つであった。ここは一九一一年、北アメリカ最後の石器人と言われたインディアン、ヤヒ族のイシが、白人の前に姿を現わし、捕らえられた場所である。ぼくは北アメリカ最後の石器人が仲間を殺され、最後まで守った母と妹までをもやがて殺されて、一人になってからも長期間生きつづけた、キャリフォーニアの山谷を探索してみたかった。キャリフォーニア大学の博物館で、生きた標本として捕獲されて以後の余生を送ったイシの生涯と彼の語った言葉は、文明人を自称するぼくの生き方に、衝撃と反省と警鐘を与えた教えの一つとなっていた。だがこれについて語るのは本章の目的ではない。

ユーバシティ、オロヴィル、チコと、キャリフォーニア州道99号線をたどり、レッドブラッフでインターステイト5号線に乗った。進路にある州を南北に貫くこの信号のないハイウェイに乗ると、自動車のスピードは一気にあがる。乾燥した単調な砂漠がどこまでもつづく。左右はるか遠くにかすむ山々の稜線までが変化しない。だが、この単調さと無変化と静寂をぼくは愛している。

チルズ隊の隊員の一人の名にちなんで命名されたレディング市を越えると、ハイウェイは木々の生い茂る波打つ山の中に突入し、登り下りをくり返しながら、谷を縫って進む。やがて前方に一きわ高い、万年雪をかぶって蒼天に白く輝く、秀麗な姿の独立峰が見えてくる。なだらかな斜線をどこまでも曳く稜線は、深田久彌が大通俗と称した、富士山の稜線と見間違うばかりの果てしなさだ。

どう登ったらよいか？　ぼくの目はいつもの癖で、登頂ルートを探りはじめる。鞍部にキャンプを一つ張れば登頂できる、と思われる。だがアイゼンが必要のようだ。ぼくはアイゼンを持っていなかった。もしかするとウサギが持っているかもしれない。一日か二日、ここでこの山の美しさに浸りながらウサギを待ってみよう、と決心した。だがウサギに会える保証はなかった。むしろ会えない可能性の方がはるかに大きかった。

「オレを決して待つな。どこそこで会うという約束はせんぞ。お互い、いつどこで何かを発見したり、やりたくなったりするかわからないだろう。したいことをする自由を束縛し合う、約束というヤツをしないというのが、オレの主義だ」

とウサギは出発しつつあるぼくに言ったのだ。

「まあ、どこかで偶然に会えて、もし二人で過ごしたかったら、お互いが過ごしたいだけの時間を共有しよう。たとえ、朝、同時に、同じ方向へ一緒に出発しても、相手に気を遣うことなく、自由にふるまおう。望む方角に曲っていくのを妨げることなく、な」

ウサギの旅の仕方は、まさにぼくの旅の理想と合致していた。だが、この山を登るには、二人の方が危険を回避できる可能性がより大きいと思われた。

ぼくは途中、オロヴィルその他の場所を歩き回って、一直線にここにやってきた場合より、三日ほど遅れていた。ウサギが先に行ってしまった可能性も大であった。

ぼくはテントから出て、まっ赤に焼けた地平を眺めた。天空が三六〇度赤く焼けていた。頭上に燃えつつ広がる鰯雲が、遠く果てしなかった。

やがて雲がかすかに紫色をにじませはじめ、冷気を帯びた一陣の風が吹き抜け、山と空に品格が加わっていく。もしこの美しく、優雅な姿をした山が、今、目の前で噴火したら、どれほどの刻々変化する美を、この底なしに澄みかえった、薄明かりの広大な天空に描き出すのであろう。ぼくは、それを目撃したいと思ったが、そんな望みを口にしたらウサギは怒るだろうな、とも感じていた。ぼくの考えは、滅びの美、あの秀麗の極みをただ自分が独占するために一瞬に破壊する、まさに暴力への誘惑であると。かつてニューヨークで若い芸術家たちと話し合っていて、三島由紀夫の『金閣寺』に話題が触れたときもそうであった。あの作品同様、ぼくの願望もウサギをはじめとするアメリカ人の言う、ディプレスドの思考・感覚・感情であった。

と、そのとき、ぼくは、シャスタ山の山頂近くに、まるでシャスタ山という火山が噴き上げたかのように、星が一つ浮揚して、輝きはじめたのを見た。星は一つ、また一つと噴き上げられ、噴き上げる速度が増していって、やがて二〇〇〇億個の光の河が天空にうねっていた。

ぼくはウサギのために、自分だけが詩と呼ぶ言葉を書きつらねはじめていた——

Erupting the first star into the vastest sky circled with
The burning horizon left behind by the sun, now gone,
Mt. Shasta has begun the work of laying the galaxy
Through the infinite darkness of the universe……

ぼくは、自分がアメリカ人の楽天性と、楽園希求を身につけつつあるのを意識した。

二日経っても、ウサギは姿を現わさなかった。ウサギはどこかでカメを追い抜いたに違いない、とぼくは確信した。


ぼくはウィードで5号線を下りて国道97号線にはいった。どこまで行ってもシャスタ山が見える。が、決して見飽きることはない。チルズもぼくのように、この山の風景の外に立ち去りがたく思いつつ進んだのであろうか。

シャスタ山がついに後方に姿を消し、前方に大きな湖が姿を現わした。これはクレイター・レイクではない。文明の汚濁に染まりつつあるアパークラマス・レイクだ。ぼくはウサギが世界一と称揚したクレイター・レイクの透明な空と水に恋い焦がれた。あと一時間数十分——。

と、水滴ほどの大きさのものが、自動車のフロントガラスに落下するのを感じた。雨か、と思ったが空は晴れている。しかし雨滴と思われる物体は夕立のように自動車に降りかかってきた。フロントガラスが曇って前方が見えなくなりつつあった。ぼくはワイパーをオンにした。フロントガラスにサツと白い幕が張られ、目つぶしを食らったように視界がきかなくなった。ぼくはブレーキペダルを強く踏みつつ、ウォッシャー液をフロントガラスに噴射した。

それは雨滴ではなかった。蛾が群れをなして飛んでいて、それがフロントガラスに衝突して、体液を破裂させているのであった。湖に近づくにつれて蛾の群れはさらに濃密になり、まるで雲の中にはいっているようで、太陽の光が遮られて薄暗闇になっていった。ぼくの自動車は蛾の雲の中に切り込んでいたのだ。蛾の雲は濃淡のついた縞模様を描きつつ動いていた。色の淡い部分にはいると薄曇りの空が見えたが、すぐにまたドシャ降りの蛾の雨の中に突入した。視界五メートル以下、自動車のスピード、一〇キロ。ライトをオンにしても視界にほとんど変化はない。右にクラマスフォールズの町の入口を告げる標識が見えた。ぼくは町へと通じる道路に自動車を乗り入れた。二〇分かせいぜい三〇分運転すれば、道は湖から離れていく。そうすれば、この蛾の濃霧を抜けることができるのではないかと、このような経験がはじめてでもないぼくは考えた。しかし毎秒、何十匹もの蛾を殺しながら進むのには、耐えられなかった。

クラマスフォールズの町並みにはいると、衝突してくる蛾の数が急に少なくなり、やがて夕立が止むように天が広がった。

ぼくはガソリンスタンドで、自動車をカーウォッシュに乗り入れて洗わせせると、博物館への道を尋ねた。ここはかつてクラマス・インディアンが住んでいた土地で、白人に土地を奪われて滅びた彼らについての資料が、平和な時代の彼らの風俗・習慣やその後の白人との闘争の歴史を記録した資料が、あるはずだ、とぼくは考えていた。

それは確かにあった。しかしぼくの目は他の二つの資料にひきつけられた。二つとも日本人であるぼくの祖国に関係のある資料で、衝撃でぼくの目を眩ませる陳列品であった。

第二次世界大戦中、日本の軍隊が、ゴム風船に小型爆弾を吊り下げて、風に乗せてアメリカへ向けて飛ばしたという記述を、ぼくはどこかで読んだ経験があった。ぼくはまさかその爆弾がアメリカに到達したなどとは想像だにせず、その児戯を皮肉に笑いとばしていたのだった。ここからすぐの寒村、ニューウェルの教会の屋根に、その爆弾の一つが体当たりをして、日曜学校で聖書を勉強していた四人の子供と若い女の先生の生命をもぎとっていたのだったとは！

他の一つは、同じ時期にこの寒村に急造されたトゥールレイクと名づけられた日系アメリカ人の強制収容所に、財産を剝奪された日系人約一万人が収容されていた、という情報であった。

この博物館は、アメリカン・インディアンとアメリカ人と日本人の悲劇を、来館者たちに語っていた。外に出ると蛾の雲が町に押し寄せていた。町には闇がかぶさり、街路に人影が絶え、死の静寂が垂れ込めていた。だが耳をすますと、蛾の翅のこすれ発するかすかな、虎落笛のような不吉な音調が、町を埋めていた。

ぼくの旅は、ここでまた足留めを食うことになった。

世界一の透明度を保つ山上の火口湖、クレイター・レイクは、水というのはかくも清澄でありうる美しいものだったのかと認識させるほどの深みまで、太古の空を溶かし込んでいた。磨きに磨いた鏡だって、これほどの深さ・清澄さを持ちえない。キャンプ地を含め宿泊施設を山中に建設すること、ボートを湖に浮かべること、湖にて遊泳すること——ここでは多くのことが禁じられて、湖の太古の清澄と、静寂を守ろうとの努力がかなりの効果を上げているように見える。だが、火口湖を囲む稜線には自動車道路が一周し、湖にはナショナルパークサーヴィスの運営するボートが三艘うかんで、湖上の遊覧を提供している。自動車で登れない稜線の高みのいくつかにはトレイルが敷かれて、徒歩で登高した者に、さらなる高みからの風景を眺望させている。

水深六〇四メートル、アメリカで最も深く、世界でも第七位の水深をもつ火口湖で、周囲を水面から直立する一五三メートルから六〇〇メートルの絶崖に囲われている。紺青の水の透明度は世界一といわれ、宇宙を越えた深い淵なるものが存在しえたのか、という錯覚を、人間の目に与えるほどだった。

湖中には、のちの噴火によって生みおとした火山島を一つ浮かべている——ウィザードアイランド（魔法の島。口絵写真8）と名づけたコニーデの子供を。ぼくは湖をはじめて覗き込んだとき、ただちに、あの火山島の山頂こそ、四囲を世界一透明な水に囲まれたウィザードアイランドこそ、ウサギが目指してやってくる場所だと覚った。

稜線の湖岸から急坂を湖の内部へとジグザグに下っていくと、この湖で唯一の小さな船着き場があった。ここから夏の期間、一時間に一艘のボートが、ここまで歩いて下り、登って帰ることのできる脚力をもつ観光客を一度に三〇人ほど乗せて出発している。途中〈魔法の島〉に接岸しての一〇分間の休憩を含めて、遊覧時間は約一時間半。

湖岸より自動車で三〇～四〇分も下った山裾にある、それでも最も湖に近いキャンプ地にテントを張ったぼくは、朝一番のボートに乗り込んで〈魔法の島〉に渡った。そして島の舟着き場から約五〇分、溶岩と火山灰の急な斜面を山頂まで登った。途中、湖を囲ってそびえる雪を置いた峰々に見とれていると、足もとの斜面に咲き乱れる高山植物を見落としそうだ。山頂からは島の内部に向かってすり鉢状の火口が落ちこんでいて、鉢の中をびっしり雪が埋めている。すべてが透明の極み、清澄の極み、美の極みであった。やはり、自然の美しさにも序列があるのであろうか？

ぼくは山頂にて一日眺め暮らし、最終のボートをつかまえて湖畔へ、歩いて湖岸へ、自動車でキャンプ地へ、と戻った。どうしてウサギがあそこにいなかったのだろう、とぼくはいぶかった。まだ帰るわけはない。そんなあわただしい旅をウサギがやるはずはなかった。

次の日、ぼくはふたたび〈魔法の島〉の山頂で一日を過ごした。最高に気持のよい昼寝をむさぼったのは言うまでもない。ウサギとここで会うのを、ぼくは諦めはじめていた。

三日目の山頂——ぼくはキャンプで茹でたソーメンを食べ、ぼつぼつ昼寝にかかろうとしていた。今日もウサギのためにもってきたソーメンを持ち帰ることになり、また昼も夜もソーメンづけだな、と覚悟しはじめていた。

ふと見ると足の長い動物が円錐の斜面を駈け登ってくる。信じられないスピードで、ぐいぐい高度をかせいでくる。まるでライオンか、いやウサギのようだ。

「ヘーイ、マイディアトータースウェイカープ」

叫び声が、湖の四囲をかこむ火口壁に打ちあたっては跳ね返り、跳ね返り、永遠なるささやきとなって蒼天に噴き上がっていった。

ぼくは、大声で歌っていた——

あんまりおそいウサギさん
さーっきの自慢はどーしたの
………

第17章　砂の河(2)——一八四三年
（日本——黒船来襲一〇年前）

メアリーズ・シンクから六〇〇キロメートル以上もの、灼熱と極寒の支配する、想像を絶する難所の連続する砂漠の中を、ウォーカー隊は十分の食糧もなく約一ヵ月、南へ、南へと進んで現在のオーエンズ・レイクに近づきつつあった。彼らの顔は空腹と疲労のため痩せ細りつつあったが、不安の色を宿してはいなかったし、消耗しきった人間の見せる翳を宿してもいなかった。彼らはまだ二台の幌馬車をラバに牽かせていたが、そのうちの一台には、あの製材工場用の鉄製の機械や部品が積載されていた。だが他の一台の幌馬車に積んであった食糧は、この日、最後の一食分が分配されて尽きた。フォート・ホールで買った牛は、もちろんメアリーズ・シンクに到着する以前に屠殺されて、隊員たちの胃袋におさまってしまっていた。

オーエンズ・レイクの湖畔に到着すると、ウォーカーは、今夜はここにキャンプを張る、と告げ、男たち女たちの全員を招集した。

「皆の衆、わしらはとうとう峠まであと三日のうちに行き着けるところまで来ましたぞ。だが、ここからがこれまでよりも、もっと厳しく、苦しい旅ですじゃ。ここで幌馬車をすべて捨てることに決めましたでな。皆さんの工場の機械もここに置いていかなくちゃならねえ。だが、ここまでくれば安心、ここまで運んできたからにゃ、無事にキャリフォーニーへ着けさえすれば、すぐに取りに戻ってこられますからな。とにかくあと一ふんばり、最後の一ふんばりですじゃ。飢えと渇きのないユートピアは、あの岩壁の向こうとなりましたでな」

ウォーカーは、だいぶなだらかになった山波を指差し、それから男たちにいくつかの命令を発した。何人かの男たちが機械を埋める穴を掘っていた。幌馬車を解体して、ボールドリッジが他の何人かの男たちと、幌馬車から機械を下ろす作業にとりかかっていた。パックトゥレインのための荷台の組立てにとりかかった男たちがいた。ラバの屠殺と即席乾燥肉の精製にとりかかっている男たちの数が最も多かった。だがラバの頭数は残り少なくなっていて、男の数の方がずっと多かった。それに、食糧・炊事道具・キャンプ道具等を積むためのラバと、女や子供たちのための救急用のラバは、ぎりぎり最後まで屠殺するわけにはいかないのだった。

こうして彼らは、ここオーエンズ・レイクで、幌馬車を牽いてキャリフォーニアへと移住するパイオニアになるという、歴史的使命を捨てることになったのである。シェラネヴァダ山脈は、この年も、東からキャリフォーニアという楽園に侵入しようとする人間たちの挑戦を阻止し、高邁なる峻嶮さを誇ったのであった。

ジョウゼフ・チルズとジョー・ウォーカー、この二人は不可知な領域を、人を導いて越えていく隊長として、衆に抜きん出て優れた資質――勇気・忍耐心、責任感・状況判断の的確さ・物質に執着しない気質・自然への愛等――を所有していたと言える。この隊は幸福な隊であったと言わねばならない。二人もの最も秀でた隊長に率いられていたのだから。チルズと共に日々の食糧を未踏の荒野で手に入れつつ、万年雪をいただく秀麗な独立峰、シャスタ山の裾野を回っていった一三人の若者たちの中には、その後、西部植民のための優れたガイドとして名を成した男たちが何人かいる。またこのときチルズがとったルートは、その後、キャリフォーニアへの植民のルートの一つとして使われることにもなるルートであった。

しかし――である。チルズ＝ウォーカー隊も成功とは言えない。結局、彼らは幌馬車を牽いてシェラネヴァダ山脈を越えるルートを見つけることはできなかったのだから。途中で、幌馬車とその積荷を捨てざるをえない状態に陥ったのだから。

一八四三年はこうして終わりを告げ、峻嶮なるシェラネヴァダの岩壁は、この年も、幌馬車の轍によって汚されることなく、次なる挑戦を待つことになった。キャリフォーニア・トレイル発見の試みは、翌年以降に持ち越されることになったのである。

ウォーカー隊はその後どうなったであろうか？　チルズは？

チルズはその頃、食糧を背に負わせたラバのパックトゥレインを率いて、山脈の西側をウォーカー・パス目指して急いでいた。しかし、これらの二隊は、行き違い、出会うことはなかった。幌馬車の轍の跡を喪ったウォーカー隊には、さらにしばらくの、独力での生き残りの旅が残っていたのであった。

オーエンズ・レイクを後にして三日後、すべてウォーカーが計算し、隊員たちに説明した通り、彼らはウォーカー・パスの最高点に達した。それは一二月三日の太陽が中天に近づきつつある、一日で最も暖かい時間であった。峠には二〇センチほど雪が積もっていたが、ウォーカーに率いられた彼らを阻止する障碍とはなりえなかった。女も男も皆、歩いていた。矢傷がまだ完全には癒えていないミルトン・リトルだけがラバに乗り、子供たちは男たちに背負われていた。女たちも、子供を背負っていない男たちも、皆、大きな荷を担いでいた。ボールドリッジが最も大きな荷を背にあえいでいた。だが彼の足どりは、確固としていた。

「アンクル・ジョー、ユートピアはまだなの？」

ウォーカーに背負われていた女の子が訊いた。

「もうみんなユートピアに到着しているんだよ」

ウォーカー・パスの最高点に立ってふり返り、距離感を狂わす透明な大気の中に、どこまでも広がる砂漠と、そのかなたの越えてきた地平線に惜別の視線を投げていたウォーカーは、女の子の声に現実感を取り戻して答えた。

「ここからがユートピア？」

「いいや、もっと前からだった」

「どこからだったの?」

「そうさな、メアリーズ・シンクを出発したときには、もうユートピアにはいっていたことは間違いない、と言えるかな」

「でもずっと食べ物がなくて、おなかがすきづめだったし、それにみんなこんな地獄見たことないって言い合っていたわよ。あれが地獄じゃなくてユートピアだったたって言うの?」

「いまにわかるさね。そうさな、おまえさんのこの細くて美しい脚《あんよ》が、もうちっとばかし頑丈になって、皆と一緒にずっと歩いて来て、この真っ白い雪の峠も、おまえさんの脚《あんよ》で越えられるほどの年齢《とし》になったらな」

第18章　死の谷——現代

ぼくはシェラネヴァダ山脈を右手に見ながら、山脈の東縁を南下している。ここU・S・ハイウェイ395号線はウォーカー隊が南へと進んだルートと重なっているか、あるいはそれに近い場所を踏んで延びていると思われる。もちろん、ウォーカー隊がどうこの乾燥の極みの地帯を通り抜けたのか、その詳細についてはわからない。だが、彼らの踏み跡に近いルートを、彼らと同じような岩山の風景を眺めながら、ぼくが南へと向かっていることに間違いはない。暑く、自動車のクーラーをハイにしても全身から汗が吹き出してきて、運転席のシートが湿っていく。尻だけ浴槽にひたしているような気分だ。だが一〇分も外に出て、風景を眺めたりして戻ってくると、シートは完全に乾いてしまっている。そのうちに身体から汗になる水分が出尽くして、汗が吹き出さなくなり、さらに暑さがつのる。ぼくは木蔭を捜して、車を止め、水を飲む。水はたちまち身体を通り抜けて、汗となって吹き出してくる。この暑さはまさに地獄だ。どこかで昼寝をしているべきなのであろう。だがどこで？　このあたりに人間が住むのはむずかしかったであろう。エアコンの発達した現代ならばいざ知らず。

ぼくは、夏、気温が昼は五〇度にも昇り、夜は零度までも下る地帯を通り抜けながら、驚愕と絶望にうたれながら目を瞠り、数えていたものがあった——ファローン・インディアンリザヴェイション——ウォーカーリヴァー・インディアンリザヴェイション——イェリグトン・インディアンリザヴェイション——フォートインディペンデンス・インディアンリザヴェイション——ビックパイン・インディアンリザヴェイション

マンザナー強制収容所跡

――ローンパイン・インディアンリザヴェイション……これらのインディアンリザヴェイション群は、罪のない人間から、何千年何万年と暮らしてきた先祖から相続した土地を奪い、自由までをも奪って地獄に閉じ込めた、自称文明人の残酷さと醜い欲望の行為の一つのショーケースとして、この壮絶な地獄の回廊に次々に整列して、その存在を主張していた。だが、ここを通る車はほとんどなく、立ち止まる人とていない。

七つの大罪を心に巣くわせた人間が、罪を犯していない人間からすべてを剥奪したあとで、彼らをどこに幽閉しようかと考えたとき、ここほど理想的な場所はない。彼らは、アメリカという豊かな国には、自分たちが利用すべき最高に申し分のない牢獄まで用意されている、と狂喜したのであろうか。

生き残ったインディアンたちの地獄の牢獄、シエラネヴァダ山脈が東側に五〇〇キロにもわたって屹立させている直立岩壁と、その岩壁に抱かれて広がる砂漠とを外壁として利用したこれら牢獄の連なりの中に、マンザナー強制収容所跡（写真上）もある。ここは万年雪を山腹に載せる二つの

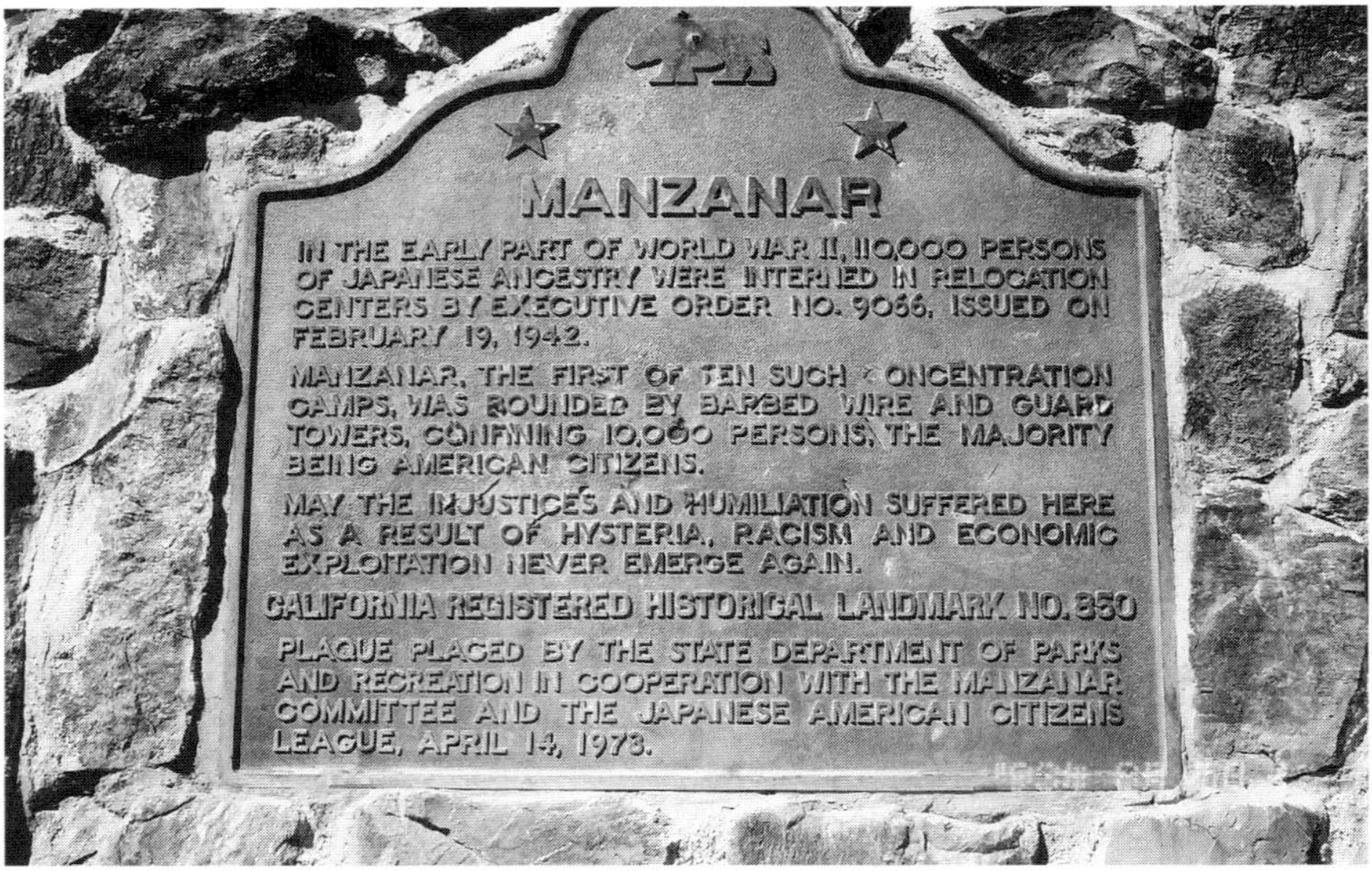
MANZANAR
IN THE EARLY PART OF WORLD WAR II, 110,000 PERSONS OF JAPANESE ANCESTRY WERE INTERNED IN RELOCATION CENTERS BY EXECUTIVE ORDER NO. 9066, ISSUED ON FEBRUARY 19, 1942.
MANZANAR, THE FIRST OF TEN SUCH CONCENTRATION CAMPS, WAS BOUNDED BY BARBED WIRE AND GUARD TOWERS, CONFINING 10,000 PERSONS, THE MAJORITY BEING AMERICAN CITIZENS.
MAY THE INJUSTICES AND HUMILIATION SUFFERED HERE AS A RESULT OF HYSTERIA, RACISM AND ECONOMIC EXPLOITATION NEVER EMERGE AGAIN.
CALIFORNIA REGISTERED HISTORICAL LANDMARK NO. 850
PLAQUE PLACED BY THE STATE DEPARTMENT OF PARKS AND RECREATION IN COOPERATION WITH THE MANZANAR COMMITTEE AND THE JAPANESE AMERICAN CITIZENS LEAGUE, APRIL 14, 1973.
マンザナー強制収容所跡の説明プレート

山脈のはざまの、砂の回廊の中心に位置している。西にはアラスカを除く北アメリカの最高峰、ウィットニー山が牙を天に突き入れ、東にはデス・ヴァレイを西側で抱く腕の一本を成しているコットンウッド山脈が、三〇〇〇メートル級の岩峰を天にもたげている。デス・ヴァレイは、北アメリカで最も暑く、最も乾燥した地帯で、年間降雨量平均四七ミリ、これまでの最高気温五六・七度に達したことのある、グレイトベイスンと呼ばれるこの広大な砂漠の領域の中で、最も厳しい自然の支配する場所である。

　マンザナー強制収容所跡は、デス・ヴァレイと山脈一つ隔てたシェラネヴァダ山脈とのはざまの谷底に建てられた牢獄で、デス・ヴァレイに勝るとも劣らない厳しい気候に支配されている場所である。ここに一九四二年、一万人収容のバラックの牢獄が急造され、日系アメリカ人が強制収容されたのであった（写真上）。かつて土着の住民であるインディアンたちからすべてを奪って、彼らをこの死の回廊に閉じ込めた文明人たちのさらに文明化した末裔たちが、第二次世界大戦勃発と同時に、日系人たちから土地を、財産を、自由を、希望を奪って、死の谷の間際の地獄のただ中に建てた牢獄に、有刺鉄線を張って収監したのだ。現在もかつては高圧電流の流れていた有刺鉄線で囲った壁と二重の門が、戦争の世紀、二〇世紀の文明人の愚行を物語る証として、針の山と死の谷のはざまで風化しつつある。日系人を収監した強制収容所は、ここマンザナーだけではない。キャリフォーニアにも前記トゥールレイクの、ユタにはトパッツの、アリゾナにはボストンの……全部で一〇に及ぶ収容所が建てられ、合計で十数万人の日系人が収監されたのであった。それらのほとんどすべての収容所跡は、ぼくが文明の喧騒と汚濁を逃れてさ迷う、生存困難なほどの苛酷な自然を集約して広がるここアメリカ大西部の砂漠の中に、今は見捨てられ、ゴーストタウンと化して、消滅しつつある。

ぼくはマンザナーのことを調べようとここにやって来たのではない。ウォーカー隊の足跡をたどって南下し、ウォーカー隊が幌馬車を捨てたオーエンズ・レイクあたりでウォーカー隊のルートと別れ、デス・ヴァレイの、想像を絶すると耳にしていた風景を目にしようと、回廊に散らばるいくつかの寒村を結んで走るU・S・ハイウェイ395号線をやって来たのである。ローン・パイン（寂しい松）という一つかみの家からなる寒村までやって来たとき、ここからデス・ヴァレイへの数少ない入口に通じる道路が通っているからであろう、ツアリスト・インフォメイションの、寒村に似合わない立派な建物が目にはいった。中に入ると小さな展示室やブックストアまであり、このあたりに関した書籍が売られていた。ぼくがこの寒村からそう遠くないところに、マンザナー強制収容所の跡があることを知ったのは、小用でも足そうとこのインフォメイションに立ち寄ったという、またも偶然の幸運によるものであった。まさに「犬も歩けば棒に当たる」だ。ウサギなら「犬と――」と言うだろうが。ぼくはかつて日系アメリカ人の歴史について書かれた本で、マンザナーの名前も存在も知ってはいた。だがそれがこの壮絶な回廊にあったことを忘れてしまっていたのだ。ぼくは地獄の回廊をさらに南下し、ウォーカー隊の踏み跡をほぼ辿ってから、デス・ヴァレイに向かおうと、計画を変更した。

これ以後、ぼくの旅にもう一つの目的が加わった。ついでに日系アメリカ人の苦闘の歴史について調べる、という目的が。ぼくの足は、ユタ州のトパッツ強制収容所跡へ、アリゾナのボストン強制収容所跡へ、ロス

デス・ヴァレイ入口

アンジェルスの日系人歴史博物館へ――と向かうことになる。だがこれについて書く紙数は今回はない。ただ一つだけここでつけ加えておきたいことがある。それはマンザナーを越えてさらに南下すると、現在も囚人たちを収監する監獄の、巨大で近代的なコンクリートの建物の一角が、突如、忽然と姿を現わし、監獄回廊の南端を知らせている、ということを。

デス・ヴァレイ（写真上）に自動車を乗り入れられる季節は九月より四月まで、と3Aのガイドブックに書いてある。それ以外の季節は、自動車のエンジンのオーヴァーヒートが避けられず、死の危険があるので止めるように、と警告している。確かにデス・ヴァレイは三〇〇〇メートル級の山脈から世界でもあまり類を見ない海抜零メートル以下の低地までを抱えた、想像を絶する自然を、想像を絶する気候を、隠した場所である。その場所にぼくは、3Aがはいるな、と警告している八月にはいり込んでいこうというのだ。

ぼくはこのチャンスを逃したくなかった。旅というのは、できるときにしておかないと二度と訪れる機会のやってこないことが多く、あのとき行っておくべきだったと、あとになって悔やむことしばしばである。またいつでも来られる、などと考えて、後回しにしたりすると、政治状況の変化や自分の体調の下降や他にどうしても行きたい場所の出現やその他もろもろの事情で、なかなか行く機会が巡ってこないことが多い。だが、夏、八月、五七度にもなる死の谷を、どうやって通り抜けたらよいのか？

一九世紀半ば、ゴールドラッシュの時代に、キャリフォーニアへ行く近道をしようと、ここデス・ヴァレイにはいり込んでしまった一隊が、飢えと渇きと熱暑と凍寒に数ヵ月苦しめられた末、英雄的努力の甲斐あってやっと脱出に成功した隊員の連れてきた救助隊に救われ、「さらば死の谷」と叫んだ、というところから、デス・ヴァレイと名づけられた、と言われているこの地帯は、変化に富んだ風景と神秘を数多く隠し抱いている地帯である、と推測できる。

アメリカの自然主義の作家、フランク・ノリスもここを舞台として、『マクティーグ』と題した小説を仕立てたが、日本の訳者はそれに『死の谷』とタイトルをつけ替えた。七つの大罪のいくつかに捕われた人間たちが、愚かで、醜悪な闘争をする舞台として、ノリスはここを選び、日本の訳者がタイトルにしたほど、地名も、風景も心を惹く。

ぼくは作戦をたてた——気温の低い早朝、暗いうちに出発して、明け方、海抜が零メートル以下の地帯まで到達し、午前中にわずかに水の得られ、木々も生えている場所にキャンプを張って昼寝にはいるか、あるいは谷の外縁の標高の高いところまで逃げ登ってしまうか、という作戦を。とにかく移動は早朝より、昼までと決め、非常食とジュースを十分積んで、夜明け前の「死の谷」に乗り込んでいった。

「死の谷」は、予想にたがわずぼくの目に、何とも不思議な美しい自然の姿態を見せてくれる場所であった——まっ白い平原、金色に輝く山々、デヴィルズゴルフコースと呼ばれる信じられないほどの複雑な地表の広がり、独りでに歩く石の足跡……。

ぼくは、何と美しい地獄なのだろう、ここは地獄ではない、地獄というのは単なる自然の中にあるのではなく、人間の心の中にこそ潜むものなのではないか、と以前に到達した結論——日本のある地獄と名づけられた場所での体験とそのとき思いめぐらし到達した考え——を思いおこしていた。

九州の大分県と熊本県に巨大な腰を据える九重・阿蘇山系のうち前者は、数十年前までは秘境と言われた地域である。現在は大分県別府市より熊本までハイウェイが通じていて、バスも往復しているし、両県の特産物である野菜や果物やその他の物産を数時間で交換する商用トラックの往来もある。だがこれら二つの県は、かつては互いに隣接してはいても、大分からは九重連峰へと、熊本からは阿蘇連山へと、海岸から間近にせり登る巨大な二つの並び立つ山塊に分離されて、互いに遠く、隔たった土地として、両県に住む人々の意識の地図にしまわれていたであろうことは、容易に想像がつく。とくに九重山脈の方は、高く噴煙を天に横たえて観光客を呼び寄せる、一点目を惹く阿蘇山のような場所を欠いていたため、観光客は別府止まりか、せいぜい九重の入口の町、由布院までであった。その奥の深く美しい山塊は、数十年前までは馬車路がわずかに延びていただけで、秘境の静寂と清澄の支配する地域のまま残されていた聖域であった。

この九重山脈の中に、別府から約二時間、由布院からなら約一時間、牧ノ戸峠行きのバスに乗車してはいったところに、清冽・寒冷な水がこんこんと湧き出している場所がある。名づけて「寒の地獄」。ここに外壁が古びて黒く変色し尽くした木造の温(冷)泉宿が一軒あって、昔より湯治客を相手に商売をしていた。ハイウェイが通じてからは、汽車とバス、あるいは自動車で、慢性病に悩む患者たちもそう苦労なく到達することができるが、ハイウェイが通るまでは、苦しみを軽減したいというやみ難い欲求とか、死か健康かのどちらかを選ぼうという、生命を賭してまでの健康回復への渇望にうながされない限り、このように嶮しい山深い秘境までやって来ようという決心は誰にしろ、しなかったであろう。いや、たとえやって来たとしても、このように冷たく冴え返る水に身を沈めるためには、さらなる一念発起と渇望のかき立てが必要であっただろう。

ハイウェイが通じてからは、ここ「寒の地獄」は、別府からの観光コースの一つでもある名所となっている。とは言っても、観光客たちが、冷泉にて水浴するわけではない。ここは、観光客たちから入場料をとって、「寒の地獄」と名づけた冷水槽に浸って湯治を行なう病人たちを見せるという、残酷な場所でもある。もちろん見物客たちにも、湧き出る水の冷たさがどれほどのものか体感させてもらえるようになっている。手を入れたり、足を入れたりして、地獄の苛酷さを手足の先でちょっと味わわせてやろうというわけだ。だが二、三秒以上、手足の先さえ浸してはいられない冷水の中に、服を脱いで全身を浸そうなどと考える観光客はまずいない。それに、裸になって地獄にはいろうとすると、見学だけの場合の数倍の入獄料金さえふんだくられるというところまで、地獄としてのお膳立てができている。

ヤマナミハイウェイが通じて五、六年経ったある年の八月初旬の朝、ぼくは、「地獄」という未知のものを思わせる名に興味を感じて、バスを降りて見学客の中に混じった。冷水槽は木製で、大きく、縁には見物客たちが腰を下ろして手足を浸せるように数十センチの段が切ってあり、そこをひたひたとあふれ出した冷水が洗っている。ぼくは手足で地獄の味をちょっと見てから、ぼくが三秒間と手にせよ足にせよ浸していられないこの冷泉に、首まで身体を浸けている男女、五、六人の顔をじっと観察した。そして気づいた——これらの男女のうちの誰一人として、地獄にいる人間が表わすと想像される苦悶の表情を浮かべてはいない、ということに。皆、一様に何かやすらいだ表情をたたえた顔を冷水に浮かべて、話し合ったりしているということに。罪人のように驚愕し、ひるみ、恐怖の目で眺めているのは見学者の方だった。

——ぼくの足が、入浴料を払うべく、湯治宿の帳場の方に歩いていった。何かをしようという衝動の発生に自分自身で意識しないうちに、止めようもなく足が動いてしまうというのが、ぼくという存在の特徴の一つだ——これは気の狂った人間の一特徴なのであろうか？

バシャン、と飛び込むわけにはいくまい。いくら強心臓の持ち主とはいえ、心臓がもつまい。夏の外気は三〇度に近い、あまりにも温度差が大き過ぎる。結局、ゆっくりと身体を沈めてゆくしかないであろう。ぼくは裸になりながら、そう考えていた。

足を一気に突き入れ、冷水槽の底に立ち、一瞬、休んだ。ももの中間までを冷水が噛み、上体に震えが走った。ぼくは冷水槽から飛び出したい気持と闘い、何とか踏みとどまった。見ると三人の男性と二人の女性が地獄からぼくを見つめ、にこやかに頬笑んでいる。ぼくはゆっくりと膝を折って身を沈めはじめた。下腹部を押し込むとき、震えが全身をかけめぐり、ぼくのところから波の輪が生まれ、次々に遠くへと広がっていった。水面が臍を越えると震えが和らいでいき、ぼくは一気に肩まで「寒の地獄」に身を堕としていった。スーッと冷たさは凪いでいき、何かそれまで体験したことのない、透明に澄んだ感覚の世界に身を浸しているのを感じはじめていた。

二〇分間、この不思議なまでに透明な感覚の世界にとどまってから、ぼくは冷泉より上がった。外気は二九度なのに、外の方が寒く、全身に震えが走った。冷水槽の隣の小部屋に、ぼくは普段とは異なる、重量感の抜けた脚の筋肉を動かしてはいっていった。その部屋には大きなダルマストーブが、石炭で表面を赤々とほてらせて燃えていた。そのストーブを抱くように、ぼくはそこで二〇分間、身体を温めた。頭の中まですっきりと冴えて気分がよい。

その日、それから、ぼくは久住山をめざした。大気は三〇度前後あったが、ぼくはほとんど汗をかかないことに気づいた。ぼくはぐいぐい高度をかせいでいった。登り坂なのに、まるで平地を速足で歩いているようなスピードで、足が軽かった。全身、体調がよかった。

いつもの倍近いスピードで山頂に到達したとき、ぼくは、予定していた九重山脈縦走をとりやめ、「寒の地獄」に戻る決心をしていた。

障子をへだてた廊下を人の足が往き来するこの江戸時代の木賃宿のような冷泉宿に、ぼくは数日間滞在した。

毎夜、蛍が、星の間を風のように舞っていた。

ここで湯治をしている人たちは、ほとんど皆、何らかの慢性病を病んでいる人たちだった。肝臓・腎臓・心臓をわずらっている人たちが、皮膚病に四六時中、責め苛まれている人たちが、胃腸を眼を病んでいる人たちが、医者に見離されるか、自分で西洋医学に見切りをつけて、ここ地獄での湯治に賭けていた。ここでの療養で長期にわたって苦しんだ慢性病から回復できたので、再発を阻止するために毎年二週間から一ヵ月ほどやって来ることにしている、と話した二七歳の青年とぼく以外、皆、身体の不調に苦しんでいる人たちであった。

二〇人前後の病人たちがそのかしいだ冷泉宿に泊っていたが、近くの近代的な宿から自動車で通ってくる人たちも、同数ほどいるようだった。

ぼくはすぐに、この地獄には、人間疎外、という現象がすこしもはびこっていないのに気づいた。

ここの人たちは皆、誠心誠意、他人の話に耳を傾ける人たちだった。皆がほかの人たちの苦しみを理解し、お互いに深く同情しあっていた。「寒の地獄」に身を浸している人たちの回りには、つねに暖かい空気がたちこめていた。

「どこがお悪いんですか？」

とぼくもすぐに訊かれた。精神以外は健康であったぼくは、不治の精神異常です、と言うわけにもいかず、かつての病歴について話した。雪崩の中を泳いで生還し、一六回の手術の甲斐なく、片目の視力を失ったときまでの、自分の弱さとの戦いの日々と落胆と絶望と諦感の数年とについて。そしてそこから得た多くの教訓について。今は大丈夫なのですか？　痛まないのですか？　不自由はありませんか？　と、次々に訊いてくれた。こうして自己の病の紹介が終わると、話題は、病気を離れ、過去の美しい体験の想い出や、未来の夢へと移っていった。他人への悪口、とくに自分たちの病気を治癒できなかった医者への非難を交換することなど決してなく、自らの苦しみを受け入れた人たちの、許しと同情と和やかさとひそかな意欲がそこにはあった。

そのとき、ぼくは、地獄というところはあんがい楽しいところではないのだろうか、と覚りはじめていた。楽園と、文明人であるぼくらが想像する環境こそ、七つの大罪——激怒・嫉妬・高慢・色欲・怠惰・強欲・大食——がはびこる悲惨な場所なのかもしれない、と。人間の心の中にこそ、地獄が巣くっているのではないか、と。自然そのものは地獄など内在してはいないのではないか、と。

第19章　甘い河――一八四四年

（日本――弘化一年、黒船来襲九年前。フランス船、琉球に来航し通商を求める。オランダ、国王の書翰をもって日本に開国を勧告）

「アンクル・ヒッチコック、大人たちがユートピアだって言っているキャリフォーニアまでは、まだどのくらい遠いの？」

隊でただ一人キャリフォーニアへ行った経験があり、かつてマウンティンマンとして荒野でビーヴァーの捕獲にたずさわっていたこともあるアイザック・ヒッチコックの回りに腰を下ろして、ヒッチコックの話を聞いていた子供たちのうち、言葉の達者な女の子が、話が一段落したときに口をはさんだ。

「それは、それはまだ遠いんだぞや。なにせこの大陸はとてつもなく広いんだからな」

「どのくらい遠いの？」

「どのくらい遠いか、調べる方法を教えてやろう。ここから西に一〇日ばかし行くとな、この広い広い大陸の分水嶺であるロッキー山脈のサウス・パスという峠の頂に到着することになるんじゃ。その峠を越えたらな、夜、眠る前に、西の方に向かって、オーイメヲサマセ！　と叫んでから寝るんじゃぞ。そうすりゃ次の日の朝、ちょうどおまえさんがたが起きなきゃならない時間に、前の晩の叫び声がシェラネヴァダの大絶崖に打ちあたり跳ね返って、モーニングコールとなって戻ってきますのじゃ――オーイメヲサマセ！　とな。キャリフォーニアはまださらに、その大絶崖の向こう側なんじゃよ」

座った子供たちの背後に、腕組みをして立っている大人たちの顔がほころんでいた。

「シェラネヴァダの山裾には動物はいるんですか？　山脈の東側は砂漠だって聞きましたが」

大人たちの仲間にはいって話を聞いていた、一七歳のモーゼズ・シュレンバーガーが、腕組みを解いて、肩から吊るした銃を右手で撫でながら訊いた。子供たちとの話を邪魔されて、ヒッチコックは一瞬、声の主を不快な表情を見せて睨んだが、彼がまだ青二才の若者だとわかると、顔に笑みを取り戻した。

「そりゃ、動物はいるさな。人間が都市なんてバケモノを作ってないかぎり、地球上に動物のいない自然なんてありゃしねえ」

ヒッチコックの目に宿る笑みが、さらに深みを増した。

「とくにあそこの動物の中には、他に類を見ないほど大きなものがいく種類かいるな。たとえば、蚊じゃ。あそこの蚊はじゃな、驚くでないぞ、まるで白頭ワシの大きさなんじゃぞ。そいつがおまえさんの首に止まったりしたら、そりゃ大変、一秒のうちに追い払わないかぎり、血をすっかり吸い盡くされてオダブツとなりますのじゃ」

「ぼくが動物と言ったのは、蚊なんかのことではなくて、狩りをして食用にすることができる動物なんですよ。そういう動物がいるかどうか知りたかったんです」

「蚊がいるということは、蚊が血を吸う動物もいるということにはならんかの、お若いの？　じっさい、あそこのクマはの、このインディペンデンス・ロックぐらいの嵩があっての、一匹仕留めりゃ、幌馬車隊の食糧が一年間はまかなえるってほどのものなんじゃぞ」

ヒッチコックは背後にせりあがる巨大な嵩をもつ岩を、肩ごしに親指で指し示した。

「だから蚊だってバカにしちゃならねえ。銃で撃ったって、急所に命中しなけりゃ、撃ち落とすことはできやしねえほどなんだから」

「ぼくは蚊なんて撃ちませんよ。隊員仲間のためにおいしい肉を手に入れられるかどうか、知りたかっただけなんです」

「蚊をバカにするもんじゃねえぞ、お若いの。けものの血をたっぷりと吸った蚊を一匹撃ち落としゃ、長い長い血の腸詰めが一本できますのじゃからな」

大人たちの目は、ヒッチコックの目同様、笑みをたたえ細まっていたが、モーセの目は険しく、口も尖っていた。

「さて、かわいい紳士・淑女諸君。まっ赤に燃える口をした、山のように巨きなグリズリーベアーに、躯の肉を半分以上もむさぼり食われ、血をすっかり吸い尽くされてしまったマウンティンマンの、こわいこわい話をしてやろうかの」

アイザック・ヒッチコックは、尻のポケットから瓶をとり出して、栓をひねってとると、一口あおり、それからヒュー・グラスの話を物語りはじめた。

ちょうどそのとき、インディペンデンス・ロックを半円形に囲む幌馬車の一台から、赤ん坊のはげしい泣き声が上がった。大人たちの顔が一斉に幌馬車の方を向いた。幌馬車の回りを女たちが総出で取り巻き、中には慌ただしく中にはいっていく女もいた。やがて女たちのあいだに、「女の子だってよ」というささやきが広まった。

間もなく、幌馬車の後尾のズックの垂れが分けられ、泣き叫ぶ裸の赤ん坊を両手で捧げた女の姿が現れた。

「母子ともに健康だ」

女につづいて姿を現した、医者のジョン・タウンゼントが大声に発表した。キャンプに歓声があがった。

ジェイムズ・ミラーと彼の妻のあいだに生まれた赤ん坊は、生まれた場所にちなんで、エレン・インディペンデンス（・ミラー）と名づけられた、と三〇分もしないうちに発表された。

インディペンデンス・ロック（次頁写真）は、フォート・ララミーの西約二八八キロ、サウス・パスの東約一六〇キロのオレゴン・トレイル沿いに、まるで陸に打ち上げられたクジラの横たわる姿に似た巨大な岩で、オレゴン・トレイルを行く植民者たちの目印の一つであるだけでなく、オレゴン・トレイルのちょうど中間点だと考えられている道標でもあった。もし植民者たちが、アメリカの独立記念日である七月四日まで

インディペンデンス・ロック

にここに到達できたら、以後の道程で降雪に進路を断たれる危険に遭遇することはない、とも言われている、旅程進行の目安ともなった場所であった。

体長約八〇〇メートル、背高約六七メートルの、クジラの横たわる姿に似た、この滑らかな岩肌をもつ巨大な岩は、サウス・パス越えのロッキー山脈横断ルートが見つかって以来、この峠を越えて西へと向かうマウンティンマンたちにとっての大きな目印の一つとなっただけでなく、ここにキャンプした彼らは、岩肌に、自分の名前と日付を刻んで記念としたり、後続の者たちへのメッセージを残したりした、落書き板でもあり伝言板ともなった巨岩であった。現在でもこの岩山の肌には、高名なマウンティンマンたちが自ら刻んだ名前が読める。その後、植民者たちがその慣習を受けついだので、彫られた名前はスペースを求めて、岩山の頂上まで這い上がっている。

またここにキャンプした幌馬車隊の男たちは、この岩山の頂上に登って周囲を俯瞰するという慣習をも、マウンティンマンからひきついでいた。周囲の風景は、たしかに、高みから見渡してみたいという欲望を人間に起こさせるものだった。眼下には、見つめていると、人間の心の奥に巣くう怪物の姿とも重なる奇怪な形をした岩々が、立ち上がったり、座り込んだりしている。これから向かう西には、スウィートウォーター・リヴァーが流れる乾燥したなだらかな地平が広がっていて、そのかなたに、雪を戴くロッキーの山々が折り重なって聳えている。越えてきた東には、プラット・リヴァー北流と別れてから三日間、ここまで到達する道程で抜けてきた、想像を絶する地域が見渡せる。

この三日間、川沿いのルートが複雑な地形を呈していて通過困難なため、彼らは川から離れたルートをたどることになったのであった。そのルート上で、彼らはまず、牛が飲んで悶死しないよう注意していなければならない、毒を溶かし込んだ水たまりをいくつも越えた。それらの中には、ポイズン・スプリング（毒の泉）と名づけられ、現在に至っているものもある。次に彼らは、直径数メートル、あるいはそれ以上もある、まっ白い斑点の模様を描いている地表を抜けたのだったが、それら斑点の一つ一つが、まるで猛毒を秘めて待ちうけ、底なしの闇の世界へと生き物を捕らえ引き込もうとして見張る、怪物の眼に見えた。何とその巨大な白眼の一つに刃物を突き入れてえぐり、削ぎ取った白い粉末を混ぜてビスケットを焼いた女がいた。不思議なことに、そのビスケットは美味だった。単調な食事に変化を加えたいと希求していた女の思いが、その巨大な白眼の主成分が重曹であるという事実をかぎとったのだった。他の女たちもまねて、次々にその白光する眼球を削ぎ取っては、ビスケットを焼くようになった。

このような不思議な光景を目にしてきた子供たちは、ヒッチコックの話を聞いても、疑うという性向をそがれてしまっていて、誰一人ヒッチコックの話に横やりを入れるものがいなかった。

三人の男たち――ドクター・タウンゼント、マーティン・マーフィ、ジェイムズ・ミラー――が話し合っていた。話し合いの輪は数分でくずれ、二時間後に出発、と発表された。

インディペンデンス・ロックに一週間前よりキャンプを張って、幌馬車を牽く動物を休ませ、自分たちも休息しつつ、アメリカン・バッファローを狩ってジャーキーを作製したり、洗濯をしたりして今後の旅の準備をしていた彼らは、ここで独立記念日を祝い、今朝出発、と決まっていたのだが、明け方よりミセス・ミラーの陣痛がはじまったので、出発を引き延ばしていたのであった。

今日の常識では、出産後三時間もせぬ母親をこのように酷しい荒野の旅に引き出すのは、無謀以外の何ものでもないが、当時はこれはあたりまえのことで、女たちは、出産後、数時間休息しただけで、隊と共に旅のつづきに戻ったのである。

それに本隊はすでに、予定通り、その日の朝、出発していた。それで彼らは、もし可能ならば、一日か二日ののちには本隊に追い着きたい、と考えていたのであった。「母子ともに健康だ」とドクター・タウンゼントが発表したとき、とくに大きな歓声があがったのも、彼らの杞憂が晴れ、予定通り旅を進行させたいという願いが実現可能なものとなったがゆえの、安堵とよろこびがつけ加わったからでもあった。


一八四四年、アイオワ準州（当時まだ州には昇格せず、アイオワ・テリトリーと呼ばれていた）のカウンセルブラッフに、出発の日を計って待機していた植民者たち、約四〇台の幌馬車が寄り集まって組織された一隊の中で、一一台の幌馬車が集まって組まれたこの支隊は、特異な存在であった。一、二台の幌馬車を所有する家族や、数台の幌馬車を連ねた家族と友人・知人の集まりが合同して一隊となった本隊の中で、一一台の幌馬車を組んだこの支隊は、これだけで一隊と呼べる性格をもつ隊であったが、彼らを固い団結に結びつける要因がいくつかあった。まず彼らは、みな同じ開拓前進基地の村、ミズーリー州セントジョセフからやって来ていた。彼らは村がそっくり移動しているような、ほぼ完全な一つのコミュニティの形態を成しているとも言えた。村医者（ジョン・タウンゼント）が、鍛冶屋（エライジャ・スティーヴンズ）が、鉄砲鍛冶（アレン・モントゴメリー）がいた。彼らはこのような大移動の旅には、有用で得がたい技能の持ち主であった。しかも、二人のマウンティンマン経験者（エライジャ・スティーヴンズ、アイザック・ヒッチコック）がいる上に、さらにガイドとして雇われ、インディアンの妻とのあいだに生まれた二人の若者を連れた荒野の住人、カレブ・グリーンウッドまでがいた。その他の隊員たちも、牛や馬やラバを扱うのは慣れた仕事の一つで、幌馬車を操る技術に長けたものたちばかりであった。彼らの中には、ただ同じ村に住んでいたもの同士というだけでなく、婚姻によって親戚関係に連なる家族もいくつかあった。たとえば、この支隊の指導者の一人である五八歳のマーティン・マーフィは、二人の結婚した息子と彼らの妻、一人の娘とその夫、四人の未婚の子供と八人の孫を連れていたが、インディペンデンス・ロックのキャンプで女の子を出産したミセス・ミラーは彼の娘であったし、彼の息子ジェイムズの妻は、屈強な若者に成長した息子を二人連れて参加している隊員、パトリック・マーティンの娘であった。さらに、この隊の隊員の半数以上がカソリック教徒で、信仰の自由を求めてアイルランドよりアメリカに移民したものたち、あるいは彼らの子孫であった。

さらにもう一点、彼らが本隊の他の隊員たちと決定的に違っていたことがあった。それは、他の隊員たちは皆、オレゴンへ向かうつもりでミズーリー・リヴァーを渡ったのだが、彼らは村を出発したときにはすでに、キャリフォーニアへと目的地を定めていた人たちであった。

前年のウォーカー隊も、一六人の男たちが五人の女と五人の子供を連れて、キャリフォーニア目指して、フンボルト・リヴァー沿いに下っていったが、一三人の男たちが八人の女と一五人の子供たちを連れたという人員構成のこの隊が、目的地をキャリフォーニアへと定めて村を引き払ったということは、どういうことなのであろう？

まず彼らのうちに、前年チルズが植民者の勧誘を行なっているときに彼の話を直接聞いたものがいて、自信をもって語るチルズの口調から、チルズ隊が、キャリフォーニアへの至近ルートを開拓したはずだ、と推断していたことがある。キャリフォーニアからチルズ隊失敗のニュースが、東部諸州の町村に、あるいはミズーリー州の村やアイオワ準州の開拓前線基地の村にまで伝わってくるには、それが陸路をとるにせよ、海路（南米のケイプホーン回りが当時唯一のコース）をとるにせよ、もっと多くの月日を必要とした。

この隊の人たちも、その点では、オプティミズムに浸りきった、典型的な植民者たちの集まりであった、と言わねばならない。

インディペンデンス・ロックをあとにした幌馬車隊は、スウィートウォーターと呼ばれる川沿いに、いよ

デヴィルス・ゲイト

いよロッキー山脈の登りにかかる。しかしこの川は、谷と呼ぶにはあまりにも幅の広い、しかもなだらかな傾斜をもって徐々に高度を増していく、優しい平原とも呼べる地平をうねって流れ下っていた。周囲を夏でも雪を載せて白く輝く高峰にぐるりと取り囲まれているにもかかわらず、このようにおだやかで、このように優しい天然のロッキー山脈の分水嶺越えの通路があったというのは、現在においても、確かに驚異である。植民者たちは早速、(アメリカの自然と先住民とに向けた)自分たちの欲望と暴力を合理化するためにこれを利用する――「これこそまさに、神が、アメリカという広大な大陸に植民し、そこのすべてを開拓すべき使命を、自分たちに与えたことを証明している証拠である」と標榜して。

だがこのなだらかな通路にさえも、子供たちだけでなく、大人たちの目をも瞠らせる自然の驚異が用意されていたのである――デヴィルズ・ゲイト、スプリット・ロック、スウィートウォーター・ロック、アイス・スラウ……。デヴィルズ・ゲイト(悪魔の門。写真上)は、平原とも呼べるなだらかな斜面に、突如、岩壁が屏風を立てたように天に向かって屹立し、行く手を塞いでいるが、その岩壁に一ヵ所、まるで門を置いたかのように狭い通路が穿たれていて、そこにスウィートウォーター・リヴァーの水量が押し寄せ、轟音を発し、飛沫を舞わし、せめぎ合い脱出している天然の水門である。植民者たちは驚愕の目で凝視したあとで、八〇〇メートルほども川から離れた巻き路を辿っていく。自然の巨大なノミで彫刻されたいくつかの岩のフォーメイションを越えて、アイス・スラウ（氷沼）と呼ばれている場所にやって来ると、男たちがスコップやツルハシで地面を掘りはじめる。やがて土の下、五〇センチほどのところで、彼らの道具は氷の層に突きあたる。真夏の太陽が降りそそぎ、肌を焼かれ、汗をしぼり出される人間の足下に、巨大な氷庫が埋まっている！――ここはオレゴン・トレイル沿いの路程で植民者たちを待ちうけている、数かぎりない自然の不思議な造化の妙の中でも、もっとも想像を絶するものの一つであった。女たちが砂糖をかけた氷を、待ちかねた手に配給していく。植民者たちの顔が明るく輝いている。

インディペンデンス・ロックからスウィートウォーター・リヴァー沿いに八日歩いてきて、川と別れて一日、ゆるやかな斜面を登っていくと、北アメリカ大陸の分水嶺、サウス・パス（口絵写真5）に到着する。二三〇一メートルの、峠と呼ばれているこの場所の、どこが分水嶺の頂点であるかは、判別しがたい。つまりどこから東に落ちた雨滴は東へと流れて大西洋に流れ込み、どこから西に落ちた雨滴は、西へ、太平洋に向かって流れていくのかは。サウス・パスにキャンプした植民者たちは、しかしここで、高地の気候の厳しさを知らされることになる。夏の盛り、最も気温の高い七月中旬だというのに、朝起きると、あたり一面霜に白く覆われていて、汲み置いた水が凍っている。早朝、起き出した植民者たちは、身震いを一つしたあとで、冬の到来の直前に登り越えなくてはならない、天に直立して立ちはだかる、と聞いているシェラネヴァダ山脈、あるいはカスケイド山脈の気候の厳しさを想像して、不安と焦燥にとらわれる。だがそれもいっときのことで、峠より下って、夏の太陽の炙るなだらかな斜面を下っていくにつれて、不安と焦燥は、オプティミズムと闘志へと、とって代わられていくことになる。

サウス・パスから約三六キロ下って、幌馬車隊は、その夜、リトルサンディ・クリークの川辺にキャンプを張ることになる。

当時、植民者たちは、一日平均一五マイル（二四キロ）進むという目標を立てていた。ミズーリー・リヴァーの出発地点からオレゴンあるいはキャリフォーニアの目的地まで、約二〇〇〇マイル（三二〇〇キロ）。したがって、計算通り一日に二四キロ進めれば、四ヵ月半で行き着けることになる。途中で休憩し、洗濯をしたり、狩りをしたり、体力や英気をやしなったりするための日数を二週間ほど考慮にいれても、五ヵ月あれば歩き通すことができる――女性としてはじめてこの旅を成し遂げたナルシッサ・ウィットマンは、途中で洗濯をしたのは三回だった、と語ってはいるが。五月初旬に出発すれば、一〇月の初旬に旅を完遂できることになる。途中で雪に進路を断たれるという災難にも、まず遭遇することはない。道路の発達した現代の人間が机上で計算すれば、まさにその通りである。とは言っても、現代人が毎日、二四キロの道程を、キャンプしながら五ヵ月間、たとえ空身ででも、歩いていけるかどうか疑問ではあるが。しかも、当時、この東西に三二〇〇キロの領域は、自然を神として崇め、自然を破壊することなく、自然と調和して生きていたアメリカン・インディアンのみが在住し、白人などまったく住まぬ、道路など皆無の、原始の自然の広がる領域だった。植民者たちが、次々に幌馬車の進行の障碍となる地形に遭遇し、それらを克服・前進するために多大な工夫と努力が要求されることになり、多くの予定していなかった時間を消費することになったのは想像に難くない。ときによっては、数キロ行くのに一日を費やした日もあったであろうし、川の増水等で足留めをよぎなくされた日さえあったであろう。だが、彼らの持ち時間は限られていた――降雪によって進路が塞がれる直前、つまり一〇月下旬、おそくとも一一月初旬までに、オレゴンへ行くものたちはカスケイド山脈を、キャリフォーニアへ向かうものたちはシェラネヴァダ山脈を越えなければならないというタイムリミットが。さもないと、彼らは、夢を抱いたまま未開の原野に行き倒れる運命となる。植民者たちの持ち時間は、五〜六カ月。したがって彼らは、地表のうねりが優しく、歩程が伸びるときには、三二キロ、ときによっては、さらに多くの距離を、一日で歩いたのである。女たちは幌馬車に、男たちは馬やラバに乗ることもあったであろうが、毎日、彼らを乗せて長距離を進むほどの余裕は、幌馬車にも馬やラバにもなかったのである。現代人であるわれわれの目には驚異であり、うらやましい健脚をもっていたからこそ、彼らにこのようなユートピアへの遠征が可能であったことは間違いない。

リトルサンディ・クリークのキャンプ地へ馬に乗って戻ってきたアイザック・ヒッチコックが、鍛冶屋のエライジャ・スティーヴンズの幌馬車のところまで来ると、馬から降りた。スティーヴンズは夕食を摂っていた。

「エライ、わしは近道を知っているようなんだ」

ヒッチコックが言った。

「それはどういうことかね、アイザック?」

エライジャ・スティーヴンズが、驚きを目に表して訊いた。

「幌馬車の轍の跡が、このリトルサンディ・クリークを渡ったところから南西へ向かっているので、今、すこし馬で辿ってみたんだ。あんなに南へと曲がるルートをとったら、いずれどこかで、その分、北へ戻らなけりゃならんことになるでな。どこか近くでトレイルが北方に曲がって、西へと戻っているかと考えて辿ってみたんだが、やはりこれまでここを通った幌馬車は皆、水の流れを拾って南西へと曲がっていっている。フォート・ブリッジャーに行くとすれば、こういうルートをとることになるんだろうが……だが、わしが一八三二年、ボネヴィル隊に加わって西へ向かったときには、このクリークを渡って、真西へと向かったんだよ」

「でも真西に向かったら、水のない地帯にはいっていくことになるんじゃないのかい?」

「たしかにその通りだが、四〇キロばかし行けば、グリーン・リヴァーに行き当たることになる。つまり、ちっとばかし長いが、がんばれば、一日で水のない地帯を横切ることができ、そこからはまた、水の得られる場所を拾って進むことができることになる、というわけだ。先人たちの轍の跡を辿って、フォート・ブリッジャー経由で大回りして行くよりは、五、六〇キロは近道になるのではないかと、わしはざっと計算してみたんだが……」

「アイザック、あんたなんでそんな大切なことを、最初にわたしに話すんだ？　隊長かドクター・タウンゼントかオールド・マーフィじゃなく……」

「それはな、エライ……」

アイザック・ヒッチコックは言いよどみ、エライジャ・スティーヴンズの顔を力を溜めた目で見つめた。その視線を見返し、スティーヴンズは、ヒッチコックの言わんとしていることを理解した。その目は、マウンティンマンとして同じ経歴を共有するために話が通じ合うという意味範囲を越えた、大きな信頼と尊敬の色をたたえていた。

「わたしといっしょに隊長のところに行って話してくれるかい？」

スティーヴンズがヒッチコックの上膊部に手を置いて言った。

「もちろんさ」

とヒッチコックが言ったときには、スティーヴンズはもう歩き出していた。


翌朝、空が白みはじめた薄暗闇の中を、彼らは真西に向かって出発した。ヒッチコックの幌馬車が先頭に立っていた。太陽が昇ると、緑の植物の生えぬ砂礫の地表の広がりは、燃えたつように灼けていった。一日で次の水場である川に到達できると聞かされた隊員たちは、動物たちの飼料となる草を用意してはいなかった。午後になると、動物たちは暑さにあえぎ、飢えと渇きに堪えかね、鳴き声を上げはじめた。むちの音がひっきりなしに鳴り、牛の鳴き声と交じり、ゆらめき燃えるカゲロウの巨舌に呑みさらわれていった。

夕闇がせまったが、まだ前方に川を縁取る緑の植物の影は見えなかった。彼らは飲料水を消費し尽くしてしまっていたが、荒寥たる砂漠でキャンプを張らないわけにはいかなくなった。水を求めて泣いていた子供たちが疲れ寝入って間もなく、駆けつつ遠ざかる牛の足音が、地に伏す彼らの耳に響いた。若くて元気のよい牛、四〇頭ばかりが、渇きに堪えかね、水を求めて逃げ出した足音だ、とのささやきが、間もなく男や女たちの口から口へと跳んで、キャンプを一周した。

翌朝、彼らは薄暗がりの中を出発した。やがて太陽が昇った。疲労し、渇きのため目まいを起こした人間と、四〇台の幌馬車を牽く牛たちの上で、太陽はますます烈しく燃えてゆき、見渡すかぎりゆらめいて立つカゲロウが彼らを呑みこんでいた。進む彼らの一〇メートルほど先を、黒い水が川となって流れていた。だが、歩いても歩いても川との距離は縮まらず、その川は彼らと同じ速度で逃げていった。それは炎昼の砂漠に現れる蜃気楼の一種、ミラージュ（逃げ水）と呼ばれる自然現象であった。

「もうすぐですじゃ、もうすぐですじゃ」

ヒッチコックが叫んでいた。しかし、今や彼の言葉を信じるものはいなかった。ただスティーヴンズだけが、疲れた目に意志の力を溜めて、自分の駆る牛をじっと観察していた。

やがて牛たちが鼻を空に向けて、カゲロウを嗅ぐ動作をはじめた。スティーヴンズの目にさらに力が宿った。

「水が近いようですぞ。牛を離しましょう」

スティーヴンズは大声に叫ぶと、幌馬車を止め、牛を放ちにかかった。ヒッチコックと数人の男たちも牛を放ちにかかっていた。

「牛を放て」

スティーヴンズがふたたび大声で叫んだ。

「水だ、牛を放て」

皆が一斉に叫び出した。

放たれた牛たちは、西へ向かって走り出した。牛のあとを追って、馬やラバに乗った男たちが走っていった。

動物も人間も皆、水の中に浸かって、一心に水とたわむれていた。昼食どきになっていたが、空腹であることに気づくものはいなかった。

ヒッチコックが過去の経験をもとに目算した距離は間違っていた。彼は四〇キロと目算したが、現在直線で二点間を結んだ距離でさえ、五六キロある。したがって、幌馬車を牽いたこの隊のものたちがたどった距離は七〇キロ近かった、と推算してもまちがいはなかろう。

だが、彼らがここで水のない砂漠を行進した経験は、まったく無駄になったわけではない。まだこのときは、誰一人そのことに気づいてはいなかったけれども。

数人の男たちが、前夜逃げた四〇頭の牛を捜しに、リトルサンディ・クリークの方角に向かって戻ることになった。その中に、志願して加わった一七歳のモーセの姿があった。遠目がきき、鉄砲の名手であったモーセは、これまでにも獲物を仕留めては隊員たちの単調な食卓に変化を加えて、女たちから誉め言葉を頂戴していたが、ひんぱんにインディアンの戦士の姿を見かけるこのあたりで、このような大人の男の仕事をするには、まだ若すぎた。だが疲れた男たちは、志願したモーセに、このとき一人前の男として働く機会を与えたのだった。ただ彼の姉のミセス・タウンゼントだけが、不安の翳を宿した目で、馬に乗って砂漠に戻ってゆく弟の姿を見送っていた。

翌日、逃げた牛は、リトルサンディ・クリークから数キロ西の、ビッグサンディ・クリークの川辺で草を食んでいるところを見つけられ、捕らえられた。牛を連れ帰った男たちの先頭に、馬に乗ったモーセの姿があった。

グリーン・リヴァーを出発したとき、ふたたびヒッチコックが隊を先導していた。轍の跡のない、障碍物のころがるロッキー山系のまっただ中を、彼らは進んでいったが、松の木が生えていて、彼らの目を、心を和らげたし、またこのあたりには甘い水を流す小川や泉があった。サウス・パスを越えてからアメリカン・バッファローの群れを見かけることが急に少なくなり、やがて、アンテロープやその他の種類のシカを、たまに遠くの森の中に見かけるだけとなった。狩りの獲物が少なくなり、彼らの食事は単調なものとなった。

リトルサンディ・クリークから約一七六キロ、ベアー・リヴァーまでやってきて、彼らは前年までの植民者たちが踏んだルートに戻った。水のない砂漠の苦しい横断を試みたことによって、結局、彼らは、約一三八キロの近道をとったことになった。降雪の時期の到来との競走でもある植民の旅において、この距離の短縮、したがって時間の短縮は、あとになって大きな意味をもつことになる。

こうして、翌年以降、後につづく植民者たちの多くが、この近道をとることになる。だがこの近道は、サブレット・ショートカットと呼ばれ、ヒッチコックの名前を遺してはいない。高名なマウンティンマンの一人であるウイリアム・サブレットが、植民隊を率いてこの近道を通過したのは、ヒッチコックに導かれた隊がこのルートを拓き通った一年後であったのだが。

さて、近道が見つかり、多くの幌馬車隊がこのルートを通るようになって仰天したのが、フォート・ブリッジャーの主、ジム・ブリッジャーであった。マウンティンマンとしての仕事に見切りをつけた、未だ三〇代のブリッジャーが、その後の自分の生涯の仕事と考えて、それまでの体験と知識を基に選んでフォートを建てた場所が、建てて三年目にして、はやくも植民者たちのメインルートから大きくはずれ、とり残されることになる。以後、彼は植民者たちをフォート・ブリッジャーを通るルートに引き戻すべく策を錬ることになる。だが、ブリッジャーの鍛冶の腕を頼らないでは旅を続けられなくなった植民者とか、食料の不足を補わなくてはならなくなった植民者以外、百数十キロメートルもの大迂回をしようとする植民者がいないのは明白であった。ただ一つ方法があった。自分の建てたフォートを抜けていくことが必要な、近道となるルートを探しだし、提示・宣伝することであった。しかし、アメリカの大西部を二〇年近くも歩き回った経験豊かなブリッジャーにとっても、それは難問であった。だがブリッジャーは、以後、この難問を解決すべく、策を錬ることになる。

八月一〇日、幌馬車隊はフォート・ホールに到達した。前年のチルズ隊より約一ヵ月も早い上に、潤沢な食糧を所有しての、フォート・ホールへの到着であった。

カウンセルブラッフの開拓前進基地の村からやってきた支隊は、ここでオレゴンへと向かう本隊と別れ、キャリフォーニアへと向かう予定であった。だがこの予定を変更せず実行に移す前に、彼らにはやることがいくつかあった。まず彼らは何よりも、情報を集めなければならなかった。前年のチルズ隊が、はたしてキャリフォーニアへの直進ルートを開拓したかどうかという情報を。だが得られる情報はすべて、彼らの期待に反したものであった。

「あのむちゃな人たちが、キャリフォーニアへなぞ行き着けるわけがねえ。きっと今ごろは砂漠に白い骨を晒して、仲よく横たわっていることだろうよ」

フォートに常駐している男たちは口をそろえてそう言っていた。

「で、誰かがそういう現場を目撃したのかね?」

ドクター・タウンゼントが訊いた。

「いいや、誰も見たわけじゃねえが。あんなひでえ地域を横切ろうなんて無鉄砲な人間は、そういるもんじゃねえからな。それに、たとえキャリフォーニアあたりで、やって来るべき人間がまだやって来ない、なんて話が交わされているとしてもだ、それがここまで聞こえてくるまでには、いますこし時間がかかるでな」

「では何でチルズ隊は、誰の目にも失敗だと明白な無鉄砲を試みたんかね?」

「そんなこたぁ、わしらにゃわかんねえ。あの隊は、経験豊かなマウンティンマンであるウォーカーをガイドとして雇い入れていたんだが、ウォーカーがあの無謀な企てを止められなかったのはしかたがねえとして、なぜ蹤いていったのか不思議なんだよ」

「そりゃ彼には、勝算の手だてがあったからじゃないのかね?」

とオールド・マーフィが言った。

「そんな方策があるわけはねえ。食糧がなけりゃ人間、生きてはいけねえでな」

ドクター・タウンゼントが、口をきつく結び、遠くを見つめていた。オールド・マーフィもそれ以上質問をせず、考え込んでいた。

その夜、男たちは相談のため、焚火の回りに集まった。

いつも通り、ドクター・タウンゼントが最初に口をきった。

「わしらには有利な点が二つある。一点は、旅程をスムースにこなしたがゆえに、昨年のチルズ隊と較べて、一ヵ月あまり時間の余裕があるということだ。ここの人の話では、チルズ隊は九月半ばにここに到着した、とのことなのでな。で、二点目は、食糧をまだ十分と言ってよいほど携帯しているということだ」

ドクター・タウンゼントは、放たれて草を食んでいる牛の方に片手をあげた。確かにこの支隊には、幌馬車を牽く労働から解放されて身軽な状態で隊のあとを追っている、余分の牛が数十頭もいた。

ドクター・タウンゼントが、次に幌馬車をぐるりと数えるように手を回して言った。

「だがこの隊には、一つ、大きな弱点がある。家族をあげての移住を目指したものたちの集まりゆえ、当然のことだが、女と子供の数が、冒険に乗り出すにはあまりにも多い、ということだ」

「我々にはもう二つほど有利な点がありますよ」

日焼けし、頑丈な身体に精神力をみなぎらせたヤング・マーフィが言った。彼は父親と同じマーティンという名であったのだが、父親（オールド・マーフィ）と区別するため、ヤング・マーフィと呼ばれているマーフィ家の長男で、三六歳の男盛りであった。

「一つは、われわれはまだ疲れてはいないということ。二つに、われわれはドクターから鍛冶屋、鉄砲鍛冶、馬車修理の達人その他に至るまで、こういう旅に必要な人間がすべてそろっているということです」

「いや、そこまでは言えないのではないかな。もう一種類、シェラネヴァダを越えるために必要な人間を欠いているようだが。つまり、山慣れた人間をな」

ドクター・タウンゼントが首を傾けながら言った。

「いや山慣れた人間というなら、わしの息子のデニスがいる。あれは猟が好きでな。とくにカナダに住んでいたときなんぞは、一週間も、いや時には一ヵ月以上も山にこもって、毎冬、狐やシカを追って過ごすのを楽しんできたヤツなんだから」

と二人の精悍な息子、デニスとパトリックの方に向かって、パトリック・マーティンが手を上げた。

「それにエライもマウンティンマンだったんだから、山に関しちゃエキスパートだろうよ。そうだろうエライ？」

「いや、わたしはどうかな。ビーヴァー狩りから足を洗って、もう十年はたったでな」

エライとよばれたエライジャ・スティーヴンズは、いつものように会合がはじまってからも寡黙であったが、このときはじめて口を開いた。

「ミスター・スティーヴンズ、あんたはどう思うね？　どちらに向かう方に賛成かね？」

ドクターが訊いた。皆は自分たちがスティーヴンズの存在を忘れていたことに気づき、興味深げな視線をスティーヴンズの方に向けた。

「わたしの肚はミズーリーの村を去る前から決まっている。その決心は、それ以後、一度もぐらついてはいない。困難は覚悟の上、そのための用意も工夫もしてきたんだから」

その言葉に多くの隊員たちがうなずいた。確かに、彼の言う通りであった。それにかくもスムースに、遅延もなく、むしろ予定よりも早くここフォート・ホールに到着できたのも、彼の技術と工夫の才に負うところが大であったのだ。牛の背のたたない川を渡るときもそうであったが、急な坂を登るときも、彼の工夫の才と鍛冶屋としての技術によってめんどうな手間がはぶかれ、節約した時間を蓄積してこられたのであった。

たとえば——坂の傾斜が急になると、動物たちは自らが登るのに精一杯となり、幌馬車を牽く力の余裕がなくなってしまう。こういう場所では、幌馬車から荷をすべて降ろして空にし、それを、動物と人間が力を合わせて一台一台坂の上に曳き上げ押し上げることになる。坂の下に降ろした荷物は、当然、その多くを人間が担ぎ上げなくてはならない。これは酷しく辛い作業というだけでなく、大変な時間を要する作業でもあったが、スティーヴンズは用意してきた滑車を坂の途中と坂の上に固定し、空身で坂の上に追い上げた牛と坂下の幌馬車を滑車を通して長い綱で結び、幌馬車を、荷を降ろすことなく一気に坂の上に引き上げてしまった。こうすれば、牛にせよラバにせよ、幌馬車を牽く動物は平地か、坂からの下り斜面を歩くことになり、普段通りの力が出せた。動物のチームを平地を行くときより増やし、人間が幌馬車に取りついて手伝えば、荷を降ろすことなく幌馬車を坂の上に引き上げることができ、労力と時間の節約ははかり知れないものがあった。

エライジャ・スティーヴンズはこのとき四〇歳で、寡黙な、独立独歩型の性格であったが、旅の進行につれて、本隊の中でもしだいに重きをなす人物となっていったのである。その彼が、決然とした口調で、キャリフォーニアへ向かう決意を表明していた。スティーヴンズの言葉を耳にしたとき、デニスをはじめとする若く闘争的なものたちの目から、翳が退いたように見えた。

「では、ぼつぼつ投票をすることにしようかな、皆さん。議論は尽くしたと思うから」

ドクター・タウンゼントの言葉に男たちはうなずいた。

投票の結果、白票が数票あっただけで、その他の票はみな、キャリフォーニアへと向かう案への賛成票であった。結果が発表されたとき、何人かの男たちの口からため息が漏れたが、小さなうなり声を漏らした男たちさえいた。こうして、キャリフォーニアへ向かうという、それまでは変更可能な希望であり、予定であったものが、確定した方針となったのであり、隊が二つに割れる危険が回避され、一つのコミュニティの形態を備えた隊が、以後もその力と強みを温存したまま、メアリーズ（フンボルト）・リヴァー沿いに西へと下っていくことに決まったのであった。

「ここで隊長を決めるべきではないだろうか？　これからは、われわれだけで一隊を組むことになるのだから」

オールド・マーフィが提案した。

「今まではドクターとわたしが中心になって皆のとりまとめをやり、皆の合議で重要事項を決定してきた。今後も重要事項は合議の上、投票で決めるとしても、これからフォートのまったくない領域にはいっていく前に、隊長を一人選出しておくことが必要だろう。討議・決定している時間の余裕のない緊急事態も起こりうるだろうしな」

皆に異存のあるはずはなかった。こうして、その日、二回目の、重要事項を決定するための投票が行なわれた。

もし彼らがキャリフォーニアへの幌馬車の直進ルート開拓に成功するようなことになったら、彼らがはじめに目的地を決め、それから隊長を選ぶという順序をとったのは、誰かの意図や計画ではなく、事の成り行きでそうなったにしろ、適切だったということになる。将来遭遇すると予測される困難の程度が、誰を隊長に選ぶかを決定するに際して大きな比重を占めることになるからだ。容易な旅程を行くならば、人当たりがよく、弁舌さわやかで、説得力があって、争いごとを解決するのに長けていて、友好的な雰囲気を作り出すことが身に備わった人物が、隊長として最適であろうが、前途に大きな困難が予想されるならば、それとは違う資質を持っている人物が、つまり将来を見通すことに長け、決然たる意志と挫けぬ信念をもち、攻撃と退却の時期を見誤ることなく判断できる上に、大いなる勇気を持っている人物が、隊長として最適となろう。

投票の結果、七割の票がエライジャ・スティーヴンズに集まった。結果が発表されたとき、一瞬、座を沈黙が埋めた。ドクター・タウンゼントが、呆然と口を半開きにして、人々の頭越しに遠くを見つめていた。オールド・マーフィが、ドクターの顔を、不信の色を宿した目で、じっと見つめていた。

男たちの頭上には、透明極まった蒼天が視線の届く限り広がっていて、その広大さを独占して、一羽の白頭ワシが舞っていた。隊のものたちの多くがスティーヴンズの顔を見つめていた。スティーヴンズだけが空に顔を向けて、白頭ワシの動きを追っていた。一度遠くへと舞い離れた白頭ワシがふたたび円を描いて戻ってきたとき、スティーヴンズは視線を蒼天からはずして、口を開いた。

「わたしは、単なる鍛冶屋にすぎん。隊長の任には向かんと思うが……」

「まあ、こうなったからには、エライに引き受けてもらわなけりゃなるまいのー」

オールド・マーフィが自分に言いきかせるように言った。

「そうだな、投票の結果がこうなったということは、エライジャ、あんたが隊長として最適の人物だと、多くの隊員が認めたということなのだからな……。まあ引き受けてもらうしかあるまいな」

ドクター・タウンゼントがゆっくりと言ったが、その口調も、まるで自分自身に言いきかせているようだった。

「もしキャリフォーニアへ向かうルートをとるとすれば、わたしも隊長としてあんたが最適だと思う一人だよ」

数秒の間を置いてから、ドクター・タウンゼントが言い直したとき、彼の口調には、彼が、なぜか安堵をも感じている、と思わせるひびきがあった。

「一つ頼みがある」

スティーヴンズが皆の視線を見返しながら言った。

「ドクターとオールド・マーフィに副隊長の役を担ってもらって、わたしを助けてもらいたい。二人がそれを引き受け、皆がそれを認めてくれるならば、わたしは隊長の役を引き受けるとしよう」

スティーヴンズの提案に反対するものはいなかった。ドクター・タウンゼントにもオールド・マーフィにも異存はなかった。

こうして、この隊は、以後、スティーヴンズ隊と呼ばれるようになる（スティーヴンズ＝タウンゼント＝マーフィ隊と呼ぶ歴史学者も少数いるが）。

第20章　エデンの園(1)——現代

歴史はあと戻りはできない、と言う。これは、当然のことだが、人間一人一人にとって過ぎた時間をあと戻りはできない、ということでもあろう。だがぼくは今、完全に、一年前にあと戻りした気持ちになっている。一年前に去ったこの土地に、ここアメリカ西部の砂漠とその砂漠を西で抱くシェラネヴァダ山脈に、最も透明で、最も広い空に抱かれた土地に、ウサギ、カメと呼び合うことになった心の友に出会った楽園に——そこまで時間をあと戻りして、中断することなく放浪をつづけているような気持ちになっている。

ここを去って、またここに戻るまでの、その間の一年は、いったい何だったのであろう？　日本の大都会での一年は？

底なしに深い紺青の、無限に広い空に、この国の国鳥である白頭ワシが一羽浮かんでいる。ゆっくりと遠く飛び去っていくが、ふと気づくとまた戻ってきている。

ここに戻って、あの一年が何だったのか、ぼくにはよくわかる。空白、人生での空白だったということが。ぼくはふたたび一年前の人生に戻ることができたのだ。自分の生を生きているという生存感と充実感に、わずかながらも満たされていると感じることのできる唯一の生き方に。まるで無実の罪で牢獄に閉じ込められていた囚人が、牢から解放された直後に感じるような、ほっとした、助かった、という気持ちに満たされて。ここで少なくとも一年は暮らせるよう、身に巻きついた無数の縄をすべて断ち切ってきた。一年経って、またあの空白の場所、空白の時間に立ち戻れるかどうかは、ぼくには今はわからない。戻らなければならないとしたら、それは辛いことであろう。とは言っても、日本に帰るのが辛いわけではない。日本は美しい国だ。それとも、だった、と言うべきであろうか？　いや、やはり、大幅に減りつつはあるが、今も緑が、他の国では類を見ない豊かな緑が残る国だ。日本でそういう緑豊かな山に隠棲すればよいのだが、からみついたシガラミと物質的欲望を断ち切るほどの勇気と清い心が、ぼくに欠けていて、今までそれが不可能だった。ぼくは、自分が意志の弱い宙ぶらりんの人間であることを自覚している。だから、シガラミのないここで、澄んだ空と水と底なしの静寂の満ちるここで、しばらくにせよ暮らそうと、一年というケチな時間を、策略を弄して手に入れてきた。これが宙ぶらりんの人間にできる最大の限界なのだ。

白頭ワシが、空の青さの中をかなたへと飛び去っていく。白頭ワシの目に、人間はどう映っているのであろう？　忙しくせかせかと、しかし単調に、地を這う生物としてか？　いや、白頭ワシは、地を這い回る、不自由な、微小な動物などに、見下ろして目を留めることなどないのであろう。飛び憩う空は限りなく高く、限りなく広いのだから。

ぼくは今、シェラネヴァダ山中のセコイア・アンド・キングズキャニオン・ナショナルパークで、「天使の息」と称される原始の大気を吸って、空白の一年間に溜まりに溜まった汚物を吐き出し、肉体と精神を浄化しつつある、と独り合点している。

轟音をとどろかせて流れ下るキングズキャニオンの激流は、シェラネヴァダの嶮しさを表す、もう一つの顔だ。この水しぶきを飛揚させつつ押し流れる川面からは見渡す限り、約二五五〇メートルの垂直な岩壁が、谷を暗くして立ちはだかっている。グランドキャニオンより約九〇〇メートルも深い、北アメリカで最も深い峡谷がここにはある。数多くの氷河湖と原始の森が、高山植物の花が咲き乱れる無数の草原が、ここにはある。それに、アラスカを除く北米大陸の最高峰、ウイットニー山も、この国立公園にあるのだ。

激流のキングズキャニオン・リヴァーに流れ込む支流も、やはり激流だ。滝となって落下し、キングズキャニオン・リヴァーに合流しているものが多い。ぼくは今朝、支流沿いに踏まれたあまり急ではない登山道とおぼしきトレイルを遡ろうと、キャンプ地を出発した。だが二時間ばかり登ると、数十メートルの滝に行く手を阻まれてしまった。両側に空を隠して岩壁が高く屹立し、その間隙から岩を噛んで滝水がせめぎ落ちている。

ゴールデンマーモットが数匹、岩を登ったり、下りたりしている。ぼくを怖がるようすもない。ぼくは滝を写真に撮ろうとカメラのファインダーを覗いた。なにかがぼくの脚から下腹へと這い上がってくる。下半身に目をやると、ぼくの顔から五、六〇センチ下の、ぼくの上腿部にとまって見上げている、マーモットの丸い澄んだ瞳があった。ぼくはザックを降ろしてマーモットにブドウを手渡す。後ろ足で立ち上がり、ブドウを両手に持って行儀よく食べる姿に、ぼくは見とれる。

ぼくがバナナを食べはじめると、立ち上がり、背伸びをして、くれるのを待っている。ぼくは食べかけのバナナをちぎって手渡す。マーモットはうっとりとした目つきになって、バナナをかじる。食べ終わると、背伸びをして、お替わりを待っている。だがもうバナナはない。残っているブドウをふたたび手渡す。しかし、受けとりはするが、もうブドウは食べようとはせず、地面にころがしてしまう。シマッタ！　とぼくは叫ぶ。野生動物を甘やかしてはいけないのだ、彼らのために……。

ぼくは、明日ここを去ってアメリカ合衆国の南端へと向かおう、と決心しはじめる。ここで四日間過ごしただけで、過去一年間に染み付いた垢がすべて洗い流されたような気分になった。ぼくは日本を去る前にひょいと思いついた、あれをやってみようか、と考えている。シェラネヴァダ山脈を南から北へと縦走してみようという、いつも通りのあの衝動を実行に移してみようか、と。とは言っても、この険しい山脈を完全縦走などできるわけはない。まあいいところ、侵入と退却の容易な斜面にある美しい風景を拾いつつ歩いていくだけであろうが。

暑い。猛烈な暑さだ。灼熱地獄だ。なぜこのような地獄での苦役に自分を追い込んだのか？　それは考えるまでもない。何かをしようという衝動の発生に、自分自身で検討してみないうちに止めようもなく足が進んでしまう、ぼくという存在に内在する特徴の一つが、またも例のごとく、地獄に自らを連れ込んだのだ。

それにしても暑い。その上、いつもより荷物が重い。重いはずだ、水だけで八リットル背負っているのだから。今日は、途中に水場がまったくない、とガイドブックに注意書きのある砂漠の中のトレイルを、二〇キロほど行く予定——。だが、これだけの水を飲んだとて、間もなく脱水症にかかり、回復できないまま歩いていくことになるのはまちがいない。昨日もそうだった。今日もまた、燃える太陽に炙られながら、気温四〇度を超える砂漠を、一日進まなくてはならないのだから。

炎昼には一時間に約一リットル程度の汗をかく、とここを暑い季節に歩いた人が報告している。だがそれだけの水を、毎時、身体に補給はできにくい。身体が要求しないのだ。一リットルの汗をかいたのに、〇・五リットルほど水を飲むと咽喉の渇きはとれる。こうして脱水症の症状は刻々ひどくなっていく。目まいと、幻覚と、幻聴とにとりつかれた身体を、惰性で動かす足にのせて運んでいくことになる。

一リットルの汗をかいたのだから一リットルの水を飲めばよい、と考え、ぼくは飲もうとした。だが〇・五リットルほど飲むと、もう飲みたくなくなってしまう。無理をすれば、一、二回は何とか飲めても、毎回それだけの量は飲めない。とにかく、胃だけではなく、身体がそれ以上の水をうけつけなくなってしまっているのだ。その主な原因に、ぼくは昨日、気づいた。

昨夜、夕食のはじめに、この砂漠にはいる前にある町のオリエンタル・フードショップで買った梅干しを一つ、ぼくの手がつまんで口に入れていた。そのうまさ、そのなつかしさ、その親しさは、とても言葉では言い表すことのできないほどのものだった。いや梅干しだけではない。塩辛いものすべてがおいしい、と気がついたのだ。まるで麻薬の禁断症状にかかったように、全身が塩分を要求している、と。こうして塩分といっしょに水分を摂ることになった。とくに味噌汁とかお吸い物などは水分と塩分の両者を同時に摂れるので、理想的だとわかった。昨夜、何杯の味噌汁とお吸い物を飲んだであろう？　一五杯か？　二〇杯か？　そしてやっと脱水症から回復したようであった。つまり、脱水症の症状を軽減するためには、水だけではなく多量の塩分を摂る必要がある、とわかったのだ。ここを歩いているかぎり、塩分の摂り過ぎなどということを心配する必要などない、ということになる。

だが、吹き出た汗と等量の水分と塩分の両者を補給するためには、時間がかかる。水だけを飲むように、一気にできはしない。したがって、食事を摂るときなど、時間的余裕が十分にあるときでなくては不可能である。こうして昼間はつねに脱水症に悩まされながら歩きつづけることになる。幻覚を見、幻聴を聞きながら。

ぼくは今、パシフィッククレスト・トレイル（9頁地図参照）の最も暑い地帯を、最も暑い季節に歩いている。パシフィッククレスト・トレイル——世界最長、世界最悪の壮絶なる踏み路。文明の毒牙にまだほとんど噛まれていない原始の自然が備えもつ、静寂と美の支配する領域を貫いて延びるけもの路。昨日、この南北にアメリカを縦断するトレイルの南端を出発したばかりのぼくは、今、メキシコとの国境に近い南キャリフォーニアの砂漠の灼熱地獄の中を、一人北へ向かっている。

北アメリカの地形は、南北にその方向性がある、と地形学的に言われている。森林地帯も、草原地帯も、山脈も、砂漠も、南北に長く延びた形をとって広がっていると言うのである。であるから、西部植民者のように東から西へと横断する旅の場合は、いくつかの異なった地形の広がる地帯を渡り、越えていくことになる。大西洋を渡って北アメリカの東海岸に到達したヨーロッパ人たちは、まず大森林地帯を、次にアパラチア山脈を越えて、ミシシッピー・リヴァーまで開拓の歩を進めてきたわけだが、ここから一気にオレゴンあるいはキャリフォーニアへ飛翔しようとした西部植民者たちは、出発するとまず、南北に広がる大草原地帯を東から西へと横切ることになった。最初、人間の背丈ほどもあった草の丈が、西へと進むにつれて徐々に低くなっていき、地表に近づいていく。さらに進み、草がまばらに地を這う地帯まで来ると、南北に連なる大ロッキー山系に分け入ることになる。ロッキー山脈は、一つの山脈というよりは三、四〇〇〇メートル級の岩山を連ねた山脈をいくつか統合した、ロッキー山系と呼ぶべき大山系である。一つの山脈と他の山脈の間隙を盆地や平原が埋めた、広大なる領域を包含する山系なのである。

この大山系を越えると、今度はグレイトベイスンと呼ばれる大砂漠が横たわり、その西端には、キャリフォーニアへと侵入する場合はシェラネヴァダ山脈が砂漠側に直立した壁面となって南北に立ちはだかっている。またオレゴンへ向かう場合は、四〇〇〇メートルを越えるカスケイド山脈の秀麗な峰々が、一つの峰から次の峰を見るのに好ましい距離を置いた独立峰となって、南北に整列して鎮座している。キャリフォーニアに行くにせよ、オレゴンに行くにせよ、楽園に移り住もうとする人たちの資格を試す関所となって立ちはだかったこれら最後の山脈は、彼らの道程で、最も嶮しく、最も危険な難所であった。その上、これらの山脈は、もう一つ、生死の分かれ目を画する時間との戦いを、積雪のはじまる前にこの山脈を越えなくてはならないという時間との戦いを、ここまで到達した植民者たちに課して立ちはだかった山脈でもあった。

アメリカ大陸は、最後にホモサピエンスが渡り住んだ大陸だと言われている。それがいつかに関しては、歴史学のつね、今後の発見・発掘によって変更される余地は残っているであろうが、現在までのところ、アジア大陸に住んでいたモンゴロイドが、最後の氷河期の終わり、つまり一万数千年前、海面が下がって陸つづきのブリッジとなったベーリング海峡を渡ってアラスカに到達し、そこから南へと生存の範囲を広げていった、という説が支持を集めている。アメリカ先住民アメリンドは、つまりアメリカン・インディアンと呼ばれる人たちは、日本人と同様、その約半数が蒙古斑をもつ人種であり、モンゴロイドの歯の形態からの分類によって、現代の日本人と同じシノドントに属する人種である、と以前より見なされてはいたが、最近になって、開発された遺伝子の分析という科学的な方法により、アメリンドが、日本人、韓国人など、モンゴロイドのなかでもアジアの北方系のモンゴロイドに近い集団である、という証明がなされたのであった。

かくして、一万数千年前に、地球最後の大規模なホモサピエンスの移住・拡散が北アメリカ大陸ではじまり、南アメリカ大陸の南端まで約一五〇〇〇キロメートルを、約一〇〇〇年かけて移住・拡散していった、という説を、アリゾナ大学のマーティン教授は提出している。またこの説を支持している学者たちは、アジアから渡ってきた先史人が南アメリカ大陸の南端まで移住・拡散した南進速度は、一年平均約一四、五キロメートルとなる、とはじき出している。さらに彼らは、一六〇七年に現在のヴァージニア州ジェイムズタウンにはじめて植民地を建設したヨーロッパ人の、フロンティアが消滅したと言われる一八九〇年までの北アメリカ大陸における移住・拡散の西進速度は、一年に約一四キロメートルとなり、この数値を較べるかぎり、両者の移住・拡散の平均速度はほぼ一致する、というところまでこの計算を敷衍している。この説と計算が正しいとして、西進を行なったヨーロッパ人の方が、南進した先史人と較べて優れた運搬用の道具、たとえば幌馬車など、車輪をもつ運搬具を所有していたことを考えると、その西進速度は、ずい分と遅いと言わねばならない。しかも、最後の三分の二にあたる領域は、つまり本稿で書いている大原野は、時間的には最後の四分の一から五分の一の短期間に侵略・占拠されたことになるからだ。その大きな理由は、先史人が氷河の末端に出たとき、彼らの進む前方、つまり南には、メキシコ湾まで、さえぎる山脈のない、大型動物の群れる大草原が広がっていたのに反して、西進するヨーロッパ人たちの行く手には、進路を阻む三重の大山脈と一つの大砂漠が横たわり、立ちはだかっていたからだ、と結論づけても間違いはなかろう。したがって、乗り物と道路の発達した現代においても、山岳地帯を、あるいは砂漠地帯を避けさえすれば、北アメリカ大陸は南北に縦断する旅の方がはるかに容易である。これに反して、山脈と砂漠を越えないでは果たしえない東西に横断する旅の方は、たとえ文明の利器である自動車を運転していくにせよ、いくつかの困難を覚悟し、それらを克服するための準備が必要となる。

「山岳地帯を避けさえすれば」と書いたが、南北に縦断する旅の場合、もし山岳地帯を行ったらどういうことになるであろう？　アパラチア山脈にせよ、ロッキー山系にせよ、シェラネヴァダ山脈あるいはカスケイド山脈にせよ、いずれも東西の幅は、南北の総延長の七分の一以下であり、それを越えるのさえ困難なわけであるから、もしこれらの山脈の全長を南北に縦走するとしたらどれほど困難か、おおよその想像はつく。現在では、これらの山脈の山麓には自動車道路が攻め寄せ、東西に横断する自動車道路さえ敷かれてしまっている。とくに年月のノミで削り丸められた古い山脈であるアパラチア山脈では、東西に横断する数多い自動車道路だけでなく、山脈の中心部に近い尾根を拾って、南北に縦貫する自動車道まで敷かれてしまっている。怠惰な人間たちに美しい自然の景観を眺望させるために、自然を破壊してコンクリートをうった、ブルーリッジ・ハイウェイと名づけられた、立派な自動車道路までが。

現代の科学技術というバケモノの魔術をつかえば、地球上に不可能な征服・破壊の対象など存在はしないのであろう。

ロッキー山系は、前述したような形態ゆえ、中心の尾根を結んで南北に縦貫する自動車道を敷設するのは不可能であるが、シェラネヴァダ山脈の方は幅も狭く、一〇〇キロ前後であり、中心をなす尾根もはっきりしているので、可能であろう。だがありがたいことに、縦断する自動車道はもちろんのこと、横断する道路さえ数本しか敷かれてはいない。その数本の横断道路も、嶮しく美しい山脈の中心部には一本も切り込んではいず、ただ一本を除いては、すべて山脈のはずれに近い、優しくなった山容の中を縫って抜けているだけである。科学技術というバケモノの魔力を使えば、その破壊力に耐えうる自然などありはしないのだ、と嘆きつつも、その理由はやはりシェラネヴァダ山脈の壮絶なる嶮しさにあると推考したいが、どうであろう？　そう考えるのは、現代科学の破壊的魔力を、のん気にも軽視した考え方であろうか？

一年前にここを去って日本に帰ったぼくは、日帰りあるいは一泊のハイキングに出かけたとき、偶然、登山道に合流している「東海自然歩道」の一部を歩く機会があった。興味を覚え、辿ってみたが、車道と重なった平地や町中にはいり込んでいるところがどうも面白くないので、「東海自然歩道」を端から端まで歩いてみようという気は起きなかった。だが、たとえ一週間余りにせよ、この「歩道」を辿った経験は、むだにはならなかったようだ。

アメリカへの一年の逃亡が決まったある日、ぼくは地図を展げて、シェラネヴァダ山脈の峰々に思いを馳せていた。そのとき、地図の上にくねくねくねる赤い破線を見つけた。指で辿ると、シェラネヴァダの最も嶮しい尾根を拾って、ほぼ南北に途切れることなく延びている。そのうちにこれも赤字で、パシフィックレスト・トレイル、とその破線を説明すると思われる文字に行き当たった。このとき、ぼくの頭の中に、「東海自然歩道」のことが、次いでかつてその一部を歩いたことのあるアパレイチアン・トレイルのことが雷光のごとく走って、このパシフィッククレスト・トレイルにつながった。ぼくは破線を南に北に、指でなぞってみた。予想通り、その名の通り、その破線は、太平洋岸の（パシフィック）、最高所の尾根（クレスト）、〈をむすんだ〉踏み跡（トレイル）、つまりこの一枚岩で造形されたと言われるシェラネヴァダ山脈の、最も高く嶮しい尾根を、端から端まで貫く隘路だったのだ。しかも予想に反したことは、このトレイルが、シェラネヴァダ山脈のみを縦貫するトレイルではなかったことであった。南端をメキシコとの国境に置き、砂漠を抜けてシェラネヴァダ山脈に突入してそれを縦断し、次にこの山脈の北縁でその南縁を接するカスケイド山脈にはいって、ここも最高所の尾根を抜け、カナダとの国境にその北端を置いていることであった。総延長約二六〇〇マイル（四一六〇キロメートル）。総延長約五〇〇キロメートルの「東海自然歩道」の八倍超。いやハイキング道路、ところによっては散歩道とも言える「東海自然歩道」と比較などすべきではない。かのアパレイチアン・トレイルとだって比較すべきではないであろう。アパレイチアン・トレイルと比較できるとすれば、ただ一つ、総延長だけだ。もちろん、パシフィッククレスト・トレイルの方が長いことは言うまでもないが。

「東海自然歩道」を端から端まで歩き通した人の旅の記録を、ぼくは読んだことがある。そして、大胆さと繊細さが、忍耐心と尻軽さが、自由と執着が、一人の人間の中に同居・融合しうる不思議さに驚嘆したのだった。あれらの記録は、自然の厳しさに耐えて歩く人間の修行の記録とも読みとれた。

「東海自然歩道」の約八・二倍の総延長を、人足を拒絶する最も嶮しい地点を結んで延ばすパシフィッククレスト・トレイル。七つの国立公園、六つの州立公園、二五の国有大森林と一四の自然保護区を貫いて延びるトレイル。熱帯の砂漠から、夏でも万年雪の上に降雪をかぶる四〇〇〇メートルの岩壁へと踏み登っていく壮絶なる修験道。いや、数日、あるいは一週間か一〇日、このトレイルの一部を選んで歩くだけなら、ここで出会ったあるハイカーも語ったように、それは修験とは呼べない。それは、リクレイションであり、気分転換であり、体力づくりであり、スポーツ登山に過ぎない。だがもしこのトレイルを一〇分の一、四百数十キロメートル歩くとなったら、それだけでもまさに修験と呼べる試行となる。テントを、スリーピングバッグを、あらゆる気候に耐えうる衣類を、料理用コンロと燃料を、一週間以上を食いつなぐ食料を、次の水場までの水を、自分の背に担いでいかなくてはならないのだから。食べるにつれて食料の重量は軽くなるが、なくなる前に補充しなければならない。だが、それはここでは簡単なことではないのだ。トレイルが食料を補給できるフードショップのありそうな村に最も近づいた地点で、トレイルを離れてその村に向かうわけだが、たいていは一〇キロ近くも、ときによっては数十キロも山路を下らなくては行き着けないのだから。いや、それはまだよい。食料を買い込んだら、今度はそれを背負って、下った距離を登り返さなければならないことになる。これは、この修験道を長距離歩こうとするものにとって最大の苦行となる。ときに、ヒッチハイクに成功してこの苦行を一部軽減されると、地獄に仏とはまさにこのことだ、とよろこびに浸ったりするものだ。したがって、たとえ一〇分の一、四百数十キロを走破しようとしても、実際には、何割か余計の距離を歩くことになる。単にロッククライミングその他の登山の技術に長けているだけでは、とてもこのトレイルの、修験道と言えるほどの距離を歩き通すことはできない。超人的精神力が必要不可欠となる。

だがそのようにして数週間ここで入山修行するだけなら、まだよい。もしこのトレイルを端から端まで歩き通す決意をしたら、何の準備からはじめなければならないのであろうか?

まず何よりも、精神と肉体の鍛練からはじめなければならないであろう。鍛練を完遂する自信がついたら、情報の収集だ。次に、詳細な計画の立案と、携帯品の他の山での試験的使用だ。かくしてもろもろの準備が整い、出発の期日が近づいたら、局留めの荷物の作製と、それを指定した日に発送してくれる人捜しだ。まだある、大切なことが——定職からの退職だ。

どれ一つをとってもぼくには無理だ。美しい場所だけを選んで、気ままに、心向くままに、決して翌日の計画を立てないで、行きあたりばったりに、脱線につぐ脱線をつないで放浪しているぼくには、たとえ一〇分の一を歩くことさえ。

前述のすべての鍛練と準備その他を行ない、もちろん離職までして、このトレイルの全行程を歩き通したアメリカ人が現在までに何人かいる。彼らの記録を読むと、それはまさに、人間と自然についての深い省察と魂の光芒に満ちた、修行と成長の記録だとわかる。

太陽が沈んでいく。涼しさをかすかに交えはじめた風が、砂漠に咲く大輪の花を震わせている。荷を降ろして、立ったまま、ぼくは水を飲む。うまさにため息をつく。ぼくの手が、ザックの中から梅干しを一つ、つまみ出して口に入れる。今度はため息は出ない。息を止め、目を閉じて、波のように梅の酸と塩分が身体の隅々、手足の先々まで染み渡っていく幸福感にひたる。水と梅干し、これほどおいしいものを口に入れたことは生まれてこのかた一度もない、と確信する。物質を本当にありがたいものだと理解させるには、それを最も必要とするときに、それが欠乏した状態をぎりぎりまで体験させることだ、などという意見に耳を傾けさせることは、この物質超過剰な文明の中に生きるぼくと同類の人間に対しては、無理なことなのであろう。一杯の水が、一個の梅干しが、涼しい風が、暖かい太陽の光が、澄んだ空気が、小さな焚火が、ただ一人の心の通う相棒が——それらこそ人生にとって必要なものだが——それらのありがたさを知るためには、それらの得られない場所で、たとえば厳しい自然の中で、雨や雪や風に打ちのめされたり、熱暑に炙られたりしながら、何かを求めて苦闘するという体験をさせることだ、などという意見を面前で教示されたとしても、今までのぼくだったら、老人のくりごとを、聖者ぶったお説教を、と言って嘲ったかもしれぬ。一瞬そんなラチもない考えがぼくの頭をかすめる。

空が三六〇度赤く焼けている。まばらに生えたサボテンが、砂漠に咲く大輪の花が、砂の地平が、身に纏いつきつつある涼しい薄暗い影の中に沈んでいく。すべてが限りない静寂の中に在る。まるで違う惑星に降り立って、想像を絶する風景を眺めているような気持ちだ。だがここは、太平洋を隔ててはいても、太平洋を囲む山系として、日本の山々とも繋がっている土地なのである。

太陽が沈んでもキャンプを張るわけにはいかない。少なくともあと二時間、トレイルが危険な場所を縫ってさえいなければ、歩いてからにしなければならない。午後、昼食後、五時間ほど丈の低いマンザニタの木蔭で休息してしまったからだ。この砂漠の歩き方を、今日、自分なりに学んだつもりだ。朝は太陽が昇る前に出発し、その日の行程の六、七〇パーセントを午前中に歩いてしまい、午後はゆっくりと昼食を摂ってから、昼寝をして酷暑をやり過ごし、日が傾き、気温が下がりはじめたらふたたび歩きはじめ、満天の星の中をさらに二、三時間歩いてキャンプを張る、という方法を。

だが、学んだ方法もすぐに使えなくなり、また新しい方法を考え出さなくてはならない地帯へとトレイルははいっていく。砂漠はここでは平らではなく、シェラネヴァダ山脈の南端から長い尾のように小さな山脈が南の砂漠に延びていて、トレイルは、クレストと名づけられている通り、その小さな山脈の尾根を縫っているのだ。小さな山脈と言ったが、それはシェラネヴァダ山脈と較べての話で、日本の山脈と較べての話ではない。三〇〇〇メートルを超える標高をもつ山も、いくつか座しているのだから。

フクロウとおぼしき鳥が羽音を立てて飛びきたり、飛び去る。まるで昼間のような月明かりの中に大きな影が近づいて、一瞬、月が翼に飲み込まれる。山の中で吠えはじめたコヨーテのテナーが、山彦をひき連れて、闇の中を遠く遠く去っていく。

ぼくはサンジャシント山から延びる尾根への、高度にして三〇〇〇メートルを超える登りにかかっている。下方には、目の届く限り、乾燥の極みを呈した、デス・ヴァレイにつぐ小雨・高温のコロラド砂漠が広がっている。あの砂漠は、ぼくのように弱い精神力しかもたない人間には、夏はハイキングできない場所だ、と三日目には認識し、残りを飛ばして涼しい山に取りついたのであった。だが、もしぼくがもっと大きな精神力と執着心とを所有していたら、あの砂漠で熱射病と脱水症にやられ、きっと倒れていたことだろう。身に巣くう欠陥が——軟弱な精神が、無計画性が、執着心のなさが——身を救うことだってありうるのだ。

海抜約一三〇〇メートルの砂漠の底から三〇〇〇メートルの尾根への一気の登り。荷が重い。標高の低い斜面を登るとき、砂漠を歩く以上に汗をかくと予想して、今日もまた八キログラムの水を背負ってきた。だが、これほどの量の水を背負ってくる必要はなかったのかもしれない、と思いはじめる。気温は三七度だが、西から乾いた強い風が吹いていていて、何とか耐えられる。

背後から近づいてくる重い登山靴の足音がぼくに追い着いたと感じたとき、ぼくは後ろを振り返った。

「気をつけろ！」

とぼくよりも大きな荷を担ぎ、ショートパンツをはき、Tシャツを着た、髭ぼうぼうの男が、ぼくの腕を摑んで、ぼくを自分の方に引き寄せながら叫んだ。男が差す指先二メートルのトレイル上に、木の枝でも落ちているようにガラガラ蛇が憩うている。

「ガイドブックに、ガラガラ蛇絶滅作戦が一九六〇年にはじまった、とありましたが、完遂されないうちに中止になったんですか？」

ぼくは男に腕を摑ませたまま訊いた。

「いや、不成功ならまだよい。考えられる最悪の状態を引き起こしてしまったんだよ。大勢の人間が何年がかりかでやったようなんだ、まず作戦をたててな。つまりだな、邪魔者が接近しつつあることを蛇に知らせるために、バケツか何か騒音の出るものをたたきながら歩き回る、という作戦を。するとガラガラ蛇は、ここはわしのテリトリーじゃ、寄るな、と尾を振り、ガラガラ音を発して、自らの所在を示すだろうと考えたんだな。悪知恵に秀でた人間さまは、それで蛇を絶滅できると考えたってわけなんだ。たしかにガラガラ蛇は、こうして人間の手にかかって殺されたんだが、殺されたのは、すぐに尾を振って所在を示すヤツだけだったんだよ。尾を振らずに敵が近づいてくるのを静かに待ち、一気に飛びかかってくるヤツはすべて生き残り、今ではソイツラの子孫が絶滅作戦以前の数にまで増え、こっそりと人間を待ちうけているというわけなんだ。声などたてず、冷笑をたたえた蛇眼で睨まれるたびに、オレは自然に対する現代人の浅知恵に思い至るんだよ」

蛇がとぐろを巻きはじめた。片側はせり上がる急斜面で、他の側は数百メートル下の涸れ谷まで切れ落ちている。毒蛇を避けて通り抜けるのはむずかしかった。

「悪口が聞こえたようですよ。通せんぼされてしまいました」

ぼくは荷物を降ろしながら言った。

「悪口を言ったのは人間に対してだ。蛇にではないよ」

男はそう言うと、ショートパンツの脚をゆっくりと振って、蛇から数十センチの近間に片足を置くと、風のごとくすり抜けて通ってしまった。

「さあ、さっさとこいよ」

男が呼んだ。

「……頭デッカチノ人間サマガ、人類誕生以来、ズットアナタサマガタ蛇族ニ対シテナシテキタ、イワレナキ、巨大ナル、中傷・悪口・差別ヲ、ドウカオ許シ下サレ」

と三回唱えると、ぼくも風下からゆっくりと蛇の脇に足をおいた。

「なぜぼくを呼んだんです？　単独行がお好きな方とお見受けしましたが」

「あんたはなぜ一人で歩いているのだ？」

「気まぐれものゆえ、相棒を見つけるのがむずかしいからですよ」

「オレもそうだ。相棒を見つけるのがむずかしいので独りで歩いているのだ。もっともオレは気まぐれではないが。計画性と規律を身につけているつもりだからな」

「そんな方が、なぜ相棒あるいは共に歩くグループを見つけられないんです？」

「それがむずかしいんだ、ここＰＣＴではな。ヒマラヤへの山行ならば、目的地は一つの山の山頂だ。しかしここでは、越えても越えても、山また山。目的地は自分の心の中にしかないのだから。またヒマラヤへ行くのなら、ポーターを雇って荷物を担がせることができるが、ここでは、厳しい自然の中を生きて歩くに必要なもののすべてを、自分で背負っていかなくてはならないだろう、ポーターなぞいないからな。だからここを歩く場合には、たとえグループで歩くにしてもだ、メンバー一人一人が、他人に頼らない独立した人格を、生活態度を、つまり独立した一個の人間として、自分に必要なすべてを果たせる能力と気力と生活習慣を身につけていなければならないことになる。自分の荷物は自分で背負い、自分の食事は自分で調理し、自分のテントは自分で張り、自分の健康は自分で管理できる人間でなくてはならないのだ。自分の精神を、単独ででも歩いていけるところまで鍛えていなければならないということだ。たとえそれぞれが得意な仕事を分担してこなすにしても、メンバーの一人一人が、必要なことのすべてを自分でできなくてはならないのだ。ほんのちょっとしたことでも他人に頼るメンバーが一人でもいれば、グループとしてのメリットはなくなるだけでなく、そういうグループに参加することは、危険に自ら飛び込む行為ともなる。何か不慮の事故や災難に遭遇したときには、望ましい態勢がとれないだけでなく、事故や災難を大きくしてしまうことになるからな。しかしここに来る前に、どのグループならそういう危険のないメンバーばかりで構成されているグループか、どの相棒と組めば一人よりメリットがあるか、と判断するのはむずかしい。いや不可能だ、と言った方がよい。それで一人でやってきたのさ。相棒はここで見つけた方がよい、と考えてな」

「ぼくを候補の一人だと考えたんなら、見当違いというものですよ」

「じゃあなぜ、ただ一人で、あのような灼熱地獄を越えて、歩いて来たんだい？」

「無知、無計画、無鉄砲だからですよ」

「それでよくその年齢まで死なずに生きてこれたたな」

「悪運だけは強いのでね」

男は不信の目をしばたたいた。

第21章　寒い河――一八四四年

（日本――黒船来襲九年前）

前年ウォーカー隊が残した轍の跡をほぼ辿って、メアリーズ（フンボルト）・リヴァー沿いに下ったスティーヴンズ隊は、一〇月一日、メアリーズ（フンボルト）・シンクに到達した。ウォーカー隊より三週間以上早い到着で、彼らもまた疲労をためてはいなかった。それに、ここに到達したとき、約三週間分の食糧しか残していなかったウォーカー隊とは違って、彼らはまだ十分な食糧を所有していた。彼らはキャリフォーニアで繁殖させ、農業や畜産業を営む原資の一つとして余分な牛を連れていたのだが、それらの牛は、いざというときには屠殺すれば、年の暮れまで旅が終わらなくても、食糧不足に悩まされることのないほどの頭数であった。もっとも牛が砂漠や雪山で、水や食糧不足のために餓死したりしなければの話ではあるが。

メアリーズ・シンクに到達したとき、ドクター・タウンゼントとオールド・マーフィなど、何人かの隊員たちの顔が曇った。彼らは、ウォーカー隊がシェラネヴァダ山脈越えの至近ルートを発見・開拓しただろうと期待してここまでやって来たのだが、その期待が裏切られた、と知ったからだった。だが、スティーヴンズ隊長は普段と変わらぬ落ち着いた視線を、西に広がる乾ききった、砂また砂の地平に投げていた。彼の回りには、デニス・マーティンやアレン・モントゴメリーなど数人の若者が立って、スティーヴンズの顔と砂漠とを交互に見較べていた。

影法師が砂地に極限まで長く伸びた日没直前、オールド・マーフィとパトリック・マーティンが偵察から帰ってきた。ドクター・タウンゼントがキャンプの端で彼らを迎えた。

「やはり、シェラネヴァダ山脈を南で迂回するルートをとったようだ」

オールド・マーフィが馬から降りながら言った。

「そうだろうな。ウォーカーはやはり、自分の知っている安全なルートをとったということだな」

ドクター・タウンゼントは、自分の言葉にうなずきながら言った。その言葉にオールド・マーフィも首をたてに振っていた。


夕食後、男たちが集まった。モーセをはじめとするまだ大人の仲間に入れてはもらえない数人の若者が、座って議論する大人たちの輪の後ろに立って見ていた。女たちの中にも、仕事の合間にやって来ては、しばらく会合の様子を見守ったりするものがいた。

「われわれに有利な点は、食糧が十分にあることだ。それに、まだ一〇月一日だから、シェラネヴァダが雪で塞がれるまでには一ヵ月以上の時間があることだ」

とヤング・マーフィが言った。

「そう、その通り。だが、シェラネヴァダ山脈というのがどれほど嶮しい山脈なのか、わたしたちにはわかっていない。またここから西に広がる砂漠にしても、どれほど広いのか、途中に水の得られる場所はあるのか、さらには砂漠の向こうはすぐシェラネヴァダ山脈なのか、そうだとして、そのあたりはシェラネヴァダ山脈のうちで最も嶮しいあたりではないのか……とにかく何一つわかってはいない」

ドクター・タウンゼントがいつも通り、説得力をもつ口調で反論を展開した。

「その通りだな。わしらの隊にはシェラネヴァダ山脈を見た者が一人もいない。これは弱点だ」

オールド・マーフィが同意した。

「でも、たとえ南へと、ウォーカー隊の轍の跡を辿って下っても、ウォーカー隊がはたして遭難せずにキャリフォーニアへ行き着けたかどうかもわからない現状では、それが安全・確実なルートとは言えないのじゃないですかね。それにもし南へ下るとしたら、一〇〇〇キロ以上の大迂回コースとなるでしょうから、余分な牛を殺さなければならないことになる。それなら、オレゴンを回っていっても同じことになり、わざわざこの濁流に沿って、荒れた砂漠を下ってきた意味がなくなるというもんでしょう」

ヤング・マーフィは、父親とドクター・タウンゼントの意見に反論した。

「いや、危険を避けるためには、自分たちの弱点をきっちり把握しておくことが大切なんだ」

ドクター・タウンゼントが不快の翳を頬に表して言った。デニス・マーティンが強い口調で議論に割ってはいった。

「弱点を数えるのはいいですが、それを数え上げては、そちらに大きなウェイトを置いていたら、進むことも退くこともできはしない、何もできなくなってしまいます。まずわれわれの手にある有利な条件で、何ができるかを考え、次には、その過程で予想される困難をどう解決したらよいかを、考えるべきでしょう」

「でも、もしシェラネヴァダ越えのルートが見つからなかったらどうするんかね？　シェラネヴァダの東の山裾で越冬できるほどの食糧の余裕は、われわれにはないが……」

大世帯のマーフィ一家の長老は、さらに言い張った。

「シェラネヴァダの山麓は森林地帯となっているだろうから、デニスなら狩りで食糧を手に入れて、生き延びることができるのだろうよ」

ドクター・タウンゼントの口調は、やや皮肉っぽかった。

「いや、これだけの人数の隊員を養うだけの食糧を、狩りで手に入れるのは容易なことじゃありません。もし地表が雪に覆い尽くされてしまうようなことになったら、まず不可能となりましょう。そうじゃありませんか、キャプテン・スティーヴンズ？」

デニスは焚火を見つめていて、口を開かないスティーヴンズの顔に視線を向けた。

「そうだな。いくら寒さが厳しくても、自分一人なら何とか狩りで食いつないでいけるだろうが、家族の分の食糧まで手に入れなくてはならないとなると、それはむずかしいだろうな」

皆はスティーヴンズの次の言葉を待ったが、彼はなおも焚火を見つめているだけで、あとをつづけなかった。

「で、ミスター・スティーヴンズ、あんたの意見はどうなんだ?」

ドクター・タウンゼントが待ちきれなくなって訊いた。

「わたし個人としては、フォート・ホールの会合でも言ったように、肚は決まっている」

スティーヴンズの決然たる口調に、ドクター・タウンゼントは、目をしばたいた。スティーヴンズは、ドクターの顔の表情にちらっと視線を投げてから、口を開いた。

「幌馬車を牽いてのシェラネヴァダ越えのルートが見つかるとは限らない。しかしだからと言って、山脈のこちら側で越冬しなけりゃならないということには、かならずしもなりはしない。越えられないことがわかったら、ふたたびここに戻って、南へ下るという手もある。だがたとえ幌馬車を牽いて越えられなくても、パックトゥレインならば越えられるかもしれない。いやきっと越えられるルートを発見できる、とわたしは思う。その場合は幌馬車を捨てなければならないことになる。問題は、そうなったときに、皆にその覚悟ができるかどうかということだ」

ここまで言うと、スティーヴンズは、ドクターの顔を見、それから集まった男たちの顔をすべて見回してから、ふたたび視線をドクターの顔に戻した。ドクターは焚火を見つめて、考え込んでいた。

ドクター・タウンゼントの妻が男たちの後ろに立って、夫の顔を見つめていた。彼女は、夫が幌馬車に積んで運んできた、他の隊員たちの決して所有することのない品々のことを考えていた。それは医学機材と書籍のコレクションであった。書物は医学書のほかに文学書が多く、とくに彼がヨーロッパ旅行中に手に入れてもち帰った、ともに初版本のチェスターフィールドの書簡集とバイロンの詩集は、彼の書籍のコレクションの中でも自慢の宝であった。幌馬車を捨てたら、あれら夫の宝である品々をすべて捨てていかなくてはならないのだろうか、と彼女は考えていた。弟のモーセが、夫を見つめる彼女の表情の変化を追っているのに、彼女は気づかなかった。

キャンプは深い、底無しの静寂のただ中にあった。頭上には銀河がはてしなく遠くうねり、キャンプの中央の微小な焚き火をさらに縮小していた。

「明日まで、あるいは二、三日、皆でもっとよく考えてみようじゃないか。それに、まだ偵察に費やす時間だってすこしはある。何も今日結論を出す必要はないだろう」

ドクターの言葉に反対するものはいなかった。男たちは皆、ほっとした表情を顔に泛かべていた。間もなく焚火が尽きてキャンプは闇に埋まり、天からさらに寒気が降りそそいで、闇と静寂を冴え返らせていった。

翌日の夕方、これからの旅の準備に立ち働いていた男たちが仕事を終え、それぞれの家族の幌馬車のところに帰って、タバコをふかしていた。女たちは夕食の準備の最後の段階にはいっていた。どこからか次々に鳥が飛んできて、すぐにまたどこかへと飛び去っていった。涼しい夕風が吹きはじめていた。太陽が地平線近くまで傾き、立ち働く女たちの上半身の影が、幌馬車の幌に映って、忙しく踊っていた。

「何かがこっちへやってくるよ!」

子供たちの一人が叫んだ。子供の指さすかなたから、一直線にこちらに向かって動いてくる黒点があった。皆集まってきて、幌馬車で囲った円陣の中から、こちらに向かって動いてくる点を見守った。やがてその点は徐々に輪郭を大きくしていき、二本足の人間となり、弓をかつぎ、草で編んだ腰綱に矢を数本差したインディアンの素裸の姿の細部を明らかにしていった。

隊はこれまで同様、インディアンの戦士を迎えたときの警戒態勢を敷いた。女と子供たちが幌馬車の蔭に身を隠し、デニスをはじめとする何人かの男たちが装弾した銃を手に、幌馬車の蔭からインディアンを注視していた。他の男たちも、銃を手にもち、あるいは手元において、裸の男を見守っていた。

素裸の男は、キャンプから三〇メートルほどのところまで近づくと、弓をもった手を高く天に突き上げて、大きな声で叫んだ——二度、三度。何と叫んだのかは誰にもわからなかった。ガイドのカレブ・グリーンウッドでさえ、聞いたことのない言葉であった。

だが、裸の男は危険なようすをただよわせてはいず、顔には大きな笑みをたたえ、弓をもつ手を天に挙げていた。

スティーヴンズが手招きをしながら、裸の男の方に向かって歩き出した。彼のあとをグリーンウッドとヒッチコックが追った。太陽が地平線の下に半分姿を没し、三人の影がやせて長く伸び、風にからまってもつれた。

キャンプに招じ入れられた男に、夕食がふるまわれた。砂漠の砂に体表を覆われるにまかせた男は、提供される料理の匂いをまず嗅ぎ、それからすこしかじって味見をしてから、ニッコリと笑い、ほおばった。男も植民者に自分の食べ物を差し出した。それは野生の果物でこしらえたクッキーのように見えた。植民者がかじると、確かにそれは、野生のイチゴの一種を固めて作ったゼリーのような菓子だったが、生バッタ入りであった。植民者が噛んですぐに吐き出すと、男はけげんな表情をしたのだが、男が吐き出した食べ物もあった。それはピクルズと、チーズだった。

裸の訪問者の相手を、隊で最年長で、オールド・カレブとみなに呼ばれているカレブ・グリーンウッドがしていた。インディアンの女性を妻にし、荒野を住処として生きてきた彼は、着ているものも立居振舞いも、まるでインディアンそっくりであった。彼のガイドとしての仕事はフォート・ホールで終わっていたのだが、まだ隊に留まっていた。誰にも話さなかったが、彼には一つの計画があったことを、その後の彼の行動から推測できる。彼は翌年以降、サターズ・フォートの主であるジョン・サターの依頼を引き受ける形で、キャリフォーニアへの植民者たちのガイドとなって働くことになるのだが、たとえサターから依頼されなくとも、このルートのガイドの仕事以上に彼に適した仕事は、ビーヴァーが捕獲し尽くされてしまったそのときには、もはや他にはなかったからだ。

オールド・カレブが、夕食後も裸の男の相手をしていた。とは言っても、男の言葉はオールド・カレブにもまったく理解できなかったのだが。

キャリフォーニアに住むアメリカン・インディアンの言葉は、部族ごとに、互いにコミュニケイションできないほどに分化してしまっていて、キャリフォーニアだけでも六〇もの異なった言葉が話されていたと言われているほどなので、オールド・カレブにこのあたりに住むインディアンの言葉がわからないのは当然であった。だが彼は、インディアン以外には人間の住まぬ荒野での長期にわたる生活で、言葉が役にたたないときのコミュニケイションの技を身につけていた。彼は手足、身体を使い、地面に図を描いて、裸の男と話していた。子供たちが何人か、二人のやりとりを眺めていた。

他の男たちは、焚火の回りに集まって、昨夜の討論のつづきにはいっていた。闇が遠景を埋めつつあり、風が砂を舞い上げては西の空の神々しいバラ色の輝きに濁色を溶かしこもうとしていたが、西の空の輝きは透明のまま薄れていった。

「キャプテン・スティーヴンズ、ちょっと来てくだせえ」

オールド・カレブが、談合している男たちに向かって大声を上げた。男たちの顔が一斉に声の方を向いた。

「今、この西の砂漠とその向こうのことを、このインジュンに訊いているんですがね、かなり詳しく知っているようなんですだ」

男たちの集団の輪が、オールド・カレブとインディアンの周囲に移動した。

「このインジュンの話じゃ、西の砂漠は二日で越えられるっちゅうことですじゃ。その向こうにゃ川が流れていてな、その川を遡りゃ、山と山のあいだをすり抜けて西へと抜けられるっちゅうことですじゃ」

「山と山のあいだを抜けると、その向こうはどうなっているか訊いてくれ、オールド・カレブ」

スティーヴンズが、落ち着いた口調で言った。

オールド・カレブは、砂地に棒で大きな図を描き、その上で手足を振り動かして踊りを踊った。裸の男も手に棒をもって、オールド・カレブの踊りの合間合間に踊った。男のペニスが上下左右に揺れるのを、子供たちが指さして笑っていた。二人の踊りはなかなか終わらなかった。

「その向こうには大きな湖があってな、湖の西にはもっと大きな山がいくつもある、と言っているようですだ」

「ようですだ、では困るんだ。もっとはっきりわからんでは！」

ドクターがいらいらした声で叫んだ。

「そりゃ無理というもんですだ。オリヤにゃ、こいつの話す言葉がさっぱりわからんでな」

「オールド・カレブ、すまんが湖の向こうのその高い山には、人間のすり抜けられるルートがあるのか、ないのか、訊いてみてくれんか」

スティーヴンズがふたたび、落ち着いた口調で言った。

「それも訊きましただ。湖に西から流れ込んでいる沢沿いに登って、自分たちは高い山を越える、と話しているようでしただ」

「ありがとうよ、オールド・カレブ。今晩このインディアンをここに留めおいてくれないか。ところで、名前は何というのか訊いてくれたかい？」

「トラッキーという名だと言ってますだ」

オールド・マーフィが、自分の手にしているコインをトラッキーがじっと見つめているのを知ると、それをトラッキーに手渡した。トラッキーは押しいただくような仕草で、それを両手で天に差し上げた。男たちがどっと笑うと、トラッキーはニッと笑って、男たちの顔を見回した。

彼らは、以後、この男をトラッキーと呼んだが、実は、それはこの男の名ではなかったのだ。トラッキーというのは、この男の部族の言葉で、〈酋長〉という意味だとわかったのは、それから何十年もたってからのことである。

「わたしは明日から、誰かといっしょに、トラッキーを連れて、彼の案内で、西の砂漠の偵察を行なうこととする」

スティーヴンズは男たちに発表した。

「ドクター、あなたがいっしょに行ってくれると助かるが……」

言いながら、スティーヴンズはドクターの視線をとらえようとした。

「いいですよ。わたしも行ってみたいですから」

ドクターはほっとした表情を顔に泛かべて、首をたてに振った。

「それじゃ、オールド・マーフィ、あんたがわたしの留守のあいだの隊長ということになる」

オールド・マーフィは大きくうなずいていた。

「出発までにあと四、五日は、ここで動物たちを休息させる必要があるだろう。ドクターとわたしは、そのあいだに、できる限り遠くまで偵察してこようと思う。もしトラッキーの言うことが本当ならば、シェラネヴァダを抜けるルートがあると思える。すくなくとも、徒歩で動物を曳いて越えられるルートはあると考えてもよいだろう。馬や牛が越えられるルートがあれば、工夫によっては、幌馬車を引き上げることだってできるかもしれない。だが引き上げられない可能性だってないわけではない。その場合は、幌馬車を捨てなければならなくなる。そこまで考慮に入れて、わたしらが留守のあいだに、どうするか、オールド・マーフィ、少し話し合っておいて下さらんか」

スティーヴンズはオールド・マーフィの顔を見、それから、ヤング・マーフィとデニス・マーティンの顔を交互に、瞬きもせず見つめた。

翌朝、スティーヴンズとドクターは馬に乗り、トラッキーの乗った馬の手綱をスティーヴンズが引いて、メアリーズ・シンクの西に、砂紋を描いて広がる不毛の砂漠へとはいっていった。生まれてはじめて馬に乗ったトラッキーは、首を高く挙げ、見送りのヨーロッパからの侵入者たちを見下ろしていたが、馬が歩きだしたとき、ころげ落ちそうになり、馬のたてがみにしがみついた。皆がどっと笑うと、トラッキーは馬にしがみついたまま、てれた顔を侵入者たちの方に向けた。

砂漠を西へと進みながら、スティーヴンズはときどき明るい視線をトラッキーの方に投げた。トラッキーの突然の来訪を、彼は天から降って湧いた幸運だと考えていた。こうして自分たちの道案内を引き受けたところを見ると、トラッキーは嘘をついているわけではなさそうであった。とすれば、好ましい形で彼が望む方向にことが運ぶ可能性が大きくなったと言える。集まっての相談の場で、ドクターはあまりにも細かく不利な条件を数え上げ過ぎる。こうなったらどうするのだ、ああなったらどうするのだ、と。このように女や子供を抱えた隊が、自分たちの弱点ばかりを数え挙げていたら、決して大きなことをなすことはできない。決意を実行する方向に向けて力を結集しようとしないかぎり、結局は、安全を第一とする方向へと流されていってしまうことになる。しかし、このようなすべてが未知の領域では、安全だと思われる方向が、かならずしも安全かどうかはわからぬのだ。ウォーカー隊の跡を追ったとて、彼らが遭難した可能性だってないわけではないのだ。ウォーカーは自分の隊の状況判断をし、南へと下る選択肢を最善の策と判断したのであろう。フォート・ホールで聞いた話が正しいとすれば、ウォーカー隊は食糧が欠乏していただけでなく、われわれより四週間ほど進行が遅れていて、時間の余裕がなかったということだ。ウォーカー隊の轍の跡を踏んでいくのが、われわれにとって最善の策とは限らぬのだ。石橋をたたいて渡る一見安全と見える守りのやり方を選んでいては、時間ばかりがかかり、最善の方法は決してとれはしない。石橋が必要なら、自分たちでそれを架け渡して越えるような、攻めの方法でなくては、新しいことへの挑戦は成しえないのだ。しかも自分たちには、挑戦を成すに必要なものがある。食糧も、時間も、それに自分の科学的発明の才と技術が。

とにかく一昨夜のように、隊員たちの心に大いなる迷いを宿したまま投票をして方向を決めても、一致団結し、力を結集した態勢をとって進むことは困難だ、とスティーヴンズは考えていた。何かひとたび予想していなかった困難につきあたると、不賛成の選択肢を押しつけられた少数意見のものたちの心に不満が生じ、隊の結束はゆるみ、力が削がれることになる。西へ向かいたいと、大部分の隊員が望んでいることは確かなのだが、未知のものへ挑戦するときには、皆、多かれ少なかれ不安と恐れに捉われるものだ。その不安と恐れの中で、弱点をはじから数え上げていったら、それらを押さえたいと思っている者たちの不安と恐れをも助長し、強固なものにしてしまうことになろう。話し合いが長びけば長びくほど、多くのものがドクターの過剰計算の罠にはまってゆくのは確実であった。彼は偵察に出発する前に、ひそかに、自分と同様、断固西へ向かおうというゆるぎない決意を抱いている二人の男、ヤング・マーフィとデニス・マーティンに、留守のあいだの集まりやその他の場所で、隊員たちの心に西へと向かう決意を固めさせるような説得を、機会をとらえてするように、と命じてきていた。ドクター抜きで留守のあいだに討議させれば、隊員たちの決意も固まる可能性が高い、とスティーヴンズは踏んだのであった。ドクターに関しても、偵察の歩をそう遠くまで延ばすわけにはいかないにせよ、この砂漠だけでも二日で越えられるとわかり、トラッキーの言うことが真実だと証明されれば、ドクターの不安定な心の天秤の皿を、西へと向かう方がよいと考えさせるほどの角度にまで傾けさせることができるのではないか。ドクターだって、どちらの方向に向かうことにも不安をもっていて、ただ決断をしかねているだけなのだから。

スティーヴンズは大きく一つため息をつくと、深く澄んだ目でトラッキーを見つめた。トラッキーは馬に乗るのに慣れ、もう自分で手綱をひいて馬を操ることができそうに見えた。だがスティーヴンズは、手綱をトラッキーに渡そうとはしなかった。

午前中、トラッキーは得意げに馬上からあたりを睥睨していたが、昼食のため馬から降りたとき、ワニのような脚つきとなり、びっこをひいていた。そして午後出発したときには、トラッキーはもはや馬に乗ろうとはしなかった。灼けきった砂の上の、ゆらめいて燃えるカゲロウの中を、彼は裸足で歩いていた。スティーヴンズがトラッキーと並んで歩いていた。スティーヴンズは自分が水を飲むたびに、トラッキーにも水筒を手渡した。だがトラッキーが飲む水の量は、スティーヴンズの飲む量よりずっと少なかった。

スティーヴンズとドクター・タウンゼントが西の砂漠に去って二日目となった。隊員たちは不安な視線を西方に投げるようになっていた。この日、昼どきに、三人の裸のインディアンがキャンプに姿を現わした。彼らに食べ物を与えると、彼らはそれを食べても立ち去らず、キャンプの中を徘徊した。夕方、さらに二人のインディアンが姿を現わして、夕食の席についた。彼らも夕食が終わり、闇があたりを飲みこんでも、立ち去らなかった。星空の下を、彼らの暗い影が音をたてずに動いた。男たちは焚き火を燃やしつづけて、警戒していた。

「はじから撃ち殺してしまやぁいいんだ」

アメリカン・インディアンと白人との混血であるオールド・カレブの息子が、憎々しげにわめいた。

「ばかもん、そんなことをしたら、わしが許さん。おまえを撃ち殺すでな！」

父親が激しい口調で怒鳴り、息子を睨んだ。この言葉は父親の単なるおどしではなかった。翌年、同じ二人の息子を連れて植民隊のガイドをしていたとき、彼はインディアンを撃ち殺した息子の一人を、姿を見つけ次第射殺するよう隊員たちに命じているからだ。

やがて、インディアンたちの影がフッと消えていた。

三日目、夜、インディアンたちの姿が消えると、植民者たちはキャンプを数キロ離れた丘の蔭に移動した。だが翌朝、インディアンはいつもの時刻にやってきた。結局、その日、キャンプを訪れたインディアンの数はさらに増え、九人となった。インディアンたちは皆、愛想がよく、植民者たちに危害を加えるそぶりは見せなかったが、植民者たちの不安は高まっていった。あるインディアンが、地面に置いてあるスプーンを一つ拾い上げると、手離そうとしなかった。この行為はたちまちのうちに、他のインディアンたちに伝染した。こうして植民者たちは、何一つ地面に置いておくことができなくなった。だが、それは注意していれば、ふせぐことはできた。土の上にじかに置いてあるもの以外、インディアンたちは拾い上げなかったからだ。それでもインディアンたちは、毎日、地面に置いてあるものをあれこれ拾い上げては持ち帰った。それは缶詰の空き缶であったり、ビンの栓であったりで、ほとんどは植民者たちにとって価値のないものであった。植民者たちを最も不安に陥れたのは、オールド・カレブの二人の混血の息子であった。彼らは、憎悪にきらめく目でインディアンを見張り、インディアンがあれを盗もうとしている、これを盗もうとしている、と大声にわめきつづけた。ついには植民者たちの最も貴重な所有物である牛を盗んだ、とさわぎたて、インディアンに向かって銃を発砲しようとした。父親が飛んできて二人をなぐり倒したが、彼らは銃を胸に抱いて、憎しみをたぎらせた目で、インディアンたちの姿を追っていた。植民者たちはインディアンよりはむしろ、混血の二人の若者の方に、より多くの警戒と不安の目をそそいでいた。

さらに何日もこの場所にキャンプを張りつづけるのが、危険を増大させる要因になることは、誰の目にも明らかであった。それに彼らは、偵察隊の帰りが予想より遅い、と考えはじめていた。偵察隊がインディアンに殺されたのではないか、という不安が、皆の心に生まれつつあった。

その夜、男たちは、焚火の周囲に集まった。

議論は長くはつづかなかった。最後に投票によって、たとえ偵察隊がそれまでに帰還しなくとも、翌々日、西へ、砂漠の中へと出発するとことに決まった。隊長スティーヴンズが留守の今、彼らは、寡黙ではあるが、決然たる意志を見せて隊を指揮するスティーヴンズの存在の大きさを覚り、彼のいない不安に落ち着かなくなっていた。どちらの方向をとるか決めかねていた隊員たちの心も、スティーヴンズの跡を追う方にすっかり傾いていた。それに、西の砂漠はインディアンも住めない、したがってインディアンのいない土地であることにまちがいなかった。それほど、フォーティマイル・デザートとあとになって呼ばれるようになった、この砂漠の中の砂漠は、乾ききっているように見えたのであった。

四日目の夜、彼らはキャンプを移動させなかった。インディアンの視力と脚力の外へ、簡単に逃れるのは不可能であることを、彼らは今や理解していた。

次の日、植民者たちは、訪れたインディアンたちにいつも通り食事をふるまった。彼らはインディアンたちに気どられないよう注意しながら、出発の準備をしていた。

その日、朝から、ミセス・タウンゼントがキャンプの西縁に何度もやって来ては立ち尽くし、遠く西の砂漠へと視線を投げる行動をくり返していた。太陽が彼女の目線近くまで傾いたとき、彼女の視野に三つの影が点となって侵入した。やがてそれは、馬に乗った人間の姿となった。彼女は大きくため息をつくと、身体を回して自分の幌馬車の方に向かって戻りかけ、弟のモーセが幌馬車の脇に立って自分の方を凝視しているのに気づき、一瞬、歩みを止めたが、すぐにモーセの方に向かって歩き出した。間もなく、キャンプに叫びがあがった。

「帰ってきたぞ！　帰ってきたぞ！」

馬に乗った三人を、キャンプの西縁で全隊員がとり囲んだ。

「トラッキーの言ったことに間違いはなかった、わたしらが行けた場所まではだがな」

馬から降りると、ドクターが疲れた声で言った。

「明日、たとえあんたらが帰らなくても、西へ向かって出発することに決めたんだが……」

とオールド・マーフィがそこまで言ったとき、あとの言葉を遮ってスティーヴンズが言った。

「じゃ明日、予定通り出発としよう」

ドクター・タウンゼントは考え深そうな翳を目にただよわせて、何かをおしはかっていたが、やがて自分に言いきかせるようにつぶやいた。

「そうするしかあるまいな」


翌朝、スティーヴンズ隊は暗いうちに朝食のあと片づけにとりかかっていた。地平線上の闇が透明な輝きに溶けはじめていた。インディアンが一人、キャンプの中にはいってくるのを女の目が捉えた。

「インディアンがもう……」

と女が叫んだときには、二人目のインディアンがキャンプにはいってきた。

「インディアンがきた」というささやきが、風のようにキャンプに広がっていったとき、インディアンの数はさらに増えていった。今日にかぎってなぜインディアンたちが、それまでより二時間も早く姿を現わしたのか、彼らにはその理由がわからなかった。一人オールド・カレブだけが、何かにうなずいていた。インディアンの出現以前にキャンプを引き払おうとした彼らのもくろみは、こうしてはずされたのだった。彼らはもう出発を隠そうとはせず、大急ぎで出発の最後の支度にかかった。スティーヴンズとヒッチコックとオールド・カレブが、各幌馬車を回って、何かを掻き集めては、布袋の中に押し込んでいた。空にまたたいていた星の光りから鋭さが褪せていき、地平線上の透明な輝きが急速に薄闇を呑み込みつつあった。

出発の準備が整い、先頭に立つ幌馬車がまさに動き出そうとしたとき、モーセの叫び声が上がった。

「ぼくのホルスター（皮製のピストルのケース）が盗まれた！」

インディアンたちはキャンプの内側に立って、植民者たちの行動を観察していた。見回すモーセの目が、一人のインディアンのところで止まった。そのインディアンは植民者が与えたぼろを腰に巻いていた。ホルスターの先がそのぼろの下から覗いていた。モーセは息を大きく一つ吸うと、駆け寄り、ホルスターをインディアンの腰より引き抜いた。インディアンの腰布がほどけて、地面に落ちかけた。インディアンはホルスターを片手に、布をもう一方の手に摑んでいた。モーセは両手で摑んだホルスターを一度押し、それから力一杯引いた。布がインディアンの手に残り、ホルスターはモーセの手に渡った。モーセはホルスターを胸にかかえて、姉の乗る幌馬車目指して逃げ出した。ぼろ布を片手に持ったインディアンがモーセのあとを追いはじめたとき、他のインディアンたちが奇声を発しはじめた。男たちが慌てて銃を摑み、外にいた女たちが幌馬車の中に逃げ込みつつあった。

そのとき、一発の銃声が鳴った。スティーヴンズが銃を、空に向けて発砲した音であった。インディアンたちの脚と叫びが、一瞬、止まった。

スティーヴンズとヒッチコックとオールド・カレブが、インディアンたちの前に手を広げて立ちはだかり、インディアンたち一人一人に、布袋からビーズや貝殻やコインを分け与えはじめた。

「出発!」

後ろを振り返ったスティーヴンズが叫んだ。ドクター・タウンゼントの幌馬車で鞭が鳴った。

「おくれずに追え!　おくれずに追え!」

大勢が叫んでいた。

インディアンたちは皆、親鳥から餌をねだるひな鳥のように、掌を一杯に開いて突き出していた。すでに何かを手にしたものたちも、再度獲得しようとしていた。

幌馬車隊は直線に伸びて、砂漠の奥へと走り去りつつあった。ヤング・マーフィとジョウゼフ・フォスターとアレン・モントゴメリーが、インディアンたちに今はゆっくりと品物を手渡している三人の後ろで、馬に乗り、銃を横たえて待機していた。幌馬車隊の後部では、牛の世話をするという仕事にありついて、この幌馬車隊の西部植民の旅に便乗できた五人の独身の男たちが、空身の牛の手綱をつかんで牛と共に駆け、幌馬車隊のあとを追いかけていた。そのうしろをオールド・マーフィとデニスが馬に乗り、銃を片手に付き従い、うしろを振り返り、振り返りしていた。

太陽が地平線に顔を覗かせ、朝の最初の光が砂上の薄闇を洗い流していく、その光の速度が目撃できるほど砂漠は広かった。白頭ワシが一羽、砂漠と競う果てなく広大な、蒼さを深めつつある空を舞い、人間たちの単調な動きを見下ろしていた。

「もういいようじゃな」

後ろを振り返ったオールド・カレブが言うと、スティーヴンズがうなずいた。

三人は、ゆっくりと一つ一つ、手にした品物、空き缶やコインなどを、インディアンたちの背後に投げていった。インディアンたちと三人のあいだの間隔が広がった。三人は、待機していた隊員の馬の尻に飛び乗った。数百メートル先で砂塵を巻き上げて走る幌馬車隊に向かって、彼らを乗せた馬は駆けていった。草木一本見えない、見渡す限り砂また砂の地平を全速力で逃げていく白人の一隊を、裸のインディアンたちが、透明な朝の光の中に立って、唖然としたようすを目にも姿態にも表して、見送っていた。

こうしてスティーヴンズ隊は、ヨーロッパより侵入した人間としてははじめて、幌馬車を牽いて、メアリーズ・シンクの西に広がるフォーティマイル・デザートとその後呼ばれるようになる砂漠の中の砂漠へとはいっていったのであった。

太陽が高い位置へと昇るにつれ、砂が灼けて、人も動物も天と地の両方から炙られていった。たまに風が吹き抜けていったが、まるでオーヴンのドアを開けたかのように、熱風が身体を包み、肌を灼いた。幌馬車の車輪や、牛・馬・ラバの蹄や、人間の足の舞い上げる砂ぼこりが、人間と動物の鼻と口と肌から水分を奪い取った。吹き出すやいなや蒸発する汗を、やがて人間も動物も出さなくなり、骨の髄まで干され、干からびていった。手の甲を砂が紋を描いて覆いつつあった。手の甲だけではなかった。背中にも胸にもシャツの上で、腰にも腿にもズボンの上で、砂の紋が育ちつつあり、全身が砂紋に覆われていった。動物の尻にも背中にも砂紋はとりついていて、形を変えつつ育っていった。

太陽が中天に差しかかったとき、スティーヴンズ隊は三時間の休みをとった。人間が飲む水は用意してあったが、動物たちに飲ませる水を積む余裕は幌馬車にはなかった。彼らは、メアリーズ・シンクで刈り取った、しおれた草を動物たちに与えた。

休息後出発した彼らを、炎熱が上下から炙った。太陽が二つあり、まるで燃え尽きつつある太陽の上を歩いているかのように、下からも彼らを焼いた。風が死んだように静まっていて、すべてが爆発し、炎上する直前のように静止していた。今や彼らは時間と格闘していた。ただひたすら、時間が通り過ぎるのを待った。夜の寒気の到来する時間を、水以上に恋いながら、待った。だが、灼熱した大気と時間は静止したままだった。

その日、日没前に、夕食のための一時間の休息をとっただけで、彼らはキャンプを張らずに前進していった。やがて陽が落ちて、吹きはじめた涼しい風が急速に冷えを増していき、凍る闇があたりに満ちた。しかし、夜の方が昼よりはずっと歩きやすかった。女も子供たちの多くも歩いていた。幌馬車の車輪が砂にとらえられると、近くを歩いているものたちが寄り集まって取りつき、押しあげた。

やがて幼い子供たちだけは幌馬車の中で眠りについたが、男たち、女たち、大きな子供たち、動物たちは前進をつづけていた。

夜が明けるまで歩いて、幌馬車隊は朝食のための休止をした。しかし皆、食欲がなかった。昨日の脱水症から回復していなかったのだ。女たちが、救急用にと隠しておいた乾燥果物とピクルスを取り出した。それらを水で咽喉に流し込むとすぐに、彼らは立ち上がって出発した。深い静寂の中を進む何人かの耳の中で、水の流れる音が聞こえていた。顔をあげた彼らの前方に、緑の大森林が、突然、姿を現わしていた。彼らはその大森林に向かって進んでいった。大森林はなかなか近づかなかったが、やがて一陣の風が吹いて、大森林が根こそぎさらわれて消え、前方には無限の砂の広がりがあった。しばらくすると、ふたたび緑の草原が、煙るようにぼやけた姿を前方に現わして、カゲロウの中にゆれていた。だが植民者たちには、蜃気楼に腹をたてる気力さえもう残ってはいなかった。

「牛を離せ！」

スティーヴンズの叫びに、彼らは目を覚ました。見ると牛が鼻を上に上げ、ひくつかせ、首を振って方向を計っていた。

もうもうと砂を蹴立てる放たれた牛の群れのあとを、水筒や桶を手にした男たち、女たちが、馬やラバに乗って駆けていった。太陽が中天を過ぎたばかりの、一日で最も暑い時間であった。母親たちが子供たちとともに、幌馬車の下の細い蔭に身を横たえて、水が運ばれてくるのを待った。


二十数人の男たちと数人の若い女たちが、水の中で狂っていた。

「こんなに狭い水たまりにやってきただけで、みんなこんなにうれしくて、まるでユートピアにいるような気分なんですから、キャリフォーニアへ行き着いたら、どれほど幸せな気分になれるか、想像できませんね」

モーセが腰まで水に浸かり、頭からも上半身からもしずくをたらしながら、隣で頭に水をかけているスティーヴンズに言った。

「ここはユートピアの中のユートピアなんだよ。ここより幸福な気分になれるユートピアなぞありはしないのさ」

「でも、周囲は、昼は灼熱地獄、夜は酷寒地獄の中の、単なる水たまりにすぎないじゃないですか」

「地獄の中の貧しい天国、これこそ本物の天国なんだ。天国はこれ以外にはないのだよ」

モーセがわからないという表情をして、目をしばたたいた。


「なぜこんなに遠くで牛を解き放ったんです？」

水を詰めた水筒と銃を肩に、馬に乗り、牛をひき連れて幌馬車の方に戻っていきながら、モーセが、今度は、オールド・カレブに訊いていた。川に飛び込んでぐっしょり濡れた彼らの全身から湯気が立ち昇り、みるみる干上がっていった。

「砂漠ではな、牛の鼻が水の匂いをかぎつけたときにゃ、解き放たにゃならんのだよ。さもないとな、幌馬車を牽いたまま暴走してな、途中で幌馬車をひっくり返して、ばらばらにこわしちまったり、幌馬車ごと水の中に走り込んで、引き上げられなくしたりしちまうでな」

「いつ解き放したらよいか、どうしてわかるんです?」

「それがちっとばかしむずかしいんじゃ。脱水状態になるとな、人間の目も耳も正常には働かなくなっちまうし、それに精神も注意力も散漫になっちまうからな。だからな、自分が干上がったときにゃ、牛はもっと干上がっていると思わにゃならん。そういうときこそ注意力を集中して、牛の観察を怠らないでいなけりゃならんのじゃ。そうすりゃ、牛たちが水の匂いを鼻でとらえはじめたな、とたいていはわかるってもんだ。それからじっと見つめていてな、牛たちが暴走をはじめる直前の状態になったときに、解き放つんじゃよ」

「もし牛たちのそういう習性をだれも知らなかったら、こういう砂漠を旅するのは危険ですね」

「人間はもうちっと利口なもんだ。すくなくともマウンティンマンの生き残りにゃそんな愚かな人間はいないわさ。そんな愚かなマウンティンマンは皆、荒野に骨を晒したはずだでな。だが、もしそんな愚かな人間を隊長に選んだりしたら、その隊は無事にユートピアには行き着けぬだろうて」

「オールド・カレブ、牛たちはなぜ人間より嗅覚が優れているんです?」

「それはな、牛たちが人間ほど頭ばかし使わないからさね」

「牛たちはなぜ人間より長い距離、水を飲まないで苦しい労働ができるのです?」

「それも、牛たちが人間のように頭ばかし使って、あれこれ思いわずらわねえからさ。だからがまん強いんじゃよ」

モーセがふたたび目をしばたたいていた。

スティーヴンズ隊は、到着した水の流れる草原で三日の休息をとったあとで、真西に向かって出発した。進むにしたがって、緑の濃い風景に変わっていき、灌木の集まる林が現れたりするようになった。彼らは西から流れる川に沿って、美しい草原を抜けていった。彼らが抜けた草原は、現在のリノ市のあたりであった。彼らはこの草原地帯をトラッキー・メドウズと名づけ、彼らの遡りつつある川をトラッキー・リヴァーと名づけた。

何日か進むと、川はやがて山の中へとはいっていった。谷が深さを増し、川沿いに進めなくなると、彼らは川の中を進んだ。

キツツキのドラミングする澄んだリズムが、大気を震わせて響き、小鳥が耳をかすめて飛んだ。

モーセがシカを射止め、夜、キャンプに肉の焼ける臭いが立ち昇り、ハーモニカのメロディとまじって星空に溶けていった。フクロウが木の枝から、キャンプを見下ろしていた。

その日は朝から、ずっと川の中を進んでいた。午後になると幌馬車を牽く牛が立ち止まり、動かなくなった。鞭打つと、牛たちは声を上げて鳴いた。彼らは、牛にはさらにもう一つ欠陥があることに気づいた。牛のひづめは、長時間水中に浸かっているとふやけて軟化し、足裏を地面に突いて体重をかけると、痛む状態となることに。

男たちは水の中に腰まで浸かり、手綱に体重をかけて引いては、牛を進ませた。薄く雪化粧をはじめた山から流れ下る水は切るように冷たく、遡るにつれて、さらに痛冷さを増していった。

ある日、雪が降りはじめた。水分を多量に含んだ雪は、人間の露出した肌に張りついて、身体から熱を奪った。夕方、いつもより早めに、彼らはキャンプを張った。やがて夜の到来とともに気温が急降下し、粉雪となった。

早朝、夜の明けきらぬうちから、空腹に堪えかねて鳴く牛たちのバスの合唱が谷にこだましていた。雪は上がっていたが、三〇センチほども積もり、牛の食む草は雪の下に隠されてしまっていた。彼らは近くに生えている松の木から針葉をむしり取って牛に与えたりしたが、手の届く枝の数は少なく、牛たちの空腹を満たすほどの針葉を集めることはできなかった。積雪の中で、男たちは鳴く牛を幌馬車に繋ぐと、手綱を曳いて強引に牛を前進させた。鞭の破裂音と、牛を追う男たちの声と、幌馬車の車輪のきしむ音が、雪の谷を遡っていった。雪はすこしは融けたが、まだ草は雪の下で、前日より飼料を与えられずに幌馬車を牽く牛たちのなかに、坐り込み立ち上がろうとしないものがでて、牛たちの力の限界が近づきつつあった。シェラネヴァダの岩壁はまだ遠くにかすんでいた。やがて前方の雪が青く色づき、その青色が風になびいて揺れているのが見えてきた。牛の目に力が戻り、白い息を吐きつづける牛たちが、その場所に向かって幌馬車を牽いていった。

降雪が埋めきれなかった丈高いイグサ科の草を、牛たちが一心に貪っていた。それを見つめる大人たちの目が細まっていた。やがて何頭かの牛が苦しみはじめ、地面に倒れてもがいた。大人たちが総出で、脚を踏んばって抵抗する牛たちを、イグサの原から追い出した。結局、ここで、二頭の牛が食べ過ぎのために死んだ。

解体された牛の血で赤く染まった雪原と二頭分の牛の骨が、不吉な影がまといつきはじめたことを彼らに覚らせはしたが、彼らの中に、もはやメアリーズ・シンクへの退却を、ひそかにでも吟味してみようとするものはいなかった。彼らの道程ははかどらず、一一月となったが、シェラネヴァダの東端に壁となって屹立する絶崖は、まだ細部を見せてはいなかった。冬の気配が立ち込めはじめ、牛が、男たちが、腰まで浸かって進む沢水はさらに冴え返り、動物の前に出て手綱を曳いて進む男たちの脚を、腰を、麻痺させた。こうして、苦しみに鳴き声を上げる牛を曳いて、彼らは雪融けの水の中を西へと、止まっては進み、進んでは止まる、遅々としたペースで動いていった。

一一月一四日、スティーヴンズ隊は水流が二股に分岐している場所に到達し、キャンプを張った。主流はここから南へと蛇行していて、細い支流が真西から流れ込んでいた。支流の方は谷が広く、谷の西方に、空に向かってせり上がる胸壁が見えた。彼らは、いよいよシェラネヴァダの絶壁に到達しつつある、と覚った。ここは現在、スティーヴンズ隊にこのルートを教えたあのインディアンの名前を残している町、トラッキー市の西方約一・六キロメートルの地点であった。男たちが、進路の選択について話し合うために、集まった。

「まずヤング・マーフィの話を聞こう」

オールド・マーフィが口をきり、先行してルートの偵察を行なっていた息子の背を片手で撫で、立ち上がらせた。

「この川の主流を南へ馬で一日ばかり遡ると、大きな湖に行きあたる。この川はその湖から流れ出ていたんだ。わたしとデニスは湖の西岸に沿って、南の方へしばらく回ってみた。だが幌馬車の通れるほどの広い谷は見つけることはできなかった」

ヤング・マーフィとデニスが見た大きな湖は、シェラネヴァダ山脈東縁の、一八九九メートルの標高に、夏でも雪を置くシェラネヴァダの岩峰と紺青の空とを、満々とたたえた透明な水に映して広がる湖で、その後レイク・タホと名づけられ、有名な観光地となった湖であった。また、二人が湖へとたどった主流沿いのルートの途中、隊のキャンプ地とレイク・タホのほぼ中間地点の大斜面は、一九五六年、冬期オリンピックのアルペンスキー競技の会場（スクォウ・ヴァレイ）となった場所である。またこのあたりは、つまり、トラッキー市周辺からレイク・タホにかけては、現在、四季、人の賑わいの絶えない別荘地・観光地となっている。

「このように大きな湖なので、広い谷をもつ川が流れ込んでいるはずだとは思うが、それはさらに湖畔を南へと回ってみなくてはわからない。パックトゥレインならば越えられるルートはありそうだ、とデニスと話し合って意見は一致したのだが……どうもトラッキーの教えたルートは、支流の方を遡った、あの壁のようだ」

ヤング・マーフィは、西を指さした。彼の指のかなたには、天を半分に区切って覆いかぶさる、信じられないほどの嵩の岩稜が、月光と星光を背後にかくして黒々と鎮座していた。皆、言葉もなく、その黒々とした岩壁を視線で撫で回し、恐怖にうたれていた。どこかでコヨーテが吠えていた。その吠え声の方に、男たちはしかめた顔を向けた。間もなく、コヨーテの吠え声のあがる場所の数が増えていった。

「まず、どうしたらよいか、皆の意見を聞きたい」

スティーヴンズが言った。だが、意見を吐くものはいなかった。もはや、メアリーズ・シンクに戻って、南へと下ろうなどと考える、心の余裕があるものはいなかった。皆が疲れていて、食糧の残りを計算しはじめているものさえいた。

「それでは、ドクターとオールド・マーフィとわたしの三人でたてた案を、まず聞いてもらいたい」

スティーヴンズが、座を支配する沈黙を十数秒引き延ばしたあとで、口をきった。

「もしこの案が否決されたら、そのときは皆であらためて新しい作戦をたてることになろう」

スティーヴンズの口調はいつも通り、きっぱりとしていた。

「メアリーズ・シンクからここまで来るのに、予想していた以上の時間を消費してしまった。だから、ここで休息し、さらに斥候を出したりして、何日も話し合っている時間の余裕がないことは、皆にもわかっていると思うが……」

とドクター・タウンゼントが補足して言った。

「案というのはこうだ――ここで隊を二つ、本隊と支隊とに分ける。支隊の人数は五、六人とし、このトラッキー・リヴァーと名づけた川を、南へと遡ることにする。残りの全員で構成する本隊は、真西から流れ下るこの支流沿いに西に向かい、シェラネヴァダ越えを試みる。各隊とも、もしシェラネヴァダの懸崖を越えるルートが見つからない場合は引き返し、他の隊の跡を追うこととする。したがって、各隊とも、後続の隊があるものと想定して、たとえ雪が降ってもわかるように、適当な間隔で、目印を残していくものとする。サターズ・フォートに到着したら、早く着いた隊が、おそい隊の捜索・救助に向かうものとする。これがわたしら三人でたてた案だ。まずこの案に関して、みなの意見を聞きたい」

スティーヴンズはそう言うと、男たちの顔を見回した。男たちは足元の地面に視線を落とし、じっと考えこんでいた。

「誰か対案を出すものはいないかね。この案を採用して、キャプテン・スティーヴンズを先頭に、あの天嶮に攻撃を仕掛けてみたい、とわしは闘志を燃やしはじめているんだが……ここまできてしまったからには、もう肚をくくるしかないでな」

オールド・マーフィはそう言うと、スティーヴンズの顔に視線をそそいでから、ドクターの方に視線を向けた。ドクターは口を堅く結んで、遠く闇の中に視線を投げていた。

「支隊は誰と誰で構成するんです？」

デニス・マーティンが訊いた。

「それについては腹案はたててあるが、それを提案する前に、まずこの案を採択するかどうかを決めてもらいたい。投票によってな」

スティーヴンズが答えた。

ただちに投票が行なわれた。結果は、旅はじまって以来初めて、全員一致で皆がこの案に賛成していた。焚き火に薪がくべられ、火の粉が空に昇っていった。焚き火に照らされた男たちの目にも、燃えるものが戻っていた。

「今から、支隊の人選に移ることにする。ドクターにわたしらが選んだ人たちの名前を、まず一人ずつ読み上げてもらうことにする。だがその前に、支隊に志願するものがいたら、遠慮なく申し出てもらいたい。ただし、デニスには本隊に残ってもらって、わたしと共にルート工作をしてもらわなけりゃならん」

スティーヴンズはデニスの方に視線を投げた。デニスは、一瞬、遠くを見つめる目つきとなったが、すぐにスティーヴンズの目を見返した。志願するものはいなかった。

こうして支隊の隊長としてヤング・マーフィの名前がまず最初に、次に彼の弟ジェイムズ（既婚）と独身の男二人、計四人の男の名前が読み上げられ、承認された。次に読み上げられたのは、二人の女性の名前で、エレン・マーフィ（未婚）とミセス・タウンゼントであった。何人かの男たちが疑いの色を目ににじませた。

「ここまでえんえん、六ヵ月も、荒野を旅してきて、皆にもわかったと思うが、つまりレディたちがか弱い性などではなく、男と同じ強い身体をもった生き物だということが。いや、ときによっては、とくに守りになったときには、男より強い生命力を持っているということが。わたしの愛する優雅な妻が、わたしより強い生命力を持っていることを、毎日、目にし、以前それとなく感じていたことが、今度の旅で確信へと変わったんだ。男だけの隊より、いくつもの点で有利だ、とわたしは医者として考える」

ドクター・タウンゼントの説明に、さらに異議をはさむものはいなかった。むしろ、うなずくものの方が多かった。

「両隊ともにシェラネヴァダの絶壁を越えられなかったら、どうするつもりですか」

男の一人が訊いた。

「今はもう、越える以外に方法は残されてはいないのだ。もし何々できなかったら、と考え煩ったとて、恐怖と不安をよびおこし、勇気を挫くだけで、何の意味もない。今はただ、やらなくてはならないことを、どうやったら成功に導けるか、ということだけを考えようではないか。思い煩う分の時間とエネルギーを、工夫と勇気の鼓舞に使おうではないか。いざというときには、荷を捨てて、幼い子供と必要なものだけをそれぞれが肩に担げば、越えられない絶崖などあるわけがない」

スティーヴンズの話し方は、あくまでゆるぎない決意と確信にみちていた。


翌日、昼食後、まず支隊の六人が出発した。六人ともラバか馬に乗り、荷を載せた二頭のラバを曳いていた。いつまでも立ち尽くして夫を見送る二人の妻たちの耳に、スティーヴンズの命令が聞こえてきた。

「出発！　出発！」

男たちの声が後につづいた。

「遅れずにつづけ！　遅れずにつづけ！」

ゆっくりと流れる一片の白い雲が、空の底深さを強調していた。牛も馬も人間も、白い息を周囲に撒いていた。

三・二キロほど西に進むと、本隊は美しい湖に行きあたった。彼らはこの湖をトラッキー・レイクと名づけたが、その後この湖は、ドナー・レイクと名づけ直されて、現在に至っている。

湖の西に、屹立して立ちはだかるシェラネヴァダの懸崖の全貌が、姿を現わしていた。断ち割り、剥ぎ取ったような荒れた顔面を東に向けて座すその巨大な嵩の巌峰は、邪悪とも崇高とも見えたが、壮絶なる美しさをひそかに露呈して見せた、自然の相貌の一つでもあった。空を塞いでかぶさる、そのすさまじい岩の城壁を見上げるスティーヴンズ隊の隊員の目に、それは人間の侵入を禁止すべく、全能なる神が建てた堅壁に見えた。しかも懸崖の先端付近を雪が縁取って、磨き上げた剣先のように、蒼天に白光を放っている。

ここにキャンプを張る、と告げると、スティーヴンズは馬から降りず、デニスを連れて、ただちにルートの探索に出かけていった。不安に翳った男や女たちの目が、唖然と半開きになった彼らの口が、二人を見送った。キャンプを張りながら、彼らは、自分たちがついに幌馬車を捨てなくてはならない状況に陥ったと覚っていた。その覚悟を決めなければならないことになったと覚っていた。この壮絶なる岩壁は、彼らに、生命を救うことができるかどうかの危険な瀬戸際まで切迫した事態の中に、自分たちが投げ込まれたことを、はっきりと覚らせたのであった。

夕食後、キャンプの中央に焚かれた大焚火の周囲に、男たちは集まった。ルート探索の結果を聞くのは恐ろしくもあったが、皆はそれを何より知りたくもあった。スティーヴンズは闇を覗きこんでいて、なかなか口を開かなかった。

「わたしの目には、この西の絶壁は、登れるようには見えんが……たとえ幌馬車を捨てたにしても……」

ドクター・タウンゼントが沈黙に耐えきれなくなって、皆の心を代弁した。

その言葉に、視線をキャンプを覆う闇からドクターの顔に移し、次にキャンプを囲む幌馬車に投げたあとで、スティーヴンズはあっさりと言った。

「わたしはここに、自分の幌馬車を置いていくことに決めた」

何人かの男たちの口からため息がもれた。

「あの西の岩壁は、幌馬車を引いちゃ登れないことくらい、偵察などしない前から、誰の目にも明らかなことだ。問題はパックトゥレインならば登れるかどうかだ」

オールド・マーフィの声は沈んでいた。

「デニスと二人で偵察した結果、人間は何とか登れるのではないか、との結論に達した。中腹までは、今日の偵察で、牛も馬もラバも登れるルートを見つけることができた。それより上は、さらに急峻な崖となるので、今は何とも言えない。とにかく今日は、中腹までしか偵察できなかったから」

「では、わたしらもここで、幌馬車を捨てることにしなきゃなるまいな。皆もそうしようではないか」

成長した息子二人、娘一人と、娘の夫を連れた、パトリック・マーティンが言った。娘夫婦には、四ヵ月の赤ん坊がいたが、隊の中では男手の多い家族の一つであった。

「そこまでする必要は、今はまだない」

スティーヴンズが言った。何人かの男たちが驚き、戸惑った顔を彼の方に向け、他の何人かの男たちの目が、一瞬、安堵の色を泛かべたが、すぐに不安の色を呼び戻した。

「わたしらは幌馬車を捨てるのではない。いっとき置いていくだけだ。いずれ取りにくるまでな。春になってからになろうが。そのためにも何台かの幌馬車を、あの岩稜の頂上まで曳き上げて、ここが幌馬車の通過可能なルートであることを証明しておかなきゃならん」

「エライ、いくらエライでもそれはむりなのでは……」

ドクターの言葉をデニス・マーティンがさえぎった。

「やってみなくては、可能かどうかはわからないでしょう。また可能かどうかは運にもよるし。雪が降りそうな天候になったら、必要なものだけを持って逃げ出すしかないでしょうからね」

「そう天候さえもってくれればな。今日デニスと偵察したあの壁の中腹まで動物が登れるということは、幌馬車を曳き上げることだって可能だということになる。中腹から上は、明日、早朝よりデニスと偵察することにするが、人間と動物の登れるルートが見つかったら、一台でも二台でも、幌馬車を曳き上げられるかどうかやってみようと思う。もし可能であれば、五台ぐらい曳き上げたい。そうすれば、幼い子供たちと食糧を、その五台に積んでいけることになるからな。で、明日からの予定だが、まず明日は、デニスとわたし以外の男たちは幌馬車の登る路づくりにかかってもらうことになる。頂上へのルートが明日見つかったら、明後日は、男たちは二班に分かれ、一班は路づくりをつづけ、他の班は斜面に滑車をとりつける作業を行なうものとする。女たちは登頂ルートが敷かれたら、ただちに手の空いた男たちといっしょに、曳き上げる五台の幌馬車の荷を背負って頂上まで運び上げる作業にかかることとする」

エライジャ・スティーヴンズの声が、沈黙した男たちの耳に浴びせられた。その決然たる口調を耳にして、隊員たちの顔から、不安の翳がやや薄れたように見えた。だが、何人かの男たちの顔には、自らの運命を受け入れて諦観した人間がみせる、悲しみとまじりあった安らぎの表情さえ泛かんでいた。

「ここに残していく幌馬車の荷は、インディアンに奪われてしまうのだろうな。穴を掘って埋めておかない限り……」

ドクターがつぶやくように言った。

「大切なものだけ埋めていこうと思うが。まああとのものは仕方ないでしょう」

スティーヴンズが同情の色を目に泛かべて、ドクターの顔を見た。

「誰か見張りとして、ここに残るわけにいかないのかしら?」

とそのとき、座って議論する男たちの輪のうしろに立って様子を見ていた女の一人が言った。

「そんな奇特なものがいれば、わたしは一〇〇ドル出してもよいが……」

ドクター・タウンゼントが顔を上げた。

「そりゃ名案だ。だが、残ったものはどうやって冬を食いつなぐのだ? 一人というわけにはいかんだろうから、二、三人残らなけりゃならんだろうが、もしそのものたちが春まで食いつなぐ牛肉を置いていくとなると、相当数の牛をここで屠殺しなけりゃならんことになる。わたしも家族が多いから、一〇〇ドル出すのはかまわんが、ただそれほどの牛をここで殺したくはないな」

とオールド・マーフィが言った。

「キャリフォーニアでは手に入れにくい貴重なものを運んできたのは、わたしだけのようだな。医者として必要な機材や書物なんて、さしあたりの生き残りの旅には必要ないものを。だが向こうに着いたら、手にはいらない宝物でもある……」

「ドクターほどの量ではないにしても、皆、それ相応の貴重な物品を運んでいますよ」

オールド・マーフィがドクターの方に同情の視線を向けた。

「二、三人ならば、狩りをして食いつなげるのではないでしょうか？」

ジョウゼフ・フォスターが、細めた目で闇を覗き込んで言った。

「ぼくが残ります」

と叫ぶ声が、そのとき、突如、相談する男たちの背後から上がった。男たちは声の主の方に視線を回した。叫び声の主は、一七歳のモーゼズ・シュレンバーガーだった。男たちは顔を見合わせた。射撃の腕は大人の男たちもかなわないほどの名手だったが、大人たちはまだモーセを、一人前の大人とみなしてはいなかった。

「モーセ、きみにはこの仕事はまだ早い」

ドクター・タウンゼントが急き込んで言った。

「いやぼくは大丈夫、ここで狩りをしながら幌馬車の見張りをします」

「一〇〇ドルというのは大金だからな」

男の一人がにやにや笑いながら言うと、そのにやにや笑いが他の男たちに伝染していった。モーセは、一瞬、けげんな表情をして闇に視線を這わせていたが、やがて口を開こうとした。だが、結局、何も言わなかった。

「たしかにそうだ。一人前の男でも、一〇〇ドル貯めるにゃ、一年近くもあくせく働かなくちゃならないだろうからな」

誰かの言った言葉に、男たちはふたたびからかいの笑みを深めた。

「モーセ、その一〇〇ドルで何を買うつもりだい？」

ほかの男が、あとをひきうけてからかった。モーセは越えてきた荒野の闇を遠く覗き込んでいて、何も答えなかった。

「まさか好きな女の子がいるわけじゃないんだろうな。結婚資金を稼ごうというわけじゃ……」

「モーセ、きみにはこの仕事はまだ早い、無理だ。もっと大人になってからでなくては」

ドクターが、からかいの言葉をさえぎって、ふたたび言った。

「大丈夫ですよ、ぼくは」

モーセは投げつけるように言った。彼は明らかに腹を立てているようだった。

ドクターは必死だった。

「モーセよ、一〇〇ドルはここに残らなくとも、わたしがきみにやるよ。だから皆といっしょに行こう」

「ぼくは一〇〇ドルなんてどうでもいいのです。ここで一冬、幌馬車を見張りながら、狩りをして暮らしたいだけなのですから」

「無理をしなくてもよいぞ、モーセ。ユートピアだって、金があった方が、ないよりはずっと幸せだろうかな。ユートピアへの入り口の門の前でひと稼ぎってのは、狐のように抜け目のない、賢いやり方であることはまちがいないでな」

「ぼくはたとえ一人でだって、ここに残ることに決めました。金など一ペニーだっていりません」

モーセはますますかたくなになっていった。

ドクターが立ち上がって、両手を挙げた。

男たちの一人が言うと、何人かの男たちが声をたてて笑った。

「みんなしばらくのあいだ黙っていてくれんか。これはわたしとモーセの問題なのだから」

「いいえ、これはぼく一人の問題です。ぼくが自分の責任で決めたことです」

義兄に楯をついたことのないモーセが、このときは一歩も退こうとしなかった。

「弱ったな。バカなことを言いだしてしまって……」

ドクター・タウンゼントが落胆と困惑を全身に表して、足元の地面を凝視していた。

何人かの年かさの男たちが顔に同情の表情を泛かべて、ドクターの姿に目を留めていたが、他の男たちの多くはまだからかいの笑みを目に残して、ドクターとモーセを見較べていた。座は、話し合いをはじめたときのはりつめた緊張感と真剣さが和らいで、だらけた雰囲気となっていた。

「モーセが残るんなら、わたしも一〇〇ドルの仕事にありついてもいいな。そうすりゃ自分の幌馬車も見張れるし」

幌馬車に仕事の道具を積み込んでいる鉄砲鍛冶のアレン・モントゴメリーが、ドクターの姿に目を向けながら言った。

「アレン、あんたが残るんなら、オレも残るよ」

ジョウゼフ・フォスターが、親しみの色を目に泛かべて、モントゴメリーの顔を見ながら言った。

二人の申し出を耳にしても、ドクター・タウンゼントは足元に視線を向けたままで、じっと考え込んでいた。数秒後、彼は一度顔を上げて何か言おうとしたが、何も言わずに、ふたたび目を伏せた。

モーセの顔が輝いていた。彼の右手が、肩にかついだ銃の銃身を撫でていた。

こうして、ここに幌馬車を残していく場合は、越冬隊員一人あたり一〇〇ドルずつが与えられることになり、総額三〇〇ドルが集められることに決まった。

翌朝、キャンプに数人の男を残しただけで、それ以外の男たちすべての先頭に立って、スティーヴンズは出発した。キャンプに留守番隊長として残り、男たちを見送るドクター・タウンゼントが、男たちにまじって元気よく歩いていくモーセの後ろ姿を、張りつくような視線で追っていた。

彼らは絶崖直下までやって来て、あらためて岩壁を見上げた。岩壁には幾筋かの水流がガリーを穿って落ちていた。ガリーはオーヴァーハングした壁の上部で消えて、岩の表面を、白濁した泡が撫で飛翔する滝となって落下していた。男たちは滝の数を数えながら視線を上へと這わせたが、壁の上部は視界がさえぎられていて、どれほど急峻なのかは見て取れなかった。

男たちは数人ずつ組になって、スティーヴンズとデニスが印をつけた岩壁に、ジグザグの路を敷く作業にとりかかった。谷にツルハシの音が反響し、キツツキのドラミングの音楽に和した。

スティーヴンズとデニスが、胸壁を下から七、八分ほど登ったところで、上を見上げて話し合っていた。幅数十メートル、高さ三メートルほどの巨大な岩がオーヴァーハングして、二人の行く手を立ち塞いでいた。岩の両側はさらなる高みから絶崖が切れ落ちていた。幌馬車の登路を敷設している男たちの目に、その絶壁は登れるとは見えなかった。巻いたロープを肩にかけたスティーヴンズとデニスは、しばらくのあいだ、その壁に挑戦していたが、やがて岩壁の中に姿を没した。

夕日が男たちのはりついている胸壁のかなたに没し、手元が暗くなり、岩が凍るように冷たくなっていった。スティーヴンズとデニスが上から下ってきた。

「今日は、ここまでにしよう」

スティーヴンズが言いつつ、キャンプに向かって下っていくにつれて、男たちの人数が増えていった。今日はここまで、とキャプテンは言ったが、このルートはあの壁で行き止まりだから、ここを下るのは今回が最後で、今日一日の労働は徒労だったのでは、と男たちは考えていた。重い足どりの男たちは、薄暮れの湖畔を、女と子供たちの待つキャンプへと戻っていった。

だが翌朝、スティーヴンズとデニスは、ふたたび男たちの先頭に立ってキャンプを出発した。二人は疑いの翳を目ににじませ、脚に力の戻らぬ男たちを、直立する岩壁の付け根に沿って左へと導いていった。南北に延びて立ちはだかるその岩壁は、谷の南で、さらに高く屹立する岩壁に衝突していた。そこにわずか幅一メートルほどの亀裂が走っていた。その亀裂は行き止まりに見えたが、たどってみると別の亀裂につづいていて、このようにしていくつかの亀裂をひろっていくと、結局、立ち塞がる巨岩の上に抜けられることがわかった。男たちは力の戻った両腕両脚を左右の岩に突っ張って、岩壁の上へと出ていった。牛が一頭何とか抜けられる幅をもつ通路が、この絶壁にただ一つ用意されていたのだ、と知らされたのである。絶壁の上で、幸運を喜び合う男たちの声が風に飛ばされていった。

だが困難なルート工作はまだはじまったばかりであった。人間や動物がこのオーヴァーハングした岩壁の上へと登攀できる天然のルートを神が置いてくれていたのだ、という幸運を示された男たちは、安堵を顔に表していたが、いくらスティーヴンズの工夫の才と工学技術をもってしても、幌馬車をこの絶壁の上まで引き上げるなどということはまったく不可能だ、と男たちは覚っていた。しかし、スティーヴンズはデニスと何人かの男たちに手伝わせて、滑車を取り付ける作業をはじめた。崖下では、鉄砲鍛冶のモントゴメリーが、燃える火に身体を焙られながら、鍛冶の仕事に就いていた。幌馬車に積んで運んでこられた荷が崖下で降ろされ、人間の背にかつがれて頂上に向かいはじめた。六人の女たちも男たちと共に荷揚げに加わっていた。女たちの中には、臨月間近いミセス・マーティン・マーフィ（支隊の隊長となって、パックトゥレインで南へ向かったヤング・マーフィの妻）もいた。シェラネヴァダの東に切れ落ちる初冬の岩壁に、人間の囁きが、幻聴のごとくさざめき漂う数日が過ぎた。

彼らはいよいよ幌馬車の曳き上げにかかっていた。オーヴァーハングした絶壁の真下で、幌馬車に長い綱が結わえつけられ、綱は滑車をいくつも抜けて、頂上にて綱を曳くべく待機する牛に結ばれていた。やがて三メートルを超えるオーヴァーハングした巨岩の上へと、幌馬車が宙吊りに曳き上げられていった。男や女たちの叫び声が岩壁に反響し、蒼天に吸われていった。白頭ワシが円を描いて蒼天を舞い、人間たちの営みを見下ろしていた。

こうして、幌馬車は、一日目に一台、二日目、三日目には二台ずつ、計五台が峠の頂上に曳き上げられていった。峠の頂付近には、二〇センチメートルほどの雪が積もっていて、次の雪で峠が塞がれることは誰の目にも明らかだった。彼らの顔は、自信と闘志にあふれた表情に変わってはいたが、山の端に集まる雲の層がふくれるのを見ると、不安に翳った。

朝、子供たちがキャンプを出て一斉に岩壁に向かった。幼い子供たちは、男たちに背負われていた。湖の北岸の胸壁の下で草を食んで体力をつけた牛たちも、男たちによって峠の頂上に追い上げられた。

一一月二五日、太陽が真上より照る一日のうちで最も暖かい時間、スティーヴンズ隊主隊の全員は、峠の頂に立って、湖を見下ろしていた。湖畔に残された六台の幌馬車が、彼らの目に、まるでおもちゃのように小さく見えた。峠の頂目がけて寒風が巻きつつ吹き上がってきて、動物たちの体毛をなびかせた。

「出発！」

キャプテン・スティーヴンズの声があがった。幌馬車隊は、峠から西に向かって延びる尾根を、ゆっくりと下りはじめた。馬の手綱を曳いて悄然と歩むドクター・タウンゼントの後ろ姿に、一瞬、モーセは目を留めたが、すぐに視線を東に投げて、冬を過ごすことになった湖を見下ろした。

こうして、東端に切れ落ちる嶮崖を連ねたシェラネヴァダ山脈は、有史以来はじめて、最も暴力的・破壊的文明を押し広める民族たちの遠征馬車の轍の跡を、その体内に印すのを許したのであった。だが、彼らが越えたこの峠に、この隊の隊長の名前を冠することを、シェラネヴァダ山脈は許してはいない。現在でもまだ、この峠はスティーヴンズ・パスと呼ばれてしかるべきだとの主張が、新聞や雑誌でなされているが、この峠は、二年後、この峠越えを志して拒絶され、峠の東山麓の雪の中に敗死した植民隊の隊長の名に因んで、ドナー・パスと名づけられて、今日に至っている。その結果、この名が人間の口から発せられるたびに、シェラネヴァダ山脈の峻嶮なる崇高さと栄光が讃えられることになったのである。

第22章　エデンの園(2)——現代

ひとたび腰を下ろして休息してしまうと、立ち上がって歩く気力を奮い起こすのが何とむずかしいのだろう。このような忍耐力・精神力が要求される登山は自分には向かないのに、なぜやって来てしまったのだ、と自分の弱さを自覚しないで無鉄砲な試みに走る自分の愚かな性向を呪う。だが、ここまでやって来てしまってから呪ったとて、もう遅い。もう一度だけ、と声に出して自分に言い聞かせ、ピッケルにすがって立ち上がり、数回、腹式呼吸をしてから、足を動かしはじめる。何とかまだ歩ける。だがまたすぐに坐り込みたくなる。がまんを重ねて歩きつづけるが、遂にまた坐り込み、また自分の愚かさを呪う——こんな自問・自責をくり返しながら、ここまで登ってきた。高度計を見ると、海抜三八〇〇メートル。

標高が海面に近い低地にいるときには、人間の血液は飽和状態まで酸素を溶かし込んでいる。高度が上がるにつれて空気中の酸素濃度が減るため、人間の血液中の酸素濃度も低下していく。人間の血液中の酸素濃度が通常の濃度の六五パーセント以下まで低下すると疲労困憊の状態となり、五五パーセント以下になると気絶する危険に陥る、と言われている。だから高所へと登行するときには、自分の肉体との対話を欠かさずに高度を上げていかなくてはならない。たとえひ弱そうに見える女性に追い越されても、無理してあとを追ってはならない。人は見かけにはよらないのだ。自分が弱い存在であることを、つねに自覚していなければならないのだ。

自分は今、疲労困憊の状態に近づきつつあることにまちがいはない。なのになぜあと戻りして、肉体的に楽な低地に降りようとしないのだ？　坐るたびに思う――このまま死ねたら、なんと楽なのだろう、と。死ぬ方が、立ち上がってふたたび登るよりは、はるかに楽だ、と。なのになぜ退却しないのか。だがもし退却をはじめたら、自分はどこまで退却していかなくてはならないのだろう？　ここへやって来るために嬉々として別れた場所、東京へか？　あの自由のない喧騒のチマタにか？　だとしたら、なぜここにやって来たのだ？　一年もの自由の時間を嘘までついて獲得し、すべてのシガラミを、感情を遮断までして、断ち切って？　自分はまだ完全に疲労困憊と言える状態にまで達しているわけではない。ということは、ただ肉体的に不快な状態にあるだけにすぎないのだ。これよりはるかに肉体的・精神的に不快な状態を、長期間耐え忍んだ経験があるではないか。入院して、眼球の手術に明け暮れていたときのことだ。頭を一センチ動かすことさえ禁じられるという不自由さの中で、今、自分でトイレに行ける人たちは何て幸せなのだろう、今、自分で食事を摂れる人たちは何て幸せなのだろう、と考えながら、数年を耐え忍んだのではなかったのか？　今の自分には、すべて自分のことは自分でできる自由があるではないか。

頭痛と吐き気を脚で支えて、ぼくはふたたび歩き出す。

人間の肉体は、苛酷な環境に置かれると、徐々にその環境に適応していく。したがって環境をゆっくりと変えていけば、かなり苛酷な環境にも適応し、平常通りの行動ができる。登山においても徐々に高度を上げていけば、高山病に悩まされることなく、かなりの高所まで登ることが可能である。しかし、パシフィッククレスト・トレイルがシェラネヴァダ山脈に分け入るルートは、標高の変化があまりにも急激である。海抜二、三〇〇メートルの熱帯の砂漠から、二、三日で四〇〇〇メートルの寒帯の、酸素の薄い尾根へと登高することになるのだから。ぼくはこれまでの経験から、海抜四〇〇〇メートルまではほとんど高山病に悩まされることなく登高できるだろう、と考えて登りにかかった。だが、三五〇〇メートルにも達しないうちに症状が出はじめたのだ。これは、下の砂漠で悩まされた脱水症や疲労からまだ回復しないうちに、登高にかかったのが原因なのであろうか？

霧が斜面を這っていて、三〇〇メートルほどしか視界がきかないが、見通せる限り雪が斜面を埋めている。

足を滑らせたら、絶崖を落下してオダブツだろう。ピッケルを支えにトラヴァースに移る、頭痛と吐き気を、一瞬、忘れて。途中で何回も立ち止まり、足りない酸素を肺に送り込むべく、腹式呼吸をくり返す。ついに雪面が終わり、ふたたび土の上に立つ。ぼくはテントの張れる平らな場所を捜しはじめる。今日はこれまで……。

明日はどうしよう？ さらに登るのはシンドイ、下るのもシンドイ、とテントを張りながら、ぼくは考えている。天候が悪化すれば下るしかないだろう。一瞬、ぼくは天候が下り坂となることを期待する。

霧が晴れつつあり、岩また岩の壮絶なる美の風景が、突如、眼前ま近に出現してくる。気圧計を見ると上昇しつつある。明日の晴天を確信し、ぼくは湯を沸かしはじめる、明日、あと数百メートル登れば、絶頂に到達できるのだ。

シェラネヴァダ山脈。アメリカ合衆国独立宣言が発布されたまさにその年、一七七六年、この山脈を白人としてはじめて目にしたスペインの宣教師、ペトロ・フォントが「ウナ　グラン　シェラ　ネヴァダ（一つの　偉大なる　雪に覆われた　山脈）を見た」と記録したことから、シェラネヴァダ山脈と呼ばれるようになった、懸崖また懸崖の壮絶なる山脈。ここの自然を保護する使命に一生をかけたジョン・ミューアーが「光によって創造された山脈」と称揚した、自然美の極致の山脈。

二〇〇〇万年昔、シェラネヴァダ山脈の岩塊は、まだ海底の地下で、海底面に亀裂の走り易い場所を探りつつ、ひそかに噴出のエネルギーを蓄えていた。やがて、浅瀬に腹這っていた恐竜が立ち上がるように、巨大な岩塊が隆起をはじめ、ときをほとんど同じくして、あのデス・ヴァレイを収容する東側のオーウェン平が沈んでいった。こうして、東側は岩壁が垂直に屹立し、西側にゆるやかに傾くという現在の形態ができ上がった。だがまだ造山運動は終息してはいない、とも言われる。

全長約四〇〇マイル（六五〇キロ）、幅約六〇マイル（九六キロ）、研ぎ抜いた槍や剣を束ねて天に突き入れているこの山脈の中央部、全長の約二分の一にあたる三二〇キロメートルは、いまだ横断道路が一本も切り

ジャイアント・セコイア

込んではいない聖域である。ただパシフィッククレスト・トレイルだけが、分水嶺あるいは分水嶺に近い屋根を拾って、踏み跡を延ばしている。

シェラネヴァダ山脈はその東と西に、まったく違った天候をふり分けている。太平洋から押し寄せる湿気を受け止めて西斜面に打ち落とし、東方には乾燥した空気のみを吹き流して、広大な砂漠、グレイトベイスンを出現させている。太平洋から押し寄せ、この山脈に阻まれて落ちた湿気は、かつてその西斜面に、ジャイアントセコイア（写真上）と呼ばれる巨木を茂らせた。ある程度の年輪に達すると、台風にも、山火事にも耐える技を身につけて、伸びつづける地球上最大にして最長命の生物。とは言っても、ジャイアントセコイアは背高が地球上で最も高い樹木ではない。背高が最も高いのは、同種に属し、やはりキャリフォーニアの海岸に近い山地に育つレッドウッドで、背高一〇〇メートルを越える。ジャイアントセコイアは現存する最も背高の高いジェネラルシャーマンと名づけられている木でも、八〇メートルをやや越えている程度である。また最も幹が太いのも、この木ではない。幹が最も太いのは、直径一五メートルに達するメキシコに育つチュール杉である。ジェネラルシャーマンは約八メートルにすぎない。だが、両者とも容積においてジャイアントセコイアには遠く及ばない。アメリカ国家のクリスマスツリーとも呼ばれているジェネラルシャーマン・ツリー――背高約八〇メートル、直径約八メートルのこの木一本で、三六階建ての家が一軒建つと言われる巨木。どうしてこのような巨大な樹木が、どっと押し寄せた強奪者であり、破壊者であった植民者の振るう文明の斧を逃れえて、今も立ちつづけているのであろうか？　しかもこの巨木は、文明人の手で三分の一しか伐り倒されなかった、と言われている。レッドウッドは九〇パーセントが伐り倒されてしまったというのに。それはこの木が、人間の破壊の斧をかわす知恵を発達させていたからであろう。チェインソーをまだ所有していなかった時代の木こりが、四人がかりで、一本倒すのに一、二週間を要し、また倒したとて、板や角材にするのに途方もない時間がかかり、しかも建築基材には不向きであったため、鉄道の枕木や柵囲いやブドウ棚など、とるに足らないものを作るのに利用するしか使いみちがなかったというのだ。要するに、自衛的木質を超肥大させていたということなのだろう。

この木は残存生物、つまり生存に適した環境が変化したあとも生き残り、生存しつづけているなごりの生物だと言われている。したがって、限られた環境の斜面にわずかに数十本が生き残っているだけである。だがそれゆえに、この木はあらゆる破壊の手から身を守る防御の技を身につけているのかもしれない。

この木が、風に枝先の葉をかすかに翻しつつ囁く声に耳をすませていると、まるではかない欲望に囚われた人間の営みを、高みから嘲って漏らす忍び笑いのように聞こえてくる。人間が自らの住む地球の生存環境を破壊して滅びたあとになっても、この木はさらに何千年と立ちつくし、このように嘲いつづけるのであろうか？

突然、雷光が走るやいなや、雷鳴がはじけた。遠く雷鳴が聞こえていたので、まだ大丈夫、何分かの余裕がある、前方の森に逃げ込めるだろう、と足を速めて歩いていたのだが、一気に跳躍して襲ってきたようだ。ぼくはまばらに木の生えた貧しい林に駆け込む。

シェラネヴァダ山脈の中腹より高い場所では、毎日、午前中は抜けるような紺青が頭上の大穹に広がっているが、日によって、午後になると、どこからか綿のような雲が湧いてきて、みるみる広がり、雷雨となって攻め渡ってくる。広い範囲に一斉に雷雨になるわけではない。向こうからやってくるのが見え、さらにその向こうは晴れているのが見渡せたりする。雷雨もパシフィッククレスト・トレイルの散歩を楽しみつつ、笑い声をたてているかのようだ。だがその笑い声は、聞く人間の腹の底に響く太いものだ。

ぼくはプラスチックの袋に入れておいた小物の金属製品とピッケルを、十数メートル離れたところに投げ捨てて、背の低い木から数メートル離れた草の上に横たわっている。

二〇〇メートルほど離れた丈高い木に向かって、天を鋭角に断った光芒が落下し、木の天辺に衝突すると、今度はその木から、白熱光が天に向かって逆流する。まるで光輝による天と地の合歓のようだ。炸裂音が聴力を奪う。光芒も爆発音も、日本の雷の何倍かの太さである。遠くから見ると、光は中空で枝分かれして、まるで魚を捕らえる打ち網のように降ってくる。このような打ち網を頭上から投げられたら、もう逃げようはない。たとえ伏せていても、火の網にさらわれてしまうだろう。

雷は気まぐれだ。自由だ。一ヵ所には留まらず、好みのままに動いていく。ときには、いくたびも戻ってきたりもする。雨は雷と共に来て、雷が去っても留まり、激しさを増す。

寒い。痛い。氷雨に雹が混じっている。グレイプフルーツほどのサイズのものが、投げつけるように落下してくることもあると聞いたが、今日のはピンポン球ほどの大きさだ。気温が一気に一〇度は下がったようだ。殴りつける氷雨と雹が、ゴアテックスのヤッケとトレンカーの中まで、冷えた拳を突き入れてくる。

雷は数キロメートルほど先へ移動したようだ、とぼくは、稲妻と雷鳴の時間差をもとに算定する。ぼくは頭の上にザックを載せて身を起こす。

「まだ起き上がっちゃだめよ」

どこからか女性の叫び声が湧いた。見回すと、二〇メートルほどかなたに、一組の男女が抱き合って地に伏せている。その抱き合い方がゆったりと優しく、サマになっている。何年もの、いや何十年もの人生を重ね合わせて生きてきたカップルのようだ。

　ぼくが見とれていると、男を抱いて顔をこちらに向けている女が片手を低く振って、もう一度同じ言葉を叫んだ。ぼくは積もり敷いた雹の上に、ふたたび身を伏せる。男女の重なり合う姿態が視界から消える。雲の切れ目が抱《いだ》き合う岩峰の壮絶なる美の姿体を、細く断ち割って覗かせつつ動いていく。

　確かに、雷がまだ数キロメートル先に鳴っているときに立ち上がるのは、危険である。戻ってくるのか、去っていくのか、それは人間には不可知な現象だ。危険な範囲は狭い、と判断しても、急にその範囲がふくらんだり、二つに分かれたりすることもある。ぼくは震える自らの孤独な肉体を両腕で抱きしめて横たわったまま、眼裏に、かなたで抱き合う男女の残像を呼び戻す。

「もういいようだよ」

　二分もすると男の声が降ってきた。見上げると、大きなザックを背負った中年の男が、ぼくを見下ろしている。

「気温が急激に、予想以上に降下したので、寒くて、横たわっているのが辛かったんですよ。逃げ込む場所を捜すのがやっとで、下に何か着込む時間の余裕などありませんでしたから。あなたがたは寒くなくていいですね」

　ぼくは立ち上がりながら言った。

「うらやましいだろう？」

　と言う男の脇で、女が微笑んでいる。

「いいや、うらやましくなんかありません。寒いときだけいっしょ、というわけにはいかないでしょう？一人でいてさえ暑いときに、二人でくっつき合っていたら、大汗のかきずめで、脱水症が昂進して、オッ死《チ》ヌことになるかもしれませんからね」

「でもこの高さまでくると、暑いより寒いことの方が多いからな、身を寄せ合う相手がいるのをありがたく思うことしばしばだ。たった今さっきのようにな」

「そりゃ、このように高い標高のところにいるときはよいでしょう。でもシェラネヴァダの南の砂漠では、一人でいても灼熱地獄でしたから、仲のよいお二人さんには耐えられない火焔地獄だと思いますよ」

「たしかにそうだった。あの砂漠は暑かったな」

「まさかメキシコの国境から、このトレイルを歩いてきたわけではないのでしょうね？」

「それがそうなんだ」

「この夏のまっ盛りに？」

「まさか！　わしらはそんな気違いじゃない。あそこは五月のはじめに歩いたのさ。だがそれでも暑かった。昼間はまさに灼熱地獄だった。あんなところ、夏は歩けるもんじゃない。歩こうとするやつは気違いだよ」

「その気違いを、僕はやったのですよ。三日で降参しましたけどね」

「ほかのハイカーに出会ったかね？」

「高山以外の低地では、一人にしか会いませんでした」

「そうだろう。そんな気違いがそう大勢いるわけはないからな」

「で、どこまで行くのですか？」

「今年はいけるところまで。まあシェラネヴァダの北端あたりまでだろうか。来年にまた、今年歩けた北端に戻って、そこからカナダへ向かおうと思っておる」

「なぜそんな遠い距離を歩こうとするんです？　ずいぶんと苦しく、辛いこともあるでしょうに」

「そりゃあるな。こういう長距離ハイクというのは、リクレイションでも、気分転換でも、体力づくりでもないからな。実際、単なる登山でさえないんだとわかった。これはまさに精神修養と呼ぶべき行為なのだとな」

「なんのためにそんな修養を試行するのです？　町にいれば、安楽な生活を送ることができるでしょうに」

「それはこのトレイルを端から端まで歩こうとした人間以外には、説明のしようがない……もっともそうした人間には説明なんてする必要はないが。そんなことしなくとも、お互いに理解できているでな」

「ご職業は何か、うかがってもよろしいですか？」

ぼくたちは、小さな登り下りをくり返す山路を歩きながら、話をしていた。女が先頭に立ち、男が中間を、ぼくが後尾を歩いていた。

「キャリフォーニアで、植物のタネの改良とタネの生産をやっているんだ」

「社長ですか？」

「そうだ」

「社長が留守で会社が立ちゆくんですか？」

「それは大丈夫。弟と息子に留守中の仕事をまかせてきたでな」

「仕事がいやになって、逃げ出してきたってわけですか？」

「そうじゃない。もっと積極的・生産的な目的をもってやってきたんだよ。あんたはそうなんか？」

「その通りです」

「なぜだ？」

「自由な時間と自由な思考を束縛される仕事が、どうも好きになれないんですよ。いやそれよりも、同僚たちと価値観や行動の仕方が違っていて、うまくいかない、と言うべきでしょうか」

「でも、ここを歩くのも苦しく、辛いのではないのかい？　仕事をするより辛いことだってよくあるのではないのかい？」

「それはよくそう思いますよ。でもそれは肉体的にそうなだけで、精神的にはそうではありません」

「ではあんたは、わたしたちがなんでこの修験道を歩いているのか、理解できる人間じゃないか」

「半分は理解できるような気がしますが、他の半分はできません。理解できる半分も、自分はやろうとは思いませんが」

「理解できる半分とは何だ？」

「この世界最長のトレイルを、憑かれたように、端から端まで歩こうなどという不自由な苦行を、自らに課すのか、ということです」

「他の半分は？」

「なぜそのような試みを、夫婦でなそうとするのか、ということですよ」

「いや、夫婦でやって来たのは、そのことにとくに意義があると考えたからだよ。実際にやって来てみて、得るところも多いとわかったしな」

「わかりませんね」

「ここではな、人間、物質的にはまったく不自由だろう。下界の家にいれば、気持ちのよい部屋があり、ベッドがあり、風呂がある。しかしここではテントを張らなくては、狭い家も、狭い部屋さえないのだ。張ったとて、寝心地のよいベッドがあるわけじゃない。薄いパットを背に差し込んだスリーピングバッグで、岩の上や丸石のころがる地面に寝ることになる。実際ここには家にあるものが何一つないのだからな。シャワーもないし、調理器具も、食物も、着るものも、ぎりぎり最低限のもの、不足のものしかない。それで、もしだ、このようなところで美しい風景を見るというただ一つの目的のために、必要なことのすべてを二人で分担して何とかやっていけたら、その二人は理想的なカップルということになるだろう？」

「それは確かにそうですね」

「そうだろう。ここでは家にいるときの五倍も一〇倍も、お互いに助け合わなきゃならん。自分の肉体的・精神的健康だけでなく、相手のそれにも気づかいを怠るわけにはいかんし、疲労や不快の中で増幅される相手の欠点にも耐えなけりゃならん。もっとも、わたしの妻にはほとんど欠点がないがね」

男の手が伸びて、前を行く女の腰にあてた手を、一瞬、握った。

「ほとんどねえ――」

振り返った女が言った。女の目が笑っている。

「たとえばだ、何日もシャワーを浴びられないのは当然だが、水浴はもちろんのこと、身体を濡れたタオルで拭くことさえできない地帯を歩かなくてはならないこともある。するとだ、身体がよごれて悪臭を放ってくることさえある。そのようなとき、自らの汚い部分をさらに暴露して見せ合ったら、二人はもういっしょに旅をつづけられないのはもちろん、下界に降りても、うまくやってはいけなくなってしまう」

「そんな危険なことを、なぜわざわざするんです？」

「いやそのようなときこそ、お互いに人間としての美しい在り方を見せ合えるチャンスでもあるんだ。そのときこそ、感謝をもって相手の高い人格を評価し、そのような人格と生を重ね合わせている自分の至福にも、思い至るときなんだよ。実際、このような家もベッドも風呂も、食料も飲物も、便利な道具も、闇を照らす明かりさえもないところで、見せ合えるのは、ただ一つ、心の奥深いところに自ら磨いたものだけなのだからな。そういうものをこの荒い、苛酷な場所で与え合える二人ならば、下界に帰っての生活は、まさに極楽そのものだ。日々の生活を安楽に行なおうと、あまり神経と時間を使う必要はないからな。ところで、わたしたち二人は、この長距離ハイクに出発する前から、今ほど、お互いに相手が自分にとって美しい存在だと理解していたわけじゃない。ここを歩きながら、少しずつお互いに成長してゆき、そういう認識を深めていきつつある、ということだ。さっき積極的・生産的な目的をもってここを歩いている、と言ったのは、そういう意味もあってのことだ。肉体的能力、精神力、美を求める情熱、人格等、人間としてのすべてが試されるのだからな——このトレイルの長距離歩行は、まさに自分自身の修行の試みとなる」

「あなたがた、不治の病に罹っていらっしゃるのですね。心身ともに健康な不治の病に——」

ぼくはそのとき、突如覚ったのだ。このトレイルに少しにせよ類似した歩行路が日本にあるとすれば、それは「東海自然歩道」ではなく、四国八十八ヵ寺めぐりの「お遍路道」であったのだ、と。あそこは、距離も最短路をとっても「東海自然歩道」の二倍以上、約一一〇〇キロメートルある。「遍路ころがし」と呼ばれる、ある寺から次の寺までの登りのトータルの標高差が八〇〇メートルを超える山道や、這い登らなくてはならない急斜面が何ヵ所もある。しかも歩き遍路たちのほとんどは、登山を趣味としてきた人たちではない。ただ自ら立てた誓いや目的を果たすために、歩いている人たちだ。自分自身の修行のために歩いている人たちだ。距離や険しさでは、「お遍路道」は、パシフィッククレスト・トレイルに遠く及ばない。だが修行という点では、大きな共通点がある。このアメリカ男の瞳の深さを覗き込みながら、ぼくは「遍路ころがし」と呼ばれるルートを好んで歩いていたときに出会った、すべてに控えめで、慎ましい、瞳の美しい人たちの顔を、次々に想い浮かべた。だが彼らの態度とこのアメリカ人のそれとのあいだには、大きな違いが一つあった。それは、歩き遍路たちは、少なくとも結願（八十八ヵ寺巡りの完遂）以前には、自分たちの誓いにせよ目的にせよ、あけっぴろげに他人に吹聴することはないという点である。どちらがよいのか、ぼくにはわからなかった。

「不治の病とは、どういうことだ？」

アメリカ男が訊いていた。

ぼくは四国八十八ヵ寺巡りのあらましを、彼らに説明した。それから、結願を果たしたお遍路たちが、心安らかに帰宅したはずなのに、落ち着けず、内なる声に招ばれて連れ戻され、お遍路を何回もくり返すことになり、こういう人たちを称して「大師病」とか、「心身ともに健康な不治の病」に罹っている人、と表現されている、と説明した。

「そりゃいい――確かに、うまく表現したもんだ。――で、あんたは、その不治の病とやらに罹ってはいないのかい？」

「ぼくは心身ともに不健康な不治の病、を患っているのですよ――現実から逃避しては、たいした目的もなく放浪しているだけなのですから」

ぼくの答えに、男は蒼天に向かって大きな笑い声を上げげた。彼の前を歩くすらりとしたスタイルの女性の笑い声が、彼の笑い声のあとを追っていった。

「ところで、ここでの長距離歩行者に、そのような価値観の変換というか、人間的成長と言ったらよいか、適切な一語が見つかりませんが、とにかくそういう精神の変革をもたらす契機、要因となるものは、何だとお考えですか？」

「わたしたちのいる周囲の風景が、わたしたちの精神に影響を与える、ということは理解できるだろう？」

「ええ、そのことには、幾度か思い至ったことがあります」

「とするとだ、この雪を置いた壮絶なる岩稜が、緑の大森林が、斜面を覆う高山植物の花々のジュウタンが、それにこの底なしの静寂、この高く透明極まった蒼天がだ、いかなる影響を自分の精神に与えるかもわかるということだ。そういう影響が積もり積もることによって、いかなる消しがたい影響を、生涯にわたって、その人間の精神に与えることになるかもだ。一九世紀の、まだ原始の自然に支配されていたこの大西部を舞台に、探検家やマウンティンマンたちを主人公に物語を描いたバーナード・ディ・ヴォトは、作品の中で次のように語っている――

彼らは何をしたのだ。何を視、何を聴き、何を感じ、何を恐れたのだ――さまざまな土地を、さまざまな音を、さまざまな色を、寒さを、暗闇を、空虚さを、優愁さを、そして本物の美を、だったのだ。これらの体験による一連の記憶は、たとえ自分たち以外の他人の目には見えないものであるにしても、彼らを、死ぬまで、他のすべての人間とは別の存在となしつづけるだろう。

となⅠ

ぼくはこれまで自分が生活の場にしてきた大都会の風景を想い出していた。騒音と汚染された大気に満ち、奇妙な人工の光りに照らされたあの大都会を、一見複雑には見えるが、まったく単調で、画一的なあの風景を、四季の変化を喪失して、冬も夏も同じ色、同じ形、同じ浅薄なきらびやかさの、同じ不調和の……

第23章　豪雪の谷――一八四四年

（日本――黒船来襲九年前）

アレン・モントゴンメリー、ジョウゼフ・フォースター、モーゼズ・シュレンバーガーの三人は、峠で西へ下っていく仲間を見送ると、湖畔のキャンプ地に戻り、斧を磨ぎ、鋸の目立てをする作業にとりかかった。間もなく彼らは、越冬用の丸太小屋の建設をはじめた。木を伐る斧の音が、晩秋の谷にこだましていた。背丈を越える断ち割ったような面をもつ石を一方の壁として利用し、彼らは急造の粗末な小屋を建てていった。大きな小屋を建てる必要はない、と彼らは考えた。六台の幌馬車が、建てはじめた小屋の脇にあり、倉庫となっていて、必要なものだけ、必要なときに取り出して使い、またそこに戻せばよいのだった。炊事道具と食器と毛布を収容する場所、食べて寝る場所、つまり雨露をしのげる場所があればよいのだった。それ以外に、最も重要なのは、暖房用兼料理用ストーブを据えるカマドであった。

三人は丸太を横に渡して壁をつくり、すき間をこねた土で埋めた。屋根にはアメリカン・バッファローの皮を張り、その上を枯れ草で葺いた。屋根からはカマドの煙突が、やや斜めに空に向かって突き出ていた。幅約四メートル、奥行き約四・七メートルの小屋は、こうして三日で完成した。

その夜、小屋の中で赤々と燃えるカマドの火にあたりながら、モントゴンメリーが言った。

「一冬を越すにゃ、まだ薪集めを何日かせにゃならんが、それはいずれやることにして、明日は狩りに出かけるとしようか」

モーセの目が、ストーブの火を映して、輝いていた。

その夜、彼らが寝入ると同時に雪が舞いはじめた。翌朝、三人は外に出て、湖を眺めた。無名の湖が果てなく雪を呑み込んでいた。雪はその日、一日降りつづいた。死の静寂があたりに満ち、三人は一日中ほとんど寝て過ごした。

翌朝、起きると雪は止んでいた。五〇センチメートルほど積もった雪は、すべてを白一色に覆い隠していた。三人は、雪掻きにとりかかった。仲間の残していってくれた二頭の牛が、彼らの掻く雪の下から現れる草を待っていた。太陽の光が時折、雲間から降ってきた。三人はミズーリーではそうであったように、雪は数日もすればあらかた融けるものと楽観視していた。だが昼になっても気温は上がらず、寒風が動きの速い雲から吹き下りていた。夜の到来とともに、ふたたび雪が舞いはじめた。風がうなり、静寂がさらに深まった。

翌朝、風は落ちたが、雪はキャンプの周囲に立つ木々をぼかして、すき間なく落ちてきていた。これほど濃密度で、激しく降る雪を、彼らはまだ見たことがなかった。雪は翌日も降りつづいた。三人は交替で、小屋の唯一の出入り口である外開きのドアの前の雪を掻いて、外の世界への脱出路を守った。小屋が雪の中に沈むにつれて、脱出路の雪の壁が長く延びていった。

煙る雪の中で、三人は空腹のためなきつづける二頭の牛を屠殺し、雪に埋めた。

三日目、降りつづいた雪は、突然、止んだ。雪は一・五メートルほどつもり、小屋は軒ちかくまで雪に埋まっていた。深い静寂があたりに満ちて、今は幻聴にとらわれがちになった彼らの耳に、なつかしい幌馬車の車輪の音が、遠く響いてきた。だが見つめる彼らの目に映るのは、見渡す限り白一色の世界であった。

やがて小鳥の鳴き声が近づいてきて、彼らを幻聴の世界から蘇生させた。太陽が顔を出し、眩しい深雪晴れの日となった。三人は雪の上を歩こうとした。だが、雪は身体を引き込んで埋め、歩くのは困難だった。

モントゴメリーとフォースターは、どこかでカンジキを見た記憶があった。もちろんそれを履いたことも作製したこともなかったが。幌馬車を掘り出し、捜し出した木片と革をつなぎ合わせて、二人はカンジキまがいのものを三足こしらえた。それは重くて、不格好なものであったが、三人はそれを靴に結びつけて、銃を抱え、雪の上に躍り出た。

本隊は峠から西に延びる長大な尾根を辿っていった。斜面は急峻ではなかったが、長い尾根を下ると登りとなった。ころがる岩が、生い茂る木々が行く手を塞ぐ尾根を、幌馬車を牽いて進むことになり、旅程がはかどらなかった。幌馬車が止まると、男たち、女たちが群がってとりつき、押し上げ、曳き上げた。手に斧やシャベルをもった男たちが先頭に出て、ルートを切り拓いていた。峠をあとにして三日目、寒風が吹きはじめ、青空がまだ雲に覆い尽くされないうちに雪が舞いはじめ、みる間に激しくなっていった。彼らは煙る雪の中を進んだが、やがて立ち往生し、そこにキャンプを張った。そこは、現在ビックベンドと呼ばれているあたりで、ラトルスネイク・マウンティン（二一二二メートル）の山頂より標高差で四〇〇メートルほど西に下った谷間であった。

翌日、降りしきる雪の中で、ミセス・マーティン・マーフィの陣痛がはじまった。

雪の静寂を破ってつづいたミセス・マーフィの悲鳴が、赤ん坊の鳴き声にとってかわり、キャンプにやや活気が戻ったが、それもたちまちのうちに降る雪の静寂にのまれて、夜となった。

生まれた女の子はエリザベスと名づけられたが、その後、このキャンプ地の脇を流れるユーバ・リヴァーからミドルネイムがとられ、エリザベス・ユーバ・マーフィとして生育することになる娘であった。

雪は二日半降りつづいて止んだ。一メートル五〇センチを越す新雪に車輪を埋められた幌馬車が、こわれたオモチャのように雪の上に雑然と置かれていた。男たちは会合を開き、ここに五台の幌馬車と女と子供のすべてを、二人の男と共に残し、他の男たちは徒歩でサターズ・フォートに救助を求めて向かう、という案が採択された。

男たちが牛を屠殺したり、小屋を建てたりする仕事にとりかかった。牛肉の大部分を雪を掘って埋めると、男たちは取り除けた肉の一部でジャーキーの作製にとりかかった。

雪の中にキャンプを張ってから一週間後の一二月六日、一五人の男たちが雪の中をラッセルしながら泳ぐように遠ざかるのを、二人の男と六人の女と一五人の子供が見送り、二人の赤ん坊が母親に抱かれて白い雪の世界をぼんやりと見回していた。

男たちは深い雪の中を進んでいった。デニスとスティーヴンズとヒッチコックが交替で、先頭にたってラッセルした。気温は低かったが、太陽が頭上で照っていて、尾根が見渡せた。彼らは西へ西へと突き進んでいった。彼らの進行は意外にはかどっていた。翌日になると、雪は深さを減じていき、翌々日には男たちは土の上を歩いていた。

五日後サターズ・フォートに到着した一五人の男たちを、パックトゥレインで本隊とは違うルートを進んだ、六人の支隊のメンバーが出迎えた。彼らは再会をよろこび合った。

支隊のものたちが説明した。

「本隊と別れ、南へと谷を遡ると、二日目に例の大きな湖に出た。湖の西岸を回って進んでいくと、西の山稜に越えられそうな峠が見えたので、西に進路を変更し、峠に向かった。何ヵ所かの危険な場所を馬を降りて押し上げたりしたが、何とか峠の頂上に到達することができたので、峠から西に向かって流れる沢沿いに下った。あとになってその川は、サターズ・フォートの脇を流れる、アメリカン・リヴァーに流れ込む支流の一つだということがわかった。吹雪が襲ってきたとき、標高の高い地平を越えてしまっていたので、あやういところで、雪に閉じ込められる危険を逃れたことを知った。自分たちがとったルートも決して容易なものではなかったが、何とか困難を克服して、生還し、二日前にサターズ・フォートに到着できたのだ」

「救助の準備はどこまで進んでいるのかね？」

オールド・マーフィが、話が一段落するのを待ちかねたように訊いた。大家族の長であった彼は、娘二人、まだ少年の息子三人、義理の娘二人、孫息子五人、孫娘五人の、合計で一七人の女と子供を、シェラネヴァダの雪のキャンプに残してきていた。しかも孫娘の一人は生まれたばかりのエリザベスで、赤ん坊の父親で、オールド・マーフィの長男であるヤング・マーフィは、隊長として支隊を率いて、サターズ・フォートに到た者は一人もいないのだった。

ヤング・マーフィがうろたえた声を出した。到着したばかりの本隊の男たちの中で、妻や子供を残してきたものたちの顔に驚愕の表情が走り、彼らは言葉を失った。

「なぜだ？」

キャンプに家族を一人も残していないスティーヴンズが訊いた。彼は使用人である男性を二人連れていただけで、二人は彼といっしょに、サターズ・フォートに到着していたのだった。

「キャリフォーニアで戦争がはじまっているんだとよ。わたしらにも、参加せよ、との命令なんだ」

当時、キャリフォーニアはまだメキシコ領であり、メキシコ政府より任命された知事がモンテレイにあって、政治的実権を握ってはいたが、州都のおかれているモンテレイの町でさえ、アドベ作りの建物が計画もなく建てられて入り乱れた、道路さえ敷かれていない一寒村にすぎない状態にあった。キャリフォーニアという広大な土地に住む白人の総人口は数千人に過ぎなかったが、外国人たちが入植のため押し寄せつつあり、知事の権威をあまねく行き渡らせることなど不可能で、政治的には不安定な状態にあった。スティーヴンズ隊の支隊の男女六人と本隊の男たち一五人が到着したとき、以前からくすぶっていた政治闘争がエスカレートして、知事ミケルトレーナの軍と革命軍とのあいだに戦争がはじまったばかりのところであった。先代の知事とのあいだでメキシコ政府より広大な土地を借用する契約を結んで、開拓事業にとり組んでいたサターは、このとき知事側に付き、知事の要請で出兵の準備に躍起となっていたのである。一人でも多くの部下を集めようと必死であったジョン・サターにとって、シェラネヴァダを越えてやってきたスティーヴンズ隊の男たちは、まるで自分のためにに天から遣わされた援軍に見えたのである。しかも願っても得られない軍医となる医者までがいた。

一八四五年一月一日、ジョン・サターは二二〇人の部下を率いてフォートを出発した。部下の中には約一〇〇人のライフル銃の名手であるアメリカからの植民者がいたが、その中には、それまでに到着したスティーヴンズ隊の男たち二一人全員が徴用されていた。

サターは、シェラネヴァダ山中に残した家族を救出する援助をしてほしい、とのスティーヴンズ隊の男たちの必死の懇願を断っただけでなく、脅迫と甘言を操って、彼らを自分の軍に加えることに成功したのである——「もうシェラネヴァダは雪に塞ざされていて、人間がはいり込むことは不可能だ。それに一人前の男が二人も、女や子供たちの世話をしているというじゃないか。それなら彼らにまかせておけば大丈夫。なに戦争はすぐに終わるさね。戦争さえ終わりゃ、男たちを総動員して救助に向かわせよう。物資も出そう。ただし条件が一つある。まず私の軍に参加することだ。もし参加しないなら、敵と見なすしかない」

湖のキャンプでは、二人の男と一人の思春期の若者が、一つの決断を下していた。雪のシェラネヴァダ越えを試みる以外に、自分たちには生き延びられる可能性のある方策は残されてはいない、という決断を。三人は、重く、不格好な粗製のカンジキを足にくくりつけて、雪の中を一週間歩き回ったが、一頭の獲物も捕獲できなかったのである。狐やコヨーテやその他の小動物の足跡が、雪面を乱してはいたが、その姿をとらえることはできなかった。シカなど大きな動物は、草が雪に覆い隠されない標高の低い土地へと移動してしまい、クマは冬眠にはいったものと思われた。痩せた二頭の牛の肉では、三人が冬を越す食糧としては、どれほど制限しても足りなかった。ここに留まれば、三人とも餓死する運命にあるのは明らかだった。

各人約五キログラムの乾燥肉と数枚の毛布にライフル銃と弾薬を背負った三人は、昇りつつある太陽を背に小屋を出て、シェラネヴァダの嶮崖に向かって歩きだした。雪の上で三人は、一歩また一歩と、全身を使ってバランスをとりながら足を踏み出していた。彼らは植民の旅に出る以前にカンジキを履いて歩いた経験がなかっただけでなく、歩いている人を注意して観察したことさえなかった。その上、彼らがこしらえたカンジキは、履き慣れた人間でも操るのがむずかしいまでの、欠陥品であった。

湖の北岸から、いよいよ三人は急峻な岩壁の登りにかかった。踏み下ろすと三〇センチ以上も雪の中に埋まるカンジキは、雪の中から引き上げると、雪をはりつかせ、載せていて、やがて本体の数倍の重さとなった。斜面は急で、彼らの足は、踏み下ろすたびに、雪の中をずり落ちた。

彼らは雪と格闘し、雪の中でもがいていた。彼らの動きは、まるで蟻地獄から這い上がろうとむなしい努力をつづける昆虫のようで、すこし登ってはずり落ちる動作の繰り返しであった。だが、彼らはカメのような根気と忍耐で、わずかずつ高度をかせいでいった。

午後になっても、三人はまだ岩壁の中腹よりやや上のところを這っていた。彼らの登るスピードはさらに落ち、モーセがとり残されつつあった。モーセの足の筋肉が痙攣を起こし、しばしば立ち止まって休まなくては、進めなくなっていたのである。太陽が西へと飛びゆくにつれて、二人の男が立ち止まってモーセを待つ時間が、ますます長くなっていった。

陽が傾いたとき、モーセの脚は、五〇メートルも進まないうちに雪の中に倒れ込んでしまうほどの、ひどい痙攣にとりつかれていた。彼の足の筋肉という筋肉すべてが吊ってしまい、それらの筋肉をもみほぐしてからでなければ、彼はふたたび立ち上がることさえできなくなっていた。

「先に……先に行ってください。……あとから追いつきますから」

あお向けに倒れ、足を宙にあげてうめきつつ、モーセが言った。

「心配しなくてもよいぞ、モーセ。ゆっくりやれ、おまえを置いていくわけにはいかねえからな」

モントゴメリーが言った。

二人の大人の男は、モーセの位置より一〇メートルほど登ったところで立ち止まり、雪の中に倒れているモーセの様子を眺める動作と、峠の頂上を見上げる動作を繰り返しながら、待っていた。太陽が山の端に近づきつつあった。二人は、今日中に峠越えはできない、頂上付近でビヴァーグすることになるだろう、と覚悟しはじめていた。

太陽が沈むと、凍てついた風が雪の上を間断なく吹きすさびはじめた。峠の頂上の一角で、木の枝を集めて火をつけると、モントゴメリーとフォースターはモーセが倒れ込んでいるところまで雪の岩稜を下って、モーセを両方から肩にかついで、峠の頂上まで運び上げ、焚火の脇に下ろした。三人とも荒い息を吐いていて、二人の大人の男たちも、モーセと共に焚火の前に倒れ込むと、しばらく起き上がらなかった。

やがて三人は上体を起こし、ビーフジャーキーを噛んで、飲み下しはじめた。彼らの吐息を、きらめくダストとなしてさらう寒風が間を置かず吹いていて、彼らの胃を、食欲を、凍てつかせた。

あるだけの衣類を着こみ、毛布を引っ被り、焚き火の脇で、彼らは膝をかかえて眠ろうとした。だが身体が震え、寝つくことはできなかった。何時間かしてふと気づくと、身体に直接吹きつける風の量が少なくなっていた。だが風は、彼らの頭上を吠えつつ渦巻いて吹いていた。彼らはとぎれとぎれの浅い眠りを眠った。

翌朝、あたりが明るくなっても三人の周囲は暗かった。太陽が昇りはじめたとき、彼らは自分たちが焚火と共に雪の中へと沈んでゆき、三メートルもの深い穴の底にいるのを知った。焚火は地面に到達して燃えていたのだ。

モーセが雪深い山脈を西へと横断することが不可能なのは、二人の大人の目に明らかだったし、モーセはそれが不可能なことを、二人の大人以上にはっきりと覚っていた。彼は、自分がまだ大人の仲間入りのできない半人前の男であることを、昨日、この山脈によって知らされていたのだ。

朝食にビーフジャーキーを噛みながら、暗い穴の底で、モントゴメリーとフォースターは話もせずに考え込んでいた。

湖畔の小屋に戻っても、雪の中で一冬を生き延びる方法がないのは明らかだった。この寒い雪の山脈で生きつづけるための、食糧となる獲物の捕獲が不可能なことは、証明済みであった。湖畔の小屋に戻ることは、三人とも餓死することを意味していた。と言って、モーセを連れて山脈越えを試みたとて、三人とも雪の中に倒れて死ぬことも確かだった。体力のある二人の大人たちだけで山脈越えを試みても、はたして生きてサターズ・フォートまでたどりつけるかどうかわからなかった。二人の大人の男にとっても、それは危険な賭以外の何ものでもなかったのだ。しかし、今はこの賭を行なう以外に、自分たちのうちの誰にせよ、生き延びられる可能性のある方法は残されてはいなかった。

二人の男は、モーセを置いていくわけにはいかない、連れていけるところまで連れていくべきであろう、と考え、モーセにそう言った。

「二人で行って下さい。ぼくは小屋に戻って休息してから、ふたたび一人で山越えを試みようと思います」

とモーセは言い張った。だが、いつになるにせよ、モーセが一人で山脈越えができるわけがないことは、二人の男の目に明らかだった。

「それじゃモーセよ、こういうことにしよう。わたしとフォースターは、ここからサターズ・フォートに向かう。おまえは湖畔の小屋に戻って、残った牛肉で食いつないでいてくれ。サターズ・フォートに着いたらすぐに、わたしらは救助隊を組織しておまえを迎えにくることにする。それ以外に、わたしら三人が助かる見込みのある方法は、もはやないようなのだ……」

「きっと迎えにくるからな。約束するからな、モーセ」

とフォースターはモーセの疲れきった顔を見ながら言ったが、すぐに視線をモーセの顔からはずし、モーセの身体から足へと移していった。

二人の男は荷物を背負うと、雪の穴を這い登った。モーセもあとにつづいた。

「モーセ、わしらが戻るまでがんばるんだぞ」

「ミスター・モントゴメリー、ミスター・フォースター、あなたたちもがんばって下さい」

別れの言葉を交わしたとき、彼らは、お互いに生きて会うのはこれが最後だ、と心の奥で予見していた。

カンジキをつけた二人の仲間が、峠から延びる西の尾根を這うように下っていく姿を、モーセは長いこと見つめていた。地吹雪がモーセの身体を包んで去ったとき、彼は武者震いを一つすると、雪穴の底で燃えている焚火の方に向かいかけたが、立ち止まって、東方の眼下に雪に囚われて縮む湖を眺めた。そこは、彼の目に、すべてから隔絶された、時の止まった地獄の底のように映った。彼は、ものを摑むように胸に手をあてたまま、雪の穴の底に滑り降りて、焚火にあたった。

太陽が雪穴の壁に差してきて、風も落ち、厳しい寒気が和らぎはじめていた。モーセは穴から這い上がると、湖を見下ろさずに、足にカンジキをつけた。荷を背負い、銃を杖に、彼は昨日登った胸壁を下りはじめた。彼の頬を涙が流れ、それが鼻孔の横の柔らかい肌の上で凍りついていった。

昨日よりも足が重く、下る方が、登るより危険な場所が多かった。モーセは断続的に痙攣に襲われながら、昨日と変わらぬ動いているとも見えぬ歩速で、孤独と静寂の支配する湖へと降りていった。

太陽が仲間の去った方向に姿を没し、暗闇が湖を埋めはじめたとき、モーセは最も闇の濃い絶崖の根元に到達し、坐り込んで、荒い息を吐いた。彼は下って来た黒々とした絶壁を振り返り、峠の頂の方に視線を張りつかせていたが、やがてため息を一つつくと、銃に体重をあずけて、昨日の朝見捨てた小屋の方に向かって、雪の中を進みはじめた。昨日つけた足跡が凍っていて、足を置いても沈まなかったので、昨日よりは歩きやすかった。

漆黒の闇が万象を埋める直前に、彼の手が小屋の戸を開けていた。三〇センチほどの高さの戸口の敷居に坐り込んで、彼は荒い息を吐いていたが、やがて片足ずつ両手で持ち上げて、小屋の中に運び入れた。彼の身体が、小屋に満ちる真の闇の中に、ころげて陥ち込んだ。

翌朝、モーセは寒さに目を覚ました。昨晩、カマドに火を焚きつけずに、倒れ込んだままの姿勢で、毛布を引っ被って寝入ってしまったのだ、と彼は気づいた。脚は昨日よりも重かったが、筋肉の痙攣は退いていた。モーセは起き上がると、カマドに火を焚きはじめた。小用を足すために小屋の外に出ると、外はまだ暗く、満天に星が果てしなかった。

小屋に戻って、カマドに薪をくべて身体を暖めていると、ひどい空腹が襲ってきた。彼は昨日持ち帰ったビーフジャーキーを、リュックを引き寄せて取り出すと、噛み砕きはじめた。食べると、さらに空腹が募ってきた。彼の手が途切れることなくビーフジャーキーを口に運んでいった。やがてヤカンを持って外に出ていくと、雪を詰めて戻ってきて、それをカマドにかけた。猛烈に咽喉が渇いていた。雪を融かして作った水は、やや泥臭い味がしたが、彼はかまわず飲むと、ふたたびビーフジャーキーを口に入れて噛んだ。食糧の補給の当てがないのに、無制限に肉体の要求にしたがっていると、死期を早めることになる、とわかってはいたが、彼の手と胃が、さらに多くの食べ物を欲していた。この調子で毎食ビーフジャーキーを食べて、やっと彼の手が止まった。まだ空腹を感じてはいたが、彼の意志が勝って、彼の手が止まった。七〇〇グラムほどのビーフジャーキーを食べつづけたら、数日でなくなってしまう、と彼は計算した。

どうやって生き延びるための食糧を手に入れたらよいのだろうという、生死に係わる難問が、彼の頭中に膨張し、思考のすべてを独占していた。

手元にあるのは、持ち帰ったビーフジャーキーと、雪に埋めてある半頭分の牛肉だけであった。

ここには、狩れる獲物は本当に生息してはいないのであろうか？　もしいないとすれば、ふたたび、今度は一人で山越えを試みる以外に、生き延びる方法はなかった。だが今の彼に、一人でシェラネヴァダ越えができないことは証明済みであった。二人の大人の男に助けられながらでさえ、一番手前の峠の頂上までしか登れず、退却したばかりだったのだから。峠の西には、さらに一〇〇キロもの雪の山々が折り重なっている、と大人たちから聞かされていた。二人の大人、モントゴメリーとフォースターだって、はたして越えられたかどうかわからなかった。彼の頭中には、モントゴメリーとフォースターが深雪の中で疲労困憊し、飢え、倒れ、死につつある姿が、払っても、払っても戻ってきた。やがてその情景は、姉の加わった支隊の全員が雪の中に行き倒れている姿や、本隊の女や子供たちが雪の上に凍死した情景にとって代わり、小屋の暗闇に座る彼の頭脳は、死の幻影によって占拠されていった。

モーセは銃を引き寄せ、膝の上に横たえて撫でた。撫でていると、彼の不安は和らいで、かすかに勇気が湧いてくるのを感じた。やはり狩りをするしかないのだろう、と彼の考えは、そこに行き着いた。モントゴメリーとフォースターの後に蹤いて、ここで一週間狩りをしたときのことを考えてみた。あのとき、獲物の姿を目でとらえることができなかったのは、大雪が降ったあとだったからではなかろうか？　自然の中で、獲物が狩れなかったという、ただ一度の経験が、彼には現実のものだとは信じられなかった。あのときは、たんに運が悪かったからにすぎなかったのではないか、と彼は推論した。三人で獲物の得られない狩りを最後に行なった日からまだ数日しか経っていなかったにもかかわらず、彼には、それがずっと遠い昔のことのように思われたのであった。

モーセはカマドのくべ口に棒を突き入れて、おきを掻き出し、薪を足した。生木の爆ぜる音がして、火の玉が彼の顔めがけて飛んできた。彼は身をかわし、立ち上がった。

外は明るくなりつつあった。モーセはビーフジャーキーのはいっているリュックを背負い、銃を肩に吊ると、戸を開けて外の明るさの中に歩み出た。断続的に木の枝々をゆすって逃げてゆく寒風のかなたの丘の上に、太陽が昇る直前の清澄な明るさが広がり、凍るような透明な虹色が描かれつつあった。地吹雪に捕えられた彼は、一瞬、瞳を険しくして背を向けたが、カンジキを履こうと身をかがめてから、小屋の方を振り返った。カマドの火を埋め火にしてくるのを忘れたのに気づいたのだ。マッチは貴重品で、火を焚きつけるたびに使うほどの量はなかった。彼は小屋に戻って、燃えている薪を雪に突き差して消し、赤いおきの上に灰をもってから、ふたたび小屋の外に出た。

カンジキを足にくくりつけていると、この日最初の太陽光線が押し寄せて過ぎた。彼は雪原を走る光の速度を視線で追っていた。西へと光が洗ってゆくかなたには、雪をところどころ身に纏ったシェラネヴァダの絶壁が陽を浴びて、見渡すかぎり屹立していた。彼はため息を大きく一つつくと、雪の上を泳ぐように手を振り、足を曳きずって進みはじめた。

モーセは、体重の重い鳥が地上に降り立ったときのようなぎこちない足の運びで、一心に進んでいた。彼が目を据えている黒い物体は、身動きさせぬままそこにいた。彼は一度銃を構えてねらいをつけたが、引き金は引かなかった。まだ自信をもって命中できる距離にまで近づいてはいなかったからだ。「獲物のすくない狩場では、打ち損じると、ねらった獲物だけでなく、周囲にいる他の獲物までをも驚かし、逃亡させ、警戒させてしまうのが銃の欠点なのだ」と旅の途中で、共に狩りをしたデニスが言っていた言葉を、モーセは思い出していた。

その黒い物体はさらに近づいていっても、動く気配を見せなかった。モーセはそれが動物ではない、と覚りはじめていた。この見渡す限り白銀色の雪原では、飢えた人間の目に、黒い点はみな獲物に見えるのだった。

モーセは、それが倒れた大木の株であることが判明する距離まで来ると、立ち止まってあえいだ。彼の口からまっ白い呼気が立ち昇り、風に舞って消えていった。彼は、木の株の脇に倒れて身を横たえる、枯れた大木の幹の長さを目で追った。

と、モーセの目が、雪の上を一本の線となってつづいている動物の足跡を捉えた。狐の足跡か、と彼は考えた。足跡をかがんで調べるとき、彼の目の焦点に鋭さが戻っていた。彼は雪上に身を伏せて、足跡に鼻を近づけた。足跡は印されてから、そう時間が経ったものではない、と彼は判断した。足裏についた筋肉の形まで、はっきりと雪に捺されていた。彼は立ち上がって、目で足跡をなぞり、遠くまで視線を這わせた。彼はしばらく考えていたが、やがて足跡を追いはじめた。

一〇分ほど行くと、動物の糞が雪の上に載っていた。糞は凍っていたが、モーセが拾い上げてつぶすと、中はまだ柔らかだった。狐がここを通ってからまだ一〇分も経ってはいない、と彼は断を下した。

彼の歩行の姿態が、ふたたび地上に降り立った大鳥のようになり、口から吐き出される白い息の量が増えた。やがて彼は、足跡が二股に分かれているところまでやってきて、立ち止まった。一瞬、迷ったあとで、彼は一方の足跡を選んで辿っていった。その足跡は林の際を巻いてつづいていた。足跡は、さらに進んでいくと、また二つに分岐していた。

やがてモーセは、自分が先ほど片方を選んで辿った、足跡の二股に分かれていた場所に戻ってしまったのを知った。ズル賢イ狐ノ奴メ、と彼はつぶやいた。彼の目から力が失せ、歩速もゆっくりとしたものになった。

こうして、一日中、モーセは狐とおぼしき動物に誑《たぶら》かされ、夕方、飢えと疲れと重く暗い気持ちの充満した身体を、孤絶した小屋の方に向けて戻っていった。腹の底に響く轟きが起こって、谷に反響しつつ、天に吸われていった。見ると、シェラネヴァダの絶壁を雪崩が這い下っていた。岩壁に撥ね返って尾をひく谺は、まるで狐をはじめとする動物たちが、彼の無力を嗤って合唱している歓喜の歌声のように、彼の耳には聞こえた。

次の日も、モーセは夜明けに小屋を出て、狩りに出かけた。彼は必死になっていた。旅の途上で仲間たちの食膳を豊かにし、仲間たちに誉められてきた自分の狩猟の腕が、この広大な自然の中で役にたたないなどということは、彼には信じられないことだった。狐と思われる足跡以外に、ウサギやリスなどの足跡も見つかり、辿ってはみたが、遠くにその姿を見ることさえできなかった。

次の日も、その次の日も、モーセは雪原を歩き回った。だが彼が、これさえあればどこででも生き延びられる、と頼りにしていた銃は、何の役にも立たず、ただの重荷にすぎなかった。

かつて狩りは、モーセにとっては無上の楽しみであった。単なる楽しみを超えた大きな意味を持つ行為とも言えた。狩りをすること、つまり動物を殺すことが、彼にとってこの世で最も強烈なる生存感を感得させる行為であった。したがって、狩りの結果得られる獲物はどうでもよかったのだ。だが今、狩りという行為はかつての意味を失い、獲物が重要な意味をもつもの、獲物こそが自らの生命を持続させるために必須のものとなった。しかし、そうなった今、狩りが彼の前から逃げ去り、それと共に獲物も逃げ去っていた。自然の真っただ中にいて、時間はふんだんにあったのに、狩りに、彼は復讐され、完全なる敗北を喫していた。

雪の中を腕で調子をとって泳ぐように進みながら、人間の二足歩行がここでは不利な生存条件となっている、とモーセは思った。いや、厳しい自然の中で生き抜くときの生物としての人間の欠陥は、二足歩行だけではなかった。目も鼻も耳も爪も歯も皮膚も、胃腸をはじめとする内臓も、すべてが他の生物に劣っていた。せめて強い歯と胃があれば、樹皮を食糧とすることができるのに、と彼は思った。もっと遠目がきけば、小さな動物の姿だってとらえることができるはずだったし、鼻や耳がよければ、獲物をかぎ分け、動きを察知することができるはずであった。自分の歩行速度の遅さに腹を立てたモーセは、四つ這いになって雪の中を進もうとした。雪の中に身体を沈めることなく、直線的に、軽々と進む足跡を残す狐をまねようとしたのだったが、頭が重すぎ、顔が雪に埋まって前方が見えないだけでなく、首が疲れた。雪の中では、人間は手も足も、移動器官としては動物のうちで最劣等で、頭も重いだけで、何の役にも立たなかった。狐の方がここでは利口で、彼の知能では太刀打ちできず、だまされ、からかわれ、もて遊ばれていることを知って、モーセは自分自身に腹を立てた。

一週間が過ぎた。その日も、モーセは、何の収穫もないまま重い足取りで、夕方、薄暗い小屋に帰り着くと、倒れるように中に這い込んだ。だが漆黒の闇があたりを埋める直前には起き出して、カマドに薪をくべた。彼は周囲を埋め尽くす巨大な嵩の闇が恐ろしかった。一心に火を焚く彼の目から、涙がとめどもなく流れ出て、やがて大声を上げて泣いていた。姉が無性に恋しかった。せめてもう一度姉の顔を見たい、とモーセは思った。彼は闇を恐れ、死を恐れた。

山越えのときに持ち帰ったビーフジャーキーは、その日の夕食ですべて食べ尽くしてしまった。雪に埋めてあるあと半頭分の牛肉が、持てる食糧のすべてだった。まだ一二月初旬であった。あと何週間かして、空腹のため狂い死にする自分を想像して、モーセはおびえた。降る雪の連れくる白い闇の中で、あるいは、暮れやすい冬の凍結する漆黒の闇の中で、餓死に向かって狂う自分の姿を想像して……。風が時折、泣くような声をひいて、静寂の深さをモーセの耳に語っていた。入り口の戸を細めに開けて覗くと、外は吹雪になりつつあった。モーセは、雪が姉の元へとつづく細い岩稜を縫う路を、完全に塞いでしまった、と覚っていた。

モーセは自分が死ぬ運命にあることを覚っていた。飢餓の中で狂い死ぬ運命にあることを。

翌日も雪だった。一日中、小屋の中で、モーセは死の足音を聞いていた。死の足音は、刻々、永遠に、闇の中を近づいてきた。

どうせ狂い死ぬ運命にあるのなら、一日も速く、徹底的に狂って、この苦しみと孤独から逃れたいものだ、と彼は考えた。まだ正気であるから、こうも悩み、欲し、生きることの苦しみにのたうち回らなくてはならないのであろう。一日も早く、狂いきる方法はないのか？　牛肉のあるうちに狂う方法はないのか？　――そのうち彼は寝入った。

モーセは夢を見ていた——

　モーセは姉を手伝って、畑でジャガ芋の収穫をしていた。モーセがクワを振るって掘り起こすと、芋がつながって現れた。姉がそれを拾ってはザルに入れていった。モーセがクワを振り下ろしたとき、突然、姉の姿が見えなくなっているのに気づいた。あたりを見回していたモーセは、彼から歩き遠ざかっていく姉の姿を見つけた。姉は純白のドレスを着ていた。彼は大声で姉の名を呼んだ。姉は振り向かずどんどん遠ざかっていった。彼は、今は、姉の名ではなく、姉のイメージすべてと重なってしまい、呼んだ記憶さえなくなってしまった人を呼んでいた——「マミー、マミー」

　モーセは自分の声で目を覚ました。闇の中で目を見開いて、モーセは見たばかりの夢の情景を辿っていた。姉が白いドレスを着てどこに行ったのか、彼にはわかっていた。夢はそこまで達する前に打ち切られたが、夢の中で姉が着ていたのは、姉が自分の結婚式で着ていた衣裳だった。ドクター・タウンゼントは、姉が一生を重ねて生きるに、これ以上望めないほどの、性格的にも人格的にも立派な人間であることは、彼にもわかっていた。義兄は、モーセがどう背伸びしてもおよぶことのできない人間、何年、何十年努力しても、肩を並べることのできないもの知りであった。だが彼は義兄を心からは好きになれず、嫌悪感を払拭できないでいた。義兄の知識が、落ち着いた口調が、彼の胸に嘔吐を催させた。彼は義兄と話をすることを恐れ、沈黙していた。義兄のいるときには、姉に話しかけるのも控えていた。しかし義兄は、彼に優しく、彼と話をしようと努力しているように見えた。とくに義兄が陽気になり、冗談を言い、彼に話しかけたのは……。

　モーセが、目覚めたように顔をあげ、一点を見つめた。

「ソウダ！　アレダ！」

　彼は声に出して言った。

　それは、姉からも義兄からも、禁じられていたことだった。

「二〇歳になるまではだめだぞ。大人になっていないものが飲むと頭が狂ってしまって、元に戻らなくなるからな」と義兄が飲んでいた——アレダ。ドクター・タウンゼントの残していった幌馬車の中に、まだ何本かあったかもしれない。もしなければ、ほかの幌馬車を探してみよう。

モーセは立ち上がると、雪明かりの中に出ていった。幌馬車は雪にうずもれていて、さらに果てなく、そのうえに雪が降りついでいた。彼は、無数の影となって降ってくる雪明かりの中で、幌馬車に積もった雪を掻き除けはじめた。

幌馬車の中は暗かった。モーセは小屋に戻り、牛の脂肪を皿にとってぼろ布をよって芯にした灯明をもってきて、火をつけた。ドクター・タウンゼントの持ち物が整理され、詰められている箱が、幾箱かまとめて積み上げられていた。それらの箱を開けはじめたモーセは、義兄の臭いを嗅いで、一瞬、顔をしかめ、息を止めた。医療器具や薬が、白衣やノートや書物が、箱の中に詰まっていた。だが酒はなかった。彼は坐って、幌馬車の中に整理されている荷を見回した。酒のありそうな場所はすべて調べ尽くしたつもりだった。彼の目が、姉の晴れ着のはいっている衣裳箱のところで止まった。彼は何かを抑えているように、その箱から目をそらして、じっと灯明の暗い火を見つめていたが、やがて彼の手が衣裳箱の掛け金をはずし、恐ろしいものを摑むような手つきで、姉のドレスを引き出していた。ブルーのドレスを、ピンクのドレスをすくい出し、胸に抱いた彼は、大きく息を吸って、目を細めた。衣裳箱の中には、姉の純白の花嫁衣装が見えたが、彼は、それは取り上げようとはしなかった。しばたいてそらそうとした彼の目が、箱の底に横たえられている茶色い瓶の形をとらえた。なぜ酒の瓶が姉の花嫁衣装にくるまれて、このようなところにしまわれているのか？　考えるモーセの顔がわずかにくずれ、目に涙がにじみ出た。

二瓶あった酒瓶を、両方とも持って小屋に戻ったモーセは、栓を抜くのを躊躇していた。姉の目がどこか高いところから、彼を見張っているように思えたからだ。だが彼を見つめる姉の目は、酒を飲む夫を見つめる、優しさをたたえた目に変わっていったように、彼には思えた。彼の手がバーボンウイスキーの栓をひねりはじめた。モーセは孤独な荒野の誘惑に負けたのだった。

強い酒が咽喉を焼き、モーセは激しく噎《む》せた。狂うためなのだから、それまですこしぐらい苦しくてもしかたない、と彼は考えた。やがて彼は、一気に飲み込めば噎せないことを学んだ。狂うためにも勇気が必要なのか、と彼は考えた。身体が暖まり、落ち込んだ気分が凪いでいくように思えた。彼は誰かと話がしたかった。しかしそこにあるのは、深い闇の中に、かすかに囁きつつ燃える火だけだった。彼は、その火に向かって、闇に向かって、話しかけはじめた。

ソウダ、肉ヲ食ベナガラ飲モウ、と彼は闇に向かって言うと、立ち上がった。

暗い雪が音を奪い、果てなく落下していた。牛肉を埋めてある場所には、埋めて以後、さらに一メートルほど雪が降り積もったようだった。彼はシャベルを手に、牛肉の埋まっている場所をはかっていて、滑って雪の中にあおむけに倒れた。起き上がると彼は、雪まろげになった自分の身体を眺めて、クスリ、と笑った。ドウモ今夜掘リ出シテ食ベルノハ、無理ノヨウダナ――彼は降りしきる雪に向かって話し、今度は、ホッホッホッ、と笑った。狼の遠吠えが雪の闇を裂いて聞こえてきた。彼は雪の闇の中に狼をまねて遠吠えを投げ返し、それから、ワッハッハッ、と笑った。この雪の中に生きつづけている動物たちがいたことを知り、彼らすべてが友達に思われて、ホーイ、ホホホーイ、と呼びかけ、笑った。

小屋の脇の木の根元までふらつきながら近づくと、彼の笑いが止んだ。数十秒して武者震いをしたとき、彼の笑いがふたたび戻ってきた。彼は引き戻されるように小屋にはいっていった。

ストーブの前に戻ると、身体が冷え切っているのに気づいた。彼は一気にウイスキーをあおってから、腰を下ろした。

彼はなぜか笑わずにはいられなかった。火を見つめるモーセの頭に、かつての記憶が次々に甦ってきた。

植民の旅に出発する数ヵ月前、姉と義兄が話をしていた――

「ヤハリ、村ノ仲間トイッショニ、キャリフォーニアヘ植民シヨウト思ウンダ」

と義兄が言った言葉を、モーセがまねた。

「ココデ十分ヨイ暮ラシガデキルノニ、ドウシテオ仕事ノナイ遠イトコロマデ、エンエン歩イテイコウナンテ、オ考エニナルノ？」

姉の言葉をモーセがまねた。

「仕事ハドコニ行ッテモアルサ」
「ダッテ、キャリフォーニア、トイウトコロハ、マズ第一ニ、気候ノヨイトコロデ、アソコニ行ケバ、病気ノ人間ダッテ健康ヲ取リ戻セルッテ言ウジャナイ。噂デスケド……」
「ソノ噂ハ本当ノヨウダ」
「ソンナ病人ノイナイ土地デ、医者トイウ職業ガドウシテ成リ立ツノ？　ココハ確カニ理想的ナ土地デハナイワ。毎年マラリヤガ蔓延スルシ、不景気ノ波ガ押シ寄セテイルシ。デモ、マラリヤヲハジメ、イロイロナ病気ガ蔓延スル土地ダカラコソ、アナタノ職業ガ成リ立ツンジャナイノカシラ？」

モーセが二人の口真似を演じながら、雪の底で、闇に視線を吸わせて、笑っていた。

「病人ハナ、ユートピアニダッテ、イルモンダヨ。人間ハ皆、イズレ病ンデ死ヌ運命ニアルンダ。生物デアル限リ、病マズニ死ヌナンテ不可能ナンダ、自殺デモシナイ限リハナ。医者トイウ職業ハ、地獄ヨリユートピアノ方ガ繁盛スルノデハナイカ、トワタシハ思ウガネ」

冗談を言うときに頬の筋肉を緊張させる義兄の口つきを、細めた目を、モーセがまねて、一人芝居を演じていた。

「ユートピアニ住ム人間ノ関心事ハダナ、マズ第一ニ、コノ安楽ナ人生ヲデキル限リ長ク引キ伸バシタイ、トイウコトダロウ。ダトスルト、他ニ心配事ガナイカラ、タイシテ具合ガ悪クナクトモダナ、タトエバ、チョット体調ガオカシイダケデ、注意ガソコニ集中シ、悪イ病気ニカカッタノデハナイカ、ト考エル。芋カナンカ食イ過ギテ、腹ニガスガ少シバカリ溜マッタダケデ、生命トリノ胃腸病ニカカッタノデハナイカ、トナ。ソシテ、スグニ医者ニスッ飛ンデ来ル。医者ハ神妙ナ顔ツキデ触診ヲ行ナイ、重曹カ何カ、単純ナ、毒ニモ薬ニモナラナイ粉末ヲ、オゴソカナ手ツキデ調合シテ、暴飲暴食ヲ控エナイトアナタノ生命ノ責任ハ負イマセンゾ、ナドトオドカシナガラ、ソノ粉末ヲ手渡ス。スルト腹ノ膨満感ハ、一日カ、二日デ消失シ、感謝ト名声ガ、ソノヤブ医者、タイコ医者ニ浴ビセラレル、トイウワケサ。地獄ジャ、ソンナタイシタコトノナイ症状ナドデ、人間ハ、医者ニヤッテクル余裕ナドアリハシナイ。苦シンダスエニ、ヤットヤッテ来タトキニハ、タイテイハ手遅レデ、モウ手ノホドコシヨウガナイ。コウシテ回復セズニ患者ハ死ンデイクコトニナル。コンナ土地ジャ、医者ハ名医ノ評判ヲ手ニ入レルコトナド、決シテデキハシナインダ」

モーセの笑いは、今では、止めようもなくつづいている。

モーセは燃える火よりも饒舌となっていた。やがて姉と義兄の植民の話の中に、モーセの名前がはいり込んだ。

「モーセハマダ一七歳ニナルトコロヨ。ココニ、一人置イテイクワケニハイカナイワ。トイッテ、連レテイッテ、苦シイ長旅ヲ耐エサセルノハ可哀ソウダシ……」

「モーセハモウ立派ナ大人ダヨ。一人前ノ男トシテ、オオイニ力ニナッテクレルダロウシ、モーセニトッテモ、コノ旅ハヨイ人生経験ニナル、トワタシハ思ウガネ」

「ボク、姉サント義兄サントイッショニ行クヨ。何デモ手伝ウ、一生懸命働ク、決シテ迷惑ハカケナイヨ」

二人の会話の中に息せききってはいり込んでいったときの自分の口調を真似たとき、モーセの笑いが止まったが、すぐに彼は自嘲的な、乾いた笑い声をたてていた。彼は、自分の稚なさと愚かさを想い出して嘲っていた。あのときはまだ、たいして稚なさと愚かさを露呈してはいなかった、と彼は思った。最もそれを露呈していたのは、ここに越冬しようと、自ら立候補したときのことだった。想い出がそこに行き着いたとき、嘲いが止み、モーセの目から涙があふれだした。彼はバーボンウイスキーの瓶をつかむと、大きく二口飲んだ。目の涙は退いていなかったが、彼の口からふたたび笑い声が流れ出しはじめた。

小屋の近くの暗黒の湖で、寒気に身をしめる氷が、時折り、星天に、哭《な》き声を漏らしていた。クスクス笑い声を上げながら、膝をついた姿勢をとると、モーセの手がペニスを引き出した。笑い声が荒い息に変わり、しばらくして、突然、止んだ。モーセの顔が苦悶の表情に変わって、極限でこわばった。

「セアラー！」

モーセは大声に叫ぶと、燃えさかる火に向かって激しく射精し、そのまま横向きに倒れ、眠りに陥ちていった。

翌朝、モーセは激しい頭痛の中に目覚めていった。咽喉がひどく渇いていたが、頭を肩の上に持ち上げることができなかった。彼はカマドのところまで這って進むと、手さぐりして、昨日、雪を融かしてこしらえた水を飲んだ。凍てた水が頭痛に染み込み、やがて腹に染み入った。カマドの火は燃え尽きていて、小屋の闇は寒かった。彼は眠りに戻ろうとしたが、頭蓋骨が割れるかと思える疼痛に吐き気が加わって、眠れなかった。

昼になってもモーセの頭痛は、少しも軽減する兆候を見せなかった。何回となく水を飲んだが、まだ咽喉が渇いていた。ヤカンを傾けても、もう水は出なかった。彼はヤカンを手に持って、いざってゆき、戸口につかまって立ち上がると、戸を開いた。光の矢が流れ込み、彼の目の奥から頭痛の芯までを刺し貫いた。彼は目をつむり、大きく一呼吸ついた。オレハ狂ッテハイナイ、と彼はつぶやいた。大人タチノ嘘ツキメ、自分タチコソ、イツモ狂ッテイヤガルクセニ、オレヲ子供アツカイシヤガッテ、ダマシヤガッテ……彼は一人、無人の雪原に向かってののしっていた。

小屋の前で、雪を一口ほおばってから、雪をヤカンに詰め、戸口の方に戻ろうとしたモーセは、雪の上に動物の足跡がついているのに気づいて、目で追った。足跡は牛肉を埋めたあたりで乱れ、かなり深いところまで雪が掘り除けられた形跡があった。動物たちが、この極寒の、雪に閉ざされた山中で生き抜く能力と知恵を身につけていることを知って、彼は自分の無能力と愚かさを、またも知らされた。狐にやすやすと誑《たぶら》かされつづけてきて、今また、わずかに残った肉さえ奪われようとしている。彼は雪を握ると、自分の額にあてがった。

モーセはカマドに火を燃やしつけ、ヤカンをかけて、搾り取るように雪混じりの水を飲んだ。頭痛はつづいていたが、嘔吐感は消えていた。彼は外に出ると、シャベルで雪を掘りはじめた。

掘り出された牛肉は、鉄のように固く凍っていた。モーセはオノで肉を一部割り取ると、それを三〇〇グラムほどの小片に切り分けた。大きな塊の方はシートにくるんで、細縄で結わえ、縄の先端を小屋の柱に結んでから、雪の中にふたたび埋め、雪の上をていねいに踏み固めた。ひさしぶりに風のないよい天気で、雪に反射した太陽光線が眼球を貫通して、頭痛を突き刺しはしたが、労働をして汗ばんだからか、気分がさらによくなっていた。

モーセは取り分けた肉の一片を、フライパンで焼きはじめた。肉の焼ける臭いが小屋に充満した。食べ物を口にするのは、二日ぶりだった。焼けた肉を口の中でゆっくりと噛みながら、モーセは自分が生きていることを実感していた。不足の食事を終えると、モーセは、この雪の中で生き抜ける知恵と能力を、神様は何一つ人間に授けて下さってはいないのだろうか、と考えていた。隊長のスティーヴンズやヒッチコックは、マウンティンマンとして、何年も人間世界に帰ることなく、山中や荒野ですごした経験がある、と聞いたが、あの人たちは、冬、食糧がなくなる危険に遭遇したことはなかったのであろうか？　バッファローやその他の動物の乾燥肉を十分に用意した上で、越冬にはいったのであろうか？　それとも、冬でも動物を狩って食糧を入手できる土地を選んで、冬をやりすごしたのであろうか？　ここは、バッファローのように、群れていて狩りやすい動物の住む土地ではない。気候と地勢が厳しいがゆえに、とくに冬は、利口な動物しか住めない土地だった。そういう利口な動物たちに対抗する知恵と能力をもたない限り、ここでは生き抜けないことは確かだった。人間には、そういう知恵と能力は、本当に授けられてはいないのだろうか？——モーセはもう何時間も考えていた。

キャプテン・スティーヴンズならば、あのように次々と立ちはだかる困難を、才覚と工夫と技術によって乗り越える方法を考え出すマウンティンマンであり、技術者であれば、きっと何か生き抜く方法を考え出せるのであろう、と彼は考えた。彼はキャプテン・スティーヴンズになって、ものを考えたいと思った。だがそれは不可能だった。彼は自分の未熟さを、無知を、幼稚さを、悲しくもさらに深く自覚させられていた。

モーセは考え疲れて、うとうとしていた。日が傾き、寒気が満ちはじめていた。屋根に載った雪が凍みて、ゴトゴト音を発した。まるでネズミが屋根裏を走っているような音だ、とモーセは思った。——モーセの目が、突然、カッと見開かれた。彼は跳ね起きると、外に出てシャベルを手にとり、キャプテン・スティーヴンズの幌馬車のところへと雪の中を泳いでいった。

第24章　エデンの園(3)——現代

今日もまた、あの自称修験者のカップルと、ついたり離れたりしながら、ぼくはパシフィッククレスト・トレイルを北に向かって歩いている。彼らと共に歩くのは、今日で三日目となった。昨日、激流を渡渉したとき、このカップルといっしょでなかったら、ぼくは激流を渡らず、引き返してしまい、今ここを歩いてはいなかったかもしれない。ここでは、たとえ激流がトレイルを断ち切ってはいても、橋など架かってはいないのだ。一人で歩いていたら、長野県の松本盆地育ちで泳ぎの得意でないぼくに、あの激流は渡れたかどうかわからない。あのとき、ぼくは、単独歩行者の大きな欠点を覚らされたのだった。

ぼくは、この修験者のカップルに追いつくと、しばしば会話を楽しむ。

ぼくが問答を仕掛ける役だ。

「植物の種を改良したり、育てたりとは、よいお仕事を選ばれましたね」

「それがかならずしもそうではないのだよ」

「自然と結びついたお仕事なのに、どうしてです？」

「わたしも大学で農学を専攻しようと決心したとき、そう考えていたんだがね。農業をするということも、自然を破壊することの一つだと、間もなくわかったんだ。自然のありのままの生態系を破壊して、人間が望む植物を植え育てることとなんだからな、農業というのは。アメリカの全領域のほとんどは、ほんの数世紀前までは、まさにありのままの自然の支配する領域だったんだだが、文明人を自称する侵略者たちがはいり込んで、まず農業をすることによって、その広大な原始の自然のほとんどを殺してしまったんだ。それで現在では、昔そのままの原始の自然の残る場所はといえば、このシェラネヴァダ山脈のような、荒れていて、厳しく、農業など不可能な場所以外には、もはや残されてはいなくなってしまったのだよ」

「そういうお考えをお持ちだとすると、自然への愛と仕事への情熱とは矛盾することになりますね」

「そう、その通り、大きな矛盾の中で仕事をしているんだ。だからここを歩くのは自然を破壊する日常を反省し、自然への愛を蘇生させ、自然と仲直りするためでもあるんだよ」

「お仕事の中でそれはできないのですか、種を劣等に改良するとかして？」

「それはだめだ。そんな種は売れはしない。われわれ人間はものを食べなければ生きてはゆけないし、周囲の人々の生活程度にある程度合わせて生きていかなければならんだろう？　ホームレスになればいいのかもしれんが、それでも人間は生きている限り、自然を破壊して作った食物を食べなけりゃならないからな。それにたとえ劣等の種を作って売ったとて、それを蒔けば、同じように自然を破壊することにかわりはないからな」

「ではそういう矛盾したお気持ちに襲われながらも、大きく生育し、たくさん実のなる種を作り出すのをお仕事にしているわけですか？」

「そうなんだ。それが人間として生きることに付随した矛盾だと割りきるしかないようなんだよ。だが話はそれるが、きみの今の質問には一つまちがいがあるということを指摘させてくれ。つまりだな、大きく生長した植物にかならずしも多くの実がなるのではない、ということをな」

「そうでしたか。子供のときに、たいていの穀物や野菜は自分で作ったことがありましたが、誰もそんなこと、教えてはくれませんでした。ただただ茎を太く、丈を高く育てようとしていたのでした。で、どう育った植物が最も豊かな実を結ぶのですか？」

「ただ丈たかく伸ばし、茎や葉を生い茂らせてもだめなんだよ。最も大切なのは、その植物の体内に生命がみなぎっていることなんだ。たとえ丈や葉は大きくなくても、体内に生命がみなぎっていれば、大きくても生命がみなぎっていないものより、豊かな実を結ぶのだよ」

「もっと早くその話を聞きたかったですね――ところで植物の体内に生命がみなぎっているかどうか、どうしたらわかるんです？」

「それがここで一口で説明できるほど易しいことならば、農学なんて学問は必要じゃない。それを知るためには、長きにわたる勉強と実践の両方が必要なんだ。でもそれだけではまだだめだろうな。植物を愛し、植物と毎日対話することが何よりも大切だからな。だからといって、対話して植物の気持ちを知り、つねに植物の望むことをしてやることが、かならずしも植物の体内に生命をみなぎらせる結果を生みはしないのだ。そうすることで逆の効果を与えることだってあるのだ。つまり生命のみなぎっていない、外見だけ大きなものに育ててしまう危険性があるのだよ。人間を、子供を育てるときだってそうだろう？ 甘やかしてばかりいて、よい子が育つわけはない」

男は一瞬、空を見上げ、視線を遠くに投げた。ぼくたちは、がれている岩場の登りにかかった。岩場を登る沈黙の中で、ぼくは遠い過去を振り返っていた。植物を栽培していたときのこと、教師をしていたときのことを。

「お子さんは何人？」

岩場を登りきり、蒼天に切り込む痩せ尾根に飛び出したとき、ぼくは訊いた。

「例の、仕事をまかせてきた息子のほかに、娘が二人だ」

「なぜ娘さんたちを、連れていらっしゃらないのです？」

「まだハイスクールに行っているのでね」

「学校へなんか行くより、ここを共に歩いている方が、よっぽど娘さんたちの将来のためになるのでは？」

「そうも思うが、本当にそうなのかどうかは、確信がもてないんだ。つまり親といっしょに来るのではなく、自分たちだけで体験させるのでなくては、多くを学ぶことはできないのではないか、とな」

「でも自然の中を歩く豊かさを、誰かが教えてやらなければならないでしょう？ そして、その役目をはたす人間としては、親こそ最も望ましい、とは思いませんか？」

「その通りだ。だから毎年、何回か、娘たちを連れて山歩きに出かけている。このシェラネヴァダにも何回か連れてきたことがある。だが今この長距離ハイクをやるには、娘たちはまだ年齢が若すぎる、つまり準備がととのっていないと思うんだ。だからあと何年かして、共に生活したいと思う男が現われたら、このトレイルを二人だけで何百キロかハイキングするように、とアドヴァイスしているんだ」

「そのような試練に耐えられる男は、現代ではめったにいないでしょうに。それじゃ娘さんたちは、一生独身かもしれませんよ。ここを歩いていると、粗食や疲労や不便さによって、個人からエゴや軟弱な精神を隠していたベールが剥がされて、それらを露呈してしまうことになりますからね」

「その通り。だから共に生活しようとしている二人の人間の将来が、時間的に短縮されて映し出される、ということになるだろう。ここを修行の場にできた人間だけが、ここを美しい土地、自分にとって大きな意味をもつ場所だ、と考えることができるのだから。そういう人間、そう考えることのできる人間だけが、ここで、何百キロ、何千キロの長い距離の歩行に耐えられるのだ。日々の生活を安楽に送るのが結婚の目的であるようなカップルには、それは無理だろう。ここを美しい土地だとは見なせず、何と苦しい時間の連続だと考えて、安楽で便利な下界の日常へ回帰することばかりを希求することになるだろうからな。だがそういうカップルは、一たび安楽な日常の中に、大きな困難が、たとえば地震やその他の災害とか、失業とか、片方に不治の病とかが襲ってきたときには、どうなるのだ。それらを切り抜けるための準備もできてはいないし、切り抜けられるほどに人間としても成長してはいないことになるだろう。どちらかが、苦闘している相手を置き去りにして、困難に襲われる前の状態に戻ろうとすることになるのは、容易に予測がつくだろう。実際、現在、われわれ人間は、日々の生活のために助け合う相手を必要としない生活形態を築き上げる地点にまで、技術を発展させることに成功したと言ってもよいだろうからな。料理も、洗濯も、掃除だって、親が子供をきちんと育てさえすれば、誰にだってこなすことができるほどに、道具を発達させたからな。最も相手を必要とするのは、片方に、あるいは両者に同時に、大きな困難が降りかかったときだろう。愛を与える存在としての相手の必要、男と女としての相手の必要は、もちろんそれ以上の比重を占めるのかもしれんが、ただそれだけのためならば、二人いっしょに住む必要などありはしない」

「ぼくも男と女が二人きりで言葉のよく通じない外国を、ツアーに参加してではなく自力で何十日か旅して、楽しい旅ができたら、そのカップルはうまくいくカップルだと考えたことがあり、若い人に勧めたことがありましたが、でもここを長距離歩くのはあまりにもハードすぎませんか？　それでももし二人が仲よくやっていけなかったら、どうしたらよいのでしょう？」

「いっしょに住むのはやめた方がよいということだよ。結婚をしない方がよいと言い換えてもよいが……」

「でもそれでも相手をあきらめきれない、つまり、そんな相手でもよい、共に暮らしたいと思うほど、相手に魅かれていたら？」

「悲劇的結末のはじまりだ」

「悲劇的結末を避ける方策はありませんか？」

「ないな、わたしの意見では」

「結婚の形態、つまり、結婚したら共に住む、という現在の固定観念を変えたらどうでしょう。相手によって、どうしたらその相手と共にいることによって豊かに、幸せになれるかを考えて、その相手との独自の時間共有の形を考えるということにしたら？　ある相手とはスポーツをしたら、またある相手とは何か専門的な話をしたらうまくゆく、お互いの人生が豊かにもなる、と見きわめることはできますよね。とすれば、何も生活の場を共有しなくとも、男と女としての時間以外に、そういう時間だけを共有すればよいのではないかと……」

「それでは子供はどうするのかね？」

「ですから子供は、子供を育てることによってお互いに豊かになれるカップルが育てることにしたらよいのではないかと……」

「しかし、そういう社会は、はたしてうまく機能してゆくだろうか？　わたしにはどうも正常には機能しないように思えるのだが。つまり、相手の人間としてのエゴや醜の部分が見えないところに身をよけて、よい部分だけを受け取ろうとしてはいないかね。それに最初から、相手を襲うかもしれない、相手が一人では引き受け難い困難から逃げ出してはいないかね。だとすると、エゴや醜が人間が見ようとしないところに淀んで、エネルギーをたくわえ、悪として発現、爆発することになるのではないだろうか?」

「何かそうならないための手はあるかも知れませんが、その可能性は大いに考えられますね」

「そう、その通り、だから人間としての、男としての、女としての準備ができたかどうか、娘たちにここにやってきて、自分と相手を試すように言っているんだよ」

「ずいぶんとストイックで、超理想的な考えをお持ちのようですけれど、あなた方お二人がそういうカップルであるとわかり感動しました。ぼくにはとても不可能でしょうが。相手ではなく、まず自分が修行とは縁遠い人生を送っている人間ですから。……ところで」

とぼくは、話に割り込まず、ときどき微笑をうかべ、いたずらな目を夫の方に向ける妻の方を見た。

「ドーラ、あなたのハズバンドはずいぶんとゴリッパな哲学をお持ちですが、あなた、よい男を捕まえましたね。どうやって、とっ捕まえたのですか?」

ぼくは半分からかいの表情を泛かべながら、お世辞に重ねて訊いた。

「わたしは男なら、山へ登る男なら誰でもよかったのよ。結婚する前から山が好きで、シェラネヴァダにもグループで何回も来たことがあったのだけれど、ここへ登山するときに、男に簡単にできるのに、女にはむずかしことがあるとわかったのよ。なんだかわかる?」

「いいえ、まさかそんなことがあるなんて、考えもつきません。逆のことなら容易に挙げることができますが」

「あなたも昨夜、食料を木の枝に吊るしたでしょう、クマに食料をさらわれないために?」

ぼくは毎夜キャンプで行なわなくてはならない、やっかいな手間のことを思い出した。とくに成長した体躯をもつクマには登れない細い枝を選んで、食料を詰めたバッグを苦労して吊るしたのに、あやうく奪われそうになったときのことを。あれはヨセミテ・ナショナルパークの中をトレイルが抜けている場所だった。アメリカの国立公園の中で最も多くの観光客を集めるヨセミテ・ナショナルパークは、観光客が捨てる食べ物を餌に、多くのクマが繁殖・棲息している場所で、ハイカーたちにとって、とくに注意の必要な、やっかいな場所である。あのとき、ぼくの吊るした食料を、枝が細すぎて自らは登って奪えないと判断した母親グマが、連れていた子グマを木に登らせて奪おうとしたのだった。

「クマってのは思ったより利口で、少しぐらい工夫して食料を吊るしたって、持っていかれてしまうことがあるでしょう。でもね、ある人から、食料を吊るしたら、回りにぐるっとオシッコをしておくといいって聞いたのよ。ここはわしのテリトリーじゃ、寄るでないぞ、とね。あれ女にはむずかしいのよ。でも男なら、まるで水道のホースを手に持って、水をまくのと同じくらい簡単なことでしょう。わたしがもっとしばしば山に登りたいと考えたときに探したのは、クマ除けの小便ホースだったのよ」

彼女は夫の方に向かってウィンクをした。

「そして、ぼくのもちもののそのホースがな、使ってみてますます彼女のお気に召したというわけさ。クマ除け以外にも、彼女のご用にオタチになることがわかったってわけなんだからな」

「そうなのよ。そうして数ある男の中で、その役目を最も嬉々として果たすのが、この男だったってわけなのよ」

ドーラがボブの肩を、軽く握ったこぶしでポンとたたいた。

「今みたいに疲れてきたときにはとくに、ボブ、あんたの愛妻と話をしていた方が楽しいようだ。あんたと話しているときのように、疲れがさらにたまることはない。ボブ、あんた先頭をあるいて、ドーラと話をさせてくれませんか。今夜は、あなたたちが、夜、気がねなく愛しあえるように、ぼくはテントを、昨夜より遠くに張りますから」

「いや、今夜はいいよ。だが、明晩はそうしてくれ」

第25章　エデンの氷河

（日本——黒船来襲九年前）——一八四四年

モーセはつるべ落としの太陽と競争するかのように、一心に雪を掻き除けていた。掘り出された幌馬車は、大雪原の中で、信じられないほど小さく見えた。モーセは灯明を手に、幌馬車の奥に這い込んだ。

モーセが探したものは、キャプテン・スティーヴンズの幌馬車の中に、一セットあった。モーセはそれ——動物捕獲用の罠——を手に摑むと、尻もちをつき、大きくため息をついた。外に飛び出ると、モーセは何時間か前に埋めた牛肉を、再び掘り起こしはじめた。彼はもう頭痛を忘れていた。

夕闇のたちこめる中で、モーセは何日か前に狐の足跡を見つけた倒木の際の雪の中に、牛の頭の切れ端を餌としてつけた罠を、一つ沈めた。その上に木の小枝を撒いた彼は、自分の足跡を松の枝で掃きながらあとずさっていった。

刻々、あたりが闇の中に沈み込みつつあった。モーセは小屋に向かって戻っていった。今日はカンジキが以前ほど重く感じられなかった。小屋が見えるところまで戻ってくると、彼は大急ぎで、川沿いに、もう一つ罠を仕掛けた。小屋に向かって歩き出そうとしたとき、彼は銃を持っていないことに気がついた。一瞬、自分の歩いてきた方向を振り返った彼は、銃を持たずに小屋を出たのだ、と気がついた。

その夜、モーセは眠らなかった。しばしば起き上がって外を覗いては、自分を埋める闇を眺めた。闇は深く、夜は長かった。かすかに闇が薄れはじめたとき、身支度をして待っていた彼は、小屋のドアを開けていた。肩に吊るしていた銃を雪に突き刺すと、彼はカンジキを足に結わえ付けた。踊るように歩きだしたとき、地吹雪が彼をとらえ、彼の身体にまきついた。彼は片腕を挙げて顔を庇ったが、歩調をゆるめなかった。雪を張りつかせ、ふとっていく粗製のカンジキは、一歩、一歩、と重くなっていったが、彼はカンジキを履いての歩行に慣れ、以前よりは速く進めるようになっていた。薄闇を一瞬白くぼかして消えるモーセの吐息が、ゆっくりと川沿いに仕掛けた罠の方に動いていった。山の端が深い、澄明な水色に溶けつつあり、そこからバラ色の洪水が広がりつつあったが、彼の視線は、罠を仕掛けたと記憶している場所にそそがれていた。

川沿いの罠には、何の動物も掛かってはいなかった。モーセは落胆しなかった。罠を仕掛けたとき、夜の闇にあたりが呑み込まれつつあり、カモフラージュを満足にする時間の余裕がなかったので、このようなことで利口な動物たちをだますことはできないだろう、と予想していたからだ。だが倒木のところに仕掛けた罠は、満足とまではいかなくとも、かなり入念にカモフラージュをしたはずだった。彼はふたたび踊るように雪原を泳ぎはじめた。風が雪を舞いあげ、風の力と姿を描いて、舞い踊りつつ遠ざかった。

遠目に倒木の見えるところまで来て、モーセは立ち止まり、一息ついた。そのとき太陽が昇り、光が洪水のごとく遠くへと押し寄せていくのが見えた。木の枝を罠の周囲に撒いたため、罠に動物が掛かっているかどうかはわからなかった。彼はさらに近づいていった。雪原に動物の足跡が蛇行し、倒木の方に向かっているのが見えた。彼の息がさらに荒くなった。

モーセの目が動物の灰黄色の毛の色をとらえた。彼の手が木の枝を撥ね除けた。彼の口から、ウーと唸り声が漏れた。モーセの手に握られていた銃の台尻が動物の腹を突いた。動物は棒のように凍っていた。

掛かったのは狼だ、と彼は思ったが、罠を踏んではずすと、コヨーテだとわかった。

モーセは、コヨーテと銃とを束ねて肩に担ぐと、小屋に向かって歩きだした。この厳しい自然の中で、自分が全く無力な生き物ではなかったようだ、と彼は考えていた。彼は全身に重い疲労を感じながら、小屋へとつづく自分の踏み跡を辿っていった。斜めから差す太陽が、彼のぐらつく孤影を、雪の上に長く投げていた。寒風にもまれるモーセ自身より、影の方がくっきりとした実体を持っているように見えた。

小屋に戻ると、すぐに彼は料理に取りかかった。コヨーテの皮を剥いで、棒に突き刺し、火の上で焙りはじめた。肉の焼ける臭いが部屋に満ちた。どうもおいしそうな臭いではないな、とモーゼは鼻をひくつかせながら思った。

モーセはまだ半生焼けの肉の表面をナイフで剥ぎ取って、口に入れて噛んだ。三噛み噛んだところで、彼は口の中のものを火に向かって吐き出し、顔をしかめた。その肉は、臭く、まずかった。これほどひどい食べ物を噛んだ記憶は、彼にはなかった。彼は火にかざしたコヨーテの裸の体形をじっと見つめた。コヨーテがこれほどまずい動物だなんて、聞いたことがなかった。食べられるようにする料理の方法があるのではないだろうか？

モーセは肉の一部を茹でてみた。だがいくら茹でても、鼻をつく吐き気をもようさせる臭みは抜けなかった。

ソウダ、シチューニシテミヨウ――とモーセは口に出して言った。シチューは彼の最も好きな料理だった。野菜は何もなかったが、彼は幌馬車の中で見つけた空の粉袋の中をはたいて、何とかひとつかみの粉をかき集めることができた。彼はその粉をといて、うすいシチューをこしらえた。しかし、そのシチューを、彼は飲み込むことができなかった。

結局、コヨーテは、その他考えつくあらゆる方法で料理してみたが、彼の胃が受けつける料理の材料とはならなかった。彼は死んだコヨーテと一日格闘し、再び敗北し、人間の無力さを痛感し、絶望に陥った。

他の動物はコヨーテの肉を食べるはずだった。しかも生のまま。なぜ人間は……？　それとも自分はまだそれほど空腹ではないということなのか。だが彼は、昨日から何も食べていない空腹状態にあった。

コヨーテの肉の臭みが、彼の口の中に残留し、胃がむかついた。肌にまでコヨーテの臭みが染み付いたように思えた。

モーセは頭を抱えて横たわり、うとうとした。彼は何かに追いかけられている夢を見た。ひどく恐ろしかったが、何に追いかけられているのか、夢を埋めた闇のため、その姿は見えなかった。

モーセは起き上がり、頭を振った。口と胃に染み付いたコヨーテの臭みが戻ってきた。モーセはヤカンの弦《つる》を摑んで、しばらく考えていたが、やがて手を離すと立ち上がり、バーボンウイスキーの瓶を手にとり、栓を開けて、一口飲んだ。ウイスキーが咽喉から腹へと焼けつつ下って染み渡り、コヨーテの腐臭の充満した体内が洗われるようだった。彼はふたたびウイスキーをあおった。

やがてモーセは外に出て、牛肉を掘り起こしはじめた。夕闇があたりの風景を消し去りはじめていた。

モーセは火に顔をほてらせ、声を立てて笑っていた。過去の想い出の中に彼ははいり込んで、一人芝居を上演し、すべての役と笑いころげる観客を演じていた。

モーセは教会での牧師の説教を演じていた。牧師は「モーセの十戒」を読み上げていた――

あなたの父と母を敬え。これはあなたの神、主、が賜る地で、あなたが長く生きるためである。

モーセはクッ、クッ、クッ、と笑った。彼には父も母もいなかった。それに今、自分は餓死しつつあった。

それを認識し、彼は笑った――

あなたは殺してはならない。

ここには殺す人間などいなかった。モーセは笑った――

あなたは姦淫してはならない。

あなたは盗んではならない。

……

モーセの笑いは、モーセの手におえなくなりつつあった。自分は聖人のように罪を免れた人間であった。そして死につつあった。モーセはそれがおかしかった。

モーセは牧師に質問していた——

「ファーザー、アダムハ九三〇歳マデ生キタト聖書ニ書イテアリマスガ、ノアハ何歳マデ生キタンデスカ?」

モーセが牧師となって答えた——

「九五〇歳マデデス」

「デハ、モーセハ、何歳デ死ンダンデスカ?」

「一二〇歳デスヨ」

モーセは笑いながら、質問した——

「人類ノ最初ノ人タチハ、ナゼソンナニ長生キダッタンデスカ? アダムノ子セツハ、九一二歳、セツノ子エノスハ、九〇五歳、エノスノ子カイナンハ、九一〇歳、ソシテノアハ、九五〇歳、——ナノニモーセハ、ナゼ一二〇歳マデシカ生キラレナカッタンデスカ?」

「ソレハ初期ノ人間タチハ、罪ヲ犯シテイナカッタカラデスヨ。ダカラ長ク生キラレタンデス」

「デハモーセハ、ソレホドノ罪人ダッタンデスカ?」

牧師の困惑した顔を真似たモーセの顔がすぐに崩れて、ゲラゲラゲラと笑っていた。外では底なしの暗闇の中を雪が果てしなく降り積もっていた。

「今ニナァ、モーセヨ、医学ガ発達シテ、病気トイウ病気ガホトンド直ルヨウニナッテ、人間ノ寿命ガ、画期的ニ伸ビルコトニナルンダ」

酒に酔ったドクター・タウンゼントの台詞をモーセが真似て、ホッ、ホッ、ホッ、と笑った。モーセの舌が、タウンゼントがこの台詞をモーセに向かって言ったときと同じ程度にまでもつれていた。

「イヤ、モシカスルト、イズレ人間ハ、死ナナクテモヨクナルカモシレン。ワタシハソレマデハ、生キテハオレンダロウガ」

オッ、ホッ、ホッ、ホッ、とモーセが笑った——

「アライヤァネー。ソンナニ長生キシテ、何ヲナサリタイッテオッシャルノ？」

モーセは姉の口調で笑った——

「老人ニナッテカラノ人生ガ長クナッテ、毎日ガ退屈デ、退屈デ、死ニソウナホド退屈ナ毎日ヲ、長期間送ルコトニナッタッテ、意味ガナイデショウニ」

「イヤ、ソウナレバ、青年時代モ、壮年時代モ、相対的ニ長クナル」

「マア、ソレデハ、ソウナッタラ、アナタ、モットナサリタイコトガオアリッテワケネ。何回モ恋ヲナサリタイッテワケデショウ？」
「ソウハ言ッテハイナイサ。人間何歳マデ生キテモ、ヤリタイコトニコト欠キハシナイ。読ミタイ本ダッテ、何百年生キタッテ、読ミキレナイホドアルシ……」
「マア、ソウドギマギナサラナクテモヨロシイノニ。アナタニハ人生ヲ、モウ一度ヤリ直シテモライタイデスモノ。アナタノヨウナ立派ナ人ガ、私ノヨウナ子持チノ女ト、イッショニナル必要ナンテナカッタンデスカラ！」

モーセの笑い声がそこで一瞬止まり、口が結ばれ、遠く虚空を見据える瞳となったが、すぐに頬がくずれ、ふたたび笑い声が漏れはじめた。

翌朝、モーセは寒さに震えながら目を覚ました。ズボンの前が開いたままだった。咽喉が砂を噛んだように渇いていて、頭蓋骨が割れそうな痛さだった。カマドの火が消えていて、寒さが頭蓋骨に染み渡った。モーセは、もう酒は飲むべきではない、と覚っていた。酒を飲んでは火を絶やし、残り少ないマッチをそのたびに消費していたら、火が焚けなくなるはめに陥る危険があった。雪に埋められている小屋は、外気よりはずっと気温が高かったが、それでも火がなければ生きてはいけない寒さであった。火がなければ肉を解凍することはもちろん、雪を融かして水を作ることさえできないのだった。それに酒を飲むと、肉を無制限に食べてしまう結果を惹起した。自分はなぜこれほど食欲が旺盛なのであろう、とモーセはいぶかった。

昼ごろ、モーセは起きだし、雪で頭を冷やし、水を作って飲むと、罠の見回りに出かけた。罠には獲物は掛かってはいなかった。モーセは自分があまりにも単純で、愚かであることを自覚した。同じ場所に仕掛けた罠に、毎日、利口な動物がだまされて、身を捧げるわけがないことぐらい、わかるはずであった。掘り出した罠をもったモーセの足は、姉が去った谷へと向かっていた。谷の中央を流れる川は、両岸から氷床を敷きつめていたが、川の中央部には、かなりの流速で凍てた水が流れていた。

モーセが二つの罠を川岸に仕掛けて、小屋に向かって戻りはじめたとき、傾いた太陽を足早な雲が追いついて捕らえ、一気にたそがれの兆しがあたりに舞い降りた。風が吹きはじめていて、突然、風とともに雪が攻めてきた。遠くに消え残っていた蒼い空も、たちまち白く塗りつぶされていった。

その夜、モーセは牛肉を食べなかった。彼は雪を融かして作った水を飲んだだけであった。何回か、目覚めては空腹を意識した彼は、戸を細めに開いて外を覗いた。雪の降る夜の時間はなかなか進まなかった。彼は一口水を口に含んでは、横たわり、昨日の罠の仕掛け方に欠陥がなかったかどうか、手順をおって反芻した。雪上への餌の置き方も、自分の痕跡を消すカモフラージュも、入念すぎるほど巧妙にやったはずだった。だまし合いの結果を、モーセは早く知りたかった。

外が明るくなると、モーセは起きて白湯を飲んだ。銃を肩に吊り、戸を開けると、モーセは雪の中に出た。雪は影の巨大な集まりとなって降っていて、遠景を塗りこめ、近景をぼかしていた。カンジキを足にくくりつけたモーセは、たちまちのうちに、垂れ込める巨大な影の中にその姿を没した。

顔の露出している部分に風が雪を吹きつけ、顔がちぎれるように痛かった。モーセは風が迫るたびに、背を向けて風をやり過ごそうとした。ネッカチーフで頬かむりをしたが、顔の痛さはたいして軽減されはしなかった。彼は罠を二つともあまりにも遠くに仕掛けてしまった、と考えていた。

モーセは罠の一つに近づいていた。彼の歩行速度が、突然、ゆるんだ。彼は罠の方向を見るのを恐れるように、虚空に視線を向けていた。罠から一〇メートルほどのところまで近づいたとき、突然、彼は瞬きをしながら、視線を罠の方に向けた。モーセの目に光が宿った。彼は駆け出していた。

狐が、餌にした牛の頭の切れ端に噛み付いたまま、息絶えていた。凍った狐を肩に担ぎ、罠を手に持ったモーセは、やってきた自分の足跡をたどって帰りかけたが、立ち止まって考えた。肌をちぎる寒さは、小屋を出たときよりもさらに厳しさを増していたが、モーセは決意を声に出して言った。

「セメテコノ罠ヲ仕掛ケ直ス場所ヲ、捜シテカラニシヨウ」

彼は谷川を遡っていった。

罠を仕掛けると、ふたたびモーセは立ち止まって、しばらく考えていたが、やがて次なる命令を自分に発した。

「モウ一ツノ罠ヲ見回ッテカラニシヨウ」

モーセは降り積もる雪の影の中に、さらに奥深く分け入っていった。

罠に近づいたとき、モーセの足が止まった。見開かれたモーセの目が、刺すように罠を見ていた。その目が悲しいような色を帯びたとき、モーセは銃を肩からはずして両手に握ると、罠に向かって突進していった。罠に後ろ足をはさまれて身をもがいている狐のあたまを、銃身を握ったモーセの腕が、台尻を振り上げて二発、三発と殴った。銃を雪の上に横たえたモーセの手に、ナイフが握られていた。モーセの手が、握ったナイフを狐の咽喉につかのところまで埋めて、すこしひいた。血がモーセの顔に飛び、服を覆う雪を染めた。

二匹の狐を結わえて肩に吊るし、小屋に向かって歩きだしたとき、モーセの空腹感はなくなっていた。モーセは植民の旅の途中ででさえ感じたことのない、重い疲労感に全身をおさえつけられていた。小屋は果てしなく遠く感じられた。

モーセは棒のように凍った狐の死体を、燃える火の脇にころがして解凍した。狐は精悍に痩せていて、ほとんど肉が付いていないように見えた。モーセは狐の皮を剥いだ。脂肪がまったくなく、筋と腱だけの狐が棒に突き刺され、燃える火にかざされた。モーセは焼けていく赤裸の狐の位置をずらしつづけた。肉の焦げる臭いが小屋の中に充満しても、まだモーセは肉の味見をしなかった。

狐が焼き上がると、モーセは火からはずし、ナイフで小片を削り取り、ゆっくりと噛んだ。どっと空腹が襲ってきた。彼は狐の肉を切り取っては口にほうり込んでいった。脂肪分などまったくないのに、その肉はおいしかった。これほど美味な食物をこれまで食べたことがない、とモーセは思ったほどだった。彼はすべてを忘れて、食べることに一心になっていた。狐を半匹分ほど食べたところで、モーセの手の動きが突然止まった。

「イケネエ！」

モーセは叫んだ。

「モーセノ大バカ野郎！」

彼は自分の頭にこぶしをくらわした。

モーセッテイウ人間ハ、救イヨウノナイ愚カ者ダナ！」

モーセは残った肉を三つに分け、それから皮を剥いだもう一匹の狐の生肉を、六つに分けた。

「コレデヨイ。今日ヲ含メテ、四日生キ延ビラレル」

モーセは切り分けた肉に向かって話した。外に出ると、まだ夕暮れには間がありそうであった。モーセはシャベルを握ると、ドクター・タウンゼントの幌馬車の入り口に積もった雪を掻き除けはじめた。雪は掻くはしから積もっていったが、彼は降る雪に負けぬ根気で、雪を抛り投げていた。

小屋に戻ったモーセは、栓を開けてないウイスキーの瓶をもって出てきて、幌馬車の中に這い込んだ。モーセは姉の衣装箱の前に座ると、蓋をずらした。モーセの目が細まり、鼻が広がり、二度、三度、深く息を吸い込んだ。それからモーセは、姉のドレスをよけて、ウイスキーの瓶を姉が納めてあったように、箱の底に横たえようとした。手が固いものに触れた。モーセの手がその固い物体を掴み出していた。モーセの目が、不可解な謎を目にしたときの色をたたえて、虚空とそのものを交互に見つめていた。

それは義兄の宝の一つ、バイロンの詩集であった。

なぜ、これがここにあるのだ？――モーセは声に出しては言わず、口をつぐんだまま考えていた。

もう一つの義兄の宝、『ロード・チェスターフィールド書簡集』は、姉が支隊の一員に選ばれて出発するとき、持っていこうとしているのを、モーセは目撃していた。こちらの方は、義兄が持っていく手はずになっていてしかるべきものであった。

義兄がうっかり忘れていったのであろうか？　そんなはずはなかった。医者として最低限必要な道具は、峠の頂に曳き上げられた幌馬車に積ませてもらったり、自分の馬に負わせたりして持っていったはずであった。医者としての天職の方を、大事と考えたのであろうか？　だが、一冊の本を運んでいく余裕は十分にあったはずであった。

自分がここに残って、幌馬車を監視する役を引き受けたからか？　そうだとすれば、自分に、少なくとも一言、貴重な蒐集品を残していくから、と告げているはずであった。

小屋に戻ってからも、モーセは考えていた。いくら考えても、彼には義兄の気持ちがわからなかった。これは、以後、モーセにとっての大きな謎となった。だがその夜、モーセは久しぶりに安らかに眠った。

翌朝、モーセは小鳥の鳴き声で目を覚ました。外に出ると、雪は上がっていて、太陽が目に眩しかった。彼は罠の見回りに出かけた。罠には何も掛かっていなかった。小屋に戻ると、彼は倒木を掘り出し、曳いてきて、薪づくりをした。翌日も、獲物は掛かっていなかった。彼は片方の罠の場所を移動して戻ると、薪づくりにかかった。

夜になった。風もない静寂の中に、ただ燃えるカマドの炎だけが、かすかなささやきを漏らしていた。モーセは燃える炎の明かりで義兄の幌馬車から選んで持ってきた本を、大声で読みはじめた。雪の底で、はてしなくつづくモーセの単調な声を、傾いだ煙突が、煙りにまぜて、星の寒天に吐き出していた。


「人間はみな、自分のウンコはよい匂いであると思っている」


モーセが朗読しているのは、哲学者たちの箴言を集めた本であった。朗読を止めて、一瞬、考え込んでから、モーセは叫んだ。

「ナンダコレハ！……哲学ッテノハ、コンナクダラナイコトヲ考エル学問ナノカ！……大人ノヤツラハ、何テ愚カデ、クダラナインダ。コンナモノヲ真面目ナ顔デ、アリガタク押シイタダイテ読ムトハ！」

彼は『箴言集』を閉じ、他の本を手に取ったが、思い直して、ふたたびその書物を読みだした。時間はふんだんにあったし、智恵者である義兄の読む本をもう少し読んでもみたい、と思ったのだ。それに読書には、他にもう一つの目的があった。だから意味の理解できない本であっても、その目的にはかなっていた。大声で読むことで、深い静寂の中に独りいる恐怖と孤独を軽減することができたのだから。

翌朝、罠の一つにコヨーテが掛かっていた。モーセは凍死したコヨーテの頭を銃で一回なぐりつけ、それからため息を漏らした。彼はコヨーテを一度、遠くへと投げ捨てたが、雪の上を進んで抱き上げ、肩にかついで戻っていった。

モーセが凍ったコヨーテを小屋の軒に吊るしていると、カラスが、「カー」と鳴いた。見ると、モーセがいつもその根元で小用を足す木の枝から、一匹のカラスがモーセの仕事ぶりを観察しては、天に向かって声を上げている。

モーセは銃を構えると引き金を引いた。カラスは黒い影をひいて雪の上に落下し、「クウ」と哭《な》いた。モーセがカラスを拾うと、心臓を射抜かれて絶命したカラスの目が、モーセの視線をとらえた。モーセはカラスを逆さにし、羽毛をむしりはじめた。黒い羽毛が蝶のように雪の上を舞い散った。

焼き上がったカラスの背中の肉を口に入れて一噛みしたとき、モーセの顔がゆがんだ。モーセは水で何度も口をすすいだ。カラスの肉を茹でたり、炒めたりするモーセの手から、力が抜けていた。

「カラストコヨーテノ、ドチラノ方ガマズイカ、ト訊カレタッテ、オレニハ答エラレナイゼ」

モーセはカラスの骨に向かって語っていた。

「自分ハドウナノデアロウ？　人間ハ？　ヤハリマズクテ食エナイ肉ヲ身ニ纏ッタ動物ナノデアロウカ？自分ノ肉ガマズイトイウコトモ、ソノ動物ニソナワッタ、一ツノ生キル能力デアリ、知恵デアルノカモシレナイナ」

翌日、片方の罠に狐が掛かっていた。

モーセは狐を六つに分けて、その一つを焼いた。

昨日から、何も食べていなかったモーセは、それを食べ終わっても、空腹であった。むしろ食べる前より空腹がつのったように感じられた。彼は立ち上がり、次回分の肉を手にとった。

「知恵者、モーセヨ」

彼は大声で言った。

「オマエハ手ニ入レタ、タダ二日ノ安心ト希望ヲ、サラニ短縮シテシマウ人間デハナイダロウナ？　モーセ、コヨーテガアルゾ！　モーセ、カラスがアルゾ！　ナニ、食ベタクナイ？　ソレジャア、オマエハマダ、空腹ジャナインダ」

モーセは自分と対話し、自分を説得していた。


クリスマスイヴとなった。モーセの小屋の軒に吊るされたコヨーテは、三匹となっていた。凍りついたコヨーテは寒風に揺さぶられ、身体をぶつけ合い。調子のはずれた旋律を宙に撒いていた。

クリスマスイヴの夜、モーセは義兄の幌馬車でみつけてとっておいたコーヒーを沸かした。コーヒーは一杯分しかなく、砂糖は一かけらもなかった。すすると黒いコーヒーは苦かったが、それでもモーセは、いつもより豊かな夜を感じていた。彼は、自分が三週間、この雪の中で一人で生きてこられたことを、不思議な思いで振り返った。

「運ガヨカッタノダロウ。ダガ今後モ、コウイウ幸運ガツヅクトハ限ラナイ」

彼は燃える火に向かって言うと、大声で賛美歌を歌いはじめた。

空はほがらに　地はうるわしく
愛のみしるし　世にみちあふる

小屋の軒では、凍ったコヨーテのカーテンが風にもまれて、トンチン、カンチンと澄んだメロディーをかなでて、静寂を深めていた。

モーセの頭に、過去のクリスマスの想い出がよみがえってきた。父母の顔を思い出せないモーセの楽しい想い出は、つねに姉と共にあった。彼は想い出を振り払った。焼いた肉はなくなっていたが、食べる前と同じように空腹だった。彼は『聖書』を手にとると、たまたま開いたところを大声で読みはじめた。

空の空、空の空、すべては空である

モーセは驚愕した顔を闇に向けていたが、やがて『聖書』に視線を戻し、読み進んだ。

日の下にて人が労してなすさまざまな行為はその身に何の益があるのか。……それは知恵が多ければ憤激が多く、知識を増す者は憂いを増すからである。……わたしは笑いについていう、「それは狂気だ」と。また快楽についていう、「それは何のためにあるのか」と。……人は獣にまさるところがない。すべてのものは空だからである。……人は一生、暗やみと、悲しみと、多くの悩みと、病と、憤りの中にある。……人の労苦は皆、その口のためである。しかしその食欲は満たされることはない。……わたしはこのむなしい人生において、もろもろの事を見た。そこには義人がその義によって滅びることがあり、悪人がその悪によって長生きすることがある。あなたは義に過ぎてはならない。また賢きに過ぎてはならない。……愛するか憎むかは人にはわからない。彼らの前にあるすべてのことは空だからである。……また賢い者がパンを得るのでもなく、さとき者が富を得るのでもない。また知識ある者が恵みを得るのでもない。すべて人に臨むところのものは、時あり、偶然なるものなり。……伝道者は言う、「空の空、すべては空である」と。

モーセは『聖書』から顔を上げると、頭上の闇に視線を据えて考えていた。

この『伝道の書』を書いたのは、欲しいだけの権力と富を手に入れ、歴史上最も知恵の身に備わった人間の一人だと称され、すべての人々に崇敬されたと言われている、イスラエルのソロモン王であった。望むべくもないほどの権力と富を掌中にした、傑出した知恵者が……「空の空、空の空、すべては空である」とは？

モーセにはわからなかった。このようなことを書いた書が『聖書』にあることが、まずわからなかった。姉に連れられていった教会で、牧師が熱をこめて説教した言葉とは、まったく矛盾していた。モーセは、大人たちの謎の闇に出口を塞がれ、盲の視線を中空に据えていた。

第26章　エデンの園(4)——現代

ぼくはスティーヴンズ隊が越えたあの峠、その後ドナー・パスと名づけられた峠に向かって、パシフィッククレスト・トレイルを東へと逸れて歩いている。パシフィッククレスト・トレイルはスティーヴンズ隊のルートと、峠の西数キロの尾根で交差して、北へと向かっている。今夜は、峠の頂上付近でキャンプを張ることになるだろう。ここ二日、歩いたルートの途上で、現代文明が自然に対してなしてきた破壊のすさまじさを目撃してきた。かつてマーク・トウェインが「地球の最も美しい姿態」と呼んだレイク・タホの賑わい——湖を厚く縁取る、真夜中にも消えることなく二〇〇〇億個の星を殺して輝く、色電球の渦！　樹木を伐採されて、冬季オリンピックの会場となった、いくつもの撲殺された大斜面！　シェラネヴァダ山脈で最も文明の破壊の牙に噛まれた地帯を、ぼくは、二日前から、歩いている。

ドナー・パス頂上（次頁写真）——岩壁を端から端までジグザグに自動車道路が、湖よりここまで這い登ってきている。スティーヴンズ隊が越えたあの壮絶に美しい嶮崖は、湖に映して二重にしてみせていた自然の野性の姿態は、今は、もうない。それでも、現在、なだめられた峠より下りつつ眺めても、幌馬車を曳き上げることができたなどとは信じられない峻嶮さだ。

モーセが一人、冬、生きる戦いをした湖とその周辺——帆を上げたボートが無数に浮かび、湖の周囲は大別荘地帯となって、騒音と汚濁を撒いている。

ここで山から下らず、カスケイド山脈南縁の活火山、ラッセン山に向かおう、とぼくは決心する。ヘンリ

ドナー・パスより望むドナー・レイク

ー・ウォード・ビーチャーが言うように、ぼくは自然の中に暮らしても、成長することなどなく、ただ逃亡しているだけなのであろうが——今しばし、痕跡となってしまいはしたが、二〇世紀文明の凶暴なる破壊の爪を免れて生きつづけている荒野の中に、逃亡していよう、と。

ドングリが敷きつめられたように落ちている。ドングリではじまるビーチャーの章句を、ぼくはドングリに向かってつぶやいてみる——

ドングリは、芽をふいたとて、まだオークの木ではない。その芽は、長いいく夏かと、苛酷ないく冬かを耐え抜かねばならないのだ。厳しい霜と雪と、押し倒そうとする風のすべてを、耐え忍ばねばならないのだ。そうしてはじめて、完全に成長したオークの木となるのである。こういう自然は厳格な教師である。しかし厳格な教師こそが、厳格な生徒を作りうるのだ。だから人間は、生まれ、育ち、しつけられたとて、まだ人間ではないのである。ただ生きはじめたに過ぎないのである……。

第27章　エデンの銀河——一八四五年

（日本——弘化二年、黒船来襲八年前。幕府、鎖国の祖法に従う主旨の返書をオランダ国王に送る。イギリス艦長崎に来航）

（世界——上海にイギリス租界できる。アメリカ合衆国、テキサスを併合）


一月二〇日となった。一八歳になったモーセはまだ生きて闘っていた。

狐は二日つづけて罠にかかることもあれば、一週間近くかからないこともあった。食糧の得られない空腹の日が何日もつづくと、モーセは、狐をすべて食い尽くしてしまったのだろうと考え、不安に陥った。彼は罠の一つを遠くへ遠くへと仕掛けていき、今では片道数時間も歩いて、見回りに出かけていた。

その日、モーセは歩いて三時間もかかる場所に仕掛けた罠の見回りに出かけた。もう五日も狐がかからない日がつづき、彼は空腹に苛まれていたが、彼の足どりは速かった。モーセの身体はひどく痩せたように見えたが、筋肉はひきしまり、動作は敏捷であった。それに彼は、カンジキを自分なりに改良して、以前よりは滑らかに雪の中を進めるようになっていた。

空は蒼く澄み渡っていたが、ときおり疾風が立って、雪を舞い上げていた。

罠に近づいたとき、モーセの鋭さを増した目が、凍った狐の不自然に横たわる姿態をとらえた。

「マダイテクレタノカ！」

モーセは凍死した狐に言うと、ため息を一つついた。

罠をさらに遠くの林の中に仕掛け直すと、モーセは小屋に戻って、狐をカマドの脇に下ろした。だが料理にはかからず、そのままモーセは、そう遠くない川沿いに仕掛けた罠の見回りに向かった。小屋の近くに仕掛けた罠には、一週間か一〇日に一度ほどしか獲物が掛からなかったが、それでも彼は片方の罠を、吹雪でも歩いていける距離に仕掛けつづけていた。

「コレデマタ、二日生キ延ビラレタ」

モーセは雪を纏う林に向かって話した。


モーセは、今日もまたあの謎について考えていた。

義兄はなぜ、あれほど大事にしていたあの宝ものを置いていったのだろう？　自分だったら決して置いていくことはないだろう。自分にとって最も大切なものはなにか？　それはもちろん、この銃であり、ピストルだ。自分は決してこの銃もピストルも、どこかに置き放しにして、遠くへ去ることはないだろう。今はこれら銃もピストルも、たいして役には立たないが、それでも――。あのとき、ホルスターをインディアンに拾われただけでも、隊員全体の危険をもかえりみずに、インディアンから奪い返したほどなのだから。

モーセは義兄の残した宝の謎を解くのは自分には不可能だ、と確信しはじめていた。

「義兄ノスベテハ、ボクニハ謎ダ！」

モーセは冬の川に向かって言った。

銃を雪に突き刺すと、モーセは藪の中にはいっていった。かなたのブッシュが揺れている。モーセの脚が早まった。と、罠にはさまれた後ろ脚の片方を、モーセの目の前で引きちぎった狐が、雪を血で染めながら、川の方に向かって走りだすのが見えた。モーセは引き返し、銃を雪から引き抜くと、狐の向かった方向目指して駆けだした。モーセが川岸までやってきたとき、狐は向こう岸の土手を登ろうとしていた。モーセはねらいをつけると発砲した。弾丸はとんでもないところへそれた。彼は一瞬、戸惑ったが、すぐに、銃が錆びないようにと、動物の脂肪を銃身に詰めていたことを想い出した。当時の銃は先込め銃だったので、詰めた脂肪のため、弾丸がしかるべき位置まで押し込まれていなかったのだ。

モーセは急いで装弾した。

見ると、三本脚となった狐は、雪深い土手をもがき登り、越えようとしていた。モーセはふたたび発砲した。狐は数十センチも飛び上がって、土手の向こう側にころげ落ちるように姿を消した。モーセは川の氷の上を渡っていった。川の中央部に近づいたとき、氷が音をたてて割れ、モーセは川の中に落下した。凍てた水の冷たい牙が彼の下半身に噛みついたが、モーセはなおも川を押し渡っていった。対岸の雪の積もった土手の傾斜を、泳ぐように這い上がって覗くと、狐が雪を赤く染めて倒れ、まだ弱い息をしていた。

モーセは狐を手にさげると、川を渡り返した。水から上がったとき、彼の下半身の痛い冷たさが消えていた。彼はカンジキを結び直すと、小屋の方に向かって走りだした。ズボンが板のように凍って歩きにくかった。彼は立ち止まり、ズボンをこぶしでたたいて割ると、ふたたび駆け出した。彼の脚の感覚が麻痺しつつあった。ズボンがまた氷の板となった。彼は走りながらズボンをなぐった。

小屋に戻ると、モーセは裸になり、身体に毛布を纏い、カマドに火をぼうぼうと焚いて、下半身を焙った。火照らせては下半身を摩擦し、火照らせては摩擦した。やがて太もものあたりから感覚が戻ってきたが、踝から下の感覚はなかなか戻ってはこなかった。彼は飲み残しのウイスキーの瓶を捜し出した。瓶の底に五分の一ほど、茶色い液体が残っていた。彼はウイスキーをゆっくりと口にふくんでは、飲み下した。全身がほてったが、足の指の感覚は戻ってはこなかった。

モーセは後ろ脚が片方ちぎれた狐を、皮も剥がず、カマドで丸焼きにしはじめた。見開かれた狐の瞳が、焚き火を映して、虹のように燃えていた。モーセはその瞳をじっと見ていた。

「何ヲ恋ウ瞳トナッテ果テタンカヤ？　山ヲカヤ？　虹ヲカヤ？」

焼かれつつある狐に向かってつぶやくと、モーセは頭を垂れ、目をつぶった。

足の指に気持ちの悪い痛みが走った。モーセは足の指が火傷しつつあるのを知った。

彼は雪を盛り上げて火にかけた大鍋の温度を手ではかると、カマドから降ろし、足を浸けた。

狐の肉を三食分ほど食べ終わっても、まだモーセの足は麻痺したままだった。モーセはヤカンの湯を足しては、大鍋の中で一心に足を摩擦しつづけた。時間だけはふんだんにあった。

やがて、紫色がかっていた足の指が赤味を帯びて、痛痒がつのってきた。モーセは苦痛にうめき声を発しつつも、自分がふたたび生き延びることができたのを知った。

その後の数日間、足に触れても、直接触れているのではなく、厚い布か何かの上から触れている感じであったが、モーセは罠の見回りには、欠かさず出かけた。


二月となった。その日、モーセは、遠くに仕掛けた罠を見回るため、広い雪原を進んでいた。

彼は『箴言集』の言葉について考えていた。そして「人間はみな自分のウンコはよい匂いだと思っている」という、大人のくだらないたわごとに思えたあの言葉にも、もっと深い意味があったのだ、と思い至っていた。

「人間ノ身ニアル、最モヒドイ悪臭ヲタテルモノ、最モ他人ノ嫌ウ汚イモノ、ソレヲ、人間ハ、一人一人、気ヅクコトガナイダケデナク、平気デ露出シ、尊重シテイル、トイウコトヲ、アノヨウニ表現シタノデアロウ」

モーセは自分に問うていた。

「オレハドウダ？　オレノ悪臭ヲタテル汚イモノトハ？」

そこまで言ったとき、モーセの脚が止まった。雪面をじっと睨んでいたモーセの顔が上がり、西の空に向けられた。

義兄の残していった疑問が、幌馬車と共に捨てられた宝の謎が、突然、解けたように、モーセには思えたのだ。

モーセは雪の上に立ち尽くしたまま、長いあいだ身動きもせず、シェラネヴァダのかなたの西の空に、深い悲しみの視線を投げていた。

スティーヴンズ隊の男たちが次々に軍隊を脱走して、サターズ・フォートに帰ってきた。戦争はなかなか終わりそうになかった。敵はゲリラ戦に長けていて、大した衝突もないまま次第に退却して、現在のロスアンジェルスの方へと知事の軍隊をおびき出していった。スティーヴンズ隊の男たちは、戦争がサターの言うほど簡単には終わらないことを覚り、雪のシェラネヴァダ山中に残してきた家族の救出に、軍を脱走してでも向かわなくてはならない、と決意したのだった。雪のキャンプにいる家族が所有している食糧がすでに尽きて、餓死する危険が迫っているはずだ、と彼らは計算していた。彼らは大急ぎで、個々に、準備にかかっていた。デニス・マーティンもそういう男たちの一人であった。サターズ・フォートに最初に帰り着いた男たちの心に、計画立った救助隊を組織している余裕はなかった。彼は父親のパトリック・マーティンを、シェラネヴァダの雪のキャンプに残していたのである。それにジェイムズ・マーフィーの妻となっている姉とその家族をも。

デニスは帰り着くと、すぐに食糧の調達に取りかかった。まず何よりも、ビーフジャーキーを購入するか、作製するかして、カンジキを作らなければならなかった。準備に五日か一週間はかかりそうだ、と彼は考えて、あせっていた。ビーフジャーキーを、それが不可能ならば牛を買おうと出かけたデニスの行く手に、ミセス・タウンゼントが立っていた。

「デニス、ビーフジャーキーなら用意ができていますけど……」

ミセス・タウンゼントが言った。

「なぜぼくのために……」

「あなたに、モーセを助けにいっていただけないかと思って。お願いデニス、あなた以外に頼む人はいないのよ」

「でも、まさかモーセがまだ……」

ミセス・タウンゼントの深い瞳に見つめられて、デニスは言いよどんだ。

「餓死したのだろうと心ではわかっているのですけど、どうしても思いきれないの。あきらめきれないのよ」

「でもぼくはまず、親父を救い出さなくてはなりません」

「それはわかっていますわ。あなたのお父さんの救出には、誰か雇って手伝わせます。ですから雪のキャンプから引き返さず、モーセのところまで行っていただきたいの、お願いですから」

デニスは、モーセが生きている可能性はゼロであろう、とモントゴメリーとフォースターから話を聞いて推断していた。だがこの優雅な雰囲気を身にたたえた女性の前に出ると、言葉が滑らかに口から出なかった。

「考えてみます」

とデニスは言って、足早に歩き去った。

その夜、デニスがカンジキの材料を取り揃えていると、ミセス・タウンゼントがふたたびやって来て、言い立てた。

「一日の遅れが弟の生死を分けることになるかもしれない、と考えると、いっときも落ち着いていられないのよ」

彼女の夫、ドクター・タウンゼントには家族の者が病気になったり、出産したりしたとき、世話になったこともあって、彼女の依頼をきっぱりとは断りにくかった。だが、それだけではなかった。この女性の前に出ると、デニスの思考が停止し、舌がこわばってしまうのだった。

「父親が無事だったら、おっしゃる通りにしましょう」

翌日、ふたたびやってきた彼女に、デニスの口が、そう言ってしまっていた。

「デニス、本当にありがとう、恩にきるわ」

ミセス・タウンゼントの必死の色をにじませた瞳が和らぐと、彼女の腕が伸びてデニスを抱いた。デニスの身体が硬直し、かすかに震えていた。

「モーセのためのカンジキの材料は、わたしの方で買わせていただきますから」

デニスの耳を、ミセス・タウンゼントの息が撫でるのが感じられた。この女性はあくまでもモーセの生存を信じているようだ、とデニスは、ミセス・タウンゼントの腕から解放されたとき、自分のしてしまった約束に腹を立てながら考えていた。

夜明け前の月明かりの中へと、リュックを背負い、銃を手に、デニスが歩み出たとき、数メートル先に、凍りついたように立つ一つの影を認めて、彼の脚が止まった。外は寒く、樹木の影まで凍りついたように冴え返っていた。

「デニス、本当に悪いわね」

凍りついた影はミセス・タウンゼントのソプラノで言うと、デニスに包みを一つ差し出した。それは一箱のチョコレートと、一瓶のバーボンウイスキーだった。デニスは受け取って、それらをリュックに詰めた。

「とにかく湖畔の小屋まで行ってみます。それは約束します」

デニスはそう言うと、逃げるようにその場を離れた。

デニスは軽やかな足どりで東へ向かって進んでいった。見送るミセス・タウンゼントの瞳が、東の空が白むのをとらえていた。

デニスの足は速かった。彼のあとを追う男たちの呼吸が乱れていた。登りとなり、雪の上を行くようになっても、デニスの歩速はゆるまなかった。男たちは、はるか後方に取り残されて、デニスの踏み跡を辿って歩いていた。カンジキを履いても、デニスは滑るようになめらかな動作で、山奥へと進んでいった。デニスの姿が、あとを追う男たちの視界から消えていた。

一日目、十数時間歩いて、夜、雪洞を掘って眠り、翌朝、夜明けとともに出発したデニスは、その日の夕方、シェラネヴァダ山中の雪のキャンプに到着していた。キャンプに喚声が上がり、久しぶりに活気が戻った。キャンプでは、全員が飢餓と不安の中にいた——餓死者は一人も出してはいなかったが。家族によって飢餓の程度は違っていて、最も悲惨な状態にあったミセス・パタースンと子供たちは、もう二週間前より、牛の皮以外、食べ物がなくなり、それを長時間煮こんでから飲み込んで生命をつないでいたほどだった。

デニスの父親は元気だった。デニスは、自分一人が湖畔のキャンプを往復するに足るだけのビーフジャーキーをリュックに残すと、父親に一部を手渡し、残りのほとんどをミセス・パタースンのところに届けた。

翌朝、デニスはふたたび雪の山中を一人東へと向かって登っていった。天候は落ち着いていたが、高度を増すにつれて雪はさらに深くなり、雪面を撫で吹く風が身を切った。デニスは雪崩のコースを避けて、尾根筋をたどっていった。彼の歩行のスピードは、午後になっても落ちなかった。彼のやや小柄な身体が、軽々とした歩調に運ばれて、山を次々に越えて、高みへと登っていった。

フォートを出発して三日目、雪のキャンプを出た日の午後遅く、デニスは峠の最高点に立って、眼下の湖を見下ろしていた。かつて見て、紺青と記憶している湖水は、一面雪に覆われ、白一色の世界が、デニスの視界の限り広がっていた。彼はモントゴメリーが語った、三人が越冬するために建てた小屋の位置を突き止めようとしたが、白一色の広がりの中に、それらしい影は見当たらなかった。彼はしばらく躊躇していたが、行クダケ行ッテミルカ、とつぶやくと、湖に向かって下りはじめた。


二月下旬にはいると、モーセは残った牛肉でビーフジャーキーの作製をはじめた。日脚が伸び、陽光が暖かくなってきて、肉を天火で乾燥するに好ましい日がつづいていた。だが、日が落ちると、冬の寒気が足早に戻ってきて、寒風が冴え返る満天の星に向かって雪を舞い上げた。

モーセは救助を当てにしてはいなかった。彼は脱出の時期を計っていた。

「自分ノ身ハ、自分デ救ワネバ。三月ニナッテ、吹雪ガ去リ、天候ガ安定シタラ出発ダ。アト一週間タッテ、吹雪ガ去ッテ、晴天トナッタラ」

と彼は声に出して言っていた。

その日、日没すこし前、モーセはビーフジャーキーの取り入れ作業をしていた。彼の目が、峠からこちらに向かって雪の中を下ってくる黒い点をとらえ、鋭くなった。

「クマカ！」

クマはまだ冬眠から覚めてはいないはずだ、と彼は考えた。雪の上にクマの足跡をまだ一度も見てはいなかった。

「インディアンニチガイナイ。一足遅カッタカ！」

モーセは叫んだ。

「インディアンタチガ、山ノ向コウノ温暖ナ土地カラ、動物ヲ求メテヤッテ来ル前ニ、ココヲ脱出シヨウト思ッテイタノニ、先ヲ越サレテシマッタカ！」

と彼は雪の胸壁に向かって言った。彼は小屋を掘り出すために掻き除けた雪の山の後ろに、銃を手に身を伏せた。

デニスは岩壁を下り、湖岸に到着すると、北岸に沿って進んでいった。

突然、雪の中から、ボロを身に纏った人間が跳ねて出た。デニスは身をひるがえして後方に飛ぶと、ふたたび向き直って身構えた。

「デニス！」

とそのボロが叫んだ。

「誰だ、おまえは？」

デニスには、まだそれが誰だかわからなかった。

ボロの上の口がふたたび開いた。

「モーセですよ。忘れたんですか？」

デニスはボロを着た姿と、その上に乗る顔をじっと眺め、それがモーセであることを理解した。だが、デニスには、三ヵ月前に別れたモーセとは違う男が、そこに立ちはだかっているように思えた。三ヵ月前のモーセよりずっと痩せてはいたが、全身に精悍さをみなぎらせた、油断のならない髭を生やした男が、彼の行く手を塞いでいるように見えたのだ。

「どこから来たんです？」

モーセの声が訊いた
「サターズ・フォートからだ」

「ぼくの姉は無事ですか？」

「無事だ。サターズ・フォートでおまえを待っている」

「義兄《あに》は？」

「ドクターも無事だよ」

モーセは大きく息を一つ吐くと、銃を杖に、急に力の抜けた身を支え、西の山のかなたに顔を向けた。彼の乞食のようにボロを纏った風体と、ボロの隠しきれない痩せ細った身体を、デニスは眺め回した。

「オレはおまえがまだ生きているとは、これっぽっちも思ってはいなかった。いやおれだけじゃない、仲間うちのだれ一人、おまえの生存を信じているものはいなかった。おまえの姉さん以外はな」

「では、みんな無事なんですね？　ミスター・モントゴメリーも、ミスター・フォースターも？」

「そうだ、みんなおまえのことを心配しているぞ」

「それはよかった。ぼくも皆のこと、心配していました」


小屋に入り、カマドの脇に腰を下ろすと、デニスが言った。

「で、いつ出発しようか？　早ければ早いほどよいと思うんだが……」

「あと二、三日はすくなくとも天気がもちそうですから、明朝出発、というのはどうでしょう？」

「おまえ、しばらくのあいだ十分に食べ物を食べて、体力をつけてからにした方がよくないかい？　オレの足で雪山を越えるのに三十数時間かかったということは、お前の足だと、その倍、あるいは三倍の時間がかかると思わにゃならんが。雪から脱出しても、まだサターズ・フォートまでは、さらに一日以上はかかるだろうしな」

「今、雪はちょうど歩きやすい状態だと思いますが。すぐに出発しないとすると、次の雪がきたあと、もう一度雪がこういう状態になるまで待たなくてはならないことになりますね。そうすると、一週間か一〇日以上あとということになりませんか？　それより明朝出発して、次の吹雪の襲来までに、山向こうの低地まで下ってしまえないか、とぼくは考えるんです」

「おまえ、そんなに簡単に……」

デニスは言いかけた言葉を呑み込んだ。モーセの口調が、かつての軽薄な少年の口調ではなく、自信をもって決断を下す大人の口調に、デニスの耳には聞こえたからだった。

その夜、雪に埋もれた小屋の、燃える火の脇に座った二人の男は、交互に空白の時間について説明し合っていた。二人の前には、モーセが作製したビーフジャーキーが置かれ、狐の肉がカマドの火で焼かれていた。デニスがリュックから、チョコレートとバーボンウイスキーの瓶とを取り出した。

「お前の姉さんがこれをくれたんだが、チョコレートは非常食として取っておこうと思うんだ。ウイスキーの方はここにくる途中、夜の雪洞の中で、寒さしのぎに半分ほど飲んじまった。ここに残っている半分も、明日からの山越えのために残しておいた方がよいだろうから、今晩飲んじまうわけにはいかねえな。お前が生き延びられたお祝いは、帰ってからということにするか」

デニスは酒瓶をリュックの中に戻そうとした。

「ウイスキーなら、もう一本ありますよ。ぼくがもう自分のリュックの中に入れてありますから、それは飲んでしまっても大丈夫です」

「そうか、それはありがたい。が、酒は重いから、オレが背負うことにしよう」

デニスは腕を差し出した。モーセは自分のリュックを引き寄せると、ウイスキーの瓶をとり出し、デニスに手渡した。

「モーセ、おまえオレがやって来なくても、一人で山越えを試みるつもりだったのか！」

デニスはからかいの色を目にたたえ、頬の肉をくずしながらそう言うと、飲みかけの瓶の栓を開けて一口ウイスキーをあおり、それから瓶をモーセの方に差し出した。

「ぼくはまだ飲み方を知りませんから」

モーセは片手をつき出して、酒瓶を押し返した。

デニスが、口の開かれたモーセのリュックを覗き込んだ。

「モーセ、それはなんだ？　荷物はできるかぎり軽くしなけりゃ、雪の山脈越えはできねえぞ」

「義兄の本ですよ」

「なんで本なんて重い、余計なものを担いでいこうとしているんだ？　おまえは、やはり、まだ……」

「この本は義兄の秘蔵の宝の一つなんです。義兄の、ということは姉の宝でもあるわけですが……義兄は結婚する以前から、二つの秘蔵の宝を所有していましてね。そのうちの一つは、姉が身につけて持っていったんですが、もう一つがこの本なんです」

「なぜドクターはそれほど大切なものを、こんな雪山に残していったんだ？」

「ぼくにも最初は、わかりませんでした。でもこのあいだようやっと、解答かもしれないと思える説明の一つに到達することができたんでした」

「どういうことだ？」

「義兄には、持っていくべき、もっと大切なものがあったからではないかと……」

「じゃ、それを持って余裕がなくなり、仕方なくこれを置いていったというわけか。でも本一冊ぐらい、どんなことをしたって持っていけただろうに」

「いえ、そのもっと大切なものも持っていかなかったのではないかと……」

「わからんな。どういうことだ？」

「それは姉の宝であったわけですが、それをもっていけないことへの、姉への詫びと、姉への愛の証しのために、この本をここに捨てていったのではないかと……」

「ますますわからんな。その本より大切な宝ってのは、いったい何だったんだ？」

モーセはリュックから覗いている詩集に、一瞬、視線を向けると、瞑想するように目を閉じたが、やがて自分に向かってつぶやくように言った。

「姉には、夫である義兄に劣らないほど愛していた人間が、もう一人いたのではないかと……」

「誰だ？　その男は？」

モーセは答えず、深い悲しみをたたえた瞳で、爆ぜつつ燃える生木の焔のむこうを見ていた。

数秒間、視線を宙に迷わせたデニスが、モーセの顔に視線を戻して、呆けたようにつぶやいた。

「モーセ、おまえだったな。そうだったな、あの恐ろしいばかり美しい女性《ひと》に愛されているのは……」

二人の陥った沈黙が、シェラネヴァダに満ちる底なしの静寂に溶け込めず、二人を包んで痼《しこ》り、カマドの火に焙《あぶ》られていた。

「モーセ、ここでの孤独な日々は、さぞ空虚なものだったんだろうな？」

酒を何杯かあおったあとで、デニスが訊いた。

「生きるということは、たとえどこにいようと、大人にとっては空虚なものではないのでしょうか？」

「キャプテン・スティーヴンズも、シェラネヴァダを越えたあとで、同じようなことを言っていたな。使命は終わった。あとは空虚な人生が待っているだけだ、とな」

「キャプテン・スティーヴンズはもう荒野には戻らないのでしょうか？」

「いや、それは戻るだろうさ。あの人は町の中にずっと腰を落ち着けていられる人じゃない。でも彼によれば、この果てなく見える未開の荒野も、もう間もなく人間に征服され消えてゆく運命にある、とのことだ。もうその悲しい兆候を自分は目にしたので荒野を去った、と言っていた。あれほど、いたるところに棲息していたビーヴァーも、自分が去って間もなく、白人が乱入してたった十数年間で捕獲し尽くされ、姿を消してしまった、とな」

「それでは、もう戻るべき荒野が、キャプテン・スティーヴンズにはなくなった、ということになりますね」

「たとえ戻っても、落胆するだけなのかもしれんな。あの人はオレに向かってこうも言ったんだ――デニス、わしらは歴史の中で、一瞬、流星のように闇の空間を流れて、その所在を示す使命を与えられている人間だ、ということを忘れるでないぞ。その時を見誤らんようにな。時を見極めたら、勇気をもって未知の闇を突き進むのだぞ。後ろから蹤いてきて、わしらの突き進んだ新しい領域を開拓し、守るのは、ドクターのような人たちなのだ。わしらはただ一瞬の輝きのために生きているのだ。輝いたあとは、ただ空虚な時間の中に生きることになる――と言ったんだ」

「この雪の山に、一冬、一人で生きて、ぼくは最近少し違った考えをもつようになりました。人生は空虚ですが、その空虚さにわずかではありますが、豊かさと言ったらよいか、薄明るさと言ったらよいか、とにかくそういう色をつけ加えることができるのではないか、と思い至ったのです。人生を生きるというのは、そういうことではないのかと……」

「ふーん、おまえいつからか哲学者になったようだな」

デニスの声には揶揄の響きが充ちていたが、モーセは微笑みを泛かべて、デニスの酔いを表しはじめた顔を、焦点を失いはじめた目を見ていた。自分を見つめるモーセの瞳が、シェラネヴァダ山脈を包む蒼空に劣らぬほど深く澄んでいることに、デニスは気づいてはいなかった。

翌朝、デニスが目覚めると、カマドに湯が滾《たぎ》っていた。小屋の外で、雪を踏みしめる音が聞こえていて、小屋の中にモーセの姿はなかった。デニスが小屋の戸を開くと、外はまだ薄暗く、寒く、満天に星がまたたいていた。モーセがなにかを雪の中に撒いていた。

「モーセ、朝食を早く済ませて、出発しなければならないぞ」

「ぼくはもう済ませました。いつでも出発できますよ」

「お前、何をしているのだ？」

デニスが訊いた。

「牛肉を撒いているんです」

「なんのために？」

「残った牛肉を、生き残った狐とコヨーテとカラスたちにやろうと思いましてね。もうだまし合い、殺し合いは終わりなのですから」


二人が小屋を出たとき、太陽が山の端に昇って、シェラネヴァダの懸崖は明るく輝いていた。モーセはデニスの持ってきたカンジキを履いていた。湖を回った二人は、岩壁にとりついた。頭上には岩の屏風が天に向かって立ちはだかり、峠の頂を隠していた。

「モーセよ、山の登りではな、心臓が苦しくなるほどの早足で歩いてはいかんのだぞ。とくに山を長距離行かなきゃならないときには、疲れを蓄積しないように、余裕のあるペースで歩くのがこつなのだ。オレのすぐうしろを蹤いてこようとするな。先に行っても、オレは適当なところで、おまえを待っているからな。疲れを溜めないよう、自分のペースで歩くことが、最も大切なんだ、山ではな」

デニスはそう言うと、カンジキを履いた脚を巧みに振って、快調なペースで峠の頂上を目指して登っていった。背後に昇りつつある太陽が、彼の影を急斜面に映し、彼はその影を踏んでいった。彼の影に重なるもう一つの影が、離れずに蹤いてきた。デニスはうしろを振り返った。モーセがすぐうしろを登ってきていて、デニスが立ち止まると、モーセも立ち止まって、微笑んだ。ふたたび登りに戻ったデニスは、何度かうしろを振り返り、モーセの足の運びを観察した。カンジキをこれほど軽々と巧みに操って歩く人間を、デニスは自分以外に知らなかった。彼は不思議なものを見る目つきで、振り返っては、モーセの足どりを見やった。太陽が高くなり、大気が暖かくなり、二人の影が足下に小さくなっていった。二人は自分たちの影の外へと、カンジキを履いた脚を踏み出していった。

二人が峠の頂に達したとき、まだ太陽は中天に達してはいなかった。雪は、モーセが一二月に、二人の大人とシェラネヴァダを越えようとして登ったときよりもさらに深く、雪の上にまばらに突き出た木々の丈が低かった。モーセは振り返って、三ヵ月間過ごした湖と湖を囲む雪原を、じっと見下ろしていた。

「すこし早いが、ここで昼にしようか？」

背から降ろした荷物の上に坐って休んでいたデニスが言った。

「そうしましょうか。でもぼくはいつでも出発できますよ。昼食は歩きながらだって食べられますから」

「そうか。それじゃ、食べながら行こうか」

デニスが立ち上がり、荷を背負うと、モーセは先に立って歩きだしていた。

「モーセ、オレはおまえを助けにくる必要はなかったようだな」

デニスがつぶやいた。

「いいえ、来てくれて助かりました。ぼくはまだ幼稚で、弱い人間なんですから。それに、進むべき路もわかりませんし」

「お前、峠で振り返って、ずいぶんと長いこと眺め回していたが、何を探していたんだ？」

「自分が生きる糧を求めて歩き回った土地がいかに狭い範囲だったのか、あの狭い土地にどうして冬中ぼくを生かしつづけたほどの数の狐が棲息していたのか、不思議に思われてならなかったのです。この謎は決して解けないものなのでしょうが……」

「自然というのは豊かなものなのさ。人間に知恵さえあればな。生きるに必要なものを、すべて手に入れられるよう用意してくれているところなのだ。おまえはその知恵をもっていたということだよ」

「いいえ、ぼくは知恵などもってはいませんでした。まったくの愚かな子供に過ぎませんでした。ただ一つ、ぼくは運がよかったんです、すべてに」

デニスは話題を変えた。

「姉さんよろこぶぞ。おまえのためにあれもしてやろう、これもしてやろうって、首を長くして待っているだろうて」

「ぼくは姉のところに長く留まるつもりはありません。姉を安心させ、本を手渡して、姉と義兄のよろこぶ顔を見たら、出発しようと思っているのです」

「どこへ行くというのだ？」

「一つの旅を終わらせ、次なる新しい旅に出発する、ということですよ」

「わからんな。おまえがなぜ生き延びられたのか……それに今のおまえの言うことやることの、あれもこれもが……」

デニスは前を行くモーセの脚の運びを、不思議なものを見る目つきで追っていた。モーセの腰も膝も、しなるように柔らかで、まるで豹のように動作が敏捷だった。これなら次の雪のくるまでに、この豪雪の山脈を横断できそうだ、とデニスは確信しはじめていた。自分が置いていかれないようにしなければ。昨夜、飲み過ぎたのであろうか？　いや、そんなことはない。半瓶のウイスキーが翌日まで残った経験などありはしなかった。やはりモーセの歩みが軽快なのだ、とデニスは覚っていた。

モーセ、おまえ、あそこで何があったのだ？　孤独な雪地獄に一冬生きて、おまえ何を視たのだ、何を聴いたのだ？　神の啓示をか？――デニスはいぶかっていた。

モーセの口から、独り雪の谷をさ迷うときに誦じていた章句の一つが漏れはじめ、寒風に、ちぎれて、飛んだ――

ヴァニティ《空の空》　ヴァニティ《空の空》　オール《すべては》　イズ《空》　ヴァニティ《である》……

［主な参考文献］

1 Daile L. Morgan, *Jedediah Smith*, University of Nebraska Press, 1964.
2 Edwin Bryant, *What I saw in California*, University of Nebraska Press, 1985.
3 Jack London, All Gold Canon, *The Century Magazine, Nov.*, 1905.
4 Mark Twain, *Roughing it*, Harper & Bros., 1906.
5 Walt Whitman, *Leaves of Grass*, David Mckay, 1888.
6 Robert Louis Stevenson, *Across the Plains*, Charles Scribner's Sons, 1892.
7 James W. Marshall, Marshall's Narrative, *The Century Illustrated Magazine*, Feb., 1891.
8 Harrison Dall, *The Ashley-Smith Explorations and Discovery of Central Route to the Pacific, 1822-1829a*, The Arthur H. Clark Company, 1941.
9 Stanley Vestal, *Jim Bridger*, University of Nebraska Press, 1970.
10 Gregory M. Franzwa, *The Oregon Trail Revisited*, The Patrice Press, 1972.
11 John Myers Myers, *The Saga of Hugh Glass*, University of Nebraska Press, 1976.
12 Daile L. Morgan, *The Great Salt Lake*, University of Nebraska Press, 1975.
13 John G. Neihardt, *The Song of Hugh Glass*, New York, 1915.
14 Randolph B. March, *The Prairie Traveler*, Applewood Book, 1859.
15 Donald Dale Jackson, *Gold Dust*, University of Nebraska Press, 1982.
16 C. W. Ceram, *The First American: A Story of North American Archaeology*, Harcourt Brace Jovanovich, New York, 1971.
17 John Muir, *My First Summer in the Sierra*, Penguin Book, 1987.
18 Vardis Fisher, *Mountain Man*, Opal Laurel Holmes, 1965.
19 Fred R. Gowans, *Rocky Mountain Rendezvous*, Gibbs Smith, 1985.
20 William E. Hill, *The Santa Fe Trail*, The Caxton Printers, Ltd., 1992.
21 Robert W. Frazer, *Forts of The West*, University of Oklahoma Press, 1972.
22 Harold Curran, *Fearful Crossing*, Nevada Publications, 1982.

23 John D. Unruh, Jr., *The Plains Across*, University of Illinois Press, 1993.
24 George R. Stuwart, *The California Trail*, University of Nebraska Press, 1962.
25 Fred R. Gowans and Eugene E. Campbell, *Fort Bridger,* Bringham Young University Press, 1975.
26 Miles F. Potter, *Oregon's Golden Years*, The Caxton Printers, Ltd., 1976.
27 Charles K. Graydon, *Trail of the First Wagons Over the Sierra Nevada*, The Patrice Press, 1986.
28 A. P. Nasatir, *Before Lewis And Clark,Vol. I. II.*, University of Nebraska Press, 1990.
29 Hiram Martin Chittenden, *The American Fur Trade of the Far West, Vol. I. II.*, University of Nebraska Press, 1986.
30 Frank Bergon, *The Journals Of Lewis And Clark*, Penguin Book, 1989.
31 Warren A. Beck and Ynez D. Haase, *Historical Atlas Of Carifornia*, University of Oklahoma Press, 1974.
32 William R. Gray, *The Pacific Crest Trail*, National Geographic Society, Washington D.C., 1975.
33 Tracy I. Storer and Robert L. Usinger, *Sierra Nevada Natural History*, University of California Press, 1963.
34 Charles Bowden, *Blue Desert*, The University of Arizona Press, 1986.
35 Oscar Lewise, *High Sierra Country*, University of Nevada Press, 1955.
36 *THE Bible*, Authorized Version, The British & Foreign Bible Society, Eighteenth Impression, 1961.
37 『聖書』日本聖書協会　1955.

あとがき

二九歳の年齢を境に、ぼくの人生は一八〇度転回した。生誕と同時に投げ入れられた赤貧の泥沼にのたうち回る生活から、放浪の人生へと激変を遂げたのだ。前者は生まれに因むもので避けようがなかった。しかし後者は、自ら選びとったものであるのだから、もっとまっとうな生活を選んで、生きることだってできたはずである。だがぼくはそうはせず、放浪のための時間が最も多くとれるはずだと考えて選んだ職業に就き、余った時間の多くを放浪につぎ込んできた。そういう選択をしたのは先祖から受け継いだ血によるものだとも思うが、どうもそれだけではないようだ。

人生で最も活動的な一〇代の終わりから二〇代のはじめの時期に、一年以上にわたたって、病院のベッドに縛りつけられて動くことの一切を、頭を一センチ動かすことさえをも禁じられたうえに、両眼を塞がれて緑の自然を、本を、女性を、見ることとも禁じられたとしたら、その若者の頭の中にはいかなる欲求が渦巻くことになるであろうか？　ふたたび起き上がり、ものを見ることを許されたら、あそこに行こう、ここに行こう、あれを見よう、これを見に行こう、と呟きながら、苦痛の時間を堪え忍ぶことになるのではなかろうか？　こういう地獄の底に、赤貧の泥沼から墜ち込んだぼくは、十数回の手術の甲斐なく右眼の視力を喪失して、ふたたび泥沼へと戻ったのであった。何年かして何とか泥沼から這い上がったぼくは、徐々に病院で呟きつづけた場所へと訪れることができるようになっていった。二九歳がその転機で、はじまりだったのだ。こうして日本国内からはじまった放浪漫歩の足跡は、ヨーロッパへ、アメリカへと延びていった。

放浪こそ人生だと考えていたぼくは、最初から放浪について、記録にしろ何にしろ書こうなどとは思っていなかった。そんなことをしていたら、放浪のための時間が削がれ、なくなってしまうのではないか、と恐れたのである。それなのになぜこれを書いたのか？　それはぼくが無意味な人生を送っているとみた友人や知人が、ぼくに放浪を控えさせるための手立ての一つとして、放浪記を書いたら、と勧めたからである。そういう策略の手に引っかかったということは、自分のこういう生活に、ぼく自身、いくらかのやましさを感じていたからかもしれない。

だが、ぼくは最初から紀行文を書こうとは思わなかった。何月何日、何々をした、などと書いていったら、ぼくに残された時間の全てを注ぎ込んでも、書き切れはしないほどの放浪をつづけてきたし、何十冊もの面白くない本を書かなくてはならなかったであろうからだ。ぼくにはまだ、病院で呟いただけで訪れてはいない風景が数え切れないほどあり、それらの一つ、一つに、今も絶え間なく、招ばれつづけているのだから。

それで、ここには徒歩でおよび自動車を運転して二〇万キロを超えたアメリカ放浪のみから、とくに旅行の部分に関しては、沈殿させ濾過したエキスだけをとり上げたつもりである。したがって、たとえば国立公園の中でキャンプをするにはどういう許可をとる必要があり、どこでそれをとればよいか、などということも一切書かなかった。それは調べれば簡単にわかることだし、ぼくがこれを書いた目的ではないからだ。

これをノンフィクションと読んでいただいてもよいし、フィクションと読んでいただいてもよい。旅行記とあるいは歴史小説と読んでいただいてもよい。放浪と同様、自由に描いたものだからだ。とは言っても、それは形式においてであって、歴史的事実を曲げた覚えはないし、想像上の人物を登場させたり、経験しなかった出会いや事件を描いた覚えもない。読者諸氏に、アメリカという国の成り立ちと現状を、アメリカの自然の雄大さと美しさを理解していただけたら、という希望も、もってはいたのだから。だが、たとえば、ウォーカー隊がなぜ鉄製の機械類を、あのような難所を越えて運んでいったのか、というような歴史上のいくつかの謎については、自分なりに解釈したところはある、と言うことは白状しておかなくてはならないが。

自然対人間というテーマで描いた本稿は、これで完結としたい。だが、自然対人間のドラマのあとに、人間対人間の血で血を洗うドラマがつづくことになるのは、歴史が示すところである。とくに人間を狂わす莫大な埋蔵量を秘めた金鉱脈の発見がすぐあとにあり、ただで手にはいる広大な土地があったとなれば、なおさらである。
もしさらに放浪をつづけてもなお余るほどの時間にぼくが恵まれる幸運を手にできるようなら、これ以後を書き、最後には、日系アメリカ人のアメリカ移民後の苦難の歴史と現状にまで到達したいとも思うが、実現するであろうか?

書きはじめた当初は、このようなものの出版を引き受けてくれる出版社があるとは、想像だにしていなかったが、それがあったのは大きな驚きであった。拙稿を詳しく読んで下さり、強く出版を勧めて下さっただけでなく、出版を引き受けて下さった、れんが書房新社の鈴木誠氏がいなかったら、この拙文は日の目を見ることはなかったであろう。いくら感謝してもしきれない。また、いちいちお名前を挙げないが、日本およびアメリカの友人たちの励ましと友情に対しても、衷心よりの感謝を奉呈しておきたい。

木下　高徳

二〇〇二年八月二三日

木下高徳（きのした・たかのり）

東京に生まれ，長野県松本市にて成育，10歳から働きはじめ，20以上の仕事を転々とする。

早稲田大学大学院文学研究科博士課程修了。

現在，跡見学園女子大学勤務。

訳　書――『ジョン・スタインベックの小説』（共訳，北星堂），『アメリカ文学における反逆者たち』（共訳，南雲堂）

論　文――「トルーマン・カポーティとシュールレアリスム」（『早稲田大学英語英文学叢誌』），「トルーマン・カポーティ試論」（『とらんしじょん』評論社），「ヘミングウェイの生と死Ⅰ，Ⅱ」（『跡見学園女子大学研究紀要』），「アメリカにおけるマイノリティ文学の消長」（『跡見英文学』）他。

エデンの東　フンボルトの西――アメリカ，フロンティアの旅

発行日＊2002年10月15日　初版発行

＊

著　者＊木下高徳

装幀者＊狭山トオル

発行者＊鈴木　誠

発行所＊㈱れんが書房新社

〒160-0008 東京都新宿区三栄町10 日鉄四谷コーポ101

電話03-3358-7531 FAX03-3358-7532 振替00170-4-130349

印刷所＊ミツワ＋東光印刷所

製本所＊誠製本

 ISBN4-8462-0261-5　C0025